新译日本法规大全
（点校本）

第三卷
下

南洋公学译书院　初译
商务印书馆编译所　补译校订
孟祥沛　点校

商务印书馆
2008年·北京

第九类　官规[*]

第一章　官等　俸给

●●●高等官官等、俸给令 明治二十五年（1892年）敕令

要　目

官等及叙任
俸给
附则

官等及叙任

第一条　除以亲任式而叙任之官外，分高等官为九等。以亲任式而叙任之官及一等、二等官是为敕任官，自三等以下至于九等是为奏任官。

第二条　敕任官中，以亲任式而叙任之官，其辞令书，皇帝亲署之后，钤用御玺，而内阁总理大臣或首座之大臣副署之。

---

* 官规（类）部分，原书第二十二至二十八册。

第三条　除以亲任式而叙任之官外，其他敕任官之辞令书则钤用御玺，而内阁总理大臣奉行之。

第四条　奏任官之任官及叙等由内阁大臣奏荐之，其各省内及各省所属之官厅，则各主任大臣经由内阁总理大臣而奏荐之。

第五条　奏任官之辞令书钤内阁之印，由内阁总理大臣宣行之。

第六条　高等官之官等据本令所定之文武高等官等表。

以居他官者使兼任或充当之官而不别定官等者，则仍据其原官之官等。

第七条　初被任为高等文官者，其官等在六等以下。

高等文官之已退职者如复任为高等官，其等第在前官之官等以下，但前官之官等而在职已逾二周年者得比前官之官等进一等。

前官之官等而为七等以下者则不适用前项之规定，得升而至六等官。

第八条　高等官之官等除另定有进级之例及七等以下者，此外非在职逾二周年，不得升叙。

第八条之二　以亲任式而叙任之官如任特命全权公使、内阁书记官长及办理公使之时，不适用第七条及第八条。又，据文官任用令之第一条第四项而用敕任文官之时，则不适用第七条。

俸给

第九条　高等文官之俸给除另有规定者外，其额如下：

内阁之部

内阁总理大臣　　　　　　年俸九千六百圆

内阁所属职员

书记官长	年俸三千五百圆
局长	年俸三千圆
书记官	
内阁总理大臣秘书官	上照高等文官年俸第一号表
统计局审查官	
恩给局审查官	上照高等文官年俸第一号表

  赏勋局

总裁	年俸三千五百圆
书记官	照高等文官年俸第二号表

  法制局

长官	年俸四千圆
参事官	年俸 敕任三千圆、奏任照高等文官年俸第一号表

  各省之部

大臣	年俸六千圆
总务次官	年俸四千圆
制铁所长官	年俸四千圆
铁道作业局长官	年俸四千圆
邮便为替贮金管理所长	
一等邮便局长	
局长	
造币局长	
烟草专卖局长	
特许局长	上各年俸三千圆

商船学校长	一级俸二千五百圆
航路标识管理所长	二级俸二千二百圆
	三级俸二千圆
横滨税关长	一级俸三千圆
神户税关长	二级俸二千五百圆
大阪税关长	一级俸二千五百圆
	二级俸二千二百圆
长崎税关长	一级俸二千圆
	二级俸千八百圆
函馆税关长	一级俸千五百圆
	二级俸千二百圆
东京邮便电信学校长	一级俸二千五百圆
	二级俸二千二百圆
	三级俸二千圆
	四级俸千八百圆

参事官

秘书官

书记官

税务监督局长

烟草专卖局书记官

临时烟草制造准备局事务官

山林局书记官

特许局事务官

大林区署事务官

制铁所书记官
铁道作业局部长　　　　上照高等文官年俸第一号表
外务省翻译官
临时检疫事务官
监狱事务官
造神宫主事
大藏省鉴定官
税关事务官
税关监视官
税关鉴定官
烟草专卖局事务官
樟脑事务局事务官
酿造试验所事务官
临时调查秩录处分局事务官
视学官
图书审查官
文部编修
商工局保险事务官
山林局事务官
山林局监督官
特许局审查官
矿山监督官
制铁所事务官
水产讲习所教授
农务局事务官

铁道事务官
通信事务官
海事局长
海事官
高等海员审判所审判官
高等海员审判所理事官
地方海员审判所审判官　　　上照高等文官年俸第二号表
地方海员审判所理事官
税务监督局事务官
烟草专卖局候补事务官
税务官
候补山林局监督官
林务官
铁道候补事务官
候补通信事务官
东京邮便电信学校教授　　　上照高等文官年俸第三号表
　　贵族院及众议院之部
书记官长　　　　　　　　　年俸三千圆
书记官　　　　　　　　　　照高等文官年俸第一号表

各省敕任参事官之官等为高等官二等，年俸三千圆。

凡航路标识管理所长、横滨税关长、神户税关长、大阪税关长、长崎税关长、函馆税关长、东京邮便电信学校长，限受一级俸而在职满五年以上有功绩者，得给五百圆以内之年功加俸。又，商船学校长而已叙高等官二等者，其年俸为三千圆。

照高等文官年俸第一号表之职员，限受一级俸而在职满五年以上有功绩者,得给五百圆以内之年功加俸。其照第二号表之职员,则得升叙高等官三等。

照高等文官年俸第三号表之职员,限受一级俸而在职满五年以上有功绩者,得给三百圆以内之年功加俸,升叙高等官五等。

第十一条 同一官职而因官等异其俸给者,当据本令所定高等文官官等相当俸给表,各照其官等给之。

第十二条 同一官职在同一等级内而其俸给有数级者,据其等级,视事务之烦简,本属长官得便宜增减之。

第十三条 高等文官而有死亡者,无论其时在职与不在职,照在职最终之年俸,给三分之一以与其遗族。但此遗族,乃指官吏遗族扶助法中所称之遗族也。

终身官则惟在职中死亡者,照前项之规定。

第十四条 年俸作为十二分,按月支给之。

第十五条 俸给,凡新任、增俸、减俸,总自发令之明日计算。

第十六条 非职、废官、退官、辞职及死亡者,当以其年俸,按月割[①]计算,给以本月分之全额。

第十七条 非职、废官、退官者,尚续办公干、调理余务、承特命而在从事公务之间,则犹给以从前之年俸。

第十八条 因病不能视事而逾九十日者及因私事不及奉公而逾三十日者,减俸给之半额。但因公事而受伤痍、罹疾病及有服忌者或特旨赐假休养者,不在此例。

第十九条 支发俸给之细则以大藏大臣之省令定之。

---

① 月割,即每月平均、按月。

附　　则

第二十条　本令以明治二十五年十一月二十日施行，但第十四条则以明治二十六年一月一日施行。

第二十一条　明治二十四年敕令第八十二号高等官任命及俸给令并是年敕令第二百十五号文武高等官官职等级表，以本令施行之日废去。

在他之关于俸给敕令中，向照明治二十四年敕令第八十二号中第一号表、第二号表、第三号表规定者，自本令施行之后，即当据本令中同号之高等官年俸各表。

第二十二条　现任之高等官而本令施行之际未尝别给辞令书者，可据下表，叙以与明治二十四年敕令第二百十五号文武高等官之官职等级表中所规定之等级、两相对照之官等。现任判事、检事而本令施行之际未尝别给辞令书者，照现所受之俸给，叙以与高等文官官等相当俸给表中所定之相当官等。

●●●得为奏任之诸官　明治三十二年（1899年）敕令

如下所列之官得为奏任，此其官等为高等官三等：

　　一　内阁统计局长。

　　一　印刷局长。

　　一　各省局长。

　　一　传染病研究所长。

　　一　造币局长。

　　一　专卖局长。

　　一　知事。

●●●秘书官官等之初叙及升叙 明治三十年（1897年）敕令

内阁总理大臣秘书官、各省大臣秘书官及台湾总督府秘书官官等之初叙及升叙，得不照高等官官等俸给令第七条及第八条之规程。但他官之兼秘书官者，不在此限。

●●●判任官俸给令 明治二十四年（1891年）敕令

第一条 判任文官之月俸分为十级，每月下旬据别表支给之。

第二条 海陆军准士官、下士之月俸其有特定者，不在前条之例。

第三条 判任官非每级在职一年以上，不得增给。

但六级俸以下者不在此限。

第四条 判任官受最上俸给已逾五年而事务练熟为优等者，则不拘别表之范围，得以渐次加至百圆之增俸。

第五条 在官死亡者，以三个月份之月俸给其遗族，非职者亦同此例。但此遗族乃指官吏遗族扶助法所称之遗族也。

第六条 除前条之外，则支发俸给，胥据高等官官等俸给令第十五条、第十六条、第十七条、第十八条之例。

第七条 支发俸给之细则以大藏大臣省令定之。

附　则

第八条 本令以明治二十四年八月十六日施行。

明治十九年敕令第三十六号之判任官官等俸给令以本令施行之日

废去。

别　表

一级	七十五圆	二级	六十圆
三级	五十圆	四级	四十五圆
五级	四十圆	六级	三十五圆
七级	三十圆	八级	二十五圆
九级	二十圆	十级	十五圆

●●●技术官俸给令 明治三十一年（1898年）敕令

第一条　各厅之需用工艺技术者，得特置技术官。

第二条　技术官分为技师、技手。

第三条　技师为奏任，技手为判任。

但各厅须置敕任技师者，于官制定之。

第四条　技师之年俸除别有所定者之外，均据别表。

但奏任技师受一级俸，在职满五年以上而有功绩者，得特给五百圆以内之年功加俸。

第五条　技术官视各厅事务之繁简，其俸给或给与最低额以下。

附　　则

第六条　本令以明治三十一年十一月一日施行。

明治三十年敕令第百八十一号，又是年敕令第百五十二号以本令施行之日废去。

别表　技师年俸

一级	四千圆	二级	三千五百圆
三级	三千圆		
上敕任			
一级	二千五百圆	二级	二千二百圆
三级	二千圆	四级	千八百圆
五级	千六百圆	六级	千四百圆
七级	千二百圆	八级	千圆
九级	九百圆	十级	八百圆
十一级	七百圆	十二级	六百圆
上奏任			

●●●**在一定时间外服业之技手日所给与之额**

明治三十二年（1899年）敕令

凡使服务工场之技手在一定时间外服业者，得于俸额预算定额内给与日额六十钱以内之金额。

●●●**应外国政府招聘之官吏** 明治三十三年（1900年）敕令

官吏受许可而应外国政府之招聘者，得立于定员外。但由应聘之日起至解约归朝之日止，其间不支给俸给及旅费。

●●●**官制及俸给令改正时支发俸给之法** 明治二十四年（1891年）敕令

凡据官制或俸给令之改正所当新给之俸金，胥自新法施行之本日起算。

●●●文官俸给支发细则 明治二十五年（1892年）大藏省令

第一条 高等文官及判任文官之俸给，各厅当照下列之定日支给之，但遇休假日则延至假后之次日：

　　属于外务省及其所管之经费之官厅。

　　属于内务省及其所管之经费之官厅。

　　属于大藏省及其所管之经费之官厅。

以上每月二十一日。

　　属于陆军省及其所管之经费之官厅。

　　属于海军省及其所管之经费之官厅。

　　属于司法省及其所管之经费之官厅。

以上每月二十二日。

　　属于文部省及其所管之经费之官厅。

　　属于农商务省及其所管之经费之官厅。

　　属于递信省及其所管之经费之官厅。

　　属于拓殖务省及其所管之经费之官厅。

以上每月二十三日。

第二条 非职、废官、退官、辞职及死亡者，予以本月份之俸给全额，亦终其日支发。

据高等官官等俸给令第十七条而命调理余务者，若涉及次月以降，予全月俸，仍据第一条之支发定日。但其最后之月，则以日割[①]于调理完结之日给之。

第三条 转任者之俸给，至发令之当日归甲官厅负担，次日以降则乙

---

① 日割，即按日。

官厅支给之。

第四条 凡转任他厅者,不必拘第一条之支发日,可按日割计算,以迄于发令当日之俸给即时支发。

第五条 当转任他厅之际而俸给有预支,由前任官厅于其时追征之。

第六条 既过支发俸给之定日后由他官厅转任而来者,由后任官厅以其月残余日数之俸给临时给予之。

第七条 据高等官官等俸给令第十八条而减给者,遇非职、废官、退官、退职及死亡,则予以所减给本月分之金额。

第八条 伤痍、忌引及特旨赐假[①],虽与疾病或一己之事故障碍相连续,不算入当减俸之缺勤日数中。又,疾病与一己之事故障碍相连续,不通算之。

第九条 当支俸时,如有计算上未满厘位之零数,则除去不计。

日割计算之法,当据其月之现有日数。

●●●支发佣员俸给及其他诸手当之法 明治二十六年(1893年)敕令

给佣员俸给及其他诸手当而以月额支给者,得于每月下旬支给之。

●●●枢密院议长、副议长、顾问官并书记官长、书记官年俸 明治二十四年(1891年)敕令

枢密院议长、副议长、顾问官并书记官长、书记官之年俸,改定如下:

议长　　　　　　　　　　五千圆

---

① 原文为"赐暇",应系排版之误。

副议长	四千五百圆
顾问官	四千圆
书记官长	三千五百圆
书记官	照高等文官年俸第一号表

附　则

本令以明治二十四年八月十六日施行。

●●●内大臣及内大臣秘书官、宫中顾问官之俸给

<u>明治二十二年（1889 年）宫内省达</u>

兹改定内大臣以下之俸给，凡内大臣，赐予宫内省官制第五十条之高等官俸给第一级俸。宫中顾问官据其等位，赐予是条第三、四、五、六级俸以内。内大臣秘书官据其等位，赐予是条第一、二、三、四级俸以内。

●●●侍从职干事俸给 <u>明治二十三年（1890 年）宫内省达</u>

侍从职干事俸给，据其等位，赐予宫内省官制第五十条高等官俸给第三、四、五、六级俸以内。

●●●皇族职员官等、俸给 <u>明治二十二年（1889 年）宫内省达</u>

皇族职员官等改定如下，其高等官俸给据宫内省官制第五十条之高等官俸给表，别当赐予第四、五、六、七级俸以内，家令则据其等位赐予第一、二、三、四级俸以内。

亲王家	有栖川宫　小松宫　伏见宫　闲院宫　东伏见宫

别当	各一人	敕任二等
家令	各一人	奏任二等以下
家扶	无定员	判任一等以下四等以上
家从	无定员	判任四等、五等、六等
诸王家 _{华顶宫 山阶宫 贺阳宫 久迩宫 梨本宫 北白川宫}		
家令	各一人	奏任二等以下
家扶		判任一等以下四等以上
家从		判任四等、五等、六等

●●● **侍医俸给** 明治三十一年(1898年)宫内省达

侍医之俸给,凡一等、二等赐予第一级俸至第五级俸以内,三等以下赐予第一级俸至第六级俸以内。

●●● **帝国博物馆、帝国京都及奈良博物馆书记之官等、俸给** 明治三十一年(1898年)宫内省达甲

帝国博物馆、帝国京都博物馆、帝国奈良博物馆书记之官等俸给,自今照宫内省官制第五十条属官之官等俸给。

●●● **帝国各博物馆技手之官等、俸给** 明治二十三年(1890年)宫内省达

帝国博物馆、帝国京都博物馆、帝国奈良博物馆技手之官等俸给,自今照宫内省官制第五十条技手之官等俸给。

●●●**在外公馆职员之官等令** 明治三十二年（1899年）敕令

第一条 在外公馆职员之官等，据下表：

高等官一等	同 二 等	同 三 等	同 四 等	同 五 等	同 六 等	同 七 等
特命全权公使	特命全权公使 办理公使	公使馆一等书记官 总 领 事	公使馆一等书记官 总 领 事 公使馆二等书记官 领 事 贸易事务官	公使馆二等书记官 公使馆三等书记官 领 事 贸易事务官	公使馆二等书记官 公使馆三等书记官 领 事 贸易事务官 公使馆一等通译官 候补外交官 候补领事官	公使馆三等书记官 领 事 贸易事务官 副 领 事 公使馆二等通译官 候补外交官 候补领事官

总领事如居高等官三等、已满三年以上而有功绩者，得升叙高等官二等。领事、贸易事务官如居高等官四等、已满三年以上而有功绩者，得升叙高等官三等。

第二条 本令所不规定者，胥据高等官之官等俸给令。

附　　则

第三条 明治二十六年敕令第百七十号以本令施行之日废去。

第四条 本令施行之际而未尝别给辞令书者，则叙以与现在官等相当之官等。

●●●**支发通译官及通译生之俸给与旅费之法**

明治二十八年（1895年）敕令

第一条 公使馆一等通译官、二等通译官之俸给及旅费照其官等，而用公使馆三等书记官及候补外交官之规程。

第二条 公使馆通译生、领事馆通译生、贸易事务馆通译生之俸给及旅费,用公使馆书记生、领事馆书记生之规程。

●●●警察监狱学校职员之俸给令 明治三十二年(1899年)敕令

警察监狱学校教授及干事之俸给,照高等官之官等俸给令中高等文官年俸之第二号表。

●●●警察监狱学校通译官之官等、俸给 明治三十三年(1900年)敕令

警察监狱学校通译官,为高等官五等以下,其年俸视下表:

一级	二级	三级	四级	五级	六级	七级	八级	九级	十级
千八百圆	千六百圆	千四百圆	千二百圆	千圆	九百圆	八百圆	七百圆	六百圆	五百圆

附　则

本令以明治三十三年四月一日施行。

●●●神宫司厅职官之官等、俸给 明治三十三年(1900年)敕令

神宫司厅职员之官等、俸给视下表:

	敕任		奏任						判任			
	亲任	二等	三等	四等	五等	六等	七等	八等	一等	二等	三等	四等
官名	祭主	大宫司	大宫司	少宫司	祢宜	祢宜	祢宜	祢宜	权祢宜	权祢宜	宫掌	宫掌
年俸	三千圆	千六百圆	千四百五十圆下千百圆	千三百圆七百圆	八百圆六百圆	六百五十圆五百圆	五百五十圆四百二十圆	四百五十圆上	三百五十圆三百二十圆	三百圆二百八十圆	二百四十圆二百二十圆	二百圆百八十圆

附　则

本令以明治三十三年四月一日施行。

●●●神部署职员俸给之支发规则 明治三十五年（1902年）内务省令

第一条　神部署长、神部之俸给据第一号表，补用神部之俸给据第二号表。

第二条　其支俸法，神部署长、神部视高等官俸给支发之例，补用神部视判任官俸给支发之例。

附　则

第三条　本令施行之际而未尝别受辞令者，则食与现在所受俸给额相当之等级俸。

一号表

年俸 职名	一级俸	二级俸	三级俸	四级俸
神部署长	八百圆	七百圆	六百五十圆	六百圆
神部	五百五十圆	五百圆	四百五十圆	四百圆

二号表

年俸 职名	一级俸	二级俸	三级俸	四级俸	五级俸	六级俸	七级俸	八级俸
补用神部	三百五十圆	三百二十圆	三百圆	二百八十圆	二百四十圆	二百二十圆	二百圆	百八十圆

●●●官国币社神职之俸给规则 明治三十五年（1902年）内务省令

第一条　官国币社宫司、权宫司之俸给据第一号表，祢宜、主典、宫掌之俸给据第二号表。

第二条　初补官国币社宫司或权宫司者之俸给予四级俸以下，初补官国币社祢宜、主典、宫掌者之俸给予二级俸以下。

在神宫祢宜以上之神官、神部署长、神部署神部、官国币社宫司、权宫司之职者或曾在职者，而补官国币社宫司或权宫司之时，不拘本条之限制，照在前职之年数，准次条而予以俸给。神宫权祢宜、宫掌、补用神部署神部等，而补官国币社祢宜、主典、宫掌时，亦同。

第三条　宫司、权宫司非每级在职二年以上，不得增俸。祢宜、主典、宫掌，非每级在职一年以上，不得增俸。

据前条第二、第三项而命补时，其在前职之期间通算入前项之期间中。

第四条　官国币社神职而兼他之官国币社神职者，不给兼俸。

第五条　其俸给由保存金支给之，在并不受有保存金之神社自基本财产之收入款支出。但定员以外增置之主典，则俸给自社入金支出。

第六条　官国币社神职而系名誉职者，地方长官得给以报酬。但在宫司、权宫司，则须受内务大臣之认可。

前项之报酬亦自保存金（并不受有保存金之神社则基本财产之收入）及社入金中支给之，但定员外增置主典之报酬则专自社入金支出。

第七条　支发俸给法照文官俸给支发之例。

报酬以月额或年额支给者，亦同前项。

第八条　除内务大臣交付辞令者之外，凡官国币社神职之俸给额、报酬额及其增减，当每次由地方长官报告于内务大臣。

附　则

第九条　本令以明治三十五年四月一日施行。

第十条　从前之训达而有与本令相抵触，即将其抵触者废止之。

第十一条　本令施行之际而未尝别受辞令者，则食与现在所受俸给额相当之等级俸。

一号表

年俸 职名	一级俸	二级俸	三级俸	四级俸	五级俸
宫　司	四百圆	三百五十圆	三百圆	二百五十圆	二百圆
权宫司	三百五十圆	三百圆	二百五十圆	二百圆	百五十圆

二号表

年俸 职名	一级俸	二级俸	三级俸
祢　宜	百四十五圆	百二十圆	百圆
主　典	百圆	八十五圆	七十五圆

●●●传染病研究所职员之官等、俸给 明治三十二年（1899年）敕令

传染病研究所长为高等官二等，部长为高等官三等以下七等以上，其年俸则照技术官俸给令。

附　则

本令以明治三十二年四月一日施行。

●●●税关监吏之俸给 明治三十二年（1899年）敕令

税关监吏之月俸按照别表，但受一级俸而事务练达者得渐次给至三

十五圆。

附　则

本令以明治三十二年四月二十五日施行。

明治三十一年之敕令第三百十四号以本令施行之日废去。

别　表

一级	三十圆	二级	二十五圆	三级	二十二圆
四级	二十圆	五级	十八圆	六级	十五圆
七级	十二圆	八级	十　圆		

●●●陆军武官之官等表 明治三十五年（1902年）敕令

陆军官之官等改正如别表。

附　则

本令以明治三十五年二月一日施行。

向来之补用陆军监督在本令施行之际，得不用辞令书而任陆军一等副监督。

●●●陆军给与令 明治三十二年（1899年）敕令

要　目

第一章　总则

第二章　俸给

第三章　宅费

第四章　粮食

第五章　被服

第六章　马匹

第七章　消耗品

第八章　阵营具

第九章　杂则

第一章　总则

第一条　陆军军人、各部各队及本令中所特规定之军属,其给与均照本令。

第二条　本令中所有之名称区别如下：

一　军队者,谓步兵、骑兵、炮兵、工兵、辎重兵之各队及铁道大队、警备队。

二　下士[①]兵卒者,谓各兵科及其他之下士、兵卒、看护手、补充乐手、喇叭卒。

三　诸生徒者,谓生徒及士官候补生、监督候补生、见习医官、见习药剂官、见习兽医官、见习军吏、依托[②]学生、依托生徒、下士候补生。除学生

四　下士以下,即谓本条第二、第三款之所揭者。

五　营内居住,谓居住屯营及学校内者。

第三条　削除。

[①]　原文为"下卒",应系排版之误。

[②]　依托,即委托、代培。

陆军武官官等表

陆军大将														将官
				陆军军医总监	卫生部将官相当之官	陆军监督总监	经理部将官相当之官	陆军中将						
				陆军军医监		陆军监督监		陆军少校						
		陆军一等兽医生	兽医部上长官	陆军一等军医正 陆军一等药剂正	卫生部上将官	陆军一等监督	经理部上长官	陆军轻重兵大佐	陆军工兵大佐	陆军炮兵大佐	陆军骑兵大佐	陆军步兵大佐	陆军宪兵大佐	各兵科佐官（上长官）
		陆军二等兽医生		陆军二等军医正 陆军二等药剂正		陆军二等监督		陆军轻重兵中佐	陆军工兵中佐	陆军炮兵中佐	陆军骑兵中佐	陆军步兵中佐	陆军宪兵中佐	
		陆军三等兽医生		陆军三等军医正 陆军三等药剂正		陆军三等监督		陆军轻重兵少佐	陆军工兵少佐	陆军炮兵少佐	陆军骑兵少佐	陆军步兵少佐	陆军宪兵少佐	
		陆军一等兽医	兽医部士官	陆军一等军医 陆军一等药剂官	卫生部士官	陆军一等副监督 陆军一等军吏	经理部士官	陆军轻重兵大尉	陆军工兵大尉	陆军炮兵大尉	陆军骑兵大尉	陆军步兵大尉	陆军宪兵大尉	各兵科尉官（士官）
		陆军二等兽医		陆军二等军医 陆军二等药剂官		陆军二等副监督 陆军二等军吏		陆军轻重兵中尉	陆军工兵中尉	陆军炮兵中尉	陆军骑兵中尉	陆军步兵中尉	陆军宪兵中尉	
陆军乐长	军乐部士官	陆军三等兽医		陆军三等军医 陆军三等药剂正		陆军三等副监督 陆军三等军吏		陆军轻重兵少尉	陆军工兵少尉	陆军炮兵少尉	陆军骑兵少尉	陆军步兵少尉	陆军宪兵少尉	
陆军补充乐长	军乐部准士官					陆军上等计手	经理部准士官	陆军辎重兵特务曹长	陆军工兵特务曹长 陆军工兵上等工长	陆军炮兵特务曹长 陆军炮兵上等工长	陆军骑兵特务曹长	陆军步兵特务曹长	陆军宪兵特务曹长	
陆军一等乐手	军乐部下士			陆军一等看护长	卫生部下士	陆军一等计手 陆军一等缝工长 陆军一等靴工长	经理部下士	陆军辎重兵曹长 陆军辎重兵一等蹄铁工长	陆军工兵曹长 陆军屯田工兵曹长	陆军炮兵曹长 陆军屯田炮兵曹长 陆军炮兵一等鞍工长 陆军炮兵一等铳工长 陆军炮兵一等木工长 陆军炮兵一等缝工长 陆军炮兵一等蹄铁工长	陆军骑兵曹长 陆军屯田骑兵军长 陆军骑兵一等蹄铁工长	陆军步兵曹长 陆军屯田步兵曹长	陆军宪兵曹长	各兵科准士官
陆军二等乐手				陆军二等看护长		陆军二等计手 陆军二等缝工长 陆军二等靴工长		陆军辎重兵军曹 陆军辎重兵二等蹄铁工长	陆军工兵军曹 陆军屯田工兵军曹	陆军炮兵军曹 陆军屯田炮兵军曹 陆军炮兵二等鞍工长 陆军炮兵二等铳工长 陆军炮兵二等木工长 陆军炮兵二等缝工长 陆军炮兵二等蹄铁工长	陆军骑兵军曹 陆军屯田骑兵军曹 陆军骑兵三等蹄铁工长	陆军步兵军曹 陆军屯田步兵军曹	陆军宪兵军曹	各兵科下士
陆军三等乐手				陆军三等看护长		陆军三等计手 陆军三等缝工长 陆军三等靴工长		陆军辎重兵伍长 陆军辎重兵三等蹄铁工长 陆军辎重兵缝工长 陆军辎重兵靴工长	陆军工兵伍长 陆军屯田工兵伍长 陆军工兵缝工长 陆军工兵靴工长	陆军炮兵伍长 陆军屯田炮兵伍长 陆军炮兵三等鞍工长 陆军炮兵三等铳工长 陆军炮兵三等木工长 陆军炮兵三等缝工长 陆军炮兵三等蹄铁工长 陆军炮兵三等靴工长	陆军骑兵伍长 陆军屯田骑兵伍长 陆军骑兵三等蹄铁工长 陆军骑兵缝工长 陆军骑兵靴工长	陆军步兵伍长 陆军屯田步兵伍长 陆军步兵缝工长 陆军步兵靴工长	陆军宪兵伍长	

第二章　俸给

第四条　俸给分为下之三种：
　　一　俸给。　　　　给准士官以上者。
　　二　给资。　　　　给下士、兵卒者。
　　三　手当金。　　　给诸生徒者。

第五条　准士官以上其在现役中者,俸给据第一表,但停职中则给半额。

第六条　准士官以上在职者加给第二表之职务俸,其区别由陆军大臣定之。但在参谋总长、教育总监及都督职之中将给以大将之年额,而许留学外国者不给职务俸。

第七条　现役下士、兵卒之给资据第三表甲,诸生徒之手当金据第四表。

第七条之二　在北海道奉差之准士官以上及营外居住之下士、卒以下给奉差加俸,其定额据第八表宅费之额。

第八条　下士、兵卒而遇下之事项则给加俸,其定额列于下之第一款者照第五表,第二以至第五款者照第六表：
　　一　居住营外之下士、兵卒,给外宿加俸。
　　二　宪兵下士、上等兵,给宪兵加俸。
　　三　警备队下士、兵卒而许外泊者,给外泊加俸。在队之上等兵、看护手,阅二年以上者,给在队加俸。
　　四　炮兵上等工长、补充乐长、乐手、补充乐手,并居住营外之一、二、三等各工长及火工下士,给技术加俸。
　　五　宪兵准士官、下士、上等兵而被命为通译者,给通译加俸。

第九条 俸给以每月下旬支发，但营内居住之下士以下则每旬支发。

第十条 乐长而勤劳有年、成绩显著者得由陆军大臣加给第七表之特别俸，但此时即不给第六表之职务俸。

第十一条 给以一等至四等给及下士特别给者之定员，并支给技术加俸、通译加俸之区分，由陆军大臣定之。

第十二条 被命代理上级职务者于第二表职务俸之外，加给上级官等之职务俸十分之二，但其上务之职务有数等给者则照其最下给。

第十三条 附入惩治队者，士官加俸给五分之一，下士以下加给资三分之一。

第十四条 在陆军部内有兼职者或武官而被任为文官者，就其俸给额之多者给之。

第十五条 休职、停职、预备役、后备役、退役者，在事务交替之中，照在职或现役之俸给给之。

第十六条 预备役、后备役之准士官以上而在召集之中，准在职而予俸给，但其俸给有一、二等者则照二等给。

预备役、后备役之下士、兵卒及补充兵而在召集之中，其给资据第三表乙，但以战时或事变而召集者及平时就部队之职务者则照现役之例。

第十七条 准士官以上及下士以下，有在请愿、休假、疾气、引笼、拘禁、留置之中，或擅离职役、屯营、本队，或赴他方无故而后归期，或生死不明，凡此皆减其俸给或停止之。

凡军属判任以上者，除请愿、休假、疾病、引笼外，如有前项情事，亦准于军人。

第十七条之二 下士之居住营内及五年以上者，或值迁为准士官，或现役满期及免除现役，或免官与死亡，或徙居于营外，则给退营赐金，其定额照第七表。

第十七条之三 下士之违法令而失职者，不给退营赐金。

第十七条之四 下士初任之时给初任手当，其定额照第七表之三。

第十七条之五 现役下士之受有勤功章者在营时，每年五月及十一月给勤功褒赏金，其定额照第七表之四。

第三章 宅费

第十八条 宅费系给在职之准士官以上及居住营外之现役下士、兵卒者，其月额照第八表。而居住营内之下士，使入诸学校而外宿之时同。

前项之宅费每以次月之下旬给之。

预备役、后备役之下士以上，平时就部队之职务者，其宅费亦照前二项。

凡休职、停职、预备役、后备役、退役者，在交替事务之中，准在职或现役给予宅费。

第十九条 武官之被任为文官而受文官之俸给者，居住于官舍者及在赴任旅行中者，不给宅费。

第二十条 擅离职役、屯营、本队者，无故而后归期者，及在禁锢中者，亦停给宅费。

第四章 粮食

第二十一条 粮食，凡准士官以上及居住营外之下士以下皆自办。

居住营内之下士以下及自办粮食之人因公务而受伤痍、罹疾病入病院者,或居住营内之下士以下离去现役或召集解除之际因疾病及他故难使归乡者,则官给,其定额照第九表。但幼年学校生徒中,半特待生由官给精米而自办炊费。士官候补生、主计候补生、幼年学校特待生在校中除入病院时,据日数增给炊费,其定额照第九表。

第二十二条 军队之粮食按居住营内之下士以下之现在人员发与定额。

第二十三条 居住营内之下士而被命入诸学校与外泊者,并准士官以上,居住营外之下士以下及军属而传染病流行之际、命梭巡病院且遮断交通者,给食费,其定额照第九表。

第二十四条 准士官以上、下士以下演习中在露营及夜间作业或夜中行军者,及宪兵下士、上等兵夜中巡逻者,其他下士、兵卒值班不寝者,给夜食费,其定额照第九表,军属、马丁亦如之。

第二十五条 准士官以上、下士以下野外演习中而自行炊爨者,或演习召集之际被命梭巡屯营内者,又或在卫戍分遣队服务中者,发给粮食,其定额照第九表,军属、马丁亦如之。

诸队连合以行野外演习而自炊之时或各队粮食定额不同之时,得从其多额给之。

准补出师所用之粮食品因新陈交换,得易平时军队之粮食以给之,其数额照第十表。

前项之时,并给补助炊费,以代薪及充其他之诸费,其定额则陆军大臣定之。

第二十六条 在拘禁、留置、惩罚中者,给粮食,_{在宪兵队之留置场则给食费}其定额照第十一表。

第二十七条 在惩治队或诸学校及病院者,则第二十一条、二十四条、二十五条、二十六条之给与，按现有人员发与定额，而委队长、校长或院长经理之。

第二十八条 未决监或已决监而入监中者，其粮食按现有人员发与定额，而委监狱长经理之。但在监狱而为执行营仓处分之中者，其粮食同。

第二十八条之二 属于委任经理之粮米炊费，得约算一月以内之数额而预付之。

第五章　被服

第二十九条 削除。

第三十条 士官及准士官初任时给服装手当。但由准士官而任为士官，及一年志愿兵出身者而任为预备役、后备役士官，不在此限。

士官初就本分乘马之职，或奉命代理本分乘马之上长官职务者，给马装手当。

服装手当及马装手当之定额照第十二表。

第三十一条 居住营内之下士以下、宪兵下士、上等兵、乐手、补充乐手，及召集中之预备役、后备役下士以下并补充兵，均给发或贷与第十三表中所须之被服。

第三十二条 在军队、惩治队、诸学校及病院中附备第十四表中所须之被服。

第三十三条 前二条被服之种类、定数及保存期限，陆军大臣定之。

第三十四条 下士以下之被服照其定员（无定员者照其现在人员）以现品及金额发交于其部队，附备被服则照其定数发交之。

前项现品之定尺及金额，陆军大臣定之。

第三十五条　发交宪兵队、军乐队、惩治队、诸学校、病院之被服,即委其队长、校长及院长经理之。

第三十六条　居住营外之下士以下惟必不可缺之被服,得给发或贷与。

第三十七条　军人、军属得据地方之状况,给发或贷与特色之被服。

第三十八条　当动员之际,各部各队之预备役、后备役下士、兵卒并补充兵所需之被服,照其定员,以现品或金额渐次发交各师团。

第六章　马匹

第三十九条　士官以上其本分在乘马而现有饲养之马匹者,饲养期间之内给马粮及系畜费,其定额照第二十一表。

第四十条　骑兵、炮兵、辎重兵之队马,其马粮及装蹄费、剔毛费俱照现有马数发与定额。宪兵队^{除装蹄费剔毛费}、诸学校^{在骑兵实施学校则除装蹄费剔毛费}亦准此,而委其队长或校长经理之,其定额则照第二十一表及第二十二表。

第四十一条　削除。

第四十二条　骑兵、炮兵、辎重兵之各队及诸学校共装蹄及剔毛器械,初次附备现品,其后则于装蹄费、剔毛费之内使以费保续之。

第四十三条　少佐及与少佐相当之官初就本分乘马之职,给马匹手当。其职而须副马者,则另给之,定额照第二十二表。

士官奉命代理本分乘马之上长官职务者,准前项。

第四十四条　本分乘马之士官,其所乘之马,初次给购买马匹费,其后则给马匹保续费,定额照第二十二表。

前项之定额,照马数而发交各该管委员,委之经理。但无定数者,则照现有马数。

第四十五条　前条饲养乘马之中，虽给马粮及系畜费之定额，然若转免死亡或诸学校学生在派遣之中，则使返其马匹于委员，交与马粮及系畜费之定额，委之经理。惟派遣仅在一年以内者，则仍听其饲养。

附诸学校附之士官而以归队奉公，在军队派遣中者亦同前项。

第四十六条　删除

第四十七条　军队旅行、演习旅行或阵营移徙之时，得给第二十一表之增饲。

前项之增饲，在给有系畜费者，得以代金给之。

第四十七条之二　属于委任经理之马粮，得约算一月以内之数额而预付之。

第七章　消耗品

第四十八条　军队之消耗品分为消耗品费及暖室所用薪炭费之二种，发交定额，其定额照第二十三及第二十四表。

第四十九条　预备役、后备役准士官以上及下士、兵卒并补充兵而在召集之中，其消耗品费据定额发交于所属之队，而定额则照第二十五表。

第五十条　军队于不成全队之时，其消耗品费之定额照第二十五表，但步兵、炮兵联队本部之定额则照第二十三表。

第五十一条　第四十九条及第五十条中，照第二十五表之消耗品费，按现有人员发交之。

第五十二条　暖室所用薪炭费按暖室器附备之现数及焚法期限而发

交之。但所谓焚法期限,虽照第二十四表,然得于其定额以内伸缩之。

第八章　阵营具

第五十三条　军队之阵营具分如下之四种:
　　一　营中具。
　　二　队中具。
　　三　庖厨具。
　　四　厩舍具。

第五十四条　军队之阵营具初次附备现品,其后每月发交定额,为永续费,其定额照第二十六表。

第五十五条　预备役、后备役、准士官以上及下士、兵卒并补充兵而在召集之中,其阵营具永续费据定额发交于所属之队,而定额则照第二十七表。

第五十六条　军队于不成全队之时,其阵营具永续费之定额照第二十七表,但步兵、炮兵联队本部之定额则照第二十六表。

第五十七条　第五十五条、五十六条中,照第二十七表之阵营具永续费,按现有人员或现有马数发交之。

第九章　杂则

第五十八条　居住营内之下士以下而有死亡者给埋葬费,其定额照第二十八表。预备役、后备役之下士、兵卒及补充兵在召集之中而有死亡者同。

第一表　现役俸

官　名	年　额	官　名	年　额
大　将	三千圆	少佐与少佐相当之官	五百十六圆
中将与中将相当之官	二千圆	大尉与大尉相当之官	三百圆
少将与少将相当之官	千五百七十五圆	中尉与中尉相当之官	二百二十八圆
大佐与大佐相当之官	千百十六圆	少尉与少尉相当之官	百八十圆
中佐与中佐相当之官	八百十六圆	准士官	百二十圆

第二表　职务俸

官　名	年　额			
^	甲		乙	
大　将	三千圆			
中将与中将相当之官	二千圆			
少将与少将相当之官	千五百七十五圆			
大佐与大佐相当之官	千二百三十六圆			
中佐与中佐相当之官	九百三十六圆			
少佐与少佐相当之官	七百八圆			
大尉与大尉相当之官	一等	五百四十圆		
^	二等	四百二十圆		
中尉与中尉相当之官	一等	三百十二圆		
^	二等	二百四圆		
少尉与少尉相当之官	百八十圆		一等	三百六十圆
^	^		二等	三百圆
准士官			一等	二百九十七圆六十钱
^	^		二等	二百三十七圆六十钱
^	^		三等	百七十七圆六十钱

(备考)明治三十二年六月六日现为中尉及与中尉相当之官、少尉及与少尉相当之官者,其职务俸额而异于本表之给额,则以在其职务间为限,俱从多额给之。但惟宪兵司令部及宪兵队之中(少)尉,职务虽迁,尚照多额。

第三表甲　给资

名　　称	等级		月　额	名　称	月　额
曹长并与相当之官 一　等　诸　工　长	特别	甲	二十四圆十钱	上等兵 看护手	一圆五十钱
		乙	十九圆十钱		
	一等		十五圆三十钱	宪兵上等兵 补充乐手	二圆六十四钱
	二等		十三圆二十钱		
	三等		十一圆七十钱		
军曹并与相当之官 二　等　诸　工　长	一等		九圆九十钱	一二等卒	一圆二十钱
	二等		八圆四十钱		
	三等		六圆九十钱		
	四等		六　　圆		
伍长并与相当之官 三　等　诸　工　长	一等		四圆五十钱		
	二等		三圆六十钱		
下士勤务上等兵 看护长勤务看护手			一圆八十钱	惩治卒	六十钱
警备队下士勤务上等兵 警备队看护长勤务看护手			二圆七十钱		

(备考)本表中下士勤务之上等兵,谓勤务伍长、蹄铁工长及计手之上等兵。

下士勤务之上等兵或看护长勤务之看护手,定员之内,而被任为伍长或与伍长相当之官者,其给资同于在定员内时下士勤务之上等兵。

惟居住营外之一等蹄铁工长、一等看护长有特别给。

服缝工长或靴工长勤务之上等兵,其给资同于下士勤务之上等兵。

第三表乙　在召集中之给资

名　　称	等级	月　额	名　称	月　额
曹长并与曹长相当之官 一　等　诸　工　长	一等	五圆十钱	上等兵看护手	一圆五十钱
	二等	四圆五十钱		
	三等	三圆九十钱		
军曹并与曹长相当之官 二　等　诸　工　长	一等	三圆三十钱	补充乐手	二圆六十四钱
	二等	二圆八十五钱		
	三等	二圆四十钱		
	四等	二圆十钱		
伍长并与伍长相当之官 三　等　诸　工　长	一等	一圆八十钱	诸卒 诸工	一圆二十钱
	二等	一圆六十五钱		

(备考)预备役、后备役之见习士官、医官、药剂官,预备役之见习兽医官,其给资为月额四圆五钱。补充兵之给资同于诸卒。

曹长并与曹长相当之官及一等各工长,而在明治三十六年十一月三十日以前现役满期之际,受一等给者改二等给,受二等给者改三等给。

伍长并与伍长相当之官及三等各工长,而在明治三十六年十一月三十日以前现役满期者,予一等给。

第四表　手当金

名　称	月　额	名　称	月　额
见习士官	四圆五钱	下士候补生	一等手当	一圆五十钱
监督候补生			二等手当	一圆二十钱
见习医官				
见习药剂官				
见习兽医官				
经理部依托学生 卫生部依托学生 兽医部依托学生	十五圆	炮兵工科学校生徒 经理学校生徒 兽医学校生徒	一圆二十钱
军医学校生徒	十二圆		
经理部依托生徒 卫生部依托生徒 兽医部依托生徒	十圆	军乐学校生徒 陆地测量部 修技所生徒	一圆五十钱 十圆

（备考）监督候补生而奉命入经理学校者，其手当金视在职少尉之俸给额。

从经理学校依托学生出身者，其在队时手当金视见习主计之额，既入经理学校则视在职少尉之俸给额。

第五表　外宿加俸

名　称	月　额	名　称	月　额
曹长并与曹长相当之官 一　等　诸　工　长	八圆十钱	宪兵上等兵 补充乐手	七圆三十六钱
军曹并与军曹相当之官 二　等　诸　工　长	七圆 九十钱	诸　　　卒 诸　　　工	
伍长并与伍长相当之官 三　等　诸　工　长			

第六表　各种加俸

名　称	月额	名　称	月额
	外泊加俸		技术加俸
曹长并与相当之官 一　等　诸　工　长	九十九钱	炮兵上等工长 补充乐长	一等	四圆
曹长并与相当之官 二　等　诸　工　长	七十五钱	一二三等诸工长 火工下士	二等	三圆
伍长并与相当之官 三　等　诸　工　长		乐手	三等	二圆
兵　　　　　卒	五十一钱	补充乐手	四等	一圆

名　称	月额	名　称	月额
宪　兵　下　士	宪兵加俸		宪兵通译加俸
宪　兵　上　等　兵	三圆	宪兵准士官	一等	五圆
名称	二圆五十钱	宪兵下士	二等	四圆
	月额	宪兵上等兵	三等	三圆
兵卒	在队加俸			
	二十四钱		四等	二圆

第七表　特别俸

官　名	年　额			
	甲俸	乙俸	丙俸	丁俸
一等军吏	七百八十圆	六百六十圆		
乐　　长	五百四十圆	四百八十圆	四百二十圆	
上等工长 上等计手	五百四十圆	四百八十圆	四百二十圆	三百六十圆

(备考)在本令施行之际现为一等药剂官、一等兽医者,其特别俸额而异于第二表之额,则从多额给之。

第七表之二　下士退营赐金

在营年数	金　　额	在营年数	金　　额
五年	六十圆	九年	三百圆
六年	百二十圆	十年	三百六十圆
七年	百八十圆	十一年	四百二十圆
八年	二百四十圆	十二年	五百圆

(备考)当明治三十六年十一月三十日在营已四年(出身对马警备队兵卒者三年)以上者,其在营年数皆算为四年,是后再加算其在营年数。

在营十二年以上者照十二年之额。

出身对马警备队兵卒者,本表中之在营年数,递次各减一年。

第七表之三　初任手当

名　　　称	金　　额
下士初任手当	二十圆

第七表之四　勤功褒赏金

名　　称	支　给　期	金　　额
下士勤功褒赏金	五月	五圆
	十一月	五圆

(备考)支发期日,陆军大臣定之。在支发期日前而失其勤功章,或居住营外,或死亡者,不给。

第八表　宅费

名　　　称	月　　额	名　　　称	月　　额
大　　　将	二十五圆	曹长并与曹长相当之官 一　等　诸　工　长	一圆九十钱
中　　　将 与中将相当之官	十八圆七十五钱	军曹并与军曹相当之官 二　等　诸　工　长	一圆五十钱
少　　　将 与少将相当之官	十二圆五十钱	伍长并与伍长相当之官 三　等　诸　工　长	一圆 二十五钱
大佐与大佐相当之官	十圆	上等兵	一圆
中佐与中佐相当之官	八圆七十五钱	补充乐手	
少佐与少佐相当之官	七圆五十钱		
大尉与大尉相当之官	四圆七十五钱	诸卒	
中尉与大尉相当之官	四圆	诸工	
少尉与少尉相当之官	三圆五十钱		
准士官	三圆二十钱		

第九表　粮食及食费略

第十表　炊费换用品略

第十一表　拘禁者之粮食及食费略

第十二表　服役手当及马装手当略

第十三表　下士以下之被服

品　　目	品　　目	品　　目	品　　目
第一种帽	襟布	军队手牒	蒲团
前立	襦袢裤下	被服手入具	敷布
第二种帽	手套	背囊	枕
肩章	军靴	脊负袋	蚊帐
绒衣裤	脚袢	杂囊	防寒外套
夏衣裤	靴下	饭盒	防寒胴著及裤下
日覆	拍车	水筒	防寒毛布
外套	作业衣裤	饭骨柳	防寒手套
雨覆	前垂	厚毛布	防寒靴下
略衣裤	携带天幕	包布	

第十四表　附备之被服

品　目	品　目	品　目
厚毛布	大蚊帐	上靴
包布	单病衣	调骑裤
蒲团	袷病衣	体操头巾
大蒲团	装绵病衣	体操衣裤
敷布	衬衣	体操腹卷
枕	带	击剑衣裤
大枕	狂病衣	击剑腹卷
蚊帐	散步笠	

第十五至二十表　削除

第二十一表　马粮及系畜费以下各表均略

第二十二表　马匹之各定额

第二十三表　消耗品费

第二十四表　薪炭费及焚法期限

第二十五表　消耗品费之乘率

第二十六表　阵营具永续费

第二十七表　阵营具永续费之乘率

第二十八表　埋葬费

第二十九表　削除

●●●屯田兵给与令 明治三十二年(1899年)敕令

要　目

第一章　总则
第二章　俸给
第三章　宅费
第四章　粮食
第五章　被服
第六章　马匹
第七章　消耗品及阵营具
第八章　杂则

第一章　总则

第一条 屯田兵队之给与依本令，但准士官以上及非移住之下士，其给与于本令之外胥照陆军给与令。

第二条 本令中之名称区别如下：
一　屯田兵队者，谓屯田步兵、屯田骑兵、屯田炮兵、屯田工兵之现役、预备役诸队。
二　下士兵卒者，谓屯田兵出身之下士及兵卒。

第二章　俸给

第三条 不受扶助米盐菜费者而使服特别之勤务，则得予给资，其定额照陆军给与令第三表甲。

第四条 削除

第五条 削除

第六条 下士、兵卒在移住地之外服勤务者，给外宿加俸，其定额照陆军给与令第五表。

第七条 预备役、后备役之下士、兵卒$_{盐菜费者}^{除受扶助米}$而在召集之中，予给资，其定额照陆军给与令第三表乙。

第八条 陆军给与令中之第九条、第十一条及第十七条皆适用于本令。

第三章 宅费

第九条 受外宿加俸之下士给宅费，其定额照陆军给与令第八表。前项宅费每月下旬给之。

第十条 陆军给与令第十九条、第二十条适用于本令。

第四章 粮食

第十一条 如下所揭者，给第二表之食费：

一 因公受伤痍或罹疾病而入病室者。

二 现役下士、兵卒$_{加俸者}^{除受外宿}$受伤痍或罹疾病而入病室者。

三 扶助年限既满之下士、兵卒$_{加俸者}^{除受外宿}$而服勤务者，但给有粮食或旅费则不在此限。

四 预备役、后备役之下士、兵卒$_{年限中者}^{除在扶助}$而被召集者，及召集解散之时因痍伤疾病及其他之事故而难使归村者，但给有粮食或旅费则不在此限。

第十二条　下士、兵卒在野外演习中而自炊者给粮食，在露营或夜间作业、夜中行军者，或值班不寝者给夜食费，其定额照第二表。

第十三条　居营仓而在拘禁、留置及惩罚之中者，予陆军给与令中第十一表之给资。

第五章　被服

第十四条　下士、^{除在移住地}^{外服勤务者}兵卒之被服，官给之，其给与之区别如下：

一　现役、预备役之下士、兵卒按定员给现品，而其员数则照第四表。

二　后备役之下士、兵卒而在召集之中，按现有人员交付被服保续费于各队，而其定额则照第五表。

三　预备役、后备役之下士而就兵村监视之职者，给被服一笺。

四　前各款所称之现品，分地质与金额，交付之于各队。但其地质之定尺及金额由陆军大臣定之。

第十五条　现役、预备役之下士、兵卒因所需补修被服，每月按定员交付被服补修费之定额于各队，而其定额则照第五表。

第十六条　各队及病室所需附备之被服，其员数及永续费之定额照第六表，但其被服分地质与金额之二者以交付之。

第十七条　陆军给与令中之第三十七条，本令适用之。

第六章　马匹

第十八条　骑兵、炮兵之马匹于移住之始给之，附入步兵队骑兵下士之马匹于命其附队之时给之,但特务曹长及受外宿加俸之下士则贷与之。

惟下士、兵卒在现役之中,则前项之马匹废毙者,换给之。

步兵中队之马匹,初时给马匹购买费,以后给马匹保续费,其定额照第七表。

第十九条　骑兵及炮兵队之特务曹长、现役下士兵卒、附入步兵队之骑兵下士及步兵中队之马匹,给饲养费,其定额照第七表。但特务曹长、受外宿加俸之下士及步兵中队之马匹,给甲额,其他皆给乙额。

步兵队乘马斥候兵给自马饲养手当,其定额照第七表。

饲养费及自马饲养手当每月下旬给之。

受饲养费及自马饲养手当者,值军队或演旅行或习旅行,其马匹照陆军给与令中之第二十一表给与马粮,但给马粮之日数内不复给饲养费或自马饲养手当。

预备役、后备役之骑兵炮兵下士兵卒而在召集之中,其马匹亦照陆军给与令中之第二十一表,给予马粮。

第二十条　特务曹长及不受外宿加俸之下士,有因死亡或其他事故而返还贷与之马匹者,该队得以第七表饲养费之甲额以内饲养其马匹。

第二十一条　骑兵及炮兵队之特务曹长、现役下士兵卒、附入步兵队之骑兵下士及步兵中队等,其马匹按现有匹数交付装蹄费之定额,其定额照第七表。

预备役、后备役之骑兵炮兵下士兵卒与马匹共召集、而已及一周以上,则亦同前项。

骑兵及炮兵队之蹄装器械,初次附备现品,以后提装蹄费,使保续之。

第二十二条　骑兵及炮兵队之疗马器械,初次附备现品,以后月给永续费,其定额照第七表。

第二十三条　骑兵及炮兵队之特务曹长及现役下士兵卒之马匹,以相当制定马数十分之一交予马药费之定额,其定额照第七表。

预备役、后备役之骑兵炮兵下士兵卒与马匹共召集、而已及一周以上,亦准前项,交予相当现有马数十分之一之定额。

附入步兵队之骑兵下士及步兵中队之马匹而需用马药者,得自第七表之马药费定额中支办实费。

第七章　消耗品及阵营具

第二十四条　各队之消耗品,分为消耗品费及暖室所用薪炭费之二种,以交予定额,其定额照第八表及第九表。

后备役之下士兵卒而在召集之中,其消耗品费交予所属之队,而定额照第八表。

第二十五条　暖室所用薪炭费按暖室器现有附备之数及焚法期限而交予之,但焚法期限由陆军大臣斟酌土地之寒暖按第九表之范围定之。

第二十六条　各队之阵营具初次附备现品,以后每月给永续费,其额照第十表。

第八章　杂则

第二十七条　受扶助米盐菜费之现役或预备役下士、上等兵、看护手及喇叭卒中之一、二等卒而使服勤务者,给勤务手当,其金额照陆军给与令第三表甲。

第二十八条 现役下士兵卒（除受外宿加俸者）而有死亡者,给埋葬费,其定额照陆军给与令中之第二十八表。

预备役、后备役之下士兵卒有在召集中而死亡者,亦同。

第二十九条 陆军给与令中之条项适用于本令者,其条项若系诸居住营外之人,则用受外宿加俸者。

第一表 削除

第二表 粮食及食费

粮食	一人一日之额		食费	一人一日之额	夜食费	三钱
	精米	炊费		十二钱		
	六合	九钱九厘				

第三表 削除

第四表 给与出身屯田兵之下士卒被服

品目	名称	服役中给与数	给与之区别
第二种帽	步骑炮工兵之下士	三个	初次给二个,满三年更给一个
	步骑炮工兵之兵卒	二个	初次给二个
	步骑炮工兵之日勤下士上等兵	四个	初次给二个,以后每满三年给一个
绒衣裤	步骑炮工兵之下士	二组	初次给二组
	步骑炮工兵之兵卒	一组	初次给一组
	步骑炮工兵之日勤下士上等兵	三组	初次给二组,满三年更给一组
日覆	步骑炮工兵之下士兵卒	一个	初次给一个
	步骑炮工兵之日勤下士上等兵	一个	

（续表）

夏衣裤	步骑炮工兵之下士兵卒	二组	初次给二组
	步骑炮工兵之日勤下士上等兵	三组	初次给二组，满三年更给一组
外套	步骑炮工兵之下士兵卒	一个	初次给一个
	步骑炮工兵之日勤下士上等兵	一个	初次给一个，以后满四年交换之
略衣裤	步骑炮工兵之兵卒	二组	初次给二组
襟布	步骑炮工兵之下士兵卒	二个	初次给二个
	步骑炮工兵之日勤下士上等兵	四个	初次给一个，以后每满二年给一个
襦袢裤下	步骑炮工兵之下士兵卒	五组	初次给三组，满二年更给二组
	步骑炮工兵之日勤下士上等兵	九组	初次给三组，以后每满二年给二组
以木绵制成之手套	步骑炮工兵之下士兵卒	二组	初次给二组
	步炮工兵之日勤下士上等兵		
	骑兵之下士兵卒	三组	初次给二组，满二年更给一组
	骑兵之日勤下士上等兵		
短靴	步骑炮工兵之下士兵卒	五组	初次给二组，以后每满二年给一组
	步骑炮工兵之日勤下士上等兵	十三组	初次给二组，满一年更给一组以后每满八个月给一组
麻脚绊	步炮工兵之下士兵卒	二组	初次给二组
	步炮工兵之日勤下士上等兵	五组	初次给二组，以后每满二年给一组
革脚绊	骑兵之下士兵卒	二组	初次给二组
	骑兵之日勤下士上等兵	四组	初次给一组，以后每满二年给一组
靴下	步骑炮工兵之下士兵卒	八组	每年给一组
	步骑炮工兵之日勤下士上等兵	十六组	每年给二组
拍车	骑兵之下士兵卒	一组	初次给一组
作业衣裤	骑炮工兵之兵卒		

(续表)

手牒	步骑炮工兵之下士兵卒	一个	初次给一组
背囊	步炮工兵之下士兵卒		
被服手入具 绒刷、靴刷、磨刷、磨板、燕口袋、麻袋、涂墨器、栉、镁、锥丝卷、丝针	步骑炮工兵之下士兵卒	一组	初次给一组
饭盒	步骑炮工兵之下士兵卒	一个	初次给一组
水筒			
厚毛布	步骑炮工兵之下士兵卒	一个	初次给一组

(备考)步兵队乘马斥候兵、炮兵队乘马喇叭手,为乘马而须附备革脚绊二组、拍车一组者,贷与之。

给与靴及靴下,得随时宜而换给草鞋及草鞋挂。

受外宿加俸之附队下士,使备背囊、饭盒、水筒应用。

第五表 被服各费

名 称		月 额
被服补修费	各兵下士兵卒	三钱五厘
被服保续费	各兵下士兵卒	二钱四厘

第六表 附备被服

品 名	保存期限	宿番用			病室所用
		步兵大队 步兵中队	步兵分屯队	骑炮工兵队	
厚毛布 {四枚一组}	十九年	三	一	三	五
包布	十年	三	一	三	五

(续表)

装蒿蒲团	九年	三	一	三	五
装绵蒲团	五年				五
敷布 {二枚一组}	四年	三	一	三	五
枕	九年	三	一	三	五
蚊帐	十七年	三	一	三	五
单病衣	二年				五
袷病衣	四年				五
装绵病衣	四年				五
衬衣	二年				五
带	二年				五
防寒厚毛布 {二枚一组}	二十年	三	一	三	
永续费月额		三十八钱	十三钱	三十八钱	一圆五十钱

（备考）步兵大队值班夜宿之被服，惟与彼中队异其所在地者，为附备之。

第七表　马匹之各定额

		一	头		
马匹购买费	一次	三十五圆	自马饲养手当	月额	三圆
马匹保续费	年额	十圆			
饲养费	月额	甲额八圆	装蹄费		四十五钱
		乙额二圆	马药费		五十钱
疗马器械永续费	月额		区分		
		二圆五十钱	骑兵队		
		一圆	炮兵队		

第八表　消耗品费

名　称	月　额
大队本部	二十三圆二十钱六厘
步兵中队	十六圆八十八钱九厘
预备步兵中队	十二圆五十一钱
骑炮工兵队	十一圆五十钱

(备考)后备役之下士、兵卒而在召集之中,每名日给二厘。

第九表　薪炭费

品　目	一日一个之定价	焚　法　期　限
暖　炉　薪	五钱八厘	十月一日至五月十五日

第十表　阵营具永续费

名　称	月　额
大队本部	五圆五十六钱四厘
步兵中队	二圆三十一钱七厘
预备步兵中队	二圆二十三钱
骑兵队	五圆八十五钱八厘
炮兵队	五圆九十钱六厘
工兵队	五圆三十八钱五厘

(备考)与大队本部隔离之步兵中队,增额一圆三十二钱七厘。与大队本部隔离之预备步兵中队,增额一圆十五钱五厘。但二中队而同在一所,则增给于右翼中队。

与大队本部隔离之步兵中队（预备步兵中队同）而设置诊断所者,其一中队之诊断所给一圆四十九钱五厘,二中队之诊断所则给一圆五十七钱八厘于右翼中队。

●●● 驻外国之陆军武官给与令 明治三十年(1897年)敕令

第一条　命驻外国之陆军武官,其各种给与,除陆军给与令所定之现役俸、职务俸及宅费外,余照本令所定。

第二条　自本国出发时给出发手当,在本邦与所驻国之间往复时给旅次手当,驻在外国时给驻在手当。

第三条　驻外国而须乘马者,则贷与马匹而给以饲养费。但借马而用者,则给实费。

第四条　遇调查任务上必须之事项,或遇驻在国军队等之演习,派遣于离驻在地有七英里以上者,或使移徙者,则于驻在手当之外,更给派遣手当及汽车、船舶、车马等之实费。

第五条　出发手当、旅次①手当、派遣手当、驻在手当及饲马费之金额悉照别表。

第六条　本令施行之细则由陆军大臣定之。

附　　则

第七条　本令以明治三十年十月一日施行。

明治二十九年敕令第六十八号之驻外国视察陆军武官给与令自本令施行之日废去。

---

① 旅次,即旅行途中。

别　表

<table>
<tr><td colspan="7" align="center">驻外国之陆军武官给与表</td></tr>
<tr><td rowspan="3">出发手当</td><td colspan="2">金二百五十圆</td><td rowspan="3"></td><td rowspan="3"></td><td rowspan="3"></td><td rowspan="3"></td></tr>
<tr></tr>
<tr></tr>
<tr><td>驻在手当
饲马费</td><td rowspan="3">月额</td><td>金百三十圆以上</td><td rowspan="3">派遣手当</td><td rowspan="3">日额</td><td>甲额</td><td>佐官</td><td>金八圆</td></tr>
</table>

出发手当		金二百五十圆				佐官	金八圆
驻在手当 饲马费	月额	金百三十圆以上	派遣手当	日额	甲额	尉官	金六圆
		金三百十圆以下			乙额	佐尉官	金二圆
		金三十二圆					

	区　分	片道①海陆诸费
旅次手当	东京、德国柏林之间	金九百八十二圆
	东京、白国蒲郎森之间	金九百三十九圆
	东京、法国巴黎之间	金九百十圆
	东京、意国罗马之间	金八百九十六圆
	东京、奥国维也纳之间	金八百九十圆
	东京、俄国圣彼得堡之间	金千十圆
	东京、英国伦敦之间	金九百五十八圆
	东京、美国华盛顿之间	金八百八十圆

（备考）所谓派遣手当，若值军队等之演习而派遣则照乙额，若其他之单独旅行及驻在员之取缔旅行则照甲额。

●●●驻扎清国之陆军部队给与令 明治三十五年（1902年）敕令

第一条　驻扎清国之陆军部队及军人、军属之给与照本令，但本令中无明文者，准用陆军部队驻扎台湾岛及澎湖岛之给与规则。

---

① 片道，即单程。

第二条　削除

第三条　于驻在地出发者，自抵驻扎地之日，迄于从驻扎地出发之日，在准士官以上及文官增给俸给五分之二，在下士以下增给给资四分之二。

军人、军属之并非隶驻扎部队而往复于驻扎地者，亦同前项。

第四条　准士官以上、高等文官并下士以下，在驻扎中则照别表给予驻扎手当。

陆军部队驻扎台湾岛及澎湖岛之给与规则中，不给第四条之在队加俸。

第五条　粮食，凡准士官以上及高等文官归自办，下士以下及判任文官胥给现品。又，虽在军人、军属之外而必须给与粮食者，则亦得给现品。

自办粮食者，得相时宜而改给现品，是时准士官以上及高等文官之驻扎手当即减给。

第六条　军人、军属在受第三条之增给期间内而必须特种之被服者，则给与之或贷予之。

第七条　宿舍均为贷予。

第八条　被服之品类、数量及驻扎手当之减额悉由陆军大臣定之。

附　　则

本令以明治三十六年十二月一日施行。

别　表

阶　　　　级		驻扎手当月额
将官及与之相当之官	高等官二等以上	六十圆
上长官	高等官三等以下五等以上	四十五圆
士　官	高等官六等以下并以奏任待遇者	三十圆
准士官		二十四圆
下　士		四圆
兵　卒		三圆

（备考）驻扎上海之准士官以上及高等文官，增给月额五分之一。

●●●陆军所属之特别文官俸给令 明治三十二年（1899年）敕令

第一条　敕任官及奏任官之年俸照第一表给之，判任官以下之月俸照第二表给之。

试补理事惟被命为军法会议之构成员者，给五百圆以下之年俸。

第二条　附于台湾卫戍监狱而为看守监狱之陆军，及附于台湾陆军法官部而为警守之陆军，特给三级俸以上。

第三条　陆军教授及陆地测量师得给第一表中所定年俸之最低额以下。

附　　则

现任之判任官当本令施行之际而未尝另予辞令书者，照其现今所受之俸给受相当之俸给。

第一表

官名	一级俸	二级俸	三级俸	四级俸	五级俸	六级俸	七级俸	八级俸	九级俸	十级俸	十一级俸	十二级俸
年俸等级												
理事	三千圆	二千四百圆	二千二百圆	二千百圆	千八百圆	千六百圆	千四百圆	千二百圆	九百圆	八百圆	七百圆	六百圆
陆军教授	二千五百圆	二千二百圆	二千百圆	千八百圆	千六百圆	千四百圆	千二百圆	千圆	九百圆	八百圆	七百圆	六百圆
陆军编修 陆军通译官	千八百圆	千六百圆	千四百圆	千二百圆	千圆	九百圆	八百圆	七百圆	六百圆	五百圆		
陆地测量师	千八百圆	千六百圆	千四百圆	千二百圆	千圆	九百圆	八百圆	七百圆	六百圆	五百圆	四百圆	
陆军监狱长	千二百圆	千圆	九百圆	八百圆	七百圆	六百圆						
千住制绒所长	二千四百圆	二千二百圆	二千圆									
千住制绒所事务官	千八百圆	千六百圆	千四百圆	千二百圆	千圆	九百圆	八百圆					

第二表

官名	一级俸	二级俸	三级俸	四级俸	五级俸	六级俸	七级俸	八级俸	九级俸	十级俸
月俸等级										
录事 陆军助教 陆军编修书记 陆地测量师 陆军通译生	七十五圆	六十圆	五十圆	四十五圆	四十圆	三十五圆	三十圆	二十五圆	二十圆	十五圆
陆军监狱书记 陆军监狱看守长	四十圆	三十五圆	三十圆	二十五圆	二十圆	十五圆				
陆军监狱看守 陆军警守	十五圆	十四圆	十三圆	十二圆	十一圆	十圆	九圆			

●●●附于驻外公使馆之陆军武官俸给令明治二十六年（1893年）敕令

第一条 附于驻外公使馆之陆军武官，其俸给分为本俸及在勤俸之二种。

第二条 所谓附于公使馆陆军之本俸，即陆军给与令所定之现役俸及职务俸。

第三条 附于公使馆陆军之在勤俸年额照别表。

陆军大尉而命署附于公使馆少佐之职务者，其在勤俸同陆军佐官之在勤俸额。

第四条 附于清国公使馆之陆军武官而特命为天津在勤者，得增给年额四百二十圆以内。

第五条 给在勤俸而系海外在勤者，则于本俸外自到任所之翌日起，至离任所之前一日止以给之。

第六条 其任所而命更调者，自离旧任所之日起，至到新任所之日止，其间不给在勤俸。

第七条 有命归朝或更调任所，自奉到辞令之日过三十日而尚不出发者，则自其翌日起即不给在勤俸，但特命其滞留者不在此限。

第八条 俸给分年额为十二分，每一月分概于月之下旬给之。但须汇金于外国者，得于半年分以内先汇之。

第九条 削除

附 则

第十条 本令以明治二十七年四月一日施行。

明治二十一年之敕令第十八号及本年之敕令第六号俱以本令施行之日废去。

附于驻外公使馆之陆军武官在勤俸年额表

任所 官名	英俄美法	德澳意	清韩
陆军将官	八千一百圆	七千七百圆	三千七百圆
陆军佐官	六千四百圆	五千九百圆	二千七百圆

(备考)在清国或韩国者,将官得增给八百圆以内,佐尉官得增给六百圆以内。

●●●海军武官官阶[①]表 明治三十年(1897年)敕令

海军武官官阶表

上长官			士官			准士官	下士			
大将	中将	少将	大佐	中佐	少佐	大尉	中尉	少尉				
								兵曹长	上等兵曹	一等兵曹	二等兵曹	三等兵曹
									上等信号兵曹	一等信号兵曹	二等信号兵曹	三等信号兵曹
									军乐长	军乐师	一等军乐手	二等军乐手	三等军乐手
									船匠长	船匠师	一等船匠手	二等船匠手	三等船匠手
	机关总监	机关总监	机关大监	机关中监	机关少监	大机关士	中机关士	少机关士				
								机关兵曹长	上等机关兵曹	一等机关兵曹	二等机关兵曹	三等机关兵曹
										一等锻冶手	二等锻冶手	三等锻冶手
	军医总监	军医总监	军医大监	军医中监	军医少监	大军医	中军医	少军医				
				药剂监	药剂正	大药剂士	中药剂士	少药剂士				
								看护长	看护师	一等看护手	二等看护手	三等看护手
	主计总监	主计总监	主计大监	主计中监	主计少监	大主计	中主计	少主计				
								笔记长	上等笔记	一等笔记	二等笔记	三等笔记
										一等厨宰	二等厨宰	三等厨宰
	造船总监	造船总监	造船大监	造船中监	造船少监	造船大技士	造船中技士	造船少技士				
	造兵总监	造兵总监	造兵大监	造兵中监	造兵少监	造兵大技士	造兵中技士	造兵少技士				
			水路监	水路正	水路大技士	水路中技士	水路少技士					
			预备中佐	预备少佐	预备大尉	预备中尉	预备少尉					
								预备兵曹长	预备上等兵曹	预备一等兵曹	预备二等兵曹	预备三等兵曹

[①] 原文为"阶级",系排版之误。

(续表)

			预备机关少监	预备大机关士	预备中机关士	预备少机关士			
						预备机关兵曹长	预备上等机关兵曹	预备一等机关兵曹	预备二等机关兵曹	预备三等机关兵曹

附　则

本令以明治三十年十二月一日施行。

施行本令之时，向之高等官四等之大佐及与之相当之官易为大佐及与之相当之官，高等官七等之大尉及与之相当之官易为大尉及与之相当之官，药剂监易为药剂正，大药剂官易为大药剂士，少药剂官易为少药剂士，水路监易为水路正，各不用辞令书而任之。

　　　　　　附则　三十二年(1899年)敕令

本令发布之时，为机关总监、军医总监、主计总监、造船总监、造兵总监者，作高等官二等。

　　　　　　附则　三十一年(1898年)敕令

本令施行之时，为药剂监者改药剂中监，为药剂正者改药剂少监，为水路监者改水路中监，为水路正者改水路少监，不用辞令而任之。

●●●海军给与令 明治三十年(1897年)敕令

要　目

第一章　总则

第二章　俸给

　　第一节　军人俸给

　　第二节　文官俸给

第三章　加俸
　　第一节　在勤加俸
　　第二节　航海加俸
　　第三节　下士、卒特别加俸

第四章　手当
　　第一节　望楼手当
　　第二节　宿舍手当
　　第三节　生徒及学生之手当
　　第四节　再服役之手当
　　第五节　劳动手当
　　第六节　被服手当
　　第七节　支度手当
　　第八节　食卓①手当

第五章　扶助金
第六章　被服
第七章　粮食
第八章　治疗
第九章　埋葬
附　则

第一章　总则

第一条　海军军人、军属之给与，除别有规定者外，在本令之军人、军

---

① 食卓，即吃饭、饮食。

属外者,亦同于本令中所特定者之给与。

第二条　本令所称军人,系谓现役军人、生徒、学生及在召集中之预备役、后备役军人。<small>除非在召集中之归休兵</small>

第三条　军人、军属有临战地,或船舰沉没及其他之时,而所在不明,抑擅离职守,或赴他地无故而后归期,则除本令别定者外,其间停止本令之给与。而据高等官之官等俸给令、技术官俸给令及判任官俸给令之给与亦同。

第四条　本令之给与除特定支给期者外,其为年额,则作为十二分而支给之;其为月额或日额,则每月下旬支给之。

第五条　本令之给与当支给计算时,而生不满一位之零数则除之。但文官俸给别据所定。

第二章　俸给

第一节　军人俸给

第六条　军人据第一表予俸给。

第七条　准士官以上,在待命中予俸给十分之八,在休职中予俸给十分之六,在停职中予俸给十分之三。

第八条　下士、卒之俸给,在定员及练习生予甲额,其他则予乙额。但海兵团之非定员与练习生而特命执务者,其执务中,得予甲额。志愿兵入团之际,因疾病或伤痍而消去采用,则自入团之日迄退团之日,准军人而予俸给。

第九条　应支予俸给事由之期间而不满一月,皆按日割计算。军人而死亡,则不必拘前项之规定,而支予俸给迄于其月之末日为止。其值下之各款之一者,虽无受退职恩给或免除恩给之资格亦同：

一　准士官以上既为预备役、后备役、退役或废官者。

二　候补生因伤痍或疾病而被免者。

三　下士卒既为预备役、后备役、免官或免役者。但值征兵入团之际，因伤痍或疾病而免现役者不在此限。

第十条　准士官以上，值待命、休职、停职、预备役、后备役、退役、免官、废官或召集已解，而尚有引继事务，整理余务，则迄其事务完毕之日，仍照在职或召集中之例而予俸给。但在据海军高等武官进级条例第二十条或第二十一条之规定而进级者，则予前官之俸给。

第十一条　准士官以上及候补生而被处禁锢以上之刑者，其间予俸给十分之五。但准士官以上之在停职中，则据第七条之规定。

第十二条　下士、卒非原因于公务而受痍伤及罹疾病遂入病院或在陆地疗养者，又陆上勤务外宿之间非原因于公务而受痍伤或罹疾病、旷职过一周日者，照下之区别而予俸给：

一　故意为之者。　　　　　俸给十分之二。

二　原因于自不知摄生者。　俸给十分之四。

三　其他。　　　　　　　　俸给十分之八。

在外国及台湾不适用前项第二、第三款之规定。

第十三条　下士、卒在留置、收禁、处刑、处罚之中，或因被告事件而在护送之中，则予俸给十分之二。但被告事件不复起诉及免诉与已归无罪时，或因被告事件而在系属中死亡时，又或在戴罪服务时，不在此限。

第十四条　所在不明之军人一旦其所在已判明，则惟其不明之原因有正当之事由者，仍予停止中之俸给。

第十五条　准士官以上而被任为海军部内之文官,其俸给按多额予之。

第十六条　军人之派遣于外国者,或勤务于交通不便之地者,又或乘组于船舰而航海者,其俸给得颁发于家族。

第十七条　乘组于船舰之军人而须航海三月以上者,自出航讫于次月之俸给得预行给发。

第十八条　军人之勤务于交通不便之地者,其俸给得预发至六月以内。

第二节　文官俸给

第十九条　主理、教授、编修、通译官、监狱长、望楼长及望楼手之俸给,并以判任官待遇者之俸给,俱据第二表给之。

试补主理而为军法会议之构成员得给年俸,在五百圆以内。

第二十条　以文官待遇者之俸给及支发之法俱援照文官之例。

第二十一条　第十四条及第十六至第十八条之规定准用于海军部内之文官及以文官待遇者之俸给。

第三章　加俸

第一节　在勤加俸

第二十二条　军人之为公使馆附属及察视军事或研究学术而驻外国者,据外国在勤中第三表而给加俸。

第二十三条　军人或文官之在勤于台湾者据第四表而给加俸。

第二十四条　军人或文官之在勤于台湾而以私事离台湾者,或非原因于公务受痍伤及罹疾病而在台湾以外入病院,抑迁地疗养者,又或在留置、收禁、处刑、处罚中抑因被告事件而在护送中者,停止前条之加俸。但被告事件不复起诉及免诉或已归于无罪,又因被告事件而在系属中死亡,又准士官以上及候补生在处罚中服勤务者,不在此限。

第二十五条　第二十二条之加俸得预发至六阅月①之内。

第二十六条　第十条之规定准用之于本节之加俸。

第二节　航海加俸

第二十七条　在役军舰之乘员据第五表或第六表而给加俸,预备军舰之乘员而航海于定系港外时亦同。

在役驱逐舰、在役水雷艇之乘员在定系港碇泊时,据第六表而给加俸。

在役驱逐舰、在役水雷艇、预备驱逐舰及预备水雷艇之乘员航海于定系港外时,据第七表而给加俸。

属于学校、练习所及海兵团之练习舰艇乘员在定系港碇泊时,除临时服他役者外,不给加俸。

为练习或实地研究而命乘组于舰艇者不给加俸,但候补生不在此限。

第二十八条　为转运未成军舰、未成驱逐舰、未成水雷艇或官用船舶,与其他服职务而命乘组之军人及文官,准前条第一项而给加俸。

第二十九条　当演习之际特命乘组于舰艇之指挥官,其加俸由海军大臣在第五表及第七表之范围内定之。

第三十条　士官以上兼他之职务者,其加俸择多额给之。

第三十一条　军人及文官有依愿休假及依愿归乡,或非原因于公务

---

①　阅月,即经过……个月。

受伤痍及罹疾病而入病院抑迁地疗养者，其间停止加俸。

在台湾入病院或登陆地疗养，除伤痍疾病之原因出于故意者外，不适用前项之规定。

第三十二条　军人及文官在留置、收禁、处刑、处罚中，抑因被告事件而在护送中，俱停止加俸。但被告事件不复起诉及免诉或已归于无罪，又因被告事件而在系属中死亡，又准士官以上及候补生在处罚中服勤务，或下士、卒戴罪服务者，不在此例。

第三十三条　第十条之规定准用之于本节之加俸。

第三节　下士、卒特别加俸

第三十四条　下士、卒得下之各款之一者，日给加俸六钱以内。但如第三、第四款所云者，而并有其技术之证书、证状，若加俸之额同，则据证书给其一，异则择多额给其一。

一　有善行章者。

二　奉教员之职者。

三　有炮术教员适任证书、水雷术教员适任证书、军乐教员适任证书或机关术教员适任证书者。

四　有掌炮证状、掌水雷证状、信号证状、军乐高等科卒业证书、机关工术专科证书、掌机证状、水雷工证状或焚火选手证状者。

在军舰、驱逐舰、水雷艇及水雷敷设队之部署备炮射手而射击成绩良好之下士、卒，得日给加俸二十钱以内。

第三十五条　下士、卒有出故意或自不知摄生而受痍伤及罹疾病，遂入病院或在陆地疗养者，又陆上勤务外宿之间有出故意或自不知摄生而受痍伤及罹疾病、旷职一周日者，其间停止加俸。

在外国及台湾，除痍伤疾病之原因出于故意者外，不适用前项之规定。

第三十六条　第十四条及第三十二条之规定准用之于本节之加俸。

第四章　手当

第一节　望楼手当

第三十七条　望楼长及望楼手之在交通不便之地勤务于望楼者,得月给手当六圆以内。

第三十八条　第十八条之规定准用之于本节之手当。

第二节　宿舍手当

第三十九条　准士官以上及军属之在勤于台湾而不贷与宿舍者,据第八表而给手当。

第四十条　第十条之规定准用之于前条之手当。

第四十一条　下士、卒在陆上勤务外宿之间,下士则日给手当五钱,卒则日给三钱。

第四十二条　前条之手当,在依愿归乡、入病院、留置、收禁、处刑中,或因被告事件而在护送中,俱停给。

第四十三条　监狱看守得据土地之状况而月给手当三圆以内。

第三节　生徒及学生之手当

第四十四条　将校生徒及机关生徒日给手当十八钱,学生〔系谓军医学生、药剂学生、主计学生、造船学生及造兵学生,以下同〕则日给五十钱,造兵生徒则日给四十二钱。

第四十五条　生徒及学生而入病院,则其间给前条手当三分之一。

第四十六条　生徒及学生而在留置、收禁、处刑中,或因被告事件而在护送中,又或因私事而不在校,则其间停给第四十四条之手当。

第四十七条 将校生徒及机关生徒入校之际,给被服及其他日用品之初度手当,额为七十五圆。

第四十八条 将校生徒及机关生徒或因天灾及其他势不能避之事故而亡失其被服及日用品,则得给手当,数在前条之金额以内。

第四十九条 学生及造兵生徒有品行不良或怠惰而被免者,使偿还既给之手当。

第五十条 将校生徒及机关生徒入校之际,得预发手当至六阅月以内。

第四节 再服役之手当

第五十一条 下士、卒而为再服役者,据第九表而给手当,但再服役之期间不满一年则不给。

第五节 劳动手当

第五十二条 下士、卒之从事于潜水者得日给手当一圆以内。

第五十三条 下士、卒而值下之各款之一者得日给手当二十五钱以内:

一 从事于舰底、汽罐内部、机关室底部或水罐底部之扫除者。

二 在舰船而当积载石炭之际从事于石炭库内者。

三 从事于被难船或漂流人之救助者。

四 从事可准诸前各款之非常劳动者。

第五十四条 下士、卒在热带地方与其他炎热之处而值下之各款之一者,得日给手当十二钱以内:

一 在舰船而从事于酿汽中机关部或厨房者,但小蒸汽艇不在此限。

二　在北纬三十度以南之陆地而从事于酿汽中机关部者。

前项给手当之期间在热带地方之外为暑期百二十日以内。

第六节　被服手当

第五十五条　新任用之准士官以上、新采用之候补生据第十表而给初任手当,但自准士官而任用为士官者不给。

自兵曹长或机关兵曹长而各进级于其上之官,则第十表之初任手当给士官之额。

前二项之规定,预备役、后备役之准士官以上及预备候补生虽非在召集中,亦得适用之。

第五十六条　准士官以上及候补生因舰船之破坏或沉没而亡失被服,则得据第十表而给临时手当。

第五十七条　下士、卒月给被服修补手当十钱。

第五十八条　前条之手当,其支给定日,而有入病院、在留置、收禁、处刑中,或因被告事件而在护送中者,皆停给。

第五十九条　既采用为监狱看守或警查,则给初度手当二十五圆。

第六十条　监狱看守及警查年给被服及保续手当十圆。

第六十一条　前条之手当每年分九月及三月之二期以支给之。

第六十二条　监狱看守及警查于职务上有势不能避之事故而破损或亡失其被服,则得给临时手当二十圆以内。

第七节　支度手当

第六十三条　舰船预定四阅月以上,航海于东经九十度、西经百四十度、南纬三十四度、北纬六十度之外者,乘组于其舰船之准士官以上、候补生及文官出航之际,据第十表而给手当。又,舰船出航之后而命赴其舰船为乘组,亦同。

第六十四条　舰船受出航于前条经纬度外之命其乘组者,因舰船之事故而不出航,或因厘官数而免其乘组,抑或死亡,则给手当之半额。但预定六阅月以上而出航,则更给半额。

第八节　食卓手当

第六十五条　准士官以上、候补生及文官之为舰船乘组者,据第十二表而给手当。

第六十六条　前条之手当,因公务旅行或私事而不在舰船,抑已给粮食,则其间停止之。

第六十七条　第十条之规定准用之于本节之手当。

第六十八条　舰船之航海者在预定日数之内或值其他,得预发手当一月分以内。

第五章　扶助金

第六十九条　志愿兵之家族月给扶助金八十五钱,但下士、卒之在召集中,其家族不给。

第七十条　值下之各款之一者停给扶助金:

一　志愿兵而被命归休者,自其翌月起。

二　志愿兵之所在不明及擅离职守或赴他方、无故而后归期既过一月者,自其翌月起至所在判明及复归之上月讫。

三　志愿兵而被处禁锢之刑者,自其翌月起至刑期满限之上月讫。

四　志愿兵之家族所在不明者,自其翌月起至所在判明之上月讫。

志愿兵之所在不明，而一旦判明，则惟不明之原因有正当之事由者，仍给从前停止之扶助金。

第七十一条　扶助金每年分九月及三月之二期以支给之。

第六章　被服

第七十二条　下士、卒据第十三表而付与被服物品，但在召集中之下士、卒，其应付与之定数在第十三表之范围内由海军大臣定之。

第七十三条　下士、卒在严寒之地，及为舰船乘组之下士、卒航海于严寒之地，得付与防寒服。

第七十四条　所付与下士、卒之被服物品定交换之期及交换之数而交换之，其期，其数则海军大臣定之。但夏服略帽、麻襟、襟纽、襟饰、帽覆、裤钩、靴、靴下、手袋、折纽、绀袜、正服徽章、臂章、腹卷及防寒服，不使附还。

第七十五条　下士、卒而被命为预备役、后备役、免官、免役或归休，则给被服物品，其数由陆军大臣定之。但征兵入团之际，因伤痍或疾病而免现役者不给。

第七十六条　下士、卒之召集已解，则得给适宜之被服物品，于前条之但书而有所必须，亦同。

第七十七条　下士、卒而死亡得给葬仪所须之被服物品，其数由海军大臣定之。

第七十八条　下士、卒有佩用记章之资格者给其记章。

第七十九条　值下之各款之一者，使有所必须，得给适宜之被服物品：

一　破难船乘组之人或漂流人被救护于舰船之时。

二　局外中立之际从事于交战国之军务而受伤痍或罹疾病者及避难者被救护于舰船之时。

三　在外国遇其内乱或事变之际而救护避难者于舰船之时。

第七章　粮食

第八十条　值下之各款之一者，以第十四表之量额为最上限而给粮食：

一　准士官以上及候补生屯驻或值宿于营舍、学校、练习所暨病院者。

二　生徒、学生、下士、卒及舰营佣人因舰船乘组或公务旅行而搭载于他舰船者。

三　生徒、下士、卒及舰营佣人屯驻于营舍、学校、练习所暨病院者。

四　下士、卒在陆上勤务外宿中者。

五　准士官以上、候补生及军属在勤于台湾者。

六　准士官以上、候补生、军属及职工、佣人原因于公务而入海军病院者。

七　生徒、学生、下士、卒及舰营佣人入海军病院者。

八　囚人及刑事被告人在监者。

九　拘禁于海军官衙或在护送中者。

第八十一条　值下之各款之一者，得准前条而给粮食：

一　据第六十五条应给食卓手当者有必须给粮食之时。

二　海军大臣于演习之际见为职工、人夫①及其他有必须给粮

---

① 人夫，即壮工、小工。

食之时。
三 在救助破难船时不受旅费之给与而有必须给粮食之时。
四 救护破难船乘组者或漂流人于舰船之时。
五 局外中立之际救护从事于交战国之军务而受伤痍或罹疾病者及避难人于舰船之时。
六 在外国遇其内乱或事变之际救护避难人于舰船之时。
七 海军大臣见为收疗于海军病院之外国军人有必须给粮食之时。
八 下士、卒之入海军病院值预备役、后备役、免官、免役或召集已解而不能退院之时。

第八十二条 粮食有不能给第十四条之种品或量额，则得定适宜之种品或量额而给之。

第八十三条 因公务旅行或私事而在舰船、营舍、学校、练习所、病院者，不给粮食。但生徒、下士、卒及舰营佣人因夏季、冬季之休假①及褒赏休假而上陆外出，不在此限。

第八十四条 在陆上勤务外宿中之下士、卒值公务旅行或依愿还乡，不给粮食。

第八十五条 受伤痍或罹疾病者，得视其症状，按粮食之几分，易以滋养食品给之。

第八十六条 值给粮食其口数为十人以上，则得减与供食总数十之一相当之量额，而准减量食数给食费，使买办适宜食品。

第八十七条 值下之各款之一者，得更粮食以食费，按食数而给之：
一 准士官以上及候补生屯驻于营舍或练习所而各自炊爨之时。

---

① 休假，原文为"休暇"，应系排版之误。下文中相同错误之处均已改正。

二　予生徒、下士、卒及舰营佣人以夏季、冬季之休假及褒赏休假之时。

三　难给粮食现品之时。

第八十八条　据其所愿而许可舰船便乘或入院治疗者,受旅费之给与而乘组于舰船者,其他因不能自办食事、海军大臣见为特给粮食者,皆得给粮食。

既据前项而给粮食,则使自办其食费。

第八十九条　第八十六以至第八十八条之食费,由海军大臣据前三年度之粮食平均价格而定之。但据第八十六条而在驱逐舰、水雷艇所给者,及据第八十七条第三款而在水雷艇所给者,得照平均价格增至三割以内,而别定之。

第九十条　第六十八条之规定准用之于本章之食费。

第八章　治疗

第九十一条　值下之各款之一者,其治疗所须之费用以官费支办:

一　准士官以上、候补生、军属及职工、人夫,原因于生徒、学生及下士、卒,并公务而受伤痍、罹疾病,收疗于海军病院,或入所在之病院,或依托于医生而治疗者。

二　治疗所中有设备舰团及其他各部之职工、人夫,原因于在其舰团及其他各部之军人、军属或拘禁中之平人[①],并公务而受伤痍、罹疾病遂收疗者。

三　在外国或台湾舰船乘组之军人、军属,入所在之病院,或依

[①]　平人,即普通人。

托于医生而收疗者。
四　囚人或刑事被告人在护送中,入所在之病院,或依托于医生而治疗者。

第九十二条　值下之各款之一者,其治疗所须之费用亦得以官费支办:
一　破难船乘组之人或漂流人收疗于舰船之时。
二　局外中立之际从事于交战国之军务而受伤痍、罹疾病者或避难者收疗于舰船之时。
三　在外国遇其内乱或事变而收疗避难者于舰船之时。
四　海军大臣于海军病院收疗之外国军人,见为其治疗费必须以官费支办之时。
五　下士、卒值预备役、后备役、免官、免役或召集已解之际,因伤痍或疾病而不能归乡之时。
六　舰船乘组之舰营佣人在受佣地外收疗于海军病院,或依托于所在之病院与医师而治疗之时。

第九十三条　海军病院或治疗所中有设备舰团及其他各部而收疗不合于前二条者,使办偿其费用,其定额则由海军大臣定之。

第九章　埋葬

第九十四条　生徒、学生、下士、卒而死亡,或舰船乘组之舰营佣人在受佣地外而死亡,则生徒、学生及下士以二十三圆为最上限,卒及舰营佣人以十八圆为最上限,用官费埋葬之。但有遗族或故旧而请领其尸者,则给本条之金额以内。
前项之死亡者而系在外国或台湾,以官费埋葬其尸。又,或系毙于传染病,则不必拘前项之制限,得以实费支办。

第九十五条　准士官以上、候补生及文官为舰船乘组，航海于外国或台湾而死亡，即埋葬于其地。有必须由官行之者，则得以实费支办。

第九十六条　下士、卒入病院中，值预备役、后备役、免官、免役或召集已解，在退院之前死亡而无人请领其尸，则准用第九十四条之规定。

附　　则

第九十七条　本令以明治三十七年四月一日施行。

第九十八条　监狱书记及监狱看守长在施行本令之际不别给辞令书者，予以现所受俸给额相当之等级俸。

第九十九条　在施行本令之际生徒之日受手当二十钱者，其在校仍给以从前之金额。

第百条　在施行本令之前而命征募之志愿兵归休，则迄于其现役期满或再就服役之月，给扶助金。

在施行本令之际志愿兵之家族现今月受一圆七十五钱之扶助金者，迄于其现役期满或再就服役之月，仍给以从前之金额。

第百一条　海军军人俸给令、驻外国之海军武官手当金规则、驻台湾岛及澎湖岛海军军人军属之给与规则、海军生徒学生之手当金规则、海军下士卒之手当金规则、海军监狱看守海军警查之被服费给与令、海军被服条例、海军粮食条例、又明治二十三年敕令之第十五号、第百五十号、明治二十四年敕令之第百三十二号、明治二十五年敕令之第七十四号、明治二十六年敕令之第二百七号、明治二十七年敕令之第七十八号、明治二十八年敕令之第五十一号、明治二十九年敕令之第二十三号、明治三十年敕令之第五十一号、第百三十号、第百三十一号、第三百六十八号、明治三十二年敕令之第二号、第三百三十七号、明治三十六年敕令之第六号，俱废之。

附　则

据第七十二条而付与下士、卒之被服物品权得照旧时第十三表。

第一表　军人俸给表

	大将	中将及与之相当之官	少将及与之相当之官	大佐及与之相当之官	中佐及与之相当之官	少佐及与之相当之官	大尉及与之相当之官	中尉及与之相当之官	少尉及与之相当之官	兵曹长及与之相当之官	候补生	上等兵曹及与之相当之官
年俸	六千圆	四千圆	三千三百圆	一级 二千四百九十六圆六十钱 二级 二千二百六十三圆	一级 千八百九十八圆 二级 千六百六圆	一级 千二百七十七圆五十钱 二级 千九十五圆	一级 九百六十圆 二级 八百六十四圆 三级 七百八十圆	一级 六百圆 二级 五百四十圆	四百四十四圆	一级 七百八十圆 二级 七百二十圆	三百圆	一级 六百圆 二级 五百四十圆 三级 四百八十圆 四级 四百二十圆

		一等下士				二等下士		三等下士		一等卒	二等卒	三等卒	四等卒	五等卒
		一级	二级	三级	四级	一级	二级	一级	二级					
日给	甲额	八十四钱	七十钱	五十八钱	四十四钱	四十钱	三十七钱	三十二钱	三十钱	二十一钱	十八钱	十五钱	十二钱	七钱
	乙额	五十八钱	四十九钱	四十一钱	三十一钱	二十八钱	二十六钱	二十三钱	二十二钱	十五钱	十三钱	十一钱	八钱	五钱

一　准士官以上及一等下士而命上官之职务者，增给上官最下俸给十分之一。

二　兵曹及与之相当之官而受一级俸、在职阅五年以上、勋劳特著者，得给年俸八百六十四圆。

第二表　文官及以判任官待遇者之俸给表

		敕任	奏任				
		主理	主理	教授	编修	通译官	监狱长
年俸		三千圆					
	一级		二千四百圆	二千五百圆	千八百圆		八百圆
	二级		二千二百圆		千六百圆		七百圆
	三级		二千圆		千四百圆		六百圆
	四级		千八百圆		千二百圆		
	五级		千六百圆		千贺		
	六级		千四百圆		九百圆		
	七级		千二百圆		八百圆		
	八级		千圆		七百圆		
	九级		九百圆		六百圆		
	十级		八百圆		五百圆		
	十一级		七百圆				
	十二级		六百圆				

		判任		判任待遇	
		望楼长	望楼手	监狱看守	警查
月俸	一级	四十五圆	二十五圆	十五圆	
	二级	四十圆	二十圆	十四圆	
	三级	三十五圆	十五圆	十三圆	
	四级	三十圆	十二圆	十二圆	
	五级	二十五圆	十圆	十一圆	
	六级			十圆	
	七级			九圆	

一　教授而受一级俸、在职阅五年以上、勋劳特著者,得增给年俸至三千圆。

二　教授得给本表所定之最低额以下。

三　监狱长而受一级俸、在职阅三年以上、勋劳特著者,得增年俸至千二百圆。

四　监狱看守及警查而受一级俸、在职阅三年以上、事务熟谙者,得增给月俸至二十圆。

第三表　外国在勤加俸表

		年　　额		
		英俄美法	德澳意	清韩
附丽公使馆	上长官	六千四百圆	五千九百圆	二千七百圆
	士官	五千五百圆	五千百圆	二千四百圆
驻在	上长官士官准士官	四千圆以内	三千五百圆以内	二千四百圆以内

一　附于清国公使馆之军人而特命勤务于天津者,得增给年额千二十圆以内。

二　除前者之外,凡附于清国及韩国公使馆之军人,得增给年额六百圆以内。

第四表　台湾在勤加俸表

		中将	少将	大佐	中佐及与之相当之官	少佐及与之相当之官	大尉及与之相当之官	中尉及与之相当之官	少尉及与之相当之官	兵曹长与之相当之官
日额		二圆六十钱	二圆二十钱	一圆七十钱	一圆四十钱	一圆十钱	九十钱	七十钱	五十五钱	七十钱
	候补生		准士官	一等下士	二等下士	三等下士	一等卒	二等卒	三等卒	四等卒
	三十钱		五钱	十六钱	十钱	八钱	五钱	四钱五厘	四钱	三钱
	判任文官一等		又二等	又三等	又四等	又五等				
	七十钱		五十五钱	四十五钱	三十五钱	二十五钱				

一　高等文官给以与本表官等相当之额，但九等则据少尉及与少尉相当之官之额。

二　准士官以上及一等下士而署上官之职务者，给上官之额。

第五表　舰船航海加俸表

官阶	分职	本邦沿岸 北纬四十四度以南 北纬二十六度以北	本邦沿岸 北纬四十四度以北 北纬二十六度以南	清韩及俄属亚细亚沿岸	东经九十度以东 西经百四十度以西 北纬六十度以南 南纬三十四度以北	东经九十度以西 东经三十度以东 西经百四十度以东 西经七十度以西 北纬六十度以北 南纬三十四度以南	东经三十度以西 西经七十度以东
大将	舰队司令长官	二圆五十钱	三圆七十五钱		七圆五十钱	十圆	十二圆五十钱
中将	舰队司令长官	二圆二十钱	三圆三十钱		六圆六十钱	八圆八十钱	十一圆
少将	舰队司令官	二圆	三圆		六圆	八圆	十圆
	舰队司令官 舰队参谋长	一圆八十钱	二圆七十钱		五圆四十钱	七圆二十钱	九圆
大佐及与之相当之官	舰队司令官 舰队参谋长 舰长一万吨以上	一圆七十钱	二圆五十五钱		五圆十钱	六圆八十钱	八圆五十钱
	舰长七千吨以上	一圆五十钱	二圆二十五钱		四圆五十钱	六圆	七圆五十钱
	不满七千吨 舰机关长	一圆二十钱	一圆八十钱		三圆六十钱	四圆八十钱	六圆
中佐及与之相当之官	舰长一万吨以上	一圆	一圆五十钱		三圆	四圆	五圆
	副长 机关长 七千吨以上 不满七千吨	八十五钱	一圆二十八钱		二圆五十钱	三圆四十钱	四圆二十五钱
	舰队参谋 航海长	六十五钱	九十八钱		一圆九十五钱	二圆六十钱	三圆二十五钱
	军医长　主计长	六十钱	九十钱		一圆八十钱	二圆十钱	三圆
少佐及与之相当之官	舰长 副长 舰队参谋 舰队副官 航海长 机关长 炮术长 水雷长 分队长 军医长 主计长	五十钱	七十五钱		一圆五十钱	二圆	二圆五十钱
大尉及与之相当之官	舰长 副长 舰队参谋 航海长 机关长 炮术长 水雷长 分队长 军医长 主计长	四十五钱	六十八钱		一圆三十五钱	一圆八十钱	二圆二十五钱
主计长		四十钱	六十钱		一圆二十钱	一圆六十钱	二圆

一　大西洋亚美利加洲沿岸给第五格之额。

二　不置副长之舰，则次于舰长之将校，而为少佐则给少佐为副长之额，为大尉则给大尉为副长之额。但舰长为大尉，则不在此限。

三　命署上官之职务者给上官之额。

四　本表之各职而介于定员表中两官等,其自下级而补之者给上级之额,自署上官之职务而补之者给下级之额。

五　本表中额数谓计划吨数。

第六表　舰船航海加俸表

官阶	日额					
	本邦沿岸		清韩及俄属亚细亚沿岸	东经九十度以东西经百六十度以西南纬三十四度以北	东经九十度以西东经三十度以东西经百四十度以西北纬六十度以北南纬三十四度以南	东经三十度以西西经七十度以东
	北纬四十四度以南北纬二十六度以北	北纬四十四度以北北纬二十六度以南				
少将及与之相当之官	一圆	一圆五十钱	三圆	四圆	五圆
大佐及与之相当之官	七十钱	一圆五钱	二圆十钱	二圆八十钱	三圆五十钱
中佐及与之相当之官	五十钱	七十五钱	一圆五十钱	二圆	二圆五十钱
少佐及与之相当之官	四十钱	六十钱	一圆二十钱	一圆六十钱	二圆
大尉及与之相当之官	三十五钱	五十三钱	一圆五钱	一圆四十钱	一圆七十五钱
中少尉及与之相当之官 兵曹长及与之相当之官	三十钱	四十五钱	九十钱	一圆二十钱	一圆五十钱
候补生及准士官	二十钱	三十钱	六十钱	八十钱	一圆
下士	四钱	六钱	十二钱	十六钱	二十钱
一等卒 二等卒	三钱	五钱	九钱	十二钱	十五钱
三等卒 上等卒	二钱	三钱	六钱	八钱	十钱
五等卒	一钱	二钱	三钱	四钱	五钱

一　大西洋、亚美利加洲沿岸给第五格之额。

二　为驱逐队司令之大佐给一圆二十钱。为艇队司令之中佐给一圆,少佐给八十五钱。为驱逐舰长及艇长之少佐给六十钱,大尉给四十五钱。

但在马公要港,则为驱逐队司令之大佐给一圆八十钱。为艇队司令之中佐给一圆五十钱,少佐给一圆二十八钱。为驱逐舰长及艇长之少佐给九十钱,大尉给六十八钱。

三　准士官以上及一等下士而命署上官之职务者给上官之额。

四　司令或舰艇长而介于定员表中两官等,其自下级而补之者给上级之额,自署上官之职务而补之者给下级之额。

五　文官给以与本表官等相当之额,但高等官九等则给中少尉及与中少尉相当之官之额。

第七表　驱逐舰及水雷艇航海加俸表

官阶	本邦沿岸		清韩及俄属亚细亚沿岸	东经九十度以西西经百四十度以西北纬六十度以南南纬三十四度以北	东经九十度以西东经三十度以东西经百四十度以西经七十度以西北纬六十度以北南纬三十四度以南	东经三十度以西西经七十度以东
	北纬四十四度以南北纬二十六度以北	北纬四十四度以南北纬二十六度以南				
大佐任司令	一圆五十钱	二圆二十五钱	四圆五十钱	六圆	七圆五十钱
中佐任司令	一圆二十钱	一圆八十钱	三圆六十钱	四圆八十钱	六圆
少佐任司令	一圆	一圆五十钱	三圆	四圆	五圆
中佐与中佐相当之官及少佐任舰艇长	八十钱	一圆二十钱	二圆四十钱	三圆二十钱	四圆

(续表)

少佐与少佐相当之官及大尉任舰艇长	七十钱	一圆五钱	二圆十钱	二圆八十钱	三圆五十钱
大尉与大尉相当之官	五十钱	七十五钱	一圆五十钱	二圆	二圆五十钱
中少尉及与之相当之官兵曹长及与之相当之官	四十钱	六十钱	一圆二十钱	一圆六十钱	二圆
候补生及准士官	三十钱	四十五钱	九十钱	一圆二十钱	一圆五十钱
下士	十钱	十五钱	三十钱	四十钱	五十钱
卒	六钱	九钱	十八钱	二十四钱	三十钱

一　大西洋亚美利加洲沿岸给第五格之额。

二　准士官以上及一等下士而命署上官之职务者给上官之额。

三　司令或舰艇长而介于定员表中两官等,其自下级而补之者给上级之额,自署上官之职务而补之者给下级之额。

第八表　宿舍手当表

	中将	少将	大佐	中少佐及与之相当之官	大尉及与之相当之官	中少尉及与之相当之官兵曹长及与之相当之官	准士官判任文官	雇员	佣人
日额	一圆六十钱	一圆	八十三钱	七十钱	五十钱	四十五钱	四十钱	二十五钱	二十钱

一　命署上官之职务者给上官之额。

二　高等文官给以与本表官等相当之额,但九等则据中少尉及与中少尉相当之额。

第九表　再服役手当表

征兵	志　愿　兵		
编入志愿兵籍之时	第一期	第二期	第三期
十圆	十五圆	二十圆	二十五圆

第三期以上之各期，皆据第三期之额。

第十表　武装手当表

	初任手当	临时手当
将官及与之相当之官		二百四十圆以内
上长官	八十圆	二百圆以内
士官		百六十圆以内
准士官	四十圆	八十圆以内
候补生	三十圆	六十圆以内

一　上长官之为舰长者增给五十圆。

二　高等文官二等以上给将官及与将官相当之额，五等以上给上长官之额，六等以下给士官之额，判任文官给候补生准士官之额。

第十一表　支度手当表

将官及与之相当之官	上长官	士官	兵曹长及与之相当之官	候补生准士官
二百五十圆	百圆	七十圆	三十圆	二十五圆

第十二表　食卓手当表

		日额	
		内国	外国
将官室	舰队职员	六十钱	八十钱
舰长室	舰长	五十钱	七十钱
士官室	大中少佐、大尉及与之相当之官、高等文官三等至六等	四十钱	六十钱
士官次室	中少尉及与之相当之官、候补生、高等文官七等以下	三十钱	五十钱
准士官室	兵曹长及与之相当之官、准士官、判任文官	二十五钱	四十五钱

一　在清韩及俄属亚西亚沿岸给内国之额。

二　命署上官之职务而居上官之室者,给与其室相当之额。

三　当演习之际特命乘组之指挥官及幕僚,其指挥官而为将官则给将官室之额,自余则给舰长室之额。

四　舰队职员在旗舰以外之舰船,其大佐及与大佐相当之官给舰长室之额,自余则给士官室之额。

五　军舰旗舰之不设将官室者,视舰长室作将官室,是时旗舰舰长给将官室之额。

六　在不设舰长室,士官次室之舰船给士官室之额。

七　官用船舶乘组之上长官、士官、候补生及高等文官给士官室之额,兵曹长及与兵曹长相当之官、准士官并判任文官给准士官室之额。

八　候补生第一期练习中给准士官室之额。

第十三表　被服物品定数表

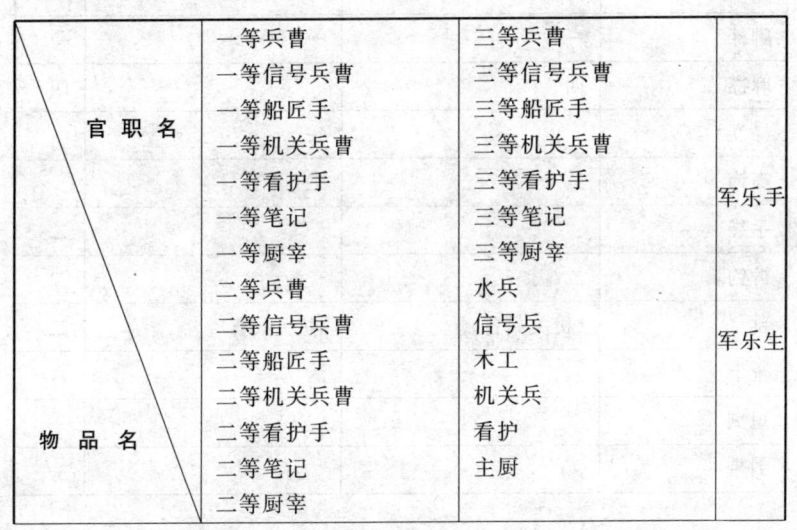

官职名 \ 物品名		
一等兵曹	三等兵曹	军乐手
一等信号兵曹	三等信号兵曹	
一等船匠手	三等船匠手	
一等机关兵曹	三等机关兵曹	
一等看护手	三等看护手	
一等笔记	三等笔记	
一等厨宰	三等厨宰	
二等兵曹	水兵	军乐生
二等信号兵曹	信号兵	
二等船匠手	木工	
二等机关兵曹	机关兵	
二等看护手	看护	
二等笔记	主厨	
二等厨宰		

（续表）

正服上衣裤	三	二	一
通常礼服上衣裤			二
军服上衣裤		三	二
夏服上衣裤	三	三	三
胴衣	二		二
外套	一		一
雨衣	一	一	
雨衣帽	（兵曹、信号兵曹）一	（兵曹、信号兵曹水兵、信号兵）一	
正服帽	二	二	二
帽覆	三	三	三
夏服略帽			
襦袢	三	三	三
中著		二	
中著襟		二	
裤下	二	二	二
脚袢	一	一	一
麻襟	四		四
襟卷		一	
襟饰		三	
手袋			二
裤钓	二		二
靴	（机关兵曹）二	（机关兵曹）二	二
靴下	六	六	六
短剑			一
剑带			一

(续表)

前立毛			一
毛布	三	三	三
蒲团覆	二	二	二
衣囊	一	一	一
腹卷	一	一	一
岳利曼斯		(兵曹、信号兵曹 水兵、信号兵)	一
岳利曼斯		(同上)二	
绀足袋	(以兵曹、信号兵曹、舰船在乘组中为限)二	(以兵曹、信号兵曹、水兵、信号兵在舰船乘组中为限)二	
前垂	(二等厨宰)二	(厨宰)二 (主厨)三	
头巾	(同上)二	(同上)二三	
事业服上衣裤	(一等兵曹、一等船匠手、一等厨宰、二等信号兵曹、二等笔记)二 (机关兵曹、二等兵曹二等船匠手、二等看护手、二等厨宰)三	(笔记、信号兵曹、信号兵)二三	
正服帽徽章	二		二
通常礼服帽徽章		一	
臂章	同于所附著之被服数	(同上)	(同上)
食器	一	一	一

(备考)本表之定数皆使常携之者。

●●●海军特设船舶中乘员之航海加俸 明治三十三年(1900年)敕令

海军运送船、通信船、病院船、工作船之乘员据别表以给航海加俸。

官　阶	分职	加俸日当额 本邦沿岸	加俸日当加给额			
			支那、朝鲜俄领亚细亚沿岸	东经九十度以东北纬四十度以西南纬三十四度以北	东经九十度以西西经四十度以东北纬六十度以西南纬三十四度以南	东经三十度以西西经七十度以东
大佐及与大佐相当之官	军医长	一圆	五十钱	二圆	三圆	四圆
中佐及与中佐相当之官	军医长 工作长	六十五钱	三十三钱	一圆三十钱	一圆九十五钱	二圆六十钱
少佐及与少佐相当之官	监督官 工作长	五十钱	二十五钱	一圆	一圆五十钱	二圆
	军医长 监督官	四十五钱	二十三钱	九十钱	一圆三十五钱	一圆八十钱
大尉及与大尉相当之官	主计长 军医长	四十钱	二十钱	八十钱	一圆二十钱	一圆六十钱

乘员之不列于本表者，其航海加俸日额照海军给与令第六表。

●●● 主理、录事俸给 明治二十四年（1891年）敕令

第一条　主理为敕任或奏任，其年俸照别表。但奏任主理，得给别表所定之年俸最低额以下。

第二条　录事为判任，其俸给照本年敕令第八十三号。

附　　则

第三条　本令以明治二十四年八月十六日施行。

明治二十一年之敕令第五十五号以本令施行之日废去。

别表

敕任	奏　　任											
三千圆	一级	二千四百圆	三级	二千圆	五级	千六百圆	七级	千二百圆	九级	九百圆	十一级	七百圆
	二级	二千二百圆	四级	千八百圆	六级	千四百圆	八级	千圆	十级	八百圆	十二级	六百圆

●●● 判事、检事之官等、俸给令 明治三十二年（1899年）敕令

第一条 判事、检事之官等为高等官一等至八等，其年俸照别表。

第二条 就判事、检事之各职而定人员如下：

— 大审院，以院长二人、部长三人、判事二十五人为定员。

— 大审院检事局，以检事总长一人、检事七人为定员。

— 控诉院，以院长七人、部长二十二人、判事百二十人为定员。

— 控诉院检事局，以检事长七人、检事三十人为定员。

— 地方裁判所，以所长四十九人、部长八十三人、判事三百六十一人为定员。

— 地方裁判所检事局，以检事正四十九人、检事百十人为定员。

— 区裁判所，以判事五百二十六人为定员。

— 区裁判所检事局，以检事百七十人为定员。

第三条 就判事、检事之各职定其俸给如下：

大审院

 长　　　　　敕任一级俸

 部长　　　　敕任三级俸

 判事　　　　奏任二级俸至敕任四级俸

大审院检事局

 检事总长　　敕任二级俸

 检事　　　　奏任二级俸至敕任三级俸

控诉院

 长　　　　　东京、大阪敕任二级俸

 　　　　　　其他敕任三级俸

部长	东京、大阪上席一人,奏任二级俸至敕任五级俸
	其他奏任四级俸至奏任一级俸
判事	奏任七级俸至奏任五级俸

控诉院检事局

检事长	东京、大阪敕任三级俸或敕任二级俸
	其他敕任四级俸或敕任三级俸
检事	东京、大阪上席一人,奏任三级俸至敕任五级俸
	其他奏任七级俸至奏任一级俸

地方裁判所

长	东京、大阪奏任一级俸至敕任四级俸
	京都、横滨、神户、长崎、函馆、新泻、仙台、名古屋、广岛、熊本,奏任二级俸至敕任五级俸
	其他奏任四级俸至奏任一级俸
部长	奏任八级俸至奏任五级俸
判长	奏任十一级俸至奏任九级俸

地方裁判所检事局

检事正	东京、大阪奏任一级俸至敕任四级俸
	京都、横滨、神户、长崎、函馆、新泻、仙台、名古屋、广岛、熊本,奏任三级俸至敕任五级俸
	其他奏任五级俸至奏任一级俸
检事	奏任十一级俸至九级俸

区裁判所

判事	奏任十一级俸至奏任九级俸

区裁判所检事局

检事	奏任十一级俸至奏任九级俸

第四条　地方裁判所判事及区裁判所判事而命为预审班者,限百四十五人,得给奏任八级俸至奏任五级俸。

第五条　地方裁判所及区裁判所检事之中限百二十人,得给奏任八级俸至奏任五级俸。

第六条　区裁判所判事之内限百二十人,得给奏任八级俸至奏任五级俸。

第七条　预备判事及预备检事给年俸五百圆。

第八条　试补司法官,待遇以奏任。

试补司法官得给年俸五百圆以内。

第九条　判事、检事各职之进级以拔擢行之。

第十条　判事、检事在裁判所内之席次据其官等,官等同者据俸给之多少,俸给复同者则据颁赐俸给辞令所记之日。

附　　则

第十一条　施行本令之际而不别颁辞令者,照现所受之俸给额给以与之相当之俸给。

第十二条　明治二十七年二月十四日之敕令第十七号判事、检事官等俸给令以本令施行之日废去。

别表

判事检事俸级表

敕任					奏任						
一级	二级	三级	四级	五级	一级	二级	三级	四级	五级	六级	七级	八级	九级	十级	十一级
五千圆	四千圆	三千五百圆	三千圆	二千五百圆	二千二百圆	二千圆	一千八百圆	一千六百圆	一千四百圆	一千二百圆	千圆	九百圆	八百圆	七百圆	六百圆

●●●裁判所书记长之官等_{明治二十七年（1894年）敕令}

大审院书记长之官等为高等官五等以下，控诉院书记长之官等为高等官六等以下。

●●●裁判所书记长、书记之定员及俸给令_{明治二十六年（1893年）敕令}

第一条 裁判所书记长为奏任官。

裁判所书记为判任官。

第二条 裁判所书记长及书记之各职限定人员及俸给如下：

 大审院

  书记长   一人 年俸千二百圆或千圆

  裁判所书记 十三人 一级俸至八级俸

 控诉院

  书记长   七人 东京、大阪年俸千圆或九百圆

         其他年俸八百圆或七百圆

  裁判所书记 七十六人 一级俸至九级俸

 控诉院检事局

  裁判所书记 十八人 一级俸至九级俸

 地方裁判所

  裁判所书记 五百二十五人 二级俸至十级俸

 地方裁判所检事局

  裁判所书记 百五十八人 二级俸至十级俸

 区裁判所及区裁判所检事局

  裁判所书记 三千七百五十二人 三级俸至十级俸或月俸十

二圆

前项之书记定员以不越全体定员之数为限。裁判所及检事局之二者，其俸给预算定额内得彼此增减。

附　　则

第三条　本令以明治二十六年十一月十日施行。

明治二十四年之敕令第百三十五号以本令施行之日废去。

●●●帝国大学高等官之官等、俸给令 明治三十年（1897 年）敕令

第一条　帝国大学校总长为高等官一等或二等。

帝国大学各分科大学教授为高等官六等以上，助教授为高等官五等以下，帝国大学书记官为高等官三等以下、七等以上。

第二条　帝国大学各分科大学教授、助教授之俸给分为本俸及职务俸。

第三条　帝国大学高等官之年俸及教授、助教授之本俸年额照别表。

教授之著有成绩、受一级俸已及五年以上者，得增给本俸五百圆以内。但本年敕令第百六号施行之前已受本俸千二百圆者，得通算于后之年数。

教授而补分科大学长、医院长及天文台长者，得加本俸六百圆以内。教授、副教授而补临海实验所长、植物园长、演习林长或图书馆长者，得加给本俸四百圆以内。

第四条　各讲座附给职务俸。

各讲座之职务俸视学科之种类、职务之繁简，其年额为四百圆以上、千二百圆以下，而文部大臣定之。

第五条　教授以其所担任之讲座受职务俸。

助教授而担任讲座者,受其讲座职务俸之半额。

第六条　助教授视学科之类别、学务之繁简,受年额二百圆以上、六百圆以下之职务俸。

第七条　教授而担任讲座二所者,则加给其兼担之讲座职务俸半额。

第八条　嘱托讲师使担任讲座或担任讲座外之授课者,从教官俸给支予手当,但不得过于其讲座之职务俸额。

第九条　令教授、助教授或讲师而分担某一讲座之职务者,应分给教授、助教授之职务俸及讲师之手当,总其年额不得过于其讲座职务俸之年额。

第十条　教授与助教授暂时从事他之公务,或特因学术上重要之事承文部大臣之指挥、暂时不担任讲座及离职务者,得限二年以内仍给本俸。

第十一条　施行本令之细则由文部大臣定之。

附　　则

第十二条　明治二十六年之敕令第九十四号及第八十四号帝国大学教官俸给令并明治三十年之敕令第百七号关于帝国大学之条项以本令施行之日废去。

别表

	一级	二级	三级	四级	五级	六级	七级
帝国大学总长	四千圆	三千五百圆					
帝国大学各分科大学教授	千六百圆	千四百圆	千二百圆	千一百圆	千圆	九百圆	八百圆
帝国大学各分科大学助教授	八百圆	七百圆	六百圆	五百圆	四百圆	三百圆	

（续表）

| 帝国大学书记官 | 二千圆 | 千八百圆 | 千六百圆 | 千四百圆 | 千二百圆 | 千圆 | 九百圆 |
| 帝国大学舍监 | 千六百圆 | 千四百圆 | 千二百圆 | 千圆 | 九百圆 | 八百圆 | 七百圆 |

●●●东京帝国大学农科大学附属台湾演习林在勤职员之支给加俸明治三十七年（1904年）敕令

第一条　东京帝国大学农科大学附属台湾演习林所有被命在勤之文官支给加俸。

前项之加俸准用台湾总督府职员支给加俸之规则。

第二条　台湾演习林在勤之文官及台湾总督府文官而互相转任，则其加俸通算前后之勤务年数。

第三条　支给加俸之细则，文部大臣定之。

●●●文部省所直辖之诸学校中高等官之官等、俸给令明治三十二年（1899年）敕令

第一条　文部省所直辖之诸学校长为高等官二等以下、六等以上。东京外国语学校长、东京音乐学校长及东京盲哑学校长为高等官三等以下、六等以上。

第二条　文部省所直辖之诸学校教官为高等官三等以下。

文部省所直辖之诸学校教官（除东京外国语学校及东京音乐学校、东京盲哑学校教官外）为高等官三等。已及五年以上，而特著勋劳，各校有限一人升叙高等二等者。

第三条　文部省所直辖之诸学校专任生徒监为高等官四等以下，兼任生徒监，从本官之官等。

第四条　文部省所直辖之诸学校中高等官年俸照别表。

第五条　文部省所直辖之诸学校教官,有因其授业之时间及学科之难易轻重,而给最低额以下之年俸者。

第六条　文部省所直辖之诸学校教官而兼任一校或数校之教官者,得按其本官与兼官授业之时间及学科之难易轻重,分割其本官之俸额,而自各学校支给之。

第七条　据文部省所直辖之诸学校官制中第十五条,任授某学科之嘱托讲师,得自教官俸给额之内酌给手当金。

第八条　札幌农学校教官而被命为本校农事部长、植物园长或博物馆长者,得加给年俸百五十圆以内。

别表

	一级	二级	三级	四级	五级	六级	七级	八级	九级	十级	十一级	十二级
文部省直辖诸校长	三千圆	二千五百圆	二千二百圆	二千圆	千八百圆							
东京外国语学校长 东京音乐学校长	二千五百圆	二千二百圆	二千圆	千八百圆								
东京盲哑学校长	二千圆	千八百圆	千六百圆	千四百圆	千二百圆	千圆	九百圆					
文部省直辖诸学校教授	二千五百圆	二千二百圆	二千圆	千八百圆	千六百圆	千四百圆	千二百圆	千圆	九百圆	八百圆	七百圆	六百圆
文部省直辖诸学校教谕	千二百圆	千圆	九百圆	八百圆	七百圆	六百圆	五百圆	四百圆				
文部省直辖诸学校舍监	千二百圆	千圆	九百圆	八百圆	七百圆	六百圆	五百圆	四百圆				

●●●府县官立师范学校长之任命及俸给令 明治二十四年(1891年)敕令

第一条　府县官立师范学校长为奏任官。

第二条　府县官立师范学校长之年俸照别表支给之,但勋劳特著、受一级俸已及五年以上者得增给年俸二千圆。

第三条　除本令规定者外,均照本年之敕令第八十二号高等官任命及俸给令。

附　　则

第四条　本令以明治二十五年四月一日施行。

别　表

一级	二级	三级	四级	五级	六级	七级
千八百圆	千六百圆	千四百圆	千二百圆	千圆	九百圆	八百圆

●●●师范学校教谕、助教谕、训导及书记之俸额 明治三十一年(1898年)文部省令

第一条　师范学校教谕、助教谕、训导及书记之俸给照下表支发，但与奏任文官受同一待遇之教谕而食一级俸、特著勋劳者，得不拘是表之范围，渐次增俸至百五十圆。

第二条　师范学校教谕、助教谕及专科正教员、训导之俸给，因其授业之时间及学科之难易轻重等，有减是表之俸给等级酌予相当之额者。

职名	月　俸　等　给							
	一级		二级	三级	四级	五级	六级	七级
教谕	百圆	上	九十圆	七十五圆	六十五圆	五十五圆	四十五圆	三十五圆
		下	八十圆	七十圆	六十圆	五十圆	四十圆	三十圆
助教谕	四十圆		三十五圆	三十圆	二十五圆	二十圆		
训导	五十圆	上	四十五圆	三十五圆	二十五圆	十七圆		
		下	四十圆	三十圆	二十圆	十五圆		
书记	四十圆	上	三十五圆	二十六圆	二十圆	十四圆		
		下	三十圆	二十三圆	十七圆	十二圆		

●●●帝国图书馆高等官之官等、俸给令 明治三十三年(1900年)敕令

第一条 帝国图书馆长为高等官三等以下、六等以上,司书官为高等官六等以下、八等以上。

第二条 馆长及司书官之年俸照别表。

别表

俸给 官职	一级	二级	三级	四级	五级	六级	七级
馆长	二千五百圆	二千二百圆	二千圆	千八百圆	千六百圆	千四百圆	千二百圆
司书官	千二百圆	千圆	九百圆	八百圆	七百圆	六百圆	

●●●公立中学校、高等女学校、专门学校职员之名称、待遇及任免 明治二十四年(1891年)敕令

第一条 公立中学校、高等女学校、专门学校、技术学校中其职员之名称如下:

学校长

教谕

助教谕

舍监　限于学校之有寄宿舍者

书记

第二条 学校长、教谕、助教谕、舍监、书记与判任文官受同一之待遇,但专门学校及实业专门学校之学校长、教谕、及舍监,为与奏任文官受同一之待遇者,其他学校之学校长及教谕则有三人以内可特令与奏任文官受同一之待遇者。

由学校长兼任之教谕在前项定员之外。

第三条 与奏任文官受同一待遇之职员,其任免由文部大臣奏荐宣行之。与判任文官受同一之待遇者,由府县知事专行之。

●●●公立学校职员等级配当之件 明治二十五年(1892年)敕令

与奏任文官或判任文官受同一待遇之公立学校职员,其官级按其俸给额,据别表而配当于文武高等官官等或文武判任官等级,但同等官或同等级应居文武官吏之次席。

别　表　与奏任文官受同一待遇之公立学校职员官等配当表

		奏			任		
		三等	四等	五等	六等	七等	八等
专门学校	学校长	年俸三千圆	年俸二千圆以上不满三千圆	年俸千六百圆以上不满二千圆	年俸不满千六百圆		
	教谕		年俸二千圆	年俸千六百圆以上不满二千圆	年俸千二百圆以上不满千六百圆	年俸八百圆以上不满千二百圆	年俸不满八百圆
实业专门学校	舍监				年俸千二百圆	年俸八百圆以上不满千二百圆	年俸不满八百圆
师范学校	教谕			年俸千六百圆以上	年俸千二百圆以上不满千六百圆	年俸八百圆以上不满千二百圆	年俸不满八百圆
中学校高等女学校实业学校除实业专门学校	学校长			年俸千六百圆以上	年俸千二百圆以上不满千六百圆	年俸八百圆以上不满千二百圆	年俸不满八百圆
	教谕			年俸千六百圆以上	年俸千二百圆以上不满千六百圆	年俸八百圆以上不满千二百圆	不满八百圆

与判任文官受同一待遇之公立学校职员等级配当表

		判		任		
		一等	二等	三等	四等	五等
专门学校 实业专门学校	助教谕 书记	月俸五十圆以上	月俸四十圆以上不满五十圆	月俸三十圆以上不满四十圆	月俸二十圆以上不满三十圆	月俸不满二十圆

（续表）

师范学校	教谕	月俸五十圆以上	月俸四十圆以上不满五十圆	月俸不满四十圆			
	助教谕训导书记	月俸五十圆以上	月俸四十圆以上不满五十圆	月俸三十圆以上不满四十圆	月俸二十圆以上不满三十圆	月俸不满二十圆
中学校	学校长	月俸五十圆以上	月俸不满五十圆				
	教谕	月俸五十圆以上	月俸四十圆以上不满五十圆	月俸不满四十圆			
高等女学校	助教谕舍监书记	月俸五十圆以上	月俸四十圆以上不满五十圆	月俸三十圆以上不满四十圆	月俸二十圆以上不满三十圆	月俸不满二十圆
实业学校（除实业专门学校）	学校长	月俸五十圆以上	月俸不满五十圆				
	教谕	月俸五十圆以上	月俸四十圆以上不满五十圆	月俸不满四十圆			
	助教谕训导舍监书记	月俸五十圆以上	月俸四十圆以上不满五十圆	月俸三十圆以上不满四十圆	月俸二十圆以上不满三十圆	月俸不满二十圆
小学校	学校长	本务月俸五十圆以上	本务月俸四十圆以上不满五十圆	本务月俸三十圆以上不满四十圆	本务月俸二十圆以上月俸不满三十圆	本务月俸不满二十圆
	训导		月俸四十圆以上	月俸三十圆以上不满四十圆	月俸二十圆以上不满三十圆	月俸不满二十年

●●● 公立学校职员俸给令 明治三十六年（1903年）敕令

第一条　本令所称为职员系谓公立之专门学校、师范学校、中学校、高等女学校及实业学校之职员而与奏任文官或判任文官受同一待遇者。

第二条　专门学校及实业专门学校之职员与奏任文官受同一待遇者，其年俸据第一号表。

第三条　师范学校、中学校、高等女学校及实业学校_{除实业专门学校}之职员与奏任文官受同一待遇者，其年俸据第二号表。

第四条　与判任文官受同一待遇之职员，其月俸据第三号表。

第五条　官吏之在官而兼为公立学校职员者，其俸给得减等级相当之额。

第六条　职员受一级俸而在职五年以上、功劳特著者，得给本俸三分之一以下之加俸。

第七条　教员而兼舍监、主事者得给相当之加俸。

第八条　教员之俸给得按其教授时数减给等级相当之额。

第九条　职员而兼管二校以上者得分割其俸给，而于关系之学校经费中支给之。

第十条　据陆军给与令或海军军人俸给令而受俸给之职员，其间不复予俸给。但其俸给额而比职员之俸给额少，则得补给其不足之额。

第十一条　俸给每级不至在职一年以上，不得增给。但与奏任文官受同一待遇之职员而年俸在五百圆以下者，及与判任文官受同一待遇之职员而月俸在三十五圆以下者，不在此限。

第十二条　有时转任于名称暨待遇相异之职员，或转任于种类相异之学校职员，则其俸给为相当前职之俸给额以下。若无相当之额，则为其最近之上级俸给以下。但前职等级而在职逾一年以上者，得进一级。

若年俸在六百圆以下或月俸在四十圆以下者，不适用前项之规定。

第十三条　退职之后一年以内而再任者，其俸给为前职之俸给以下。

如前项所言，其前职等级而在职逾一年者，得照前职之等级进一级。

若年俸在六百圆以下或月俸在四十圆以下者，不适用前二项之规定。

退职之后一年以内而转任于名称暨待遇相异之职员，或转任于种类相异之学校职员，准用前条之规定。

第十四条　前三条之俸给额不算入加俸。

第十五条　休职者不复予俸给。但值战时或事变被召集而休职者，得予俸给之一部。其他有特别之事情者，予其三分之一以下。

第十六条　有特别之事情而不能照第十一至十三条之规定，则地方长官得受文部大臣之指挥而为特别之处分。

第十七条　高等官官等俸给令之第十三至十八条，与奏任文官受同一待遇之职员准用之。判任官俸给令之第五及第六条，与判任文官受同一待遇之职员准用之。

第十八条　支发俸给之细则，地方长官定之。

附　　则

第十九条　本令以明治三十六年四月一日施行。

第二十条　在施行本令之际而不另颁辞令书者，予以现所受俸给相当之等级俸。

现所受之俸给而不与本令规定之俸给额相当者，权得尽现在支给。但系于其人之取扱，则视其俸给为受最近之上级俸给者。

第一号表

	一级	二级	三级	四级	五级	六级	七级	八级	九级	十级	十一级	十二级
学校长	三千圆	二千五百圆	二千二百圆	二千圆	千八百圆	千六百圆	千四百圆	千二百圆				
教谕	二千五百圆	二千二百圆	二千圆	千八百圆	千六百圆	千四百圆	千二百圆	千圆	九百圆	八百圆	七百圆	六百圆
舍监							千二百圆	千圆	九百圆	八百圆	七百圆	六百圆

第二号表

	一级	二级	三级	四级	五级	六级	七级	八级	九级	十级	十一级	十二级	十三级	十四级
学校长	二千圆	千八百圆	千六百圆	千五百圆	千四百圆	千三百圆	千二百圆	千百圆	千圆	九百圆	八百圆	七百圆	六百圆	
教谕	千八百圆	千六百圆	千五百圆	千四百圆	千三百圆	千二百圆	千百圆	千圆	九百圆	八百圆	七百圆	六百圆	五百圆	四百圆

教谕之给十三级俸或十四级俸者，以女子之任教谕为限。

第三号表

		一级	二级	三级	四级	五级	六级	七级	八级	九级	十级	十一级	十二级	十三级
专门学校实业专门学校	助教谕书记	七十五圆	七十圆	六十五圆	六十圆	五十五圆	五十圆	四十五圆	四十圆	三十五圆	三十圆	二十五圆	二十圆	十五圆
师范学校	教谕	七十五圆	七十圆	六十五圆	六十圆	五十五圆	五十圆	四十五圆	四十圆	三十五圆	三十圆	二十五圆		
	助教谕训导	五十圆	四十五圆	四十圆	三十五圆	三十圆	二十五圆	二十圆	十七圆	十五圆				
	书记	五十圆	四十五圆	四十圆	三十五圆	三十圆	二十六圆	二十三圆	二十圆	十七圆	十四圆	十二圆		

（续表）

中学校 高等女学校	学校长 教谕	七十五圆	七十圆	六十五圆	六十圆	五十五圆	五十圆	四十五圆	四十圆	三十五圆	三十圆	二十五圆		
	助教谕 舍监	五十圆	四十五圆	四十圆	三十五圆	三十圆	二十五圆	二十圆	十七圆	十五圆				
	书记	五十圆	四十五圆	四十圆	三十五圆	三十圆	二十六圆	二十三圆	二十圆	十七圆	十四圆	十二圆		
实业学校 （除实业专门学校）	学校长 教谕	七十五圆	七十圆	六十五圆	六十圆	五十五圆	五十圆	四十五圆	四十圆	三十五圆	三十圆	二十五圆		
	助教谕 训导 舍监	五十圆	四十五圆	四十圆	三十五圆	三十圆	二十五圆	二十圆	十七圆	十五圆				
	书记	五十圆	四十五圆	四十圆	三十五圆	三十圆	二十六圆	二十三圆	二十圆	十七圆	十四圆	十二圆		

学校长或教谕之给十一级俸者，以女子之任教谕为限。

●●●市町村所立小学校长及教员之名称、待遇

明治二十四年（1891年）敕令

第一条　市町村所立小学校长及职员之名称如下：

一　小学校长。

二　训导，为小学校正教员者之名称。

三　准训导，为小学校准教员者之名称。

第二条　市町村所立小学校长及正教员与判任文官受同一待遇。

●●●市町村所立小学校之教员俸给令明治三十年（1897年）敕令

第一条　市町村、町村学校组合及其区，基于第三条之月俸平均额，有按小学校教员定数支出金额之义务。但市町村、町村学校组合及其区得据地方情况，而支出金额过于本项之义务额。

第二条　地方长官应就前条之金额以内定各本科正教员之俸给额。

地方长官而定其俸给额，有见为必须过前条之义务额者，则得据市

町村、町村学校组合及其区之同意，而过于前条之义务额以定各本科正教员之俸给额。但其区而不设区会或区总会者，须有议决其经费之市町村或町村组合之同意。

支出俸给而过于义务额者，非受地方长官之许可，不得减其俸给额。

第三条　市町村所立寻常小学校中本科正教员月俸之平均额，在人口十万以上之市为十六圆，在其他之市为十四圆，在町村为十二圆。

市町村所立高等小学校中本科正教员月俸之平均额，在人口十万以上之市为二十圆，在其他之市为十八圆，在町村为十六圆。

第四条　代本科正教员暂时教授之准教员，其俸给额适用第二条。

第五条　专科教员及补助教授之本科准教员，其俸给额由地方长官叩市参事会、町村长之意见而定之。但据本条，就既定之俸给额内而任用之教员，则俸给额不在叩市参事会、町村长意见之限。

第六条　小学校本科教员之月俸不得下于下表之金额：

		正教员	准教员
高等小学校	男	十　圆	七　圆
	女	八　圆	五　圆
寻常小学校	男	八　圆	五　圆
	女	六　圆	四　圆

第七条　当施行本令之时而支出教员之俸给既已过于义务额者，则视为与已经第二条之手续者同。

第八条　本令中所有市町村、町村学校组合及其区之规定，适用于不施市制町村制诸地方之小学校设置区域。町村长之规定，适用于岛司郡区长、户长或准之者。本令中所有市及市参事会之规定，有须用于不施市制町村制之地方者，由文部大臣定之。是时市参事会之职务，区长、户长或准于区长、户长者行之。

附　　则

第九条　本令以明治三十年四月一日施行。

第十条　明治二十三年之敕令第二百十五号小学校令中第六十条第二项以本令施行之日削除。

●●●市町村所立小学校教员之加俸令明治三十三年（1900年）敕令

第一条　除冲绳县之外，其余府县当以市町村所立小学校教育费之国库补助法第三条第二项下付金，为市町村所立小学校教员之加俸资金设置特别会计。

前项资金得以府县费补充之。

第二条　由市町村立小学校教员之加俸资金而有收入，当编入之于资金。

第三条　市町村所立小学校之本科教员而五年以上、勤续于同府县内之市町村所立小学校而地方长官认为成绩良美者，给年功加俸。年功加俸，正教员为年额二十四圆，准教员为年额十八圆。但既受年功加俸后，每勤续年数加五年，正教员得更加年额十八圆，准教员得更加年额十二圆。

第四条　因服兵役去职，而兵役毕后九十日以内再就职者，前后之在职年数通算于勤续年数。因学校之废止或学校编制之变更故退职，而六十日以内更就职者，亦同。

第五条　师范学校训导在职之年数通算之于勤续年数。

第六条　受年功加俸者而受惩戒处分，或地方长官认为成绩不良，不复支给年功加俸。

第七条　市町村所立寻常小学校之本科正教员服勤于单级学校者，得给年额二十四圆以下之特别加俸。而在僻陬之地服勤于多级学校者，地方长官见为须予特别加俸，则得给年额十八圆以下。

第八条　在不行小学校令诸地之训导及有训导资格之学校长，于本令视为本科正教员。

第九条　市町村所立小学校教员加俸之给与细则由地方长官定之，而当受文部大臣之认可。

附　　则

第十条　本令以明治三十三年四月一日施行。

第十一条　本据市町村所立小学校教育费之国库补助法第六条第一项受支给者，倘复据本令第三条第一项受年功加俸而其额较原受者寡，则其勤续于同一学校之时加给差额。

●●●地方测候所职员之条件明治三十三年（1900年）敕令

第一条　地方测候所置下之职员：

所长

技师

技手

书记

据土地之情况而分当不置技师者，得阙之。

第二条　所长以技师、技手或道府县厅之官吏充之。

第三条　技师与奏任文官受同一待遇。

技师之任免、奏荐及宣行，据明治二十五年敕令第九十六号高等官官等俸给令第四条、第五条之例以行之。

第四条 技师及书记与判任文官受同一待遇。

技手及书记之任免,地方长官行之。

第五条 技师以下所列之资格中有其一者任用之:

一 在中央气象台或附属测候所襄办气象事务已有三年以上而受判任官四级俸以上之俸给者,或从前曾受此俸给者。

二 在同一测候所襄办气象事务已有五年以上而受月俸四十五圆以上之俸给者,或从前曾受此俸给者。

三 于测候气象有特别之学术技艺者。

第六条 技手以下所列之资格中有其一者任用之:

一 在中学校卒业者,或有与之同等以上之学力者。

二 在中央气象台或测候所襄办气象事务已有三年以上者。

第七条 技师、技手及书记之官等等级按其俸给额,据别表而配当①于文武高等官之官等或文武判任官之等级。但在同官等内或同等级内者,应居文武官吏之次席。

附 则

本令以明治三十四年四月一日施行。

别表

技师官等配当表			
奏 任			
五 等	六 等	七 等	八 等
年俸千六百圆以上	年俸千二百圆以上不满千六百圆	年俸八百圆以上不满千二百圆	年俸六百圆以上不满八百圆

---

① 配当,即分配。

技手、书记等级配当表

	判 任				
	一等	二等	三等	四等	五等
技手	月俸六十圆以上	月俸四十五圆以上不满六十圆	月俸三十五圆以上不满四十五圆	月俸二十五圆以上不满三十五圆	月俸十二圆以上不满二十五圆
书记			月俸三十五圆以上	月俸二十五圆以上不满三十五圆	月俸十二圆以上不满二十五圆

●●●道厅府县郡市之农事试验场、工业试验场、水产试验场、农事讲习所、工业讲习所、水产讲习所、种畜场之职员并农事巡回教师、工业巡回教师、林业巡回教师、水产巡回教师等所有名称、待遇、任免及官等、官级配当之件 明治三十一年（1898年）敕令

第一条　本令所称为道厅府县郡市农事试验场、工业试验场、水产试验场、农事讲习所、工业讲习所、水产讲习所、种畜场之农事巡回教师、工业巡回教师、林业巡回教师、水产巡回教师，系谓以北海道地方费、府县税（或地方税）及郡市费而常置者。

第二条　道厅府县郡市之农事试验场、工业试验场、水产试验场及种畜场之职员如下：

场长
技师
技手

书记

场长以技师或技手充之。而以郡费设立之试验场，则不得置技师二名以上。

第三条　道厅府县郡市之农事讲习所及水产讲习所之职员如下：

所长

技师

技手

书记

所长以技师或技手充之。而以郡费设置之讲习所，则不得置技师二名以上。

第四条　道厅府县郡市之农事试验场、工业试验场、水产试验场、农事讲习所、工业讲习所、水产讲习所、种畜场之技师，与奏任文官受同一待遇。

道厅府县郡市之农事试验场、工业试验场、水产试验场、农事讲习所、工业讲习所、水产讲习所、种畜场之技手、书记，并农事巡回教师、工业巡回教师、林业巡回教师及水产巡回教师，与判任文官受同一待遇。但受北海道地方费、府县税或地方税支办俸给之巡回教师，有特与奏任文官受同一待遇者。

第五条　前条所言与奏任文官受同一待遇者，其任免照明治二十五年之敕令第九十六号高等官官等俸给令中第四条、第五条之例行之，而与判任文官受同一待遇者，则由府县知事行之。

第六条　第二条、第三条及第四条之技师、技手及巡回教师，选有特别之学术技艺者任之。

第七条　道厅府县郡市之农事试验场、工业试验场、水产试验场、农事讲习所、工业讲习所、水产讲习所及种畜场之职员，并农事巡回教师、工业巡回教师、林业巡回教师及水产巡回教师,而与奏任文官或判任文官受同一待遇者,其官等等级按其俸给额,据别表而配当于文武高等官之官等或文武判任官之等级。

本与奏任文官及判任文官受同一待遇者,而同时任为道厅府县郡市之农事试验场、工业试验场、水产试验场、农事讲习所、工业讲习所、水产讲习所、种畜场之职员,及农事巡回教师、工业巡回教师、林业巡回教师及水产巡回教师,其官等与等级之配当法据本官之官等与等级,或据以本务而配当之官等与等级。

据本令而与奏任文官或判任文官受同一待遇者,在同官等内或同等级内,应居文武官吏之次席。

附　则

第八条　本令以明治三十二年一月十日施行。

第九条　明治二十七年之敕令第百八十七号、明治二十九年之敕令第三百八十八号及明治三十年之敕令第四十六号以本令施行之日废去。

别表

与奏任文官受同一待遇之府县郡市农事试验场、水产试验场、农事讲习所、水产讲习所及种畜场之技师并农事、水产、林业各巡回教师官等配当表			
奏　任			
五　等	六　等	七　等	八　等
年俸千四百圆以上	年俸 千二百圆以上不满千四百圆	年俸 八百圆以上不满千二百圆	年俸 六百圆以上不满八百圆
与判任文官受同一待遇之府县郡市农事试验场、工业试验场、水产试验场、农事讲习所、工业讲习所、水产讲习所及种畜场职员并农事、工业、水产、林业各巡回教师等级配当表			

（续表）

	判 任				
	一等	二等	三等	四等	五等
道厅府县郡市农事试验场、工业试验场、水产试验场、农事讲习所、工业讲习所、水产讲习所及种畜场技手、道厅府县郡市农事、工业、水产、林业各巡回教师	月俸六十圆以上	月俸四十五圆以上不满六十圆	月俸三十五圆以上不满四十五圆	月俸二十五圆以上不满三十五圆	月俸不满二十五圆
道厅府县郡市农事试验场、工业试验场、水产试验场、农事讲习所、工业讲习所、水产讲习所及种畜场书记			月俸三十五圆以上	月俸二十五圆以上不满三十五圆	月俸不满二十五圆

●●●通信手、补用铁道书记与看守航路标识之俸给及三等邮便电信局长、三等邮便局长、三等电信局长之手当 明治三十一年（1898年）敕令

第一条　通信手及补用铁道书记之月俸为二十五圆以下、九圆以上。

第二条　看守航路标识之月俸照别表。

第三条　三等邮便局长不予俸给，而每年予五百圆以下之手当，其细则由递信大臣定之。

第三条之二　三等邮便局长而在官死亡，或其局与官废，又或勤续三年以上而退官者，递信大臣据其勤劳，给予二百圆以内之金额。但以惩戒处分而免官或因刑事裁判而失官者，不在此限。

附　则

第四条　本令以明治三十一年十一月一日施行。

看守航路标识之月俸表

一级	七十五圆	二级	六十圆
三级	五十圆	四级	四十五圆
五级	四十圆	六级	三十五圆
七级	三十圆	八级	二十五圆
九级	二十圆	十级	十五圆
十一级	十二圆		

●●● 商船学校职员之俸给 明治三十二年（1899年）敕令

商船学校之教授、商船学校之学生监与商船学校之教谕，其俸给俱照别表。

附　则

本令以明治三十二年六月十六日施行。

别表

官　名		年　俸
商船学校教授	一级俸	二千五百圆
	二级俸	二千二百圆
	三级俸	二千圆
	四级俸	千八百圆
	五级俸	千六百圆
	六级俸	千四百圆
	七级俸	千二百圆
	八级俸	千圆
	九级俸	九百圆
	十级俸	八百圆
	十一级俸	七百圆
	十二级俸	六百圆

（续表）

商船学校学生监及商船学校教谕	一级俸	千二百圆
	二级俸	千一百圆
	三级俸	千圆
	四级俸	九百圆
	五级俸	八百圆
	六级俸	七百圆
	七级俸	六百圆
	八级俸	五百圆
	九级俸	四百五十圆
	十级俸	四百圆

●●●在亲补职者及会计检查院长之待遇明治二十九年（1896年）敕令

在亲补职者及会计检查院长，赐以亲任官之待遇。

●●●会计检查院高等官之年俸明治二十九年（1896年）敕令

会计检查院高等官之年俸如下：

院长　　　　　五千圆

部长　　　　　三千圆

但以一人为限，得照年功特给三千五百圆。

检查官	一级	二千五百圆
	二级	二千二百圆
	三级	二千圆
	四级	千八百圆
	五级	千六百圆
	六级	千四百圆
	七级	千二百圆

但受一级俸者以二人为限,得照年功特给三千圆。

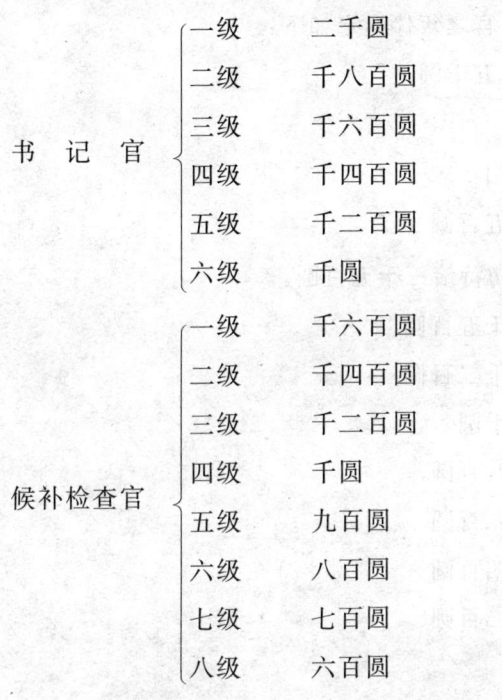

书记官
- 一级　二千圆
- 二级　千八百圆
- 三级　千六百圆
- 四级　千四百圆
- 五级　千二百圆
- 六级　千圆

候补检查官
- 一级　千六百圆
- 二级　千四百圆
- 三级　千二百圆
- 四级　千圆
- 五级　九百圆
- 六级　八百圆
- 七级　七百圆
- 八级　六百圆

但受一级俸者以五人为限,得照年功特给千八百圆。

附　　则

本令施行之际而不别颁辞令者,按现所受之俸给额予以相当之俸给。

●●●行政裁判所长官之待遇 明治三十一年(1898年)敕令

行政裁判所之长官,赐以亲任官之待遇。

●●●行政裁判所长官并评定官之年俸 明治二十四年(1891

年)敕令

行政裁判所长官并评定官之年俸通定如下:

长官　　　　　　五千圆

评定官

敕任 { 一级　　三千圆
　　　二级　　二千五百圆 }

但受一级俸者,得照年功特给三千五百圆。

奏任 { 一级　　二千五百圆
　　　二级　　二千二百圆
　　　三级　　二千圆
　　　四级　　千八百圆
　　　五级　　千六百圆
　　　六级　　千四百圆
　　　七级　　千二百圆 }

附　　则

本令以明治二十四年八月十六日施行。

●●●待遇贵族院及众议院之守卫明治二十四年(1891年)敕令

贵族院及众议院之守卫以判任官待遇之。

●●●贵族院、众议院守卫定员及俸给令明治三十年(1897年)敕令

第一条　守卫定员,各院为三十五人。

第二条　守卫之月俸如下：

一级　　　十五圆

二级　　　十四圆

三级　　　十三圆

四级　　　十二圆

五级　　　十一圆

六级　　　十圆

七级　　　九圆

第三条　被守卫之任命者，其月俸为六级以下。

在判任官以上之官职者，及有巡查勤密之证书者，而被守卫之任命，不适用前项，但不得超过前职之月俸。

第四条　守卫而受五级以上之月俸者，非经一足年不得升级。但执候补守卫班长之事务者或有特别之技能者，不在此限。

第五条　月俸，凡新任、升级、降级、复职，概自发令之翌日计算。退职之月，则照日割计算。因有事务之伸缩而免职，又或休职、死亡者，给本月分之全额。如休职而即在本月复职者，则其月之俸给不复予。

第六条　因病不执务而逾六十日者，及因私事障碍不执务而逾二十日者，俱以日割减月俸之半额。但因公务而受伤痍、罹疾病抑或受服忌者，不在此限。

●●●台湾总督府之职员官等、俸给令 明治三十四年（1901年）敕令

第一条　台湾总督府高等文官之官等据别表中高等文官官等表。

第二条　台湾总督之年俸六千圆，民政长官之年俸四千圆或四千五

百圆，参事官长、铁道部技师长及敕任技师之年俸三千圆或三千五百圆，敕任警视总长、敕任局长、敕任土地调查局长及敕任专卖局长之年俸三千圆，其他高等文官之俸给照别表中高等文官俸给表，但铁道部技师长得照年功给四千圆。

第三条　有同一之官职而据官等则异其俸给者，可照别表中高等文官官等相当俸给表。

第四条　技术官据事务之繁简，有给以俸给最低额以下。

第五条　本令所不规定者，除有特别之规定以外，均照高等官之官等俸给令及判任官之俸给令。

<h3 style="text-align:center">附　　则</h3>

本令施行之际而不别颁辞令者，按现所受之俸给额予以相当之俸给。明治三十一年敕令第百十三号之台湾总督府职员官等俸给令、明治三十一年敕令第百十四号之台湾总督府地方高等官官等俸给令、明治三十一年敕令第百十五号之办务署长俸给之件、明治三十四年敕令第八十四号之台湾总督府编修官官等俸给令、明治三十二年敕令第四百二十七号之台湾总督府铁道部职员官等俸给令、明治三十三年敕令第三百四十一号之临时台湾土地调查局职员官等俸给令、明治三十四年敕令第百十七号之台湾总督府专卖局职员官等俸给令、明治三十四年敕令第五十号之台湾总督府税关职员官等俸给令、明治三十三年敕令第百二十二号之台湾总督府海港检疫所职员官等俸给令、明治三十三年敕令第三百三十二号之临时台湾基隆筑港局职员官等俸给令、明治三十四年敕令第八十号之台湾海事局职员官等俸给令、明治三十二年敕令第九十八号之台湾总督府师范学校职员官等俸给令、明治三十三年敕令第三百六十号之台湾总督府监狱职

员官等俸给令、明治三十四年敕令第七十八号之台湾总督府电话交换局职员官等俸给令、明治三十四年敕令第八十二号之台湾总督府测候所职员官等俸给令、明治三十四年敕令第六十三号之台湾总督府度量衡司检所职员官等俸给令等,俱废去。

附则明治三十六年(1903年)敕令

本令以明治三十六年六月一日施行。

别表

高 等 文 官 官 等 表

亲任	敕任		奏任					
	一等	二等	三等	四等	五等	六等	七等	八等
总督								
	民政长官	同上						
		参事官长						
		警视总长	同上	同上				
		局长	同上	同上				
			参事官	同上	同上	同上	同上	同上
			事务官	同上	同上	同上	同上	同上
			秘书官	同上				
				警视	同上	同上	同上	同上
				防疫事务官	同上	同上	同上	同上
				税务官	同上	同上	同上	同上
					翻译官	同上	同上	同上
					编修官	同上	同上	同上
		铁道部技师长						
				铁道部事务官	同上	同上	同上	同上
		土地调查局长	同上	同上				
				土地调查局事务官	同上	同上	同上	同上
						土地调查局监督官	同上	同上
		专卖局长	同上	同上				

(续表)

				专卖局事务官	同 上	同 上	同上	同上
				糖务局事务官	同 上	同 上	同上	同上
			税关长	同 上	同上	同上		
				税关事务官	同 上	同 上	同上	同上
				税关监视官	同 上	同 上	同上	同上
				税关鉴定官	同 上	同 上	同上	同上
			国语学校长	同 上	同 上	同上	同上	
				国语学校教授	同 上	同 上	同上	同上
			医院长	同 上	同 上	同上	同上	
			医院医长	同 上	同 上	同上	同上	
				医院医员	同 上	同 上	同上	同上
				医院药局长	同 上	同 上	同上	同上
			医学校教授	同 上	同 上	同上	同上	
				医学校舍监	同 上	同 上	同上	同上
				医学校助教授	同 上	同 上	同上	同上
			通信事务官	同 上	同 上	同上	同上	
				候补通信事务官			同上	同上
			警察官及司狱官,练习所教官	同 上	同 上	同上	同上	
				警察官及司狱官,练习所舍监	同 上	同 上	同上	同上
			海港检疫官	同 上	同 上	同上	同上	
				海港检疫医官	同 上	同 上	同上	同上
				筑港局事务官	同 上	同 上	同上	同上
			海事官	同 上	同 上	同上	同上	
			师范学校长	同 上	同 上	同上	同上	
				师范学校教授	同 上	同 上	同上	同上
				典 狱	同 上	同 上	同上	同上
				法院奏任通译			同上	同上
		厅 长	同 上	同 上	同 上	同上	同上	
	技 师	同 上	同 上	同 上	同 上	同上	同上	
				测候所技师	同 上	同 上	同上	同上

第九类 第一章 官等俸给 593

高 等 文 官 俸 给 表

	一级 二千 八百 圆	二级 二千 六百 圆	三级 二千 四百 圆	四级 二千 二百 圆	五级 二千 圆	六级 千八 百圆	七级 千六 百圆	八级 千四 百圆	九级 千二 百圆	十级 千圆	十一级 九百圆	十二级 八百圆	十三级 七百圆	十四级 六百圆
警视总长	同上	同上	同上											
局长	同上	同上	同上											
事务官	同上	同上	同上	同上	同上	同上	同上	同上	同上	同上				
参事官	同上	同上	同上	同上	同上	同上	同上	同上	同上	同上				
秘书官	同上	同上	同上	同上	同上	同上	同上	同上	同上					
			警视	同上	同上	同上	同上	同上	同上	同上	同上	同上	同上	同上
			防疫事务官	同上	同上	同上	同上	同上	同上	同上	同上	同上	同上	同上
			税务官	同上	同上	同上	同上	同上	同上	同上	同上	同上	同上	同上
						翻译官	同上	同上	同上	同上	同上	同上	同上	同上
						编修官	同上	同上	同上	同上	同上	同上	同上	同上
			铁道部事务官	同上	同上	同上	同上	同上	同上	同上	同上	同上	同上	同上
土地调查局长	同上	同上	同上											
			土地调查局事务官	同上	同上	同上	同上	同上	同上	同上	同上	同上	同上	同上
						土地调查局监督官	同上	同上	同上	同上	同上	同上	同上	同上
专卖局长	同上	同上	同上											
			专卖局事务官	同上	同上	同上	同上	同上	同上	同上	同上	同上	同上	同上
			糖务局事务官	同上	同上	同上	同上	同上	同上	同上	同上	同上	同上	同上
税关长	同上	同上	同上	同上	同上	同上								
			税关事务官	同上	同上	同上	同上	同上	同上	同上	同上	同上	同上	同上
			税关监视官	同上	同上	同上	同上	同上	同上	同上	同上	同上	同上	同上
			税关鉴定官	同上	同上	同上	同上	同上	同上	同上	同上	同上	同上	同上
			国语学校长	同上	同上	同上	同上	同上	同上	同上	同上	同上	同上	同上
			国语学校教授	同上	同上	同上	同上	同上	同上	同上	同上	同上	同上	同上
医院医长	同上	同上	同上											
				医院医员	同上	同上	同上	同上	同上	同上	同上	同上	同上	同上
				医院药局长	同上	同上	同上	同上	同上	同上	同上	同上	同上	同上
医学校教授	同上	同上	同上	同上	同上									
						医学校助教授	同上	同上	同上	同上	同上	同上	同上	同上

(续表)

						医学校舍监	同上	同上	同上	同上	同上	同上
		通信事务官	同上	同上	同上	同上	同上	同上	同上	同上	同上	同上
						候补通信事务官	同上	同上	同上	同上	同上	同上
			警察官及司狱官练习所教官	同上	同上	同上	同上	同上	同上	同上	同上	同上
						警察官及司狱官练习所舍监	同上	同上	同上	同上	同上	同上
			海港检疫官	同上	同上	同上	同上	同上	同上	同上	同上	同上
			海港检疫医官		同上	同上	同上	同上	同上	同上	同上	同上
		筑港局事务官	同上	同上	同上	同上	同上	同上	同上	同上	同上	同上
			海事官		同上	同上	同上	同上	同上	同上	同上	同上
						师范学校长	同上	同上	同上	同上	同上	同上
						师范学校教授	同上	同上	同上	同上	同上	同上
						典狱	同上	同上	同上	同上	同上	同上
						法院奏任通译	同上	同上	同上	同上	同上	
厅长	同上	同上	同上	同上	同上		同上	同上				
技师	同上	同上	同上	同上	同上		同上	同上	同上	同上	同上	同上
						测候所技师	同上	同上	同上	同上	同上	同上

高等文官官等相当俸给表

官名 \ 等级	一等	二等	三等	四等	五等	六等	七等	八等
警视总长 局长 土地调查局长 专卖局长			一级 二级	三级 四级				
参事官 事务官 秘书官			一级 二级	三级 四级	五级 六级	七级 八级	九级 十级	十一级 十二级
警视 铁道部事务官 筑港局事务官 土地调查局事务官 专卖局事务官 糖务局事务官 税关事务官 税关监视官					三级 四级	五级 六级	七级 八级	九级 十级 十一级	十二级 十三级 十四级

(续表)

翻译官 编修官				七级	八级 九级	十级 十一级	十二级 十三级 十四级
土地调查局监督官					七级 八级	九级 十级 十一级	十二级 十三级 十四级

●●●台湾总督府职员加俸之支给规则 明治二十九年（1896年）敕令

第一条 台湾总督府职员据本则支给加俸，但台湾岛人不在此例。

第二条 加俸金额与俸给额十分之三相当。

有勤续于台湾总督府之文官已周二年者，于前项金额之外再增给金额，与俸给额二十分之一相当。二年以上者，每益一年得增给二十分之一，而加俸全额至给额十分之五而止。

第三条 加俸之规则，不论新任、增俸、减俸，皆自发令之日起按日计算。

第四条 有非职、废官、退官及死亡者，皆支给本月分之加俸全额。

第五条 本规则之支给细目，由台湾总督定之。

附　　则

第六条 本规则以明治二十九年四月一日施行。

●●●台湾总督府之奏任文官转任于他官厅或再任者之官等 明治二十九年（1896年）敕令

第一条 据本年敕令之第百三十五号，任为高等官五等以上之台湾总督府奏任文官者，或转他官厅之奏任文官，或既退官而再任为他官厅之奏任文官，则其官等照本令之规程。

第二条　初任台湾总督府奏任文官者为高等官六等以下，但按台湾总督府奏任文官在职中升等之度数，得以六等升叙一等或数等。

第三条　再任台湾总督府奏任文官者为在他官厅之前官官等以下，但按台湾总督府奏任文官在职中升等之度数，得以前官之官等升叙一等或数等。若其前官之官等为七等以下者，准第二条之例。

第四条　据第二条及第三条而转他官厅之奏任文官或再任者，其升等得以在他官厅之前官官等在职年数，并转任或退官，通算于现时台湾总督府奏任文官之官等及在职年数。

●●●台湾总督府之判任官转他官厅或再任者之俸给 明治二十九年（1896年）敕令

据本年之敕令第二百二十九号而增给任用之台湾总督府判任文官，或转他官厅之判任文官，或既退官而再任为他官厅之判任文官，其俸给为在他官厅服前官暨退官时之俸给额以下。但按台湾总督府判任文官在职中升级之度数，得以其俸给额增给一级或数级。

初任台湾总督府之判任官者，或转他官厅之判任文官，或既退官而再任为他官厅之判任文官，其俸给为七级俸以下。但按台湾总督府在职中升级之度数，得以其俸给额增给一级或数级。

●●●待命外交官兼任为台湾总督府高等文官时之俸给 明治三十年（1897年）敕令

待命外交官而兼任台湾总督府之高等文官时，不复支发本官之俸给，而得据明治二十九年之敕令第九十九号台湾总督府职员官等俸给令、第百号台湾总督府职员加俸之支给规则，由台湾总督府俸给预算内支发其俸级。

●●● 台湾总督府补用警部之俸给令 明治三十四年(1901年)敕令

第一条 台湾总督府补用警部之月俸如下：

一级　　二十五圆
二级　　二十二圆
三级　　二十圆
四级　　十八圆
五级　　十六圆
六级　　十五圆

第二条 其余本令所未规定者，援用台湾总督府职员之官等俸给令。

●●● 台湾总督府之巡查、看守援用巡查、看守之俸给令 明治三十一年(1898年)敕令

明治三十年敕令第百四十九号巡查、看守之俸给令适用于台湾总督府之巡查及看守。

附　则

本令以明治三十一年十月一日施行。
明治二十九年敕令第三百七十五号台湾总督府巡查及看守之俸级令以本令施行之日废去。

●●● 待遇台湾总督府之补用巡查 明治三十四年(1901年)敕令

台湾总督府之补用巡查以判任官待遇之。

●●●台湾总督府补用巡查之俸给令 明治三十四年（1901年）敕令

第一条　台湾总督府补用巡查之月俸如下：

一级　　十四圆

二级　　十三圆

三级　　十二圆

四级　　十一圆

五级　　十圆

六级　　九圆

七级　　八圆

八级　　七圆

九级　　六圆

第二条　新任为补用巡查者，其月俸为六级以下。

向为补用巡查既退职而再任者，则不适用前项，但不得过其旧职之月俸。

第三条　补用巡查受四级以下月俸者，非满六个月不得升级。受三级以上月俸者，非满一年不得升级。

第四条　补用巡查尚在教习时者，其月俸为四圆至六圆。

第五条　月俸自发令之翌日计算，而退职之月则以日割计算。

因其厅废或其事务之伸缩而免职者，与夫死亡者，均给本月分之全额。

第六条　因病不执务而逾三十日者，及因私事障碍不执务而逾十日者，俱以日割减月俸之半额。但因公务而受伤痍、罹疾病抑或受服忌者，不在此限。

第七条 月俸于每月之末支给之，但十二月则二十八日即支给。

月俸支给之日而适值休日，则提前一日。

●●●台湾总督府警察官及司狱官与练习所练习生之俸给 明治三十二年（1899年）敕令

台湾总督府警察官及司狱官与练习所练习生而为县厅之巡查看守者，不必拘明治三十年敕令第百四十九号巡查、看守俸给令第五条之规定，而各支发其本俸。若为台湾总督府之巡查、看守者，不支发俸给，而给与则准用明治三十一年之敕令第百十八号。

●●●台湾总督府附于陆军幕僚之佐尉官兼任台湾土地临时调查局高等文官者之俸给 明治三十三年（1900年）敕令

为台湾土地临时调查局所施之图根测量而使台湾总督府附于陆军幕僚之佐尉官兼任其高等文官者，停止本官之诸给与，除给与之属马匹者而得据台湾总督府职员之官等俸给令及台湾总督府职员加俸之支给规则，由台湾土地临时调查局俸给预算内支发其俸级。

●●●台湾总督府税关监吏之俸给 明治三十二年（1899年）敕令

台湾总督府税关监吏之月俸照别表，但有受一级俸而练达事务者，得渐次给至三十五圆止。

附　　则

本令既以发布之日施行。

明治二十九年之敕令第三百八十九号以本令施行之日废去。

别表

一级	三十圆	二级	二十七圆	三级	二十四圆
四级	二十一圆	五级	十八圆	六级	十五圆
七级	十二圆				

●●●台湾总督府法院职员之官等、俸给及定员令 明治三十二年（1899年）敕令

第一条　判官、检察官之官等为高等官一等至八等，其年俸照别表。

第二条　就判官、检察官之各职而定其专任定员及俸给如下：

覆审法院长一人	上级俸至下级俸
覆审法院部长一人	一级俸至七级俸
覆审法院判官六人	七级俸至十级俸
覆审法院检察官长一人	中级俸至一级俸
覆审法院检察官二人	七级俸至十级俸
地方法院长三人	一级俸至七级俸
地方法院判官二十一人	八级俸以下
地方法院检察官长三人	二级俸至八级俸
地方法院检察官八人	八级俸以下

第三条　书记通各院为百十二人。

第四条　通译通各院为五十人。

奏任通译之官等俸给另照所别定。

第五条　覆审法院判官之中得给至四级俸者二人。

第六条　覆审法院检察官之中得给至二级俸者一人。

第七条　地方法院判官之中得给七级俸者七人。

第八条　地方法院检察官之中得给七级俸者三人。

第九条　判官之为覆审法院长者，其官等得暂为高等官三等，是时之俸给为下级俸。

第十条　本令所不规定者，则据台湾总督府职员官等俸给令。

附　　则

第十一条　本令施行之际而不别颁辞令者，按现所受俸给之额予以相当之俸给。

别表

	敕任			奏任									
	上级	中级	下级	一级	二级	三级	四级	五级	六级	七级	八级	九级	十级	十一级	十二级	十三级
年俸	四千圆	三千五百圆	三千圆	二千八百圆	二千六百圆	二千四百圆	二千二百圆	二千圆	千八百圆	千六百圆	千四百圆	千二百圆	千圆	九百圆	八百圆	七百圆

●●●支发台湾总督府法院判任通译俸给之件 明治三十一年（1898年）敕令

台湾总督府法院之判任通译，不问于判任官为初任与再任，均按台湾总督府职员官等俸给令中，得给至判任官俸给表之二级俸。

●●●台湾总督府使用嘱托员、雇员及技师、技手支发俸给之法 明治二十九年（1898年）敕令

第一条　台湾总督得自俸给预算之定额内酌宜以使用嘱托员及雇员。

第二条　台湾总督临时有须用技师、技手，则得于定员外任用之，而

自台湾事业费支出其俸给。

●●●台湾盐务局职员之官等、俸给令 明治三十二年(1899年)敕令

第一条 台湾盐务局事务官及技师之官等为高等官五等以下、八等以上,其年俸照下表:

一级	千六百圆	二级	千四百圆
三级	千二百圆	四级	千圆
五级	九百圆	六级	八百圆
七级	七百圆	八级	六百圆

第二级 本令所不规定者,则据明治三十一年敕令第百十三号之台湾总督府职员官等俸给令。

●●●台湾樟脑局职员之官等、俸给令 明治三十二年(1899年)敕令

第一条 台湾樟脑局事务官之官等为高等官五等以下、八等以上,其年俸照下表。

台湾樟脑局技师之官等为高等官四等以下、八等以上,其俸给照台湾总督府职员官等俸给令中之第二号俸给表。

一级	千六百圆	二级	千四百圆
三级	千二百圆	四级	千圆
五级	九百圆	六级	八百圆
七级	七百圆	八级	六百圆

第二条 本令所不规定者,则据台湾总督府职员官等俸给令。

●●●临时台湾敷设铁道部职员之官等、俸给令 明治三十二年(1899年)敕令

第一条 临时台湾敷设铁道部技师长之官等为高等官二等,年俸三千圆或三千五百圆,但照年功得特给年俸四千圆。

第二条 临时台湾敷设铁道部事务官之官等为高等官四等以下、八等以上,其俸给照台湾总督府职员官等俸给令中之第二号俸给表,而临时台湾敷设铁道部技师之官等及俸给,亦适用其令中所有技师之规定。

第三条 临时台湾敷设铁道部判任官之俸给适用台湾总督府职员官等俸给令中所有判任官之规定。

附 则

本令以明治三十二年四月一日施行。

●●●警视厅高等官俸给令 明治三十三年(1900年)敕令

第一条 警视厅高等官之年俸如下:

官职	级别	年俸
警视总监		四千圆
警视（补主事、第一部长、第二部长者） 警察医长	一级	二千四百圆
	二级	二千二百圆
	三级	二千圆
	四级	千八百圆
	五级	千六百圆
	六级	千四百圆

典狱补充四部长者	一级	千六百圆
	二级	千四百圆
	三级	千二百圆
	四级	千圆
警视补警察署长者 典狱补警察署长者	一级	千四百圆
	二级	千二百圆
	三级	千圆
	四级	九百圆
	五级	八百圆
	六级	七百圆
	七级	六百圆

第二条 警视之补警察署长者，其俸给区别应由内务大臣就其警察署而措定之。

附　则

本令施行之际而不别颁辞令者，按现受俸给之额予以相当之等级俸。

●●●据警视厅高等官俸给令而定警察署长俸给区别 明治三十三年（1900年）内务省告示

据明治三十三年敕令第二百二十二号、警视厅高等官俸给令之第二条而区别警察署长之俸给，以指定之如下：

  曲町警察署　　浅草警察署　　芝警察署
  京桥警察署　　日本桥警察署　神田警察署
  本所警察署　　下谷警察署　　深川警察署

上之警察长，系一级至五级俸。

本乡警察署　　品川警察署　　牛込警察署

八王子警察署　麻布警察署　　赤阪警察署

四谷警察署　　新宿警察署　　小石川警察署

千住警察署

　　上之警察长，系二级至六级俸。

小松川警察署　板桥警察署　　水上警察署

府中警察署　　青梅警察署

　　上之警察长，系三级至七级俸。

●●●警视厅警部消防士、消防机关士、监狱书记、看守长之俸给 明治二十六年（1893年）敕令

第一条　警视厅警部消防士、消防机关士、监狱书记、看守长之俸给，照明治二十四年敕令第八十三号之判任官俸给令。

第二条　现在之职员不别颁辞令，即按现在俸给予以相当之俸给。但受月俸七十五圆而判任俸给令第四条之期限未满者，予以一级俸。判任官俸给令第三条及第四条之期限自受现在俸给之日起算。

第三条　本令以明治二十六年四月一日施行。

明治二十四年之敕令第三十六号以本令施行之日废去。

●●●警视厅北海道厅府县及监狱判任官支发低额之俸给 明治二十六年（1893年）敕令

警视厅北海道厅府县（黩括岛厅郡区）及监狱判任官，有照判任官俸给令中别表所载最低额以下给至月俸六圆者。

附　　则

本令以明治二十六年十一月十日施行。

明治二十四年之敕令第百六十号自本令施行之日废止。

●●●待遇巡查、看守 明治二十四年(1891年)敕令

巡查、看守以判任官待遇之。

●●●巡查、看守俸给令 明治三十年(1897年)敕令

第一条　巡查、看守之月俸，在巡查部长、看守部长照别表甲号，其他之巡查、看守，则照别表乙号。

第二条　初被任命为巡查、看守者，其月俸视别表乙号五级俸以下。

其在判任官以上之官职者及在巡查或看守之职者，而被任命为巡查、看守，则得给至别表乙号四级俸。

遇前项之时，而其前职之月俸额与别表乙号三级俸以上相当者，则月俸得于别表甲号乙号之范围内给至与前职之月俸额相当。

第三条　巡查、看守而受别表乙号中四级俸以上之月俸者，非六阅月不得升级。但被擢为巡查部长、看守部长或跻巡查部长、看守部长升级之时，而给别表甲号中五级俸以下者，不在此限。

第三条之二　巡查部长、看守部长得暂给月俸十四圆。

第四条　有刑事专务或通辩及其他特别之技能者，不适用第二条、第三条。

合于前项之巡查、看守得于月俸之外，每月给十圆以内之特别手当。

第五条　巡查、看守尚在教习时者，其月俸为六圆至九圆。

第五条之二　巡查、看守遇战时或事变以被召集于海军、陆军而命休职者,其在海军、陆军中所受之俸给或薪水之额倘较少于休职时之俸给额,则得予休职给,数在其不足之额以内。

第六条　月俸,无论为新任、为升级、为降级、为复级,概自发令之翌日计算。

而退职之月,则以日割计算。因其厅废或其事务之伸缩而免职者,与夫休职死亡者,均给本月分之全额。如休职而即在本月复职者,则其月之俸给不复予。

第七条　因病不执务而逾六十日者,及因私事障碍不执务而逾二十日者,俱以日割减月俸之半额。但因公务而受伤痍、罹疾病抑或受服忌者,不在此限。

附　则

第八条　本令得据地方之状况展其施行之期,至于明治三十一年三月三十一日为止。

第九条　明治二十三年之敕令第二百二十八号中第四款、明治二十四年之敕令第百六十九号、明治二十六年之敕令第百十五号均以本令施行之日废去。

第十条　削除

别　表

甲　号					
一级	二级	三级	四级	五级	六级
二十五圆	二十二圆	二十圆	十八圆	十六圆	十五圆

乙　号						
一级	二级	三级	四级	五级	六级	七级
十五圆	十四圆	十三圆	十二圆	十一圆	十圆	九圆

●●●女监取缔与押丁之俸给 _{明治二十七年（1894年）内务省训令}

厅　府　县

女监取缔与押丁，其人员及俸给改定如下，但以明治二十八年四月一日施行：

一　女监取缔，监狱中每拘禁妇女二十五人以下，则置二人。由是以上，拘禁之妇女每增二十五人，则添女监取缔二人。

一　在一监狱之中而拘置之女监与囚人之女监，其地位相隔离者，得于前项之定员外添置女监取缔一人。在拘禁妇女少数之小监狱，得置相当之妇女，以定为女监取缔之预备员，每有用则使出勤。

一　押丁，每拘禁男子五百人，则置十人。由是以上，拘禁之男子每增百人，则添押丁一人。由是以下，拘禁之男子每减百人，则省押丁一人。

一　女监取缔人员，遇拘禁妇女差二十五人则增减之。押丁人员，遇拘禁男子差百人则增减之。

一　女监取缔之俸给为月额六圆以上、十五圆以下，押丁之俸给为月额五圆以上、十圆五十钱以下。女监取缔而有通辩及其他特别技能者，得特给俸给至二十五圆。

●●●北海道厅高等官俸给令 _{明治三十一年（1898年）敕令}

第一条　北海道厅长官之年俸为四千圆，敕任事务官之年俸则一级三千圆、二级二千五百圆，其他之高等文官年俸如下：

奏任事务官

一级	二千圆
二级	千八百圆
警部长	千八百圆
支厅长	
参事官	
铁道事务官	
一级	千六百圆
二级	千四百圆
三级	千二百圆
四级	千一百圆
五级	千圆
六级	九百圆
七级	八百圆
警视	
典狱	
一级	千圆
二级	九百圆
三级	八百圆
四级	七百圆
五级	六百圆

第二条　函馆支厅长之年俸得特给至二千圆。

第三条　奏任事务以下之高等文官受最高俸、在职五年以上而有功绩者,如为奏任事务官,得给年功加俸五百圆以内,其他则得给年功加俸三百圆以内。

附　　则

第四条　本令以明治三十一年十一月一日施行。

支厅长之年俸得暂予最下给以下至六百圆。

●●●北海道厅府县视学官之俸给 明治三十二年（1899年）敕令

北海道厅府县视学官之俸给为年俸，照别表支给之。

别表

一级	二级	三级	四级	五级	六级	七级
千八百圆	千六百圆	千四百圆	千二百圆	千圆	九百圆	八百圆

●●●地方视学之俸给 明治三十年（1897年）敕令

自他之判任官而转任或再任为地方视学者，其前官之俸给而为七级俸以下，则得不拘明治二十四年敕令第八十三号判任官俸给令第三条之规程，而升给六级俸。

前项之再任者而本在公立学校教员或郡视学之职者，则得给至所受之俸级为止。

●●●视学之俸给 明治三十二年（1899年）敕令

道厅视学府县视学及郡视学之俸给为判任官俸给八级以上。

附　　则

本令于郡视学以明治三十三年四月一日施行。

●●●**地方高等官俸给令**明治三十三年(1900年)敕令

第一条 地方高等官之年俸照下表：

等级 官 名	一级	二级	三级	四级	五级	六级
知 事	三千六百圆	三千三百圆	三 千 圆			
书 记 官	二 千 圆	千八百圆	千六百圆			
警 部 长	千六百圆	千四百圆	千二百圆			
视 学 官	千六百圆	千四百圆	千二百圆	千 圆	九 百 圆	八 百 圆
参 事 官	千四百圆	千二百圆	千 圆	九 百 圆	八 百 圆	
典 狱	千二百圆	千 圆	九 百 圆	八 百 圆	七 百 圆	六 百 圆
岛 司	千二百圆	千 圆	九 百 圆	八 百 圆	七 百 圆	六 百 圆
郡 长	千 圆	九 百 圆	八 百 圆	七 百 圆	六 百 圆	

第二条 东京府、京都府、大阪府、神奈川县、兵库县、长崎县、新泻县、爱知县、宫城县、广岛县、福冈县、熊本县之知事、书记官、警部长、视学官、参事官、典狱，别受下表之加俸：

官 名 府 县	知事	书记官	警部长	视学官	参事官	典狱
东京府、京都府、大阪府 神奈川县、兵库县	四百圆	四百圆	四百圆	二百圆	二百圆	二百圆
长崎县、新泻县、爱知县 宫城县、广岛县、福冈县、熊本县	二百圆	二百圆	二百圆	百 圆	百 圆	百 圆

第三条 内务大臣所特指定地之岛司及郡长别受加俸二百圆。

附 则

第四条 本令以明治三十三年四月一日施行。

明治三十二年之敕令第二百五十六号及明治二十九年之敕令第十

七号即废去。

第五条　第二条府县以外之书记官、警部长年俸得暂不拘第一条之规定，而书记官给千五百圆，警部长给千一百圆。

第六条　本令施行之际而不别颁辞令者，按现所受之俸给额予以相当之等级俸或第五条之俸给额。但应受别项加俸者，则以现所受之俸给额中与本令所定加俸额相当之部分视为其加俸，而其它部分则视为等级俸。

●●●港务部高等官俸给令 明治三十五年（1902年）敕令

第一条　港务长及港务官之年俸照下表：

等级 官名	一级	二级	三级	四级	五级
港务长	千六百圆	千四百圆	千二百圆		
港务官	千四百圆	千二百圆	千圆	九百圆	八百圆

港务医官之年俸则据技术官俸给令。

第二条　神奈川县及兵库县之港务长受加俸四百圆，港务官则受二百圆。长崎县及福冈县之港务长二百圆，港务官一百圆。

附　则

本令以明治三十五年四月一日施行。

●●●冲绳县宫古岛司及八重山岛司之俸给额 明治二十九年（1896年）敕令

冲绳县宫古岛司及八重山岛司之年俸各七百圆。

附　　则

本令施行之时期，内务大臣定之。

●●●岛屿之不行町村制者其户长以下之给资旅费并浦役场费 明治二十二年（1889年）敕令

不行町村制之岛屿，在以敕令定其制之先，本属府县行町村制后，所须户长以下之给资、旅费并浦役场费，为其町村之负担。但东京府所辖之小笠原岛、伊豆七岛，则仍前自国库支给。

●●●户长之身分取扱及俸给支发之法 明治二十九年（1896年）内务省令

户长身分取扱之法准诸敕令第三十六号判任官官等三等以下，而其俸给则应由道厅长官府县知事酌宜定之。

●●●待遇伊豆七岛地役人及名主 明治二十八年（1895年）敕令

东京府所辖之大岛、三宅岛、八丈岛、御藏岛、神津岛、新岛地役人及利岛名主，以判任官待遇之。

●●●典狱俸给令 明治三十六年（1903年）敕令

第一条　典狱之年俸如下表：

一级	千六百圆	二级	千四百圆
三级	千二百圆	四级	千圆
五级	九百圆	六级	八百圆

七级	七百圆	八级	六百圆

第二条　司法大臣特指监狱八所以内,其典狱别受加俸二百圆。

附　则

本令以明治三十六年四月一日施行之。

●●●森林主事之俸给 明治三十六年(1903年)敕令

森林主事之月俸如下：

一级,二十五圆以下,二十一圆以上。

二级,二十圆以下,十六圆以上。

三级,十五圆以下,十圆以上。

附　则

本令以明治三十六年十二月三十一日施行之。

明治二十九年之敕令第二百八十四号即行作废。

●●●不受初叙官等制限之高等文官转其他高等文官时之官等 明治三十六年(1903年)敕令

第一条　本令所称特别文官系谓据高等官之官等俸给令第七条而不受初叙官等制限之高等文官。

第二条　特别文官而转为他之高等文官时,前此未为他之高等文官者,其官等为高等官六等以下。前此曾为他之高等文官者,其官等为前官之官等以下。但前官之官等而为七等以下者,得升至六等。

第三条　遇前条之时,其特别文官之在职年数已满二年者,得升叙一等。

前此曾为他之高等文官者,而遇前条之时,除前官之官等为七等以下者外,其官等在职年数通算于特别文官之在职年数,而援用前项之规定。但前为他之高等文官而在职满二年以上,则其在职年数作为二年而通算于特别文官在职年数。

前二项之在职年数,而自特别文官转为他之高等文官时未用为升叙而算入者,通算于新授官等之升叙年数。但未叙为前任他之高等文官之官等以上者,不在此限。

附　则

明治三十年之敕令第百九十七号及准用之之规定俱废去。

第二章 试验

●●●文官试验规则 明治二十六年(1893年)敕令

要 目

第一章 总则
第二章 文官高等试验
第三章 文官普通试验
附 则

第一章 总则

第一条 文官试验除别设规程者之外均照本令行之。

第二条 文官试验分为文官高等试验及文官普通试验之二种。

第三条 行文官试验之期日及场所当预以官报公告之,若在东京以外之地行试验,则于其地之新闻纸[①]一种以上公告之。

第四条 年龄满二十岁以上之男子绝无下之诸项者得受文官试验:
一 犯重罪者。但国事犯已复权者不在此限。

---

① 新闻纸,即报纸。

二　应服定役之轻罪者。
三　受破产或家资分散之宣告而未复权者，或受身代限之处分而债务办偿未终者。

第五条　合文官试验之格者予以合格证书。

第六条　冀以不正之法而受试验者及违背试验之规程者，不得预其期之试验。若既领试验合格证书之后而始发觉此等事实，则其合格证书即作无效。

第七条　为文官试验之出愿者，例使纳办理费，在高等试验则金十圆，普通试验则金二圆。

第二章　文官高等试验

第八条　文官高等试验每年在东京举行一次，由文官高等试验委员典之。

第九条　文官高等试验分预备试验及本试验，自非合预备试验之格者不得受本试验。

第十条　预备试验之目的在考试受验之人、卒业于寻常中学校以上之官立、公立学校或有寻常中学以上之学力者所修之学科诚足当本试验与否。

第十一条　预备试验分二次，一为论文试验，一为关系论文之口述试验及迅速作文试验。而口述试验及迅速作文试验，行之于合论文试验之格者。
试验委员于前项之口述试验及迅速作文试验得以便宜省略其一。

第十二条　有帝国大学法科大学、东京旧大学法学部、文学部及司法省旧法学校正则部之卒业证书者，及卒业学习院大学科四学年之课程者,俱免预备试验。

第十三条　本试验之目的在考试受验之人,能通晓学理上之原则及现行法令,又其所修学术有应用于实务之能力与否。

第十四条　本试验以下之科目行之:

　　一　宪法。

　　二　刑法。

　　三　民法。

　　四　行政法。

　　五　经济学。

　　六　国际法。

　　以上科目,试验之际不得选择取舍。

　　一　财政学。

　　二　商法。

　　三　刑事诉讼法。

　　四　民事诉讼法。

　　以上科目,使受验者就其中预选一科目而试验之。

第十五条　本试验分笔记试验与口述试验,自非合笔记试验之格者不得受口述试验。

第十六条　定预备试验及本试验合格者之法,据试验委员之所议定。

第十七条　文官高等试验之细则以阁令定之。

第三章　文官普通试验

第十八条　文官普通试验当各官厅须考选之时,即自其厅之文官普通试验委员行之。

第十九条　文官普通试验之科目应以寻常中学校之科程为标准，斟酌各官厅所掌之事务，自文官普通试验委员定之，而经文官高等试验委员之承认。

第二十条　文官普通试验之细则当文官普通试验委员定之，而报告于文官高等试验委员。

附　　则

第二十一条　本令以明治二十七年一月一日施行。

●●●文官高等试验规则 明治二十七年(1894年)阁令

第一条　欲预文官高等试验者应按书式，加履历书及试验论文于试验愿书，在公告期日之前呈诸文官高等试验委员长。但与明治二十六年敕令第百九十七号文官试验规则之第十二条相当者，毋庸试验论文。

前项之期日，应于一月前与文题俱公告于官报。

第二条　试验论文应就公告之文题自择其一，用汉字交错之文，以楷书誊之。

第三条　试验办理费当用登记印纸贴于试验愿书，但其后虽不受试验，亦不发还。

第四条　试验愿书、履历书及论文，虽请注销出愿之时，亦不发还。

第五条　合论文试验之格者，自文官高等试验委员长，以应行口述试验及迅速作文试验之事并其期日及场所于二十日前登官报公告之，且仍通知于本人。

第六条　本试验之笔记试验，应于二日前预定其科目及期日而行之。至其口述试验，则俟笔记试验完毕后更定期日行之。

前项笔记试验之期日，当通知预备试验之合格者及与文官试验规则第十二条之出愿试验者。口述试验之期日，则当通知笔记试验之合格者，且仍登官报公告之。

第七条　迅速作文及笔记试验，则聚受验人员于一室或数室，授以问题，文官高等试验委员监视而行之。但受验人员而只一人，则文官高等试验委员二人以上监视之。

其答案用楷书或行书而明了记之。

第八条　口述试验不论预备试验与本试验，俱文官高等试验委员二人以上列席，而按受验者一一试问，各使即为答辩。

第九条　受验人在试验室内不得偶语喧哗。

第十条　受验人不得携带书籍及其他可供受验之材料以入试验室。

第十一条　受验人不得就问题为质问并在试验场借览书籍。

第十二条　受验人须遵守文官高等试验长之揭示及其他试验委员之命令。

第十三条　受验人至试验期日而不出席或至试验半途而退室者，不得复受本期之试验。

第十四条　文官高等试验委员长不入文官高等试验委员会议表决之数，但可否同数之时由文官高等试验委员长决之。

第十五条　文官高等试验委员查定试验之成绩后，应报告之于文官高等试验委员长，而其报告之期限则自文官高等试验委员长预定之。

第十六条　文官高等试验合格者之姓名登官报以公布。

第十七条　自余办理高等文官试验必不可缺之法，高等文官委员长定之。

文官高等试验出愿书式　用纸用美浓纸

族籍

姓名

生年月

某谨愿预于文官高等试验,特附呈别纸之履历书及论文,卒业证书誊本并乞察鉴。

现今住址

年　　月　　日　　　　　　姓名　印

文官高等试验委员长某某阁下。

预于现今住址之外置定宿所,得以便宜收受试验委员所发之通知书者,应添载下之书式：

此后贵委员颁发之通知书请饬下下记之所：

某府县某郡市某町村几番地某人处

履历书式 用纸用美浓纸

族籍

姓名

生年月

本籍

一　某府县某国某郡市某町村几番地。

户主 或某之子兄弟伯叔父等

现今住址

一　某府县某国某郡市某町村几番地。某人处若试验出愿之中而或迁徙则当于其时呈明

学事

一　某年月,就某地某人或官公私立某学校,修某学,所修之科

目大致若何。

一　某年月,入某地官公私立某学校,修某学科,某年月卒业。

职业

一　某年月,在某官厅,拜某某命,历任某某等。

●●●外交官及领事官之试验规则明治二十六年(1893年)敕令

第一条　外交官及领事官之试验值须考选之时,自外交官及领事官之试验委员行之于外务省。

第二条　行外交官及领事官试验之期日预登官报公告之。

第三条　年满二十以上之男子而下之诸项并无其一者,方得受外交官及领事官之试验:

一　犯重罪者。但国事犯而已复权者不在此限。

二　犯应服定役之轻罪者。

三　受破产或家资分散之宣告而未复权者,及受身代限之处分而债务未清偿者。

第四条　欲预外交官及领事官之试验者,应将出愿书附以履历书及论文,并用英文、法文或德文译之者,同呈于试验委员。

前项之出愿书及履历等书皆须受验人亲笔。

第五条　试验委员于前条之履历书及论文并译文而见为可受试验者,则召集而试验之。

第六条　外交官及领事官之试验分为第一次试验及第二次试验,自非合第一次试验之格者不得受第二次试验。

第七条　第一次试验以如下所列之科目行之,并当检查体格:

一　作文、国文及第四条译文所用之外国文。

二　外国语、第四条用其文为译文之国语。

三　公文摘要。（国文）

四　口述要领之笔记。（国文）

第八条　第二次试验以如下所列之科目行之：

一　宪法。

二　国际公法。

三　国际私法。

四　经济学。

以上之科目，试验时不得选择取舍。

一　行政法。

二　刑法。

三　民法。

四　商法。

五　刑事诉讼法。

六　民事诉讼法。

七　财政学。

八　商业学。

九　外交史。

十　商业史。

以上之科目，使受验者各于其中选择二科目而试验之。

第九条　分第二次试验为笔记试验与口述试验，自非合笔记试验之格者不得受口述试验。

第十条　听本人之愿，有可于英语、法语、德语之外更试验其他之外国语。

欲受前项之试验者当载其旨于请愿书。

第十一条　为外交官及领事官试验之出愿者,使纳办理费各金十圆。

第十二条　冀以不正之方法而受试验者及违背试验之规程者,不得预其期之试验。若既试验合格之后而始发觉此等事实,则其合格为无效。

第十三条　定试验合格者之法,据试验委员之所议定。

试验合格之有效期限,除合格后任为外交官、领事官者外,其期为二年。

第十四条　外交官及领事官试验之细则,外务大臣定之。

●●●外交官及领事官试验规则之施行细则 明治二十七年(1894年)外务省令

第一条　据外交官及领事官之试验规则第四条而上呈之出愿书与履历书,应照另载之甲号雏形及乙号雏形调制之。

第二条　前条之出愿书与履历书应于试验期日之十日以前差出。

第三条　受验者而于试验日之开试时刻不出席者,不得受本期之试验。

第四条　受验者据外交官及领事官之试验规则第八条而选择之科目,当另行笔载,附之于出愿书。

第五条　不受外交官及领事官之试验规则第六条中第二次试验之召集,即为不合第一次试验之格者。

第六条　不受外交官及领事官之试验规则第九条中第二次口述试验之召集,即为不合第二次笔记试验之格者。

甲号雏形 用纸用美浓纸,但译文之用纸,则须用西洋纸之与美浓纸之幅相同者

试验愿书

姓名

生年月日

满几岁又几月

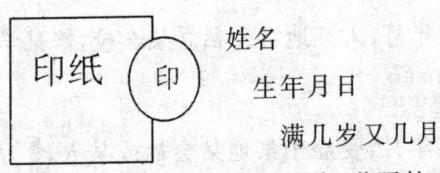

某谨愿预于外交官及领事官之试验,遵照外交官、领事官之试验规则第四条,附呈书类,伏乞察鉴。 如欲据外交官及领事官之试验规则第十条而于英法德语之外更请试其他之外国语者当载明其旨

本籍

现今住址

年　月　日　　　　　姓名　　印

试验外交官领事官委员长阁下。

乙号雏形 用纸用美浓纸,但译文则用西洋纸之幅同于美浓纸者

履历书

某府县华族或士族或平民

户主或某之嗣子或某之子 姓名

生年月日

满几岁又几月

一　父　某府县华族或士族或平民(农工商)
　　　　(官位)名某(亡)

一　母　同上　某某(亡)之女某(亡)

一　养父　同上　姓名(亡)

一　养母　同上　某某(亡)之女某(亡)

一　妻　同上　某某(亡)之女某(亡)

一　子某(男女)

一　本籍　某府县某国某郡市某町村几番地。

一　现住之地　同上

一　学事　自某年月，入某地官公私立某学校，修某学科，某年月卒业。^{若有证书则录其全文}

一　职业　自某年月，受雇于某地某会社或某人，^{薪水若干}从事某项业务，而某年月解雇或辞退。

一　任免　某年月，在某官厅，拜某官命，而某年月增俸、转官或辞职、免职。^{各辞令俱录全文}

一　赏罚　赏状及惩罚文之誊本。

年　月　日　　　　　姓名　印

公使馆书记生及领事馆书记生之试验规则^{明治二十七年(1894年)外务部省令}

第一条　欲预公使馆书记生及领事馆书记生之试验者，当于试验期日之十日前，以其据甲号雏形而调制之出愿书，据乙号雏形而调制之履历书，并附以英文、法文之译文及医师检查体格之证明书，同差出于外务省文官普通试验委员。

前项之书类皆须出愿人亲笔。

第二条　公使馆书记生及领事馆书记生之试验，由试验委员于前条之书类而见为可受试验者，则召集而试验之。

第三条　公使馆书记生及领事馆书记生之试验分为第一次试验及第二次试验，自非合第一次试验之格者不得受第二次试验。

第四条　第一次试验以如下所列之科目行之：

一　往复文。^{国文并第一条所用之外国文}

二　外国语。^{第一条用其文译文之国语}

第五条　第二次试验以如下所列之科目行之：
一　笔记，楷、行、草三种。
二　数学，加减乘除、分数、比例。
三　簿记，官用簿记。
四　会计法及会计规则。
五　公使馆及领事馆之费用条例。
以上之科目，试验之际不得选择取舍。
一　历史，本邦及外国近世史。
二　统计，本邦输出、输入之品及其产地。
三　国际公法。
四　刑法。
五　商法。
以上之科目，使受验者各于其中预选一科目而试验之。

第六条　第二次试验即于其应受试验之科目中选其一而行口述试验。

第七条　听本人之愿，有可于英语、法语、德语之外更试验其他外国语。
欲受前项试验者当先载其旨于出愿书。

第八条　为公使馆书记生及领事馆书记生试验之出愿者，使纳办理费各金二圆。

第九条　定试验合格之法，据试验委员之所议定。
试验合格之有效期限，除既任为公使馆书记生或领事馆书记生者外，其期为六阅月。

第十条　本令所不规定者，据明治二十六年敕令第二百十三号外交官及领事官之试验规则。

甲号雏形 ^{用纸用美浓纸,但译文则用西洋纸之与美浓纸之幅相同者}

试验愿书

姓名

生年月日

满几岁又几月

某谨愿预于公使馆书记生及领事馆书记生之试验,特附呈公使馆书记生及领事馆书记生试验规则第一条之书类,伏乞察鉴。

年　月　日

本籍

现今住址

姓名　印

外务大臣阁下。

乙号雏形 ^{用纸用美浓纸,但译文则用西洋纸之与美浓纸之幅相同者}

履历书

某府县华族或士族或平民

户主或某之嗣子 或 某 之子　姓名

生年月日

满几岁又几月

一　父　某府县华族或士族或平民(农工商)

　　　　(官位)名某(亡)

一　母　　同上　某某(亡)之女某(亡)

一　养父　同上　姓名(亡)

一　养母　同上　某某(亡)之女某(亡)

一　妻　　同上　某某(亡)之女某(亡)

一　子某　(男女)

一	本籍	某府县某国某郡市某村町几番地。
一	现住之地	同上
一	学事	自某年月,入某地官公私立某学校,修某学校,某年月卒业。^{有证书则录其全文}
一	职业	自某年月,受雇于某地某会社或某人,^{薪水若干}从事某项业务,而某年月解雇或辞退。
一	任免	某年月,在某官厅,拜某官命,而某年月增俸、转官或辞职、免职。^{各辞令俱录全文}
一	赏罚	赏状及惩罚文之誊本。

年　月　日　　　　　　　　　　　　姓名　印

●●●登用试补理事之试验规则 明治三十年(1897年)陆军省令

第一条 登用试补理事之试验值须考选之时,自登用试补理事之试验委员行于陆军省。

第二条 登用试补理事试验之期日预登官报中公告之。

第三条 限成年以上之男子而如下所列者方得受登用试补理事之试验:

　　一　据官立学校及登用判事、检事之试验规则第五条而在司法大臣指定之公立、私立学校卒业法律学者。

　　二　在外国之大学校或与之同等之学校修法律学而有卒业证书者。

第四条 与理事主理任用令之第五条相当者不得受试验。

第五条 募集受验者之时,有可预为人员年龄等之制限。

第六条　试验志愿者应照书式加下之书类于试验愿书而上呈陆军大臣：
　　一　履历书。
　　二　身分年龄及兵役证明书。
　　三　第三条所定两要件之证明书。
　　四　医师所作之体格证明书。
试验志愿者纳试验办理费各金十圆，但当用登记印纸以贴于试验愿书。
办理费，虽其后取还试验愿书或不受试验，亦不发还。

第七条　此试验以考校受验者之学识为目的，而分口述、笔记之二种。

第八条　笔记试验就刑法、陆军刑法、刑事诉讼法、陆军治罪法、民法、宪法、行政法、国际法之各法施行之。

第九条　口述试验于合笔记试验之格者，至少取前条各法中三科目施行之。

第十条　受验人应遵守登用试补理事试验委员长之揭示及其他试验委员之命令。

第十一条　试验及第者登官报公告之，仍复通知于本人。

第十二条　关于试验委员及调查试验成绩，凡试补理事出愿并实务修习及实务修习试验规则之第四条、第六条、第十六条、第十七条，均准用于本令。

登用试补理事试验之出愿书式 ^{用纸用美浓纸}

　　试验愿书

　　　　　　　　　族籍
印纸　㊞　　　姓名
　　　　　　　　　生年月

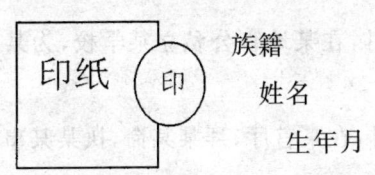

某谨愿预于登用试补理事之试验,特附呈登用试补理事试验规则第六条之书类,伏乞察监。

　　　　　　　　现今住址
年　月　日　　　姓名　印

陆军大臣^{爵位}_{姓名}阁下

预于现今住址之外置定宿所得以便宜收受陆军
省或试验委员所发之通知书者应添载下之书式

此后贵省或试验委员颁发
之通知书请饬下下记之所

某府县某郡市某町村几番地^{某人}_处

履历书

　　　　　　　　族籍
　　　　　　　　姓名
　　　　　　年几岁又几月

学事
一　某年月,就某地某人或官立、公立、私立某学校,修某学,所
　　修之科目大略如下云云。
一　某年月,入某地官立、公立、私立某学校,修法律学科,某年
　　月卒业,录其证书并本校证明书如别纸。

职业
一　自某年月至某年月,营某业或从事于某业。
一　自某年月至某年月,受佣于某地某会社,从事某某之业务。

官职

一　自某年月至某年月,在某地官公私立某学校,为某科教员,从事教授。

一　自某年月至某年月,在某官厅,拜某某命,执某某事务,历任某某等。

赏罚

一　某年月,在某地以某事受赏,其辞令书之文如下。

<small>辞令书应录其全文。若无辞令书者,则夹叙受赏之事于本文中</small>

一　某年月,在某地以某事被罚,其辞令书之文及宣告书要领如下。

<small>有辞令书者应录其全文。无辞令书者则夹叙被罚之事于本文之中。又裁判所之宣告书,记其要领总之,被罚必记其被罚之日数、科费或罚金之额等</small>

破产及家资分散或身代限[①]处分之有无。

一　某年月,在某地受身代限之处分某年月债乃清偿,或受破产及家资分散之宣告某年月乃复权。

<small>应录裁判所申渡书之文</small>

一　并无受破产及家资分散之宣告或身代限处分之事。

上所具履书是实。

上

年　月　日　　　　姓名　印

身分证明书

族籍

姓名

---

① 身代限,系对无法清偿债务之人的一种处分,使其在清偿债务之前丧失种种权利和资格。

年几岁又几月

本籍

一　某府县某国某郡市某町村几番地，华族$^{士族}_{平民}$户主。

<small>或某之子兄弟伯叔父等</small>

现今住址

一　某府县某国某郡市某町村几番地$^{某人}_{处}$

年龄

一　某年月日生于某地。

兵役

一　以某年月日，入某兵某联队之营；某年月日，充某等卒；某年月日，现役满期，编入预备军；或某年月日，在某征兵署注记兵役免除等兵役上之事项。

一　无犯理事、主理任用令第五条之事。

上所陈是实。

上

　年　月　日　　　　　姓名　印

上所陈俱正确，特此证明。

某府县某市区某町村长

　年　月　日　　　　　姓名　印 <small>限在本籍地之市区町村长</small>

体格证明书

不悬一定书式，应受医师所予身体强壮、能胜从军且无著大畸形等之相当证明。

●●●试补理事出愿并实务修习及实务修习试验规

则 明治二十九年（1896年）陆军省令

第一条　欲为试补理事者，应将志愿书加以下之书类，经由地方官厅而差出于陆军大臣。若在预备、后备之兵籍者，则经由联队区司令官（在警备队区则经由警备队司令官或警备队区司令官）及师团长而差出于陆军大臣。

一　履历书。

二　族籍、年龄、兵役之证明书。

三　得试补司法官之证明书。

四　无犯明治二十七年敕令第十三号理事、主理任用令中第五条各项之证明书。

第二条　试补理事使附属于陆军省法官部或师团法官部、台湾陆军法官部，以修习实务。

第三条　修习实务之指挥监督，在陆军省法官部则部员之上席理事为之，在师团法官部及台湾陆军法官部则部长之理事为之。

第四条　修习实务之试验委员以委员长一名、委员数名组织成之。

第五条　修习实务之试验委员长监督委员而总理试验之一切事务。

第六条　修习实务之试验委员长及试验委员，则陆军大臣每值试验，自陆军省法官部理事或师团法官部理事、台湾陆军法官部理事中命之。其附属之书记，陆军大臣每值试验，自陆军省法官部书记或师团法官部录事、台湾陆军法官部录事中命之。

第七条　修习实务之试验，在陆军省法官试补理事，则于陆军省法官部行之。在师团法官部试补理事及台湾陆军法官部试补理事，则于陆军省法官部或所属之师团法官部、台湾陆军法官部行之。

第八条　试验之期日及场所，陆军大臣定之。

第九条　修习实务之试验分笔记及口头之二者，但若为师团法官部试补理事及台湾陆军法官部试补理事,行试验于陆军省法官部之时,得易口头试验为笔记试验。

第十条　笔记试验应由试验委员分颁刑法上、陆军刑法上之刑事各二件以上、民事一件或数件之诉讼书类于受验者。

第十一条　受验者当就所受之诉讼书类,应详示其事实及理由,作判决案,而在十五日以内差出于试验委员。

第十二条　口头试验至少当于陆军刑法、陆军治罪法、刑法、民法、戒严令、征发令、陆军惩罚令、陆军监狱条例及其他之陆军军制大略、国际法等之内,取三科目施行之。

第十三条　口头试验而易为笔记试验,则试验委员当在口头试验之科目中,作问题而与第十条之诉讼书类,同交试补所属之师团法官部长或台湾陆军法官部长。

前项之问题及诉讼书类,有时亦得交试补所在地之师团法官部长或台湾陆军法官部长。

第十四条　师团法官部长、台湾陆军法官部长既接受前条之书类,即以诉讼书类交于本人,使照第十一条限十五日以内差出判决案,以换口头试验之问题。在试验期日,使于一定之时间内作答案。

作前项末段之答案时,毋许携入参考书于场内。

第十五条　师团法官部长、台湾陆军法官部长为前条试验之监督,应整理答案,作试验状况书,而与答案同送呈于试验委员。

第十六条　受验者之及第、落第并及第者之优劣,则就试验之成绩,以委员过半数之意见决之。

及第、落第之意见而数相等,则亦作为落第。

第十七条　试验委员长应将及第者之姓名与其试验成绩报告于陆军大臣。

●●●登用试补主理之试验规则 明治三十年（1897年）海军省令

第一条　登用试补主理之试验由登用试补主理之试验委员行之。

第二条　登用试补主理之试验委员以委员长一名、委员数名组织之。

第三条　可用为试补主理之人员与试验场所及期日均预登官报公告。

第四条　限成年以上之男子而如下所记者，得预于登用试补主理之试验，但亦有据时宜而附以年龄之制限：

一　据官立学校及登用判事、检事之试验规则第五条在司法大臣所指定之公立、私立学校卒业于法律学者。

二　在外国之大学校或与之同等之学校修法律学而有卒业证书者。

第五条　有垩于理事主理任用令之第五条者不得受试验。

第六条　试验志愿者应按书式，以下之书类加于试验愿书而差出于海军大臣：

一　履历书。

二　身分、年龄及兵役之保证书。

三　第四条所定学科卒业证书之誊本。

四　医师所作之体格证明书。

试验志愿者应令纳试验办理费各金十圆，但办理费须用登记印纸以贴诸试验愿书。

办理费，虽其后取还试验愿书或不受试验，亦不发还。

第七条　此试验以考校受验者之学识为目的，而分笔记、口述之二者。

第八条　笔记试验就宪法、刑法、海军刑法，刑事诉讼法，海军治罪法、民法、国际公法、国际私法施行之。

第九条　口述试验于合笔记试验之格者，至少取前条各法中三科目施行之。

第十条　定试验合格之法，据试验委员之所议定。

第十一条　志愿者而缺席于口述试验，则试验为不成立。

第十二条　试验委员长应以及第、落第者之姓名暨其试验之成绩报告于海军大臣。

第十三条　试验及第者登官报公告之，仍复通知于本人。

登用试补主理试验之出愿书式 用纸用美浓纸

试验愿书

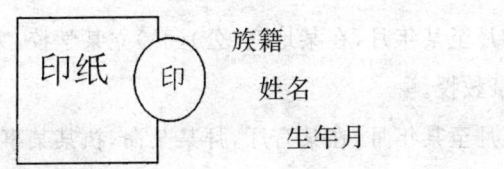

印纸　　印　　族籍
　　　　　　　姓名
　　　　　　　生年月

某谨愿预于登用试补主理之试验，特附呈登用试补主理试验规则第六条之书类，伏乞察鉴。

　　　　　　　现今住址
年　月　日　　姓名　印

海军大臣 爵位姓名 阁下

预于现今住址之外置定宿所得以便宜收受海军省或试验委员所发之通知书者应添载下之书式

此后贵省或试验委员颁发
　之通知书请饬下记之所

某府县某郡市某町村几番地某人处

履历书

族籍

姓名

年几岁又几月

学事

一 某年月,就某地某人或官立公立私立某学校,修某学,所修之科目大略如下云云。

一 某年月,入某地(公)(私)立某学校,修法律学科,以某年月卒业,其证书誊本并本校证明书如别纸。

职业

一 自某年月至某年月,营某业或从事于某业。

一 自某年月至某年月,受佣于某地某会社,从事某某之业务。

官职

一 自某年月至某年月,在某地官(公)(私)立某学校,为某科教员,从事教授。

一 自某年月至某年月,在某官厅,拜某某命,执某某事务,历任某某等。

赏罚

某年月,在某地,以某事受赏,其辞令书之文如下。

<small>辞令书应录其全文,若无辞令书者则夹叙受赏之事于本文中</small>

某年月,在某地,以某事被罚,其辞令书之文与宣告书之要领如下。<small>有辞令书者应录其全文,无辞令书者则夹叙被罚之事于本文中。又裁判所之宣告书,记其要领总之,被罚必记其受罚之日数、科费或罚金之额等</small>

破产家资分散或身代限处分之有无

某年月,在某地,受身代限之处分,某年月,债乃清偿。或受破产及家资分散之宣告,某年月,乃复权。

<small>应录裁判所
申渡书之文</small>

一　并无受破产及家资分散之宣告或身代限之处分。

上所具履历书是实。

上

年　月　日　　　　　　　　姓名　印

身分证明书

族籍
姓名
年几岁又几月

本籍

一　某府县某国某郡市某町村几番地华族（士族）（平民）户主

<small>或某之子兄
弟伯叔父等</small>

现今住址

一　某府县某国某郡市某町村几番地。<small>某人处</small>

年龄

一　某年月日，生于某地。

兵役

一　以某年月日，入某兵某联队之营；某年月日，充某等卒；某年月日，现役期满，编入预备军；或某年月日，在某征兵署，注记兵役免除等兵役上之事项。

一　无犯理事主理任用令第五条之事。

上所陈是实。

上

年　月　日　　　　　　　　姓名　印

上所陈俱正确，特此证明。

某府县某市某町村长

姓名　印

限在本籍地之
市区町村长

体格证明书

<small>不悬一定书式，应受医师所予身体强壮、能胜从军，且无着大畸形等之相当证明</small>

●●●试补主理出愿并实务修习及实务修习试验规则<small>明治三十年（1897年）海军省令</small>

第一条　有试补司法官之资格而欲为试补主理者，应加下之书类而出愿于海军大臣：

　　一　履历书。

　　二　族籍、年龄、兵役之证明书。

　　三　得试补司法官之证明书。

　　四　无犯明治二十七年敕令第十三号理事主理任用令第五条各项之证明书。

第二条　试补主理使附属于海军省或海军军法会议，以修习实务。

第三条　修习实务之监督以军法会议之上席主理为之。

第四条　试补主理于职务中或职务外之行状，其奉职务殊不适当，或其实习不甚进步而无实务修习试验及第之望，则直接指挥监督者，应经由海军省司法部长而具申于海军大臣。海军大臣既受前项之具申，或即罢免其试补主理。

第五条　试验之场所及时日由海军大臣定之。

第六条　实务修习之试验，海军大臣据直接指挥监督之具申而使试验委员长行之。

第七条　实务修习之试验目的主于考校试补主理之练习实务与否，而分笔记、口述之二者。

第八条　笔记试验应由试验委员分颁刑法上、海军刑法上之事件二件以上并民事二件以上之诉讼书类于受验者。

第九条　受验者当就所受之诉讼书类，详示其事实及理由，作判决书为答案，而差出于试验委员。

答案当于七日内差出之。若不于期限内差出，则彼其试验为不成立。

第十条　口述试验至少当于海军刑法、海军治罪法、刑法、民法、戒严令、惩罚令、海军惩罚令、国际公法、国际私法之内，取三科目施行之。

第十一条　遇有如下所列者，海军大臣得本试验委员长之报告而罢免其试补：

一　实务修习试验不及第。

一　实务修习试验不成立。

第十二条　当前条所列之第二款者，实有不得已之事故而试验委员见为正当，则可具申其指于海军大臣。

海军大臣既受前项之具申，或有限其试补一次，使续行修习，至次期之试验为止。

第十三条　登用试补主理试验规则第二条、第十条、第十一条、第十二条之规定适用于本令。

●●●采用海军少主计候补生之试验规则 明治三十二年（1899年）海军省令

第一条　欲据海军高等武官之补充条例第七条而为海军少主计候补生者，应备愿书，$_{书\ 式}^{第一号}$加以履历书，$_{书\ 式}^{第二号}$并户籍吏所作户籍之誊本，在告示试验期日之十日前差出于海军省人事局。

前项之试验期日预告示之。

第二条　欲预试验者先行检查其身体，合格者方试验其学术。

第三条　试验学术据下之科目行之：

一　宪法

二　民法$_{编、第三编}^{第一编、第二}$

三　行政法

四　财政学

五　经济学

六　国际公法

七　外国语学$_{者之内}^{英德法三}$

第四条　此试验分为笔记试验及口述试验之二者。

口述试验惟合笔记试验之格者始预之。

第五条　定试验合格之法，据采用候补生委员之所议定。

试验合格之有效期限为一年。

第六条　冀以不正之方法而受试验者及违背试验之规程者，不得预其期之试验。若既试验合格之后而始发觉此等事实，则其合格为无效。

及试验日开始之时刻而不出席者，不复得预其期之试验。

第一号书式$_{美浓纸}^{用纸用}$

采用海军少主计候补生之试验愿书

某谨愿预于采用海军少主计候补生之试验，特附呈履历书及户籍

第九类　第二章　试验　643

誊写之本，伏乞察鉴。

　　外国诸学　某国语

　　　　　　　　本籍

　　　　　　　　现今住址

年　月　日　　　　姓名　印

　　海军省人事局长阁下

第二号书式^{用纸用美浓纸}

　　履历书

　　　　某府县华族或士族或平民

　　　　户主或某之子、兄弟、伯叔、甥等附籍

　　　　姓名　印

　　　　　某年　月　日生

一　祖父母、父母、兄弟、姊妹。　^{为养子者则兼书养祖父母等与本生，祖父母等死亡则书亡字，父兄有勋位则与存亡并及之}

一　本籍。^{详书国郡市町村番地并应及寄留地之住址}

一　现住之地。

一　卒业之学校名及其年月。^{应附卒业证书誊写之本}

一　受法律及经济学教授之学校名及其年月。

一　职业、技艺等。

一　从事官厅、会社等之职务者则其各辞令文。

一　现奉职于官厅者则其官厅之名。^{应附所属长官之认可受验书}

一　曾受赏罚者则其赏状、罚辞。

上所具履历书是实。

　　　　　　　　　　上

年　月　日　　　　姓名　印

●●●采用海军水路少技士候补生之试验规则 明治三十三年(1900年)海军省令

第一条　欲据海军高等武官之补充条例而为海军水路少技士候补生者，应备愿书，[第一号书式]加以履历书，[第二号书式]并户籍吏所作户籍之誊本，试验期日之十日前差出于海军省人事局。

但试验之期日及场所预应告知之。

第二条　欲预试验者先行检查其身体，合格者方试验其学术。

第三条　试验学术之科目如下：

　　一　测量术[陆地海面]

　　二　制图法

　　三　数学及实算

　　四　用器画及自在画

　　五　水路记事

　　六　星学及地文学

　　七　外国诸学、日译

第四条　定试验合格之法，据采用候补生委员之所议定。

试验之有效期间为一年。

第五条　冀以不正之方法而受试验者及违背试验之规程者，不得预其期之试验。若既试验合格之后而始发觉此等事实，则其合格为无效。

及试验日开始之时刻而不出席者，不复得预其期之试验。

第一号书式[用纸用美浓纸]

采用海军水路少技士候补生之试验愿书

某谨愿预于采用海军水路少技士候补生之试验，特附呈履历书并户籍誊写之本，伏乞察鉴。

　　外国语学　某国语

　　　　　　　本籍

　　　　　　　现今住址

　年　月　日　　　　姓名　印

　　海军省人事局长阁下

第二号书式_{用纸用美浓纸}

　　　　履历书

　　　　　　某府县华族或士族或平民
　　　　　　户主或某之子及兄弟、伯叔、甥等附籍
　　　　　　姓名　印
　　　　　　　某年月日生

　一　祖父母、父母、兄弟、姊妹。　_{为养子者则兼书养祖父母等与本生，祖父母等死亡则书亡字，父兄有勋位则与存亡并及之}

　一　本籍。　_{详书国郡市町村番地并应及寄留地之住址}

　一　现住之地。

　一　卒业之学校名及其年月。　_{应附卒业证书誊写之本}

　一　受测量术及制图法教授之学校名及其年月。

　一　职业、技艺等。

　一　从事官厅、会社等之职务者则其各辞令文。

　一　现奉职于官厅者则其官厅之名。　_{应附所属长官之认可受验书}

　一　曾受赏罚者则其赏状、罚辞。

　上所具履历书是实。

上

年　月　日　　　　　　　姓名　印

●●●采用海军少军医候补生及海军少药剂士候补生之试验规则明治三十三年(1900年)海军省令

第一条 据海军高等武官之补充条例而欲募集海军少军医候补生或少剂药士候补生，则预应告示其出愿期日、试验期日及试验场所。

第二条 据海军高等武官补充条例第五条之但书而采用少军医候补生，限在有高等学校医学部主事或府县所立医学校长之卒业试验成绩优等之证明。

第三条 欲为海军少军医候补生或少药剂士候补生者，应备愿书，加以履历书，并户籍吏所作户籍之誊本，同差出于海军省人事局长。但据第二条而欲为海军少军医候补生者，应加高等学校医学部主事或府县所立医学校长之证明书。

第四条 自非合检查军体之格者，不行采用试验。

第五条 采用试验之科目如下：

海军少军医候补生

　一　学说。

　　药物学、内科学、外科学、眼科学、卫生学。

　二　实地。

　　局处解剖、组织学、内科、外科。

　三　外国语学。

　　欧文日译。

海军少药剂士候补生

一　学说。

物理学、化学、植物学、生药学、制药化学、裁判化学。

二　实地。

分析术、鉴定药品、试验饮食、制炼药物、调剂术。

三　外国语学。

欧文日译。

第六条　定试验合格之法,据采用委员之所议定。

试验合格之有效期限为一年。

第七条　冀以不正之方法而受试验者及违背试验之规程者,不得预其期之试验。若既试验合格之后而始发觉此等事实,则其合格为无效。

及试验日开始之时刻而不出席者,不复得预其期之试验。

第八条　据第二条而采用者,得采用全员之半数以内。设具志愿之人员而过于此数,则以第五条之科目行竞争试验,按其成绩之次第而采用之。

第九条　为据第二条而采用者定其席次,则以第五条之科目行试验。但既行第八条之竞争试验,即以其成绩作为本条之试验成绩。

第十条　愿书及履历书之式如下:

愿书之式　其一　用纸用美浓纸 二折为一通

海军少军医候补生（海军少药剂士候补生）之采用愿书

姓名

某年月日生

明治某年月几岁又几月

某谨具海军少军医候补生（海军少药剂士候补生）之志愿,伏请试验之后,量予采用,特附呈履历书及户籍誊写之本,统惟察鉴。

受验外国语学之目。

受验处所之地名。

本籍

现今住址

年　月　日　　　　　姓名　印

海军省人事局长阁下

愿书之式　其二 _{用纸同上}

海军少军医候补生之采用愿书

姓名

某年月日生

明治某年月几岁又几月

某谨具海军少军医候补生之志愿,伏乞采用,特附呈履历书,户籍誊写之本,并某高等学校医学部主事_{府县所立医学校长}给予及第之证明书,统惟察鉴。

本籍

现今住址

年　月　日　　　　　姓名　印

海军省人事局长阁下

履历书式_{用纸同上}

履历书

某府县华族或士族或平民

户主或某之子及兄弟、伯叔、甥等附籍

某年月日生

明治某年月几岁又几月

— 祖父母、父母、兄弟、姊妹。_{如为养子则兼书所受养者及本生者死亡则书亡字父兄有勋位则与存亡并及之}

— 修学及所卒业之学校名及其年月日,誊写卒业证书,并内务省医术开业或药剂师试验及第之证书。

— 誊写医术开业免状或药剂师免状。

— 受官厅、会社等职务之事。_{录各辞令之全文}

— 现奉职于官厅者则其官厅之名。_{应附所属长官之认可受验书}

— 赏罚。_{有无皆书之若有赏状罚辞则录其文}

上所具履历书是实

上

年　月　日　　　　　　　　姓名　印

附　则

第十一条　明治二十九年之海军省令第二号以本令施行之日废去。

●●●望楼长及望楼手之试验规则_{明治三十四年(1901年)海军省令}

第一条　愿为望楼长及望楼手者,应备愿书,_{第一号书式}加以履历书,_{第三号书式}并户籍之誊本,而差出于附近之镇守府或要港部。但自望楼手而欲任用为望楼长者,其愿书不必加履历书并户籍誊本。

前项之志愿者,而与望楼长、望楼手任用令之第四条相当,则其愿书应照第二号书式。但与其第一或第二款相当,则不必加户籍誊本。

第二条　此试验分为体格检查及学术试验之二者,而学术试验自非合体格检查之格者不得行之。但自望楼手而欲任用为望楼长者,则得仅行学术试验。又,海军准士官、下士、卒,初非因服役期满而免官免役者,则得仅行体格检查。

前项仅受体格检查之海军下士、卒,限在服三年以上现役者。

第三条　望楼长学术试验之科目如下:

读书。汉字交错之文

作文。通俗文

算术。自四则迄比例

电信术。

识别各国之国旗及军舰旗。

望楼手学术试验之科目援用前项,但其问题应较望楼长之试验问题简易。

第四条　试验委员长系常置于海军省,试验委员系常置于海军省镇守府及要港部。

第五条　试验行于东京或镇守府及要港部之所在地。但自望楼手而欲任用为望楼长者,其试验得在海军望楼施行之。

第六条　于镇守府或要港部之所在地而行试验,则由试验委员长以受验者之姓名通报于该管镇守府或要港部之试验委员。

第七条　于镇守府或要港部之所在地而行学术试验,则由试验委员长密封问题书而送诸镇守府或要港部之试验委员。试验委员以指定之时期施行试验,而其答问书亦应密封而送诸试验委员长。

据第五条而在海军望楼施行学术试验则仿前项,由镇守府之试验委员送问题书于望楼长,使望楼长临场试验,而密封其答问书返送诸试验委员。

试验委员长审查镇守府或要港部试验委员所送之答问书,审查之,定其成绩次第而进之于海军大臣。

第八条 镇守府或要港部既受第一条之愿书,在司令长官,应使望楼监督官调查之。在司令官,则使参谋长调查之。俱附意见,而进之于海军大臣。

第九条 试验委员长应以合格证书授诸试验合格者,但合格证书之有效期限为满一年,即自授与证书之日起算。

前项之合格者而在未任用以前欲辞之者,应速具状,而呈于初时出愿之镇守府或要港部,而司令长官或司令官为进之于海军大臣。

附　则

第十条 明治二十九年海军省令第三号任用望楼长及望楼手之试验规则即废。

第一号书式 _{用纸用美浓纸 二折为一通}

望楼长_{或望楼手}之试验愿书

　　　　　　　　姓名

　　　　　　　　某年月日生

　　　　　　　　明治某年月几岁又几月

某谨具望楼长_{或望楼手}之志愿,请在某地_{某镇守府及某要港部之所在地或东京}受试,特附呈履历书并户籍誊本,伏乞察鉴。

　　　　　　　　本籍

　　　　　　　　现今住址

　　年　月　日　　　　姓名　印

海军大臣阁下

第二号书式 _{用纸同上}

望楼手之任用愿书

姓名

某年月日生

明治某年月几岁又几月

某谨具望楼手之志愿，乞据望楼长及望楼手之任用令第四条，量予任用，特附呈履历书，伏乞察鉴。

本籍

现今住址

年　月　日　　　　姓名　印

海军大臣阁下

第三号书式 _{用纸同上}

履历书

某府县华族或士族或平民

户主或某之子及兄弟、伯叔、甥等附籍

姓名

某年月日生

明治某年月几岁又几月

一　本籍。 _{详书国郡市区町村番地。寄留者则应及寄留地之住址}

一　现住之地。_{同上}

一　修学。

一　职业、技艺等。

一　受官厅、会社等职务之事。_{预备、后备之海军准士官及下士卒则应详书其奉职中之经历}

一　赏罚。

一　并无受破产及家资分散之宣告或身代限之处分。_{或虽受身代限及家资分散之处分而已清偿}

上所具履历书是实。

上

年　月　日　　　　　姓名　印

●●●任用海军笔记之试验规则_{明治二十九年（1896年）海军省令}

第一条　将行任用海军笔记之试验，镇守府登诸官报及新闻纸以公告之。

第二条　海军笔记志愿者据前条之公告，应备愿书，_{第一号书式}加以履历书，_{第二号书式}并户籍吏所作户籍之誊本，而差出于镇守府。

第三条　此试验分为身体检查及学术试验之二者，而学术试验自非合身体检查之格者不得行之。

第四条　学术试验之科目如下：

读书。_{汉文历史类　诸规则类}

作文。_{通俗文　记事文}

算术。_{四则笔算　珠算并试}

书法。_{楷行草　三者}

第五条　其试验委员自镇守府司令长官命之。

第六条　削除

第一号书式_{用纸用美浓纸　二折为一通}

任用海军笔记之试验愿书

姓名

某年月日生

明治某年月几岁又几月

某谨愿预于任用海军笔记之试验,特附呈履历书,及户籍之誊本,伏乞察鉴。

本籍

现今住址

年　月　日　　　　　　姓名　印

某镇守府

执事

第二号书式。^{用纸}^{同上}

履历书

某府县华族或士族或平民

户主或某之子及兄弟、伯叔、甥等附籍

姓名

某年月日生

明治某年月几岁又几月

一　本籍。^{详书国郡市区町村番地。寄留者则并及寄留地之住址}

一　现住之地。^{同上}

一　预备役、后备役之海军下士、卒应记其奉职海军中之经历。

一　修学。

一　职业、技艺等。

一　受官厅、会社等职务之事。

一　赏罚。

一　并无受破产及家资分散之宣告或身代限之处分。

<small>或虽受身代限及家资
分散之处分而已清偿</small>

上所具履历书是实。

上

年　月　日　　　　　　姓名　印

●●●登用判事、检事之试验规则<small>明治二十四年（1891年）司法省令</small>

要　目

第一章　试验委员

第二章　受验资格

第三章　第一次试验

第四章　实地修习

第五章　第二次试验

第一章　试验委员

第一条　登用判事、检事之试验委员以委员长一名、委员数名组织之。

第二条　登用判事、检事之试验委员长及委员每届举行试验，由司法大臣在大审院控诉院之判事、检事、司法省之高等官中命之。但有必须取诸他官厅者,亦或嘱托他官厅之高等官为试验委员。

试验委员附属之书记每届举行试验,由司法大臣在司法省之属员或裁判所之书记中命之。

第三条　登用判事、检事之试验委员长监督委员而总理试验时一切职务。

第四条　登用判事、检事之试验委员长及委员给二百圆以内之手当,试验委员附属之书记给三十圆以内之手当。

第二章　受验资格

第五条　受登用判事、检事之试验者,以成年以上之男子而如下所列者为限:

一　在官立学校或司法大臣所指定之公立、私立学校修法律学三年而领有卒业证书者。

二　在外国之大学校或与之同等之学校修法律学而领有卒业证书者。

第六条　犯裁判所构成法之第六十六条者不得预试验。

第三章　第一次试验

第七条　第一次试验行之于司法省,其试验期日由试验委员长定之,而登官报以公告。

第八条　试验志愿者应具志愿书,加以下之证书,而差出于试验委员长:

一　履历书。

二　身分、年龄及兵役之证明书。

三　第五条所定两要件之证明书。

试验志愿者应纳试验办理费各金十圆,但当用登记印纸以贴于志愿书。

办理费,虽其后取还志愿书或不受试验,亦不发还。

第九条　此试验以考校受验者之学识为目的,而分笔记、口述二种。

第十条　笔记试验就宪法、民法、商法、刑法、民事诉讼法、刑事诉讼法、行政法、国际公法,国际私法之各科目施行之。

第十一条　试验委员调查笔记答案后而见其足应口述试验,则始召彼志愿者,令受口述试验。

第十二条　口述试验至少当于民法、商法、刑法、刑事诉讼法、民事诉讼法之内,取三科目施行之。

第十三条　按笔记试验、口述试验之成绩,以委员过半数之意见而决定受试者之及第、落第并及第者之优劣。

各委员于彼及第、落第之意见而数适相半,应作为落第。

第十四条　志愿者而缺席于口述试验,彼其试验为不成立。

第十五条　试验委员长应以及第者之姓名及其试验成绩报告于司法大臣。

第十六条　帝国大学法律科卒业生而欲任用为司法官者,准用第八条之规程,而差出志愿书于司法大臣。

第四章　实地修习

第十七条　得试补者应在区裁判所及地方裁判所并其检事局,附属于判事、检事一名或数名,以修习事务。

第十八条　修习事务之直接指挥监督以地方裁判长为之，而修习检事之事务则以检事正为之。

裁判所长或检事正每届年终，应作试补之职务中及职务外之行状及奉职务之成绩证明书，经由控诉院检事长而呈于司法大臣。

第十九条　试补者应作修习目录而记其所经理之事件。

此目录应每月呈诸直接指挥监督者以受检阅。

第二十条　试补者而以疾病或履行兵役之故，因缺修习之日数，一年之间若在两阅月以内，仍算入于修习日数。

以赐假或其他之原因而缺修习之日数，一年之间若在一月以内，亦同。倘第一项与第二项同时并起，则非通计在二阅月以内，不得算入。

第二十一条　试补者之直接指挥监督，而见其有怠于试补中之义务，及于职务中或职务外有不合于其身分之行状，应谕告之。是时既为谕告，则指挥监督当记入于试补者之履历。

第二十二条　试补者于职务中或职务外之行状，其奉职务殊不适当，或其修习不甚进步而无第二次试验及第之望，则直接指挥监督者，应经由控诉院长、检事长而具申于司法大臣。司法大臣既受前项之具申，或即罢免其试补。

第五章　第二次试验

第二十三条　第二次试验行之于控诉院，而试验之场所由司法大臣定之，试验之时日则由试验委员长定之。

第二十四条　试补而受第二次试验者，其志愿书应经由直接指挥监督者而差出于司法大臣。

志愿书应加以修习目录及证明海陆军现役既毕或免之书面。

第二十五条　司法大臣即以可受第二次试验之试补者姓名饬知试验委员长，使行试验。

第二十六条　第二次之试验目的主于考校试补者之练习实务与否，而分为笔记、口述之二者。

第二十七条　笔记试验应由试验委员颁与试补者二件以上之诉讼记录。

第二十八条　受验者当就所受之诉讼记录，详示其事实及理由，作判决书为答案，而差出于试验委员。

答案当于二十日内差出之。若不于期限内差出，则彼其试验为不成立。

第二十九条　口述试验至少当就第十条之科目中，择取三者而施行之。

又，应就诉讼记录发问而使答之，其记录则于试验期日之三日前颁与。

第三十条　遇有如下所列者，司法大臣得本试验委员长之报告而罢免其试补：

一　第二次试验不及第。

二　第二次试验不成立。

第三十一条　当前条所列第二款者，实有不得已之事故而试验委员见为正当，则可具申报告其旨于司法大臣。

司法大臣既受前项之具申，或有限其试补一次，使续行修习，至次期试验为止。

第三十二条　第一次试验之第十一条及第十三至十五条之规程，第二次试验亦适用之。

司法省告示明治二十六年（1893年）

登用判事、检事之试验规则第五条中所谓指定之私立学校如下：

关西法律学校	私立日本大学
私立东京法学院大学	德意志学协会学校
早稻田大学	私立明治大学
庆应义塾	私立法政大学
私立京都法政专门学校	

●●●登用裁判所书记之试验规则 明治二十四年（1891年）

司法省令

要 目

第一章　试验

第二章　实地修习

第一章　试验

第一条　登用裁判所书记之试验，文官试验之敕令外，悉从本则之规程。

第二条　此试验行之于各控诉院或地方裁判所。

第三条　试验委员由司法大臣在控诉院判事、检事、书记长及其管内地方裁判所之判事、检事中命之。

试验委员长以委员中官等最高者充之。

第四条　此试验除作文、笔写、书取①、算术、簿记之外，就民法、商法、刑法、民事诉讼法、刑事诉讼法中施行之。

第五条　试验委员长若遇受验者有所申立，则得使在地方裁判受笔记试验。是时试验问题之答案，其裁判所之官吏监督而使作之。

第六条　试验委员调查笔记答案后而见其足应口述试验，则始召受验者，令受口述试验。

第七条　受验者而缺席于口述试验，彼其试验为不成立。

第八条　试验及第者即授以试验委员长及试验委员连署之及第证书。

第九条　试验委员长应以及第者之姓名并其试验成绩报告于司法大臣。

第二章　实地修习

第十条　试验及第者得被命为裁判所见习书记。

裁判所见习书记应在区裁判所及地方裁判所并其检事局为实地修习。

第十一条　实地修习之次序由控诉院长、检事长协议而定之。

第十二条　实地修习之指挥监督以地方裁判所长或检事正、抑区裁判所之判事或监督判事、检事一人为之。

指挥监督者当为定直接指示以修习事务之官吏。

第十三条　裁判所见习书记而怠于职务中之义务，及于职务中或职务外有不合于其身分之行状，指挥监督应谕告之。

---

①　书取，即抄写、听写。

第十四条 裁判所见习书记于职务中或职务外之行状,其奉职务殊不适当,或其修习不甚进步,则指挥监督者应报告于控诉院长、检事长。

第十五条 指挥监督者于裁判所见习书记,属其指挥监督之修习既终,则应作修习证明书,记其修习之成绩及职务中并职务外之行状,而差出于控诉院长、检事长。

若有于其行状曾经谕告者,则应附载其旨于证明书。

控诉院长、检事长复附意见于证明书,而差出于司法大臣。

第十六条 本章之规定,凡不经试验而为裁判所见习书记者,其实地修习亦适用之。

司法省训令明治三十一年

登用裁判所书记之试验及第证书,其雏形如下:

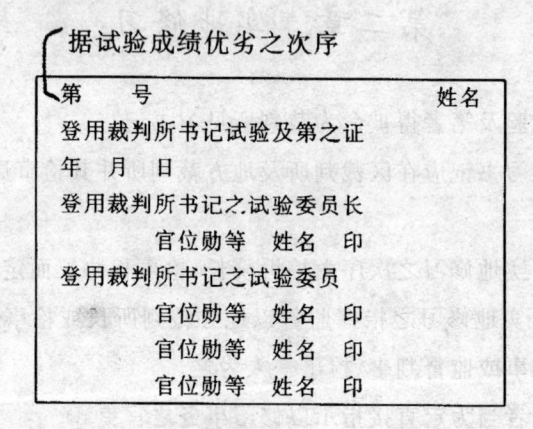

```
据试验成绩优劣之次序
┌─────────────────────────────────┐
│ 第   号              姓名        │
│ 登用裁判所书记试验及第之证       │
│   年   月   日                   │
│ 登用裁判所书记之试验委员长       │
│     官位勋等  姓名  印           │
│ 登用裁判所书记之试验委员         │
│     官位勋等  姓名  印           │
│     官位勋等  姓名  印           │
│     官位勋等  姓名  印           │
└─────────────────────────────────┘
```

●●●登用执达吏之规则 明治二十三年(1890年)司法省令

第一条 欲任为执达吏者,须具下之各件:

一　年龄满二十五岁以上。

二　陆军之现役既毕或彼免。

三　身体健全。

四　家计整理。

五　品行方正。

六　试验及第。

第二条　如下所列者,不得任为执达吏:

一　犯重罪者。但国事犯之已复权者不在此限。

二　犯应服定役之轻罪者。

三　受身代限之处分而未及免负债之义务者。

四　缘惩戒处分而免职者。

第三条　欲预执达吏之试验者,至少须在区裁判所六阅月,以修习执达吏之职务为主,而旁及书记之职务。

修习职务者,不可或漏职务上之秘密。

第四条　愿为职务之修习者,当具愿书,加以兵役之证书及履历书,而差出于控诉院长,以受许可。

第五条　控诉院长既许可其修习职务,即应指定修习者属于某区裁判所。

由区裁判所判事或监督判事一人,为选定可以担任授业之执达吏及裁判所书记,使承职务之训导。

第六条　控诉院长而见修习之行状不适为执达吏,则得停止其修习。

第七条　修习职务者而请受试验,应以愿书,记其具备第一条中一至五之各件,并证明无背第二条之各件,以及修习之日数,经由区裁判所判事或监督判事之一人而差出于控诉院长。

区裁判所之判事或监督判事一人应于前项之愿书附以意见。

控诉院长应即调查书类,而定许其试验与否。

第八条　此试验每年于地方裁判所行一次。

第九条　试验委员长及试验委员每届试验,由司法大臣在地方裁判所及区裁判所之判事、检事中命之。

第十条　控诉院长应以许受试验之修习者名簿送诸试验委员长。

既送前项名簿,试验委员长应即定试验期日而告示修习者。

第十一条　试验分为笔记与口述之二种。

口述试验,自非笔记试验及第者不得预之。

第十二条　试验以下之科目行之：

第一　民事诉讼法及治罪法中所有送达书类及执行之规程。

第二　执达吏之诸规则。

第三　笔术。_{加减乘除
分数比例}

第四　读书、笔写。

第十三条　笔记试验之问题由裁判所官吏监督,而使作答案。

试验委员长值行笔记试验,而受验者有所申立,得使在区裁判所作问题之答案。

第十四条　按笔记试验、口述试验之成绩[①],以委员过半数之意见,而决定受验者之及第、落第并及第者之优劣。

各委员于彼及第、落第之意见而数适相半,应作为落第。

第十五条　试验及第者,即授予试验委员长及试验委员连署之及第证书。

第十六条　试验落第者,非更为三月以上之修习,不得复受试验。

第十七条　冀以不正之方法而及第者,不得再受试验。既幸及第者,其及第为无效。

---

① 成绩,原文为"成迹",应系排版之误。下文中相同错误之处均已改正。

第十八条　试验委员应载试验之问题及成绩于记录。

第十九条　试验委员长应以及第者之姓名并其试验成绩报告于控诉院长。

第二十条　如下所列者,不经试验即得任为执达吏:

　　第一　卒业于官立或府县所立中学校,抑与之同等之官立或府县立学校、司法省旧时法学校,或受帝国大学监督之旧时私立法学校,及据文部大臣认可之学则以教授法律学之私立学校而有证书者。

　　第二　登用裁判所书记之试验及第者。

　　第三　现奉或曾奉判任官以上之职者。

　　第四　陆军下士得请愿以奉文官之职者。

第二十一条　第三至第六条之规程于前条所列者,亦适用之。

列于前条之第四款者,应于修习职务之愿书记明其行修习之区裁判所,经由陆军大臣而差出于司法大臣,司法大臣则发其愿书于该管控诉院长。

区裁判所书记得不修习职务即任为执达吏。

第二十二条　试验及第者,暨第二十条之所列而修习职务既毕者,并由区裁判所书记而转之者,待有执达吏之员缺,控诉院长即摄行任补。

第二十三条　被任为执达吏者,应自任补之日起三十日以内,纳保证金于该管之地方裁判所。若期限内而不纳保证金,则罢免其职务。

保证金数在五百元以下,而据土地之情况,由控诉院长定之。

保证金得以与有相当价格之公债证书、日本劝业银行发行之债券、日本兴业银行发行之债券或日本银行之株券代之。

第二十四条　执达吏既纳保纳金,裁判所始交予官印。

执达吏如交予官印后,不得行职务。

附　则

第二十五条　本则实施之际,得不修习职务,即行试验任补。

●●●递信省补用铁道书记、补用邮便电信书记补用邮便为替贮金书记之试验规则 明治二十八年（1895年）递信省令

第一条　补用铁道书记、补用通信书记除本规则第二条所列者外,俱自试验合格者之中任用之。

第二条　有下所列资格之一者,不必特行试验,得经递信省文官普通试验委员之诠衡,而任为补用铁道书记及补用通信书记：

一　在官立公立之寻常中学校历三学年以上而有修业证书者,及与之同等以上之官立、公立、私立学校或司法省所指定之法律学校而有卒业证书者。

二　有可为官立、公立学校教员之免许状者。

三　海陆军现役满期之下士以上及陆军上等兵或与此相当之人,有下士适任证书者。

四　曾在判任文官之职者。

五　在递信省铁道局、邮务局、电务局、铁道作业局、邮便及电信局、邮便为替贮金管理所及支所为雇员,已满二年以上而现正勤绩者。

六　在巡查之职已满五年以上者。

第三条　此试验由铁道作业局长、一等邮便电信局长、邮便为替贮金

管理所长遇须考选之时于各局所酌宜行之。

第四条　应行试验之时日及场所预登广告于官报或施行试验地之新闻纸。

第五条　年龄满十六年以上、三十五年以下之男子而身体强健、绝无下之各款者，方得预于试验：

　　一　犯重罪者。但国事犯之已复权者不在此限。

　　二　犯应服定役之轻罪者。

　　三　受破产或家资分散之宣告而未复权者，或受身代限之处分而债未清偿者。

第六条　欲受试验者应具愿书及履历书，加以下之证书，在试验期日之十四日前差出于行试验之局所：

但愿书应照第一号书式，履历书应照第二号书式。

　　一　市区町村长所予身分、年龄及兵役之证明书。

　　二　曾堕于本规则第五条中第一项之但书及第三项者，则复权与清偿债务之证明书。

第七条　欲受试验者应纳试验办理费各金五十钱。

但办理费当用登记印纸以贴于愿书。

第八条　冀以不正之方法而受试验者及背试验之规程者，不得预其期之试验。若事后始发觉其事实，则其合格为无效。

第九条　试验分为第一次试验及第二次试验，而第一次试验时行体格之检查。

第十条　第一次试验就下之科目行之：

　　一　读书。　汉字交错之文。

　　二　作文。　普通往复文、记事文。

　　三　笔迹。　楷书、行书。

第十一条　第二次试验就下之科目行之：

　　一　算术。　笔算、珠算(比例、四则)

　　二　地理。　本邦及外国之地理纲要。

　　三　历史。　本邦历史之纲要。

以上尽课之。

　　一　外国语。　读法、译解、会话、书取。

　　二　簿记。　官用簿记(日记簿及原簿)

　　三　电气通信之技术。

　　四　铁道之法令。

　　五　邮便及小包邮便之法令。

　　六　邮便为替贮金之法令。

　　七　电信之法令。

　　八　会计法及会计规则。

　　九　刑法。

以上随其所需，选其中一科目以上而课之。

第十二条　试验合格者，由递信省文官普通试验委员查定之。

第十三条　试验合格者即给予合格证书。

但其有效期限，自给予证书之日起为六阅月。

附　　则

第十四条　本令以明治二十八年三月十一日施行。

第十五条　在本令施行之际而现为递信部内奉职之雇员者，得自本令施行之日起三阅月内，经递信省文官普通试验委员之铨衡，而即任为补用书记。

第一号书式：^{用纸用美浓纸，字体}
^{楷书、行书各一通}

补用书记之受验愿书

某谨具^{补用铁道书记}_{补用通信书记}之志愿，请预试验。特附呈履历书及证明书如别纸，伏惟察鉴。

　　　　某厅府县华族或士族或平民

　年　月　日　　　　　姓名　印

　　　　铁道作业局长某公阁下

　　　　某地邮便电信局长某公阁下

　　　　邮便为替贮金管理所长某公阁下

第二号书式：^{用纸用美浓纸，字体}
^{楷书、行书各一通}

　　　某厅府县华族或士族或平民

　　　　　姓名

　　　　某年月日生

　　本籍
一　某厅府县某市某郡区某町村几番地，户主或某之子、兄弟、伯、叔、父等。

　　现今住址
一　某厅府县某市某郡区某町村几番地，寄留某人处。

　　住址之更动
一　某年月生于某地，居住至某年月。
一　某年月移徙某地，居住至某年月。
　　上每有移徙，应皆记之。

　　学年
一　某年月，就某地某人或官立、公立、私立某学校，修某学，所修之科目大略为何。

一　某年月，入某地官立公立、私立某学校，修某学科，某年月卒业，录其证书如别纸。

修学几年几月，其科目为某某。

一　某年月，在某地某学校，或某地，受某某之试验得及第，录其证书或免许状如别纸，其受验之科目为某某。

职业

一　某年月，在某地公立、私立某学校，为某科教员从事教授，以某年月解职，其间兼勤某处，执某某之事务，其辞令如下。

应悉录各辞令之全文。其私立学校等无辞令者，则记其俸给等于本文。

一　自某年月至某年月，在某官厅，拜某某命，执某某事务，某年月辞职，其辞令如下。

官记辞令应各录其全文。

一　自某年月，受佣于某地某会社[①]（薪水若干）从事某某之业务，至某年月解佣，并其间薪资之增减。

一　自某年月至某年月，从事某业。

一　自某年月，从事于某某之著译，至某年月止，所著译之书名如下。记其著译之书名于此。

赏罚

一　某年月，在某地，以某事受赏，其辞令书如下。

辞令书应录全文。若无辞令书者，则夹叙受赏之事于本文中。

---

① 原文为"社会"，应系排版之误。

一　某年月,在某地,以某事受罚。
　　有辞令书者各录其全文,无辞令书者则夹叙被罚之事于本文中。又,裁判所之宣告书记其要领。总之,被罚必记其受罚之日数、科费或罚金之额等。
　　破产及家资分散或身代限处分之有无。
一　某年月,在某地受身代限之处分,某年月债乃偿清。或受破产及家资分散之宣告,某年月乃复权。
　　应记裁判所申渡之文。
一　并无受破产及家资分散之宣告,或身代限之处分。
　　所具履历书是实。

上

姓名　印

●●●北海道厅铁道书记之试验规则明治三十一年
(1898年)内务省令

第一条　北海道厅铁道书记之试验由北海道厅长官或受其委任之北海道厅事务官行之。

第二条　应行试验之期日及场所预广告于官报或施行试验地之新闻纸。

第三条　年龄二十以上之男子而曾从事铁道之业务一年以上、不值征兵且绝无下之各款者,方得预于试验:

一　犯重罪者。但国事犯而已复权者不任此限。
二　犯应服定役之轻罪者。
三　受破产或家资分散之宣告而未复权者,或受身代限之处分而债未清偿者。

第四条　欲受试验者应差出愿书于北海道厅长官,各纳金五十钱为办理费。但此办理费当用登记印纸以贴于愿书。

办理费,虽其后取消出愿或不预试验,亦不发还。

第五条　欲受试验者先行检查身体,其合格者乃得预学术试验。

第六条　学术试验就下之科目行之:

一　读书。　汉文或汉字交错之文。

二　作文。　普通往复文、记事文。

三　笔写。　楷书、行书。

四　算术。　笔算、珠算。

五　铁道之法规。

除前项之外,或据受验者之请,更试验簿记、外国语及会计之规则等。

第七条　试验合格者即授与合格证书。

第八条　冀以不正之方法而受试验者及背试验之规程者,不得预其期之试验。授与试验合格证书之后而始发觉前项之事实者,其合格证书为无效。

第九条　本令施行之细则由北海道厅长官定之。

附　　则

第十条　本令施行之际在北海道官设铁道从公之事业手或雇员,得于六阅月内,不拘第三条之年限,而受试验。

●●●郡区长暂据内务大臣所指定科目之试验

明治二十年(1887年)阁令

因地方现在之情况,而郡区长之试验有应不偏重学术而注于实务、须选通晓其地势民情及利害者，则其试验科目由内务大臣斟酌地方之实况而指定。

但郡区长非经高等试验，不得转于他之高等官。

●●●郡区长之试验条规明治二十年（1887年）内务省令

第一条　郡区长之试验在内务省以下之科目行之：

一　所就职地之风土、惯例及物产。

二　郡区长职务上必要之法令。

三　属于郡区长职务之公文之立案。

第二条　受郡区长之试验，年须三十岁以上者。但曾在其地有五年以上奉奏任官或郡区长之职者不在此限。

第三条　试验出愿者应于愿书呈明所欲就职之地名，加以履历书，经北海道厅或府县厅而差出于试验委员长。

第四条　试验委员由内务大臣在内务省高等官或他官厅高等官之中命之或嘱托之。

试验委员长以内务总务长官充之。

第五条　试验委员遇有必须其地方官列席者，则得选定问题送诸北海道厅长官府县知事，俟其地高等官三名以上列席，而使为答问[①]。

第六条　凡其试验手续之细目，据试验委员长之所定。

---

① 原文为"答间"，应系排版之误。

第三章　任用（附补充　进级　分限）

第一款　任用

●●●文官任用令 明治三十二年（1899年）敕令

第一条　敕任文官以下所记之资格有其一者任用之，但以亲任式而叙任之官及别设任用之规程者不在此限：

一　在奏任文官之职者及曾在其职（除以特别之规程而被任用者及教官、技术官）者，而系在高等官三等文官之职者及曾在其职者。

二　在敕任文官之职已及一年以上者，但除在特别规程所任用之职并教官、技术官之在职年数。

三　曾在敕任文官（除以特别之规程而被任用者及教官、技术官）之职而有本令第二条第一项之资格者。

四　已有二年以上在敕任检事之职者及曾在其职者。

已有二年以上在敕任判事之职者及曾在其职者，得任用为司法省之敕任文官。

已有二年以上在帝国大学及文部省所直辖诸学校敕任文官之职者及曾在其职者，得任用为文部省部内之敕任文官。

除海陆军将官别有任用之规程者外，各得任用为其本部之敕任文官。

第二条　奏任文官除别设任用之规程者外，以下所列之资格有其一者任用之：

一　历文官高等试验而有合格证书者。

二　在高等文官之职已及二年以上者,但除在特别规程所任用之职者并教官、技术官之在职年数。

三　已有二年以上在检事之职者及曾在职者。

已有二年以上在判事之职者及曾在其职者,得任用为司法省之奏任文官。

第三条　判任文官除别设任用之规程者外,以下所列之资格有其一者任用之:

一　历文官普通试验而有合格证书者。

二　历文官高等试验而有合格证书者。

三　卒业于官立公立中学校或文部大臣认为与之同等以上之官立公立学校而有证书者。

四　卒业于高等商业学校旧时附属之主计学校及旧时之主计专修科而有证书者,并在按文部大臣所认可之学则而教授法律学、政治学或经济学之私立学校,于明治二十六年十一月十日以前卒业而有证书者。

五　在文官之职已及二年以上者,但除在特别规程所任用之职者并教官、技术官之在职年数。

第四条　教官及技术官除别设任用之规程者外,在高等官则经文官高等试验委员之铨衡而任用之,在判任官则经文官普通试验委员之铨衡而任用之。

第五条　行政官之须有特别学术技艺者,在高等官则经文官高等试验委员之铨衡,在判任官则经文官普通试验委员之铨衡,而得自教官、技术官之中,或试验委员而见为有教官、技术官资格者之中,任用之。

第六条　为雇员及五年以上而勤续于同官厅者，得经文官普通试验委员之铨衡，而即任用为其官厅之判任文官。

第七条　据本令第一条之第二至第四款、第二条之第二款，又第四至第六条及其他特别之规程而任用者，非经文官试验，不得任用为其各条款及其规程所指定者以外之文官。

第八条　文官之任用及铨衡细则以阁令定之。

附　　则

第九条　本令以明治三十二年四月十日施行之。

●●●文官试补及见习之规程 明治二十六年（1893年）敕令

第一条　据本年敕令第百八十三号文官任用令及本年之敕令第百八十四号有任为奏任文官之资格者得为试补，据本年敕令第百八十三号文官任用令有任为判任文官之资格者得为见习，而各使练习官厅之事务。

第二条　试补受奏任官之待遇，见习受判任官之待遇，但不予俸给。

附　　则

第三条　本令以明治二十六年十一月十日施行之。

明治二十年敕令第五十七号及明治二十一年阁令第二号均以本令施行之日废去。

●●●外交官、领事官、书记生之任用令 明治二十六年（1893年）敕令

第一条　外交官及领事官非合外交官及领事官试验之格者,不得任用。

第二条　据本令而初任为外交官或领事官者,为补用外交官或补用领事官。

第三条　补用外交官、补用领事官非既在勤外国,不得任为其他之外交官及领事官。

第四条　据本令而登用之外交官及领事官在职已一年以上者,得任为外务省高等官。外务省高等官在职已一年以上者,得任为外交官或领事官。

据前项而任为外交官或领事官者,不适用本令第二条。

第五条　公使馆书记生及领事馆书记生,非合公使馆书记生、领事馆书记生试验之格者,不得任用。

第六条　据本令而登用为公使馆书记生或领事馆书记生,在职已一年以上者,得任为外务省判任官。外务省判任官在职已一年以上者,得任为公使馆书记生或领事馆书记生。

第七条　外交官及领事官之试验规则别以敕令定之。

公使馆书记生及领事馆书记生之试验规则,外务大臣定之。

第八条　特命全权公使、办理公使得不拘本令之规程而任用之。

第九条　外务省留学生不必别行试验,而得任用为公使馆书记生或领事馆书记生。

外务省留学生之规程,外务大臣定之。

第十条　当本令施行之际,在外务省高等官外交官及领事官之职者,得不拘第四条之制限而任用。

第十一条　当本令施行之际,已在外务省试补者,及有试补之资格而为公使馆书记生及领事馆书记生者,不必别行试验,而得任为补用外交官或领事官。

第十二条　当本令施行之际，而已为外务省判任官、公使馆书记生或领事馆书记生者，得不拘第六条之限制而任用。

附　则

第十三条　为公使馆或领事馆之雇员而现方在勤者，限本令施行之后三阅月内，不必别行试验，而得任用为公使馆书记生、领事馆书记生。

第十四条　本令适用于贸易事务官。

第十五条　本令以明治二十六年十一月十日施行之。

明治二十二年之阁令第五号以本令施行之日废去。

●●●外交官、领事官及贸易事务官之特别任用令
明治三十年（1897年）敕令

第一条　外务书记生从事于公使馆领事馆或贸易事务馆，受三级以上之俸给已及五年以上者，限本令施行后三年之内，得经外交官及领事官试验委员之铨衡，而任用为外交官。

第二条　公使馆一等通译官及公使馆二等通译官，从事于公使馆已及二年以上者，限本令施行后三年之内，得经外交官及领事官试验委员之铨衡，而任用为前官所在国以外之外交官领事官或贸易事务官。

第三条　外务省翻译官而在职已三年以上者，限本令施行后三年之内，得经外交官及领事官试验委员之铨衡，而任用为外交官领事官或贸易事务官。

第四条　明治二十六年敕令第百八十七号外交官领事官及书记生之

任用令施行前,已为外交官或领事官而奉职于公使馆或领事馆及二年以上者,得经外交官及领事官试验委员之铨衡,而任用为外交官领事官或贸易事务官。

第五条　据明治二十六年敕令第百八十八号领事官之特别任用令、明治二十九年之敕令第百八十二号及本令而任用之外交官、领事官、贸易事务官,得转任于外交官、领事官及贸易事务官之间。

第六条　本令以明治三十年十月一日施行之。

●●●任用通译官及通译生 明治二十八年(1895年)敕令

第一条　公使馆一等通译官、公使馆二等通译官经外交官及领事官试验委员之铨衡而任用之,公使馆通译生、领事馆通译生、贸易事务馆通译生经文官普通试验委员之铨衡而任用之。

第二条　明治二十六年敕令第百八十七号外交官领事官及书记生之任用令第六条,凡公使馆通译生、领事馆通译生、贸易事务馆通译生,皆适用之。

●●●通译官之任用为外交官或领事官 明治二十九年(1896年)敕令

公使馆一等通译官及公使馆二等通译官在职已二年以上者,得任用为外交官或领事官。但其在勤之地,限于前官之任国内。

●●●领事官特别任用令之适用于通译生 明治二十八年(1895年)敕令

明治二十六年敕令第百八十八号领事官之特别任用令,公使馆通译生、领事馆通译生、贸易事务馆通译生皆适用之。但其在勤之地，限于前官之任国内。

●●●在勤清国及朝鲜国之警部特别任用令

明治二十九年（1896年）敕令

第一条　有公使馆书记生或领事馆书记生之资格者，得任用为在勤清国或朝鲜国之警部。

据前项而任用之警部，在职已二年以上者，得任用为外务省判任官。

第二条　在勤清国及朝鲜国之巡查而奉职已三年以上、现留其职者，得经文官普通试验委员之铨衡，而任用在勤彼国之警部。

●●●官国币社及神部署之神职任用令 明治三十五年（1902年）敕令

第一条　以奏任待遇之神职自合高等试验之格者中任用之，以判任待遇之神职自合寻常试验或高等试验之格者中任用之。

第二条　年在二十以上之男子而绝无下之各款者，方得预神职之试验：

一　犯重罪者。但国事犯而已复权者不在此限。

二　犯应服定役之轻罪者。

三　受身代限之处分而债未清偿者，又受家资分散或破产之宣告，自其既确定时迄于复权决定之确定时。

四　禁治产者、准禁治产者①。

五　受惩戒免官及免职之处分后未越二年者。

---

①　禁治产者，即无行为能力人。准禁治产者，即限制行为能力人。

第三条　高等试验由高等试验委员施行之，寻常试验由寻常试验委员施行之。

高等试验委员由主务大臣选任之，寻常试验委员，在其主务省试验则主务大臣选任之，在他处试验则地方长官选任之。

第四条　试验合格者即授与合格证书。

第五条　试验期日及场所当预以官报公报或新闻纸及其他便宜之方法而公告之。

第六条　试验以下之科目行之：

一　祭式。

二　伦理。

三　国文。作文在高等试验，用宣命体、公文体；在寻常试验，用祝辞体、公文体。

四　历史。

五　法制。在高等试验，用现行神社法令及宪法；在寻常试验，用现行神社法令。

六　算术。

第七条　试验之细则，试验委员定之，而应报告于主务大臣。但在地方官厅行寻常试验之细则，并应经由地方长官。

第八条　如下所列者，毋庸试验，得经高等试验委员之铨衡而任用为奏任待遇之神职：

一　其社神族之臣下中，当神之在世曾佐之而功绩显著者，或其相续人而修祭式及国典者。

二　高等官，或曾五年以上从事官中在判任官二等以上之职而修祭式及国典者。

三　为神职已十年以上（除府县社以下神社之神职）而现居官国币社祢宜或神部署

补用神部之职者。

四　有师范学校、中学校或高等女学校之国史国文科教员之免许状而修祭式者。

五　神宫皇学馆本科卒业者。

六　皇典讲习所据内务大臣认可之规则授与学阶学正而修祭式者。

第九条　如下所列者，毋庸试验，得经寻常试验委员之铨衡而任用为判任待遇之神职：

一　曾五年以上从事官中在判任官以上之职而修祭式及国典者。

二　现居神宫宫掌以上之职者。

三　前条第四、第五款之所列者，或神宫皇学馆专修科卒业者。

四　皇典讲习所据内务大臣认可之规则授与学阶三等司业以上而修祭式者。

五　有官立、公立中学校或文部大臣认为与之同等以上之官公立学校之卒业证书而修祭式者。

六　为神职已五年以上而现居社司之职者。

第十条　奉官国币社或神部署可据本令而任用之神职，已三年以上而退职者，毋庸试验，得授以与前职同等或前职以下之神职。

在奏任待遇之神职，各职俱视为同等。在判任待遇之神职，祢宜及补用神部视为同等。

第十一条　曾为雇员奉职于神部署已五年以上者，毋庸试验，得经寻常试验委员之铨衡而授为补用神部。

曾为雇员奉职于官国币社已五年以上者，毋庸试验，得经寻常试验委员之铨衡而授为主典或宫掌。

据前项而授为主典或宫掌,奉职三年以上者,得经寻常试验委员之铨衡而迁为祢宜。

第十二条　无受神职之资格者,不得授用前四条之规定。

第十三条　本令中有属主务大臣之职权,如官币社、靖国神社别格之神职,陆军大臣及海军大臣行之,其他则内务大臣行之。

第十三条之二　本令中有属地方长官之职权,在台湾则台湾总督行之。

附　　则

第十四条　本令以明治三十五年二月二十日施行之。

第十五条　神部署参务员及官币小社波上宫之神职,不适用本令之规定。

●●●税务监督局事务官及税务官之特别任用令 明治三十六年(1903年)敕令

税务监督局事务官及税务官,权自如下所列者中,得经文官高等试验委员之铨衡而任用之:

一　曾为司税官者。

二　高等行政官而现从事于税务者。

三　从事税务、受判任官四级俸以上之俸给已五年以上而现留其职者。

●●●税务官属之特别任用 明治三十五年(1902年)敕令

第一条　曾据明治二十九年敕令第三百四十五号之第一条及第二条

而任用为税务官属者,得任用为税务官属。
第二条　先受税务管理局之雇,而施行税务监督局官制及税务署官制之际,受税务监督局或税务署之雇者,作为文官任用令第六条之勤续者。

附　则

本令以明治三十五年十一月五日施行之。

●●●税关补用事务官并监视及监吏之特别任用令

明治三十二年(1899年)敕令

第一条　税关监吏得自税关监吏试验合格者中任用之。

税关监吏之试验规则,大藏大臣定之。

第二条　如下所列之人,躯干五尺以上,身体强壮,年在二十以上、三十五以下,据税关监吏之试验规则,而合试验外国语之格者,得任用为税关监吏:

一　海陆军服役期满之下士、宪兵科上等兵或有下士适任证书之步骑炮工辎重兵科上等兵。

二　公立小学校之正教员。

三　为税关雇员已二年以上而尚勤续者。

四　奉职巡查已二年以上者。

五　在司法大臣所指定之学校卒业者。

第三条　在官立、公立中学校或文部大臣认可之中学校履修三年以上之课程者,而躯干五尺以上,身体强壮,年在二十以上、三十五以下者,毋庸别行试验,得任用为税关监吏。

第四条　税关监吏毋庸别行试验,得经文官普通试验委员之铨衡而授为税关补用事务官或税关监视。

据前项而授为税关补用事务官者，得转税关监视。授为税关监视者，得转税关补用事务官。

第五条　税关官吏就职后二年之内，不得由自己以便宜而辞职。

附　　则

第六条　明治三十年之敕令第七十七号以本令施行之日废去。

第七条　海陆军服役期满之下士、宪兵科上等兵或有下士适任证书之步骑炮工辎重兵科上等兵，权得以试验委员之铨衡而任用为监吏。

●●●**专卖局之使用临时雇员**明治三十年(1897年)敕令

专卖局判任官之定员而有缺员时，得在判任官俸给之预算定额内支费，以使用临时雇员。

附　　则

本令得自发布之日起至明治三十二年度之末日止，施行之。

●●●**临时整理冲绳县土地事务局书记之任用及俸给**明治三十二年(1899年)敕令

第一条　据明治二十六年之敕令第百八十三号文官任用令第五条，又其年之敕令第百八十五号及第百九十六号，又明治二十九年之敕令第三百四十五号，明治三十年之敕令第百七十九号，明治三十二年之敕令第六十一号文官任用令第六条，而现为判任官者，毋庸试验,得任用为临时整理冲绳县土地事务局之书记。

据明治二十六年敕令第百九十六号之第一条而任用之员,其勤续已一年以上而现为判任官者,得任用为月俸十五元以上之临时整理冲绳县土地事务局书记。

第二条　临时整理冲绳县土地事务局书记。

第三条　得按判任官俸给令中之别表,支给不满最低额之月俸。

第四条　支给前条不满最低额之月俸者,毋庸试验,得经文官普通试验委员之铨衡而任用之。

据前项而任用之书记,其勤续已一年以上而现尚在职者,得任用为月俸十五元以上之书记。

●●●海陆军将校于相当之官交互转任 明治二十六年(1893年)敕令

海陆军将校彼此相当之官,而其职务之性质相均者,海陆军得互为转官任用,是时其实役停年[①],前后通算。

●●●千住制绒所长之特别任用令 明治二十九年(1896年)敕令

千住制绒所长不必照文官任用令之规定,得自陆军监督及预备役、后备役之陆军监督或技师之中,经文官高等试验委员之铨衡而任用之。

●●●理事、主理之任用令 明治二十七年(1894年)敕令

---

① 停年,即退休、退职。

第一条　理事自试补理事中任用之，主理自试补主理中任用之。已及三年以上在理事或主理之职者，即得用之为本官。

第二条　试补理事及试补主理，取诸登用试补理事、试补主理试验之及第者，或有试补司法官之资格者。

第三条　试补理事非在陆军省或陆军之军法会议，试补主理非在海军省或海军之军法会议，修习实务一年半以上而合实务修习试验之格者，不得任用为本官。

第四条　已有三年以上在理事或主理之职者或曾在其职者，得据明治二十六年敕令第百八十三号文官任用令之第一条判事、检事之例，而任用为其他之奏任文官。
但据登用试补理事、试补主理之登用试验而用之者不在此限。

第五条　如下所列之各款而有其一者，不得任用为理事及主理：
一　犯重罪者。但国事犯而已复权者不在此限。
二　犯应服定役之轻罪者。
三　受破产或家赀分散之宣告而未复权者，或受身代限之处分而债未清偿者。

第六条　试补理事及试补主理予以奏任官之待遇。

第七条　凡登用试验与修习实务及实务修习试验之规则，其为试补理事，则陆军大臣定之。其为试补主理，则海军大臣定之。

第八条　敕任理事及敕任主理可以不拘本令之规程而任用之。

附　　则

第九条　据明治二十一年之敕令第十号，本有试补理事、试补主理之资格而施行本令之际现为试补理事或试补主理者，毋庸别行试验，即得任用之为本官。

第十条 有试补司法官之资格而在判事、检事及其他高等文官之职者,或曾在其职者,则本令施行后三年之内,得即任用为理事或主理。

第十一条 明治二十一年之敕令第十号自本令施行之日废去。

●●●遇战时或事变而任用之理事或主理 明治二十八年(1895年)敕令

遇战时或事变而理事或主理有须增置与补阙,则不必拘理事、主理任用令所定修习实务之时限,且不用实务修习试验,即得任用试补理事、试补主理为其本官。

本令即以发布之日施行。

●●●录事之任用令 明治二十九年(1896年)敕令

第一条 录事用有如下所记资格中之一者:
一 曾受登用录事之试验而有其合格证书者。
二 已有两年以上在裁判所书记之职及曾在其职者。
三 已有二年以上在录事之职者。
四 曾受登用裁判所书记之试验而有其及第证书者。

第二条 陆军之准士官、下士而有毋庸试验即为判任文官之资格者,得任用为陆军之录事。

第三条 登用录事之试验规则,海军大臣、陆军大臣各自定之。

附 则

第四条 卒业于高等学校之法学部者,及据登用判事、检事规则之第五条在司法大臣所指定公立、私立之学校，或据文部大臣认可之学则而教授法律学之私立学校，卒业法律学者，则本令施行后五年之内，得经文官普通试验委员之铨衡而任用为录事。

●●●上等计手之任用 明治三十五年（1902年）敕令

在陆军经理学校为军吏学生而修学六月以上者，权得任用为上等计手。

●●●陆军通译官之特别任用 明治三十年（1897年）敕令

陆军通译官不必照文官任用令之规定，得经文官高等试验委员之铨衡而任用之。

附　　则

本令以明治三十年十一月一日施行之。

●●●陆军补用监督之为监督讲习生 明治二十八年（1895年）敕令

据明治二十七年之敕令第百二十八号及明治二十八年之敕令第十九号而任为陆军补用监督者，使为监督讲习生，在陆军经理学校讲习陆军监督所不可阙之学术。其学期及每学期入校之人员，由陆军大臣定之。

陆军经理学校条例之第十二、十三条准用于前项讲习生。

●●●陆地测量官之任用规则 明治二十二年（1889年）敕令

第一条　陆地测量师自陆地测量手之中选取适于其任者，使在陆地测量部修技所修习高等学科二年以上而已卒业者充之。
第二条　陆地测量手则以陆地测量部修技所生徒之卒业者充之。
第三条　除本则第一条第二条所载者外,有陆地测量部所须之特别学术技艺者,或与陆地测量部修技所卒业生有同等学术者；特在陆地测量部实地试业之后认为适当,即得转任或任用为陆地测量官。
第四条　削除
第五条　削除

●●●陆军监狱官之特别任用令 明治二十六年（1893年）敕令

第一条　陆军监狱长,理事陆军尉官或陆军补用监督中选任之。
第二条　陆军监狱书记受一级俸已五年以上而有学识经验者,得经文官高等试验委员之铨衡,即任为陆军监狱长。
第三条　陆军监狱书记及陆军监狱看守长,自有陆军下士用为文官规则所定之资格者或录事中选任之。
第四条　陆军监狱看守奉职已五年以上而有学识经验者,得经文官普通试验委员之铨衡,任为陆军监狱书记陆军监狱看守长。
第五条　采用陆军监狱看守之规则,陆军大臣定之。

附　则

第六条　陆军监狱书记及陆军监狱看守长,限在本年敕令第百四十二号陆军监狱官官制施行之际,不必拘第三条之规程,得自向奉陆军监狱职之下士而于狱务有经验者及其他判任官中选任之。
第七条　本令以明治二十六年十一月十日施行之。

●●●任用陆军监狱长及书记、看守长明治二十九年

(1896年)敕令

为陆军监狱书记而受一级俸者及为陆军监狱看守者,自本令施行之日起五年以内,不必拘监狱官特别任用令第二条及第四条之年限,而陆军监狱书记得任用为陆军监狱长,陆军监狱看守得任用为陆军监狱书记及陆军监狱看守长。

●●●采用陆军监狱看守之规则明治二十七年(1893年)

陆军省令

第一条　陆军监狱看守自陆军各兵科预备役后备役下士、兵卒中,据其志愿采用之。但属于屯田兵预备役及警备队区者,不在采用之内。

第二条　如下所列者不得采用为看守:

一　身体虚弱者。

二　年四十以上者。

三　犯重罪或处禁锢之刑者。但国事犯而已复权者不在此限。

四　因赌博犯处分规则而惩罚者。

五　受破产或家资分散之宣告而未复权者,及受身代限之处分而债未清偿者。

第三条　下士、上等兵而望为监狱看守者,应于现役期满之前一月内或期满之后三月内,加履历书于志愿书,在现役期满前,则经队长或长官而呈诸所望采用之地之师团长,在期满后,则经联队司令官而呈诸所望采用之地之师团长。

屯田兵下士、上等兵而望为监狱看守者,应准前项之规定,在预备役期满前则经队长而呈志愿书于第七师团长,在期满后则直呈志

愿书于第七师团长。但其家族中无男子可以代本人从事耕耘者，不得为志愿。

第四条　师团副官应据前条之志愿书作志愿者名簿备置之。

第五条　看守而阙员，则师团长应自第三条之志愿者中，检查其身体，选品行方正、学术优等者采用之。

第六条　据前条尚不足补看守之阙，则师团长应募集其管内居住之下士、上等兵，检查其身体而采用之。

第七条　下士、上等兵之志愿者尚不足补看守之阙，则师团长应募集其管内居住之兵卒，而检查身体，试验学科，就及第者采用之。

第八条　学科试验之项目如下：

一　读书。　交杂假名者。

二　作文。　往复文。

三　算术。　四则、分数、比例。

第九条　检查及试验，师团长命委员为之。

第十条　既行第七条检查及试验，委员长应据试验之成绩，定及第者次序而作名簿，呈诸师团长。既得师团长认可，即授证书于其及第者。

第十一条　志愿书与及第证书之效力皆以一年为限。

第十二条　看守以本则采用之后而有应免职之事由，则师团长据监狱长之具申而免之。

第十三条　在预备役、后备役之中者，出应战时召集，而戒护上或生差支，则师团长得自平民中募集，行第七条之检查及试验，以采用为看守。

附　　则

第十四条　本则以明治二十七年四月一日施行之。

第十五条　于明治二十八年四月一日以前，屯田兵监狱之看守而阙员不能据本则之规定以补其阙，则由司令官照会第二师团长，而第二师团长采用按本规则呈志愿者，使之赴任。

第十六条　惟本则施行之际其现在陆军监狱为看守卒者，不必拘本则之规定，并不别颁辞令，即作已采用为看守者。其为押丁者，则师团长、屯田兵司令官得采用为看守。

●●●采用陆军警守之规程 明治三十五年（1902 年）陆军省令

第一条　采用陆军之警守准诸采用陆军监狱看守之规则。

第二条　在陆军监狱看守之职者得采用为陆军警守。

附　　则

本令以明治三十五年四月一日施行之。

曾在陆军监狱看守之职者及为法廷取缔已二年以上而勤续于师团司令部或台湾陆军法官部者，惟本令施行之际，得采用为陆军警守。

●●●陆军准士官、下士采用为文官之规则 明治二十年（1887 年）敕令

第一条　陆军准士官、下士而如下所列者，得请愿奉文官之职：

一　因战役或公务受伤痍、疾病而退现役之准士官及免官之下士，尚堪服文官之职且持有伎俩证明书者。

二　退现役之准士官或下士，赐有勋章且持有伎俩证明书者。

三　服现役七年以上而退现役之准士官或服现役七年以上而服役期满之下士，皆持有伎俩证明书者。但准士官、下士服役

之年自下士任官之日起算，其自兵卒出身者自入营之日起算。

第二条　据陆军准士官、下士本人之请愿而与前条吻合者，不必试验，即得为判任官。

第三条　除海军省之外，各官厅所任用之判任官，五人中至少有一人，让陆军准士官、下士之请愿为文官者。

第四条　冀为文官者，在准士官应自退现役时，在下士应自服役期满时，一月之前或其后三月内，即为请愿。若免官者，则自免官后四月内，即为请愿。

第五条　请愿者而有望为教官、技术官者，则得在其所望采用之官厅行相当之试验。

第六条　请愿者之名簿当从本人请愿之次序而调制之，以备置于陆军省。

第七条　采用请愿者，若在同年之内，则据第一条各款之次序；若在同款之内，则取服役时日之多者；服役之时日又同，则据请愿时日之次序采用之。

但亦有因本人之伎俩及任务之需要，而不拘前项之次序以采用者。

第八条　各官厅既采用请愿者，应照会陆军省，即召本人至其厅。

第九条　陆军省接前条之照会，应按第七条而移交请愿者之姓名及履历书于其官厅。

第十条　请愿者欲取消其请愿，则应届出于陆军省。

第十一条　本则施行之详细规则及伎俩证明书之规程由陆军大臣定之。

●●●陆军准士官、下士采用为文官之细则 明治二十八年（1895年）敕令

第一条　据本则（所谓本则者即指陆军准士官、下士采用为文官之规则，以下仿此）第一条而欲请愿奉文官之职者，其与第一款相当者应照第一书式，与第二、第三款相当者应照第二、第三书式。（书式略）

第二条　愿书及履历书，无论楷书或行书，均须亲笔。

第三条　据本则第五条而欲为教官技术官者及欲指定在某官厅奉职者，则应载所欲之厅名于愿书。又，教官、技术官之志愿者，并应载所习之学术于履历书，而后差出之。

但有教官、技术官之志愿而不合格者，得更请愿为普通判任官。

第四条　虽有本则第一条之资格，而自服役以来曾犯下之各款者，不得请愿。若既请愿者，其请愿为无效。

一　处禁锢之刑者。

一　因赌博而处惩罚者。

第五条　有据本则第一条而请愿者，其该管长官或北海道厅长官府县知事应审查其请愿书类，而进达于陆军大臣。

第六条　据本则第五条而在各官厅行试验，应即以其试验之科目及合格、不合格，通牒于陆军省。

第七条　各官厅既采用请愿者，应即通牒其官等于陆军省。

第八条　各官厅所采用之请愿者，异日或命非职与免本官，亦应通牒其理由于陆军省。

第九条　欲为教官、技术官者，因受验而往复官厅之旅费，归自办。

第十条　据本则第十条而欲取消其请愿者，抑请愿者本身生有异动，或徙居改籍及处刑等，而有须改正履历者，应详记其旨，照初时出愿之法而届出之。

●●●望楼长、望楼手之任用令 明治二十九年（1896年）敕令

第一条　望楼长、望楼手以合望楼长、望楼手试验之格者任用之。

第二条　削除

第三条　如有下记各款之一者，不得任用为望楼长、望楼手：

一　年未满二十者。

二　被处禁锢以上之刑者。

三　受破产或家资分散之宣告而未复权者，或受身代限之处分而债未清偿者。

第四条　如有下记各款之一者，毋庸试验，得经望楼长、望楼手试验委员之铨衡，而即任用为望楼手：

一　预备后备之海军准士官、下士、卒。

二　海军准士官、下士、卒，因服役期满而免官、免役之后在五年以内者。

三　从事于电信业务已及一年以上者。

第五条　望楼手之勤续已三年以上而技术优等、职务勤勉且品行方正者，毋庸试验，即得任用为望楼长。

第五条之二　望楼长、望楼手之服务应满五年以上。但自望楼手而升为望楼长者，与其为望楼手时之服务年数通算。

第六条　望楼长、望楼手之试验规程，海军大臣定之。

望楼长、望楼手之试验委员，海军大臣命之。

附　则

第七条　明治二十七年之敕令第八十号自本令施行之日废之。

●●● 海军笔记之任用令 明治二十九年（1896年）敕令

第一条 海军笔记，以合检查身体、试验学术之格者及有海军笔记适任证书之现役卒，由镇守府司令长官任用之，其初任为三等笔记。

检查身体及试验学术之规程，海军大臣定之。

第二条 如有下之各款之一者，不得任用为海军笔记：

一 年未满二十及过三十三以上者。

二 被处禁锢以上之刑者。

三 受破产及家资分散之宣告而未复权者，或受身代限之处分而债未清偿者。

四 品行不良者。

第三条 预备役之海军下士，预备役、后备役之海军卒，得据本令而任用为海军笔记。

据前项而任用者，其服役期限更适用海军下士、卒服役条例。

本令即以发布之日施行。

●●● 海军准士官、下士之任用进级条例 明治二十九年（1896年）敕令

第一条 海军准士官以海军一等下士任用之。

第二条 海军下士初任为三等，据下之区别而任用之：

一 三等兵曹，以一等水兵任用。

二 三等信号兵曹，以一等信号兵任用。

三 三等船匠手，以一等木工任用。

四 三等军乐手，以一等军乐生任用。

五 三等机关兵曹，以一等机关兵任用。

六　三等锻冶手,以一等锻冶任用。

七　三等看护手,以一等看护任用。

八　三等厨宰,以一等主厨任用。

任用三等笔记,则据明治二十九年之敕令第百四十六号及二百四十四号。

第三条　年未满二十者不得任用为海军下士。

第四条　海军准士官、下士之任用进级,皆出拔擢,历级而进,但无阙员,不行任用进级。

第五条　海军准士官、下士,非合任用进级试验之格者,不得任用进级。但有特别之技能者则毋庸试验,即得任用进级。

遇战时或事变之际,不行前项试验,即得任用进级。

任用进级之试验规程,海军大臣定之。

第六条　任用进级之试验非逾第七条之实役停年最下期限者,不得预之。

第七条　实役停年之最下期限规定如下：

一　自一等卒任为三等下士,须在海上勤务一年或陆上勤务一年又四月。

二　自三等下士进其上级之官,须在海上勤务一年或陆上勤务一年又四月。

三　自二等下士进其上级之官,须在海上勤务一年半或陆上勤务二年。

四　自一等下士任为准士官,须在海上勤务二年或陆上勤务二年又八月。

第八条　实役停年总以陆上勤务或海上勤务计之。

欲以海上勤务改算为陆上勤务,则海上勤务日数加三分之一。欲以陆上勤务改算为海上勤务,则陆上勤务日数减四分之一。

第九条 海上勤务者谓乘组于船舰而服务也,其船舰之种类则海军大臣定之。

第十条 海上勤务者并非因公务而受伤痍疾病,滞迹于陆上或病院中,此其日数不得计入于海上勤务。

第十一条 如有逃亡、收禁、处刑及自愿归省,与无正当之理由而为敌所捕,此其日数不得计入实役停年。

但收禁后而受无罪之宣告者不在此限。

第十二条 在战时则实役停年之最下期限得减其半。

第十三条 将校及与将校相当之官各有以其职权拔擢部下之权,但有直辖长官者,则居其监督之下而行之。

第十四条 下士之任用进级由在籍镇守府司令长官行之,其属舰队司令长官者则舰队司令长官行之,其属要港部司令官者则要港部司令官行之。

自一等下士任为准士官,则海军大臣行之。

任用进级之取扱规程,海军大臣定之。

第十五条 以上各条只适用于现役者。

第十六条 遇战时或事变而现役海军准士官、下士有缺员,则自现役海军下士或一等卒,令任用进级。若尚不足补充,则准据以上各条得自预备役、后备役之海军下士及一等卒在召集中者,令任用进级。

是时在召集中之勤务日数通算于在现役中之勤务日数。

第十七条 遇战时或事变而有勋绩者,或服现役多年,具任用进级之资格,且有超群之勤劳、显著之成绩,或俊美之伎俩者,其遇现役时,得特令任用进级。但受恩给之资格则据前官等或前职。

第十八条　预备役、后备役之海军下士或一等卒遇战时或事变，在召集中有勋绩者，则其解召集时得特令任用进级，但受恩给之资格不得据新官等。

第十九条　遇有如下所列者，除据第十四条外，不必照他之定规，得令任用进级：

　　一　在前敌建殊勋。

　　二　战时人员多缺乏，不能践叙任之定规。

附　　则

第二十条　明治二十三年敕令第百五十二号之海军下士任用进级条例及明治二十七年敕令第百九十九号之海军预备、后备武官进级任用条例，均以本令施行之日废去。

●●●海陆军准士官并服役期满下士之用为判任文官 明治二十年（1887年）敕令

海陆军准士官并与之同等以上之官毋庸试验，得任用为文官。

●●●海军监狱官之特别任用令 明治二十年（1887年）敕令

第一条　海军监狱长以有下之资格之一者任用之。但如第二、第三之所列者，须经文官高等试验委员之铨衡。

　　一　海军将校或海军主计官。

　　二　在主理之职者。

　　三　在海军监狱书记或海军监狱看守长之职已五年以上而现受一级俸者，在录事之职已五年以上而现受判任官五级俸以上之俸给者。①

第二条 海军监狱书记、看守长以有下之资格之一者任用之。但如第五所列者，须经文官普通试验委员之铨衡。

一　海军准士官。

二　在录事之职者。

三　海军下士及曾为海军下士者。

四　在海军监狱看守之职已五年以上而现受二级俸以上之俸给者。

五　在司法大臣所指定之学校修法律或政治学科而卒业者。

第三条 采用海军监狱看守之规程，海军大臣定之。

●●●裁判所书记长之特别任用 明治三十年（1897年）敕令

裁判所书记长，惟为司法属官或奉裁判所书记之职已五年以上而现受三级以上之俸给者，毋庸试验，得经文官高等试验委员之铨衡而任用之。

●●●帝国大学舍监之特别任用 明治三十年（1897年）敕令

明治三十年敕令第百十三号所言任用文部省直辖诸学校之生徒监、帝国大学舍监，亦适用之。

●●●文部省直辖诸学校校长与生徒监之特别任用

明治三十年（1897年）敕令

---

① 此条原文中有"每一条"字样，应系排版之误。

文部省所直辖诸学校之校长,惟在奏任教官之职已一年以上者,又其生徒监惟如下所列者,均毋庸试验,经文官高等试验委员之铨衡而任用之。

一　奏任教官或以奏任官待遇之教职已一年以上者。

二　在敕任教官或以判任官待遇之教职已三年以上者。

●●●任用文部省视学官图书审查官 明治三十年(1897年)

敕令

文部省视学官、图书审查官及候补图书审查官得据文官任用令而任用之。

●●●视学官及视学之特别任用令 明治三十二年(1899年)

敕令

第一条　文部省视学官以有下之资格之一者任用之:

一　有二年以上在文部省直辖学校之校长或奏任教官之职者,抑曾在其职者。

二　如第一条第三款所列而有一年以上在道厅府县视学官之职者,抑曾在其职者。

第二条　道厅府县视学官以有下之资格之一者任用之:

一　在文部省视学官之职者,抑曾在其职者。

二　有二年以上在官立学校之校长或奏任教官之职者,抑曾在其职者。

三　有三年以上在师范学校之校长、官立公立中学校之校长、官立公立高等女学校校长、官立公立实业学校校长之职者,抑曾在其职者。

四　有五年以上在道厅府县视学或郡视学之职者，抑曾在其职者。

五　有五年以上从事教育之职务而现受判任官三级俸以上之俸给者。

第三条　道厅府县视学及郡视学以有下之资格之一者任用之：

一　有三年以上在师范学校、官立公立中学校、官立公立高等女学校、官立公立实业学校之校长、教谕或助教谕之职者，或曾在其职者。

二　有小学校本科正教员之资格而三年以上在官立公立学校校长之职者，抑曾在其职者。

三　有五年以上为判任官而从事教育之职务者，抑曾从事于其职务者。

附　则

第四条　第二条所规定之在职年数惟本令施行之际，得减其半数。

第五条　本令施行之际现在地方视学之职者，得任用为道厅府县视学。

第六条　本令中一款所规定各职之在职年数通算之。

地方视学之在职年数通算于道厅府县视学之在职年数。

●●●任用帝国图书馆长、司书官及司书 明治三十三年（1900年）敕令

第一条　帝国图书馆长以有一年以上在帝国图书馆司书长之职者，及一年以上在帝国图书馆司书官之职者，或曾在其职者，毋庸试验，得经文官高等试验委员之铨衡而任用之。

第二条　帝国图书馆司书官惟有下之资格之一者，毋庸试验，得经文官高等试验委员之铨衡而任用之：

　　一　有学位或学士之称号，而曾一年以上从事于教育或图书之公务者。

　　二　曾三年以上从事于教育或图书之公务，而现为受月俸三十元外之判任官以上，或以判任官待遇以上者。

　　三　于图书有特别之学术技艺者。

第三条　帝国图书馆司书惟于图书有学术经验者，毋庸试验，得经文官普通试验委员之铨衡而任用之。

●●●府县所立师范学校长之特别任用令 明治二十六年（1893年）敕令

府县所立师范学校长，惟有高等师范学校之卒业证书者及有学位或学士之称号，而曾三年以上从事于教育之公务者，又曾三年以上从事于教育之公务，而现为受三十元以上月俸之判任官，或以判任官待遇者，毋庸试验，得经文官高等试验委员之铨衡而任用之。

●●●任用制铁所事务官及书记 明治三十一年（1898年）敕令

制铁所事务官，惟从事于制铁所之业务已三年以上而受判任官二级俸以上之俸给者，其书记惟于取引制铁所用材料有经试验者，均毋庸试验，而事务官得经文官高等试验委员之铨衡而任用之，书记得经文官普通试验委员之铨衡而任用之。

于本令发布后一年之内，现在制铁所书记之职而受二级俸以上之俸给者，得经文官高等试验委员之铨衡，而即任用为制铁所事务官。

●●●候补营林主事及森林监守之任用令 明治二十六年（1893年）敕令

第一条 候补营林主事及森林监守得据农商务大臣所定之规则而任用之。

在候补营林主事之职已四年以上者，毋庸为文官普通试验，即得任用为山林事务之判任官。

在森林监守之职已二年以上者，得任用为候补营林主事。

第二条 本令施行之际已为候补营林主事或森林监守而续办其职者，毋庸文官普通试验，即得任用为大、小林区署之判任官。

附　则

第三条 本令以明治二十六年十一月十日施行。

明治二十年之敕令第八十二号以本令施行之日废去。

●●●候补营林主事及森林监守特别任用规则

明治二十七年（1894年）农商务省令

第一条 有须据明治二十六年敕令第百九十四号之候补营林主事及森林监守任用令而选任候补营林主事及森林监守之时，则除第二十条所载者外，就下之科目以行试验：

一　讲述现行法令。 主于刑事及林务者

二　作文。 片假名交错之文及往复文

三　笔算。 算数学 全部

四　珠算。 加减乘除

五　笔写。楷书 行书

六　簿记。

七　画图。

八　代数。

九　几何。

十　测量。

但第二科目中片假名交错之文与第三科目，在森林监守之受验者则省之。其第六以下之科目如有特别之需要，或据受验者所自愿，则使受验者就其中选择一科或二科以上试验之。

第二条　年满二十以上之男子而身体强健者，方得受前条之试验，但犯下之各款者不在此限：

一　犯重罪者。但国事犯而已复权者不在此限。

二　犯应服定役之轻罪者。

三　受破产及家资分散之宣告而未复权者，或受身代限之处分而债未清偿者。

第三条　试验由大林区署长选定署员二名以上命为委员而行之。

第四条　试验之期日及出愿期日，大林区署长定之，而应在试验期日之二十日前以便宜之方法公告之。

第五条　受验人员之数得限其不可少于应采用之人员十倍，但是时须与前条之公告一并公告于其人员。

如前项之所言而受验出愿之人员数已满，则虽在出愿期日以前，不复受理愿书。

第六条　欲受试验者当在大林区署长所指定之期日前，具愿书，并加以履历书与第七条之证明书，而差出于该管大林区署。其愿书、履历书应据第一号及第三号书式。

第七条　出愿试验者须有市区町村长证明书,以证明其身分、职业、年龄及免役、延期、预备征员及一年志愿兵等事项。

第八条　试验问题由大林区署长及试验委员定之。

第九条　试验之目割与场所又受验人之心得,均由大林区署定之,而使各受验人知悉。

第十条　试验问题须参酌林务之事项,专取适应于实用者。

第十一条　试验分口述、笔记二种。口述试验于笔记试验毕后行之。口述试验即就第一条第一项行之。

第十二条　受验人当受验之际,应遵守受验人之心得及试验委员之命令。若有背之者,该管试验委员即当命之出场。而被出场者,不得复预此期之试验。

第十三条　有以不正之方法而幸合格者,其合格为无效。

第十四条　因前条而失合格之效或冀以不正之方法而合格者,不得再与试验。

第十五条　隐匿履历书中事实或有伪造者,不得受试验。

第十六条　定试验各科目之点数及其全体之效果以受合格者,当据大林区署长及试验委员之所议定。

第十七条　试验合格之姓名当自试验完毕之日起,七日以内以便宜法公告之。

第十八条　据本则而合试验之格者,应由大林区署长给以候补营林主事或森林监守之试验合格证书。

第十九条　有前条之试验合格证书者,得任用为候补营林主事或森林监守。但试验合格证书之有效年限,自其日起,为满五足年。

第二十条　如下所列者,无庸试验,即得任用为候补营林主事及森林监守。但年未满二十年及曾为候补营林主事或森林监守而在奉职中，因背第二十一条之誓约而辞职尚未经二年者，不在此限。

一　前为判任文官者。

二　陆军期满之下士及陆军期满之上等兵而有下士之适任证书者。

三　已有二年以上勤续于巡查或看守者。

四　已有二年以上勤续于府县所立寻常师范学校、寻常中学校、公立小学校之委员者。

五　为属于林务各官厅之雇员而勤续已二年以上者。

第二十一条　欲任用候补营林主事及森林监守时，应使据第三号书式提出誓约书。

第二十二条　除本则之外，所有试验之手续由大林区署长定之。^{书式俱略}

●●●任用海事局长 明治三十二年（1899年）敕令

海事局长得以在海事官之职曾在其职者及曾在船舶司检所司检官之职者，经文官高等试验委员之衡铨而任用之。

附　则

本令以明治三十二年六月十六日施行之。

●●●任用铁道事务官 明治三十年（1897年）敕令

铁道事务官得以铁道之技师、技手或曾三年以上在递信省铁道局或铁道作业局判任官之职者，经文官高等试验委员之铨衡而任用之。

●●●递信事务官、通信事务官、候补通信事务官之

特别任用令 明治三十一年（1898年）敕令

第一条 递信事务官得以在铁道事务官、船舶司检所司检官、通信事务官之职满二年以上者任用之。通信事务官之在职年数通算于一等邮便局长在职年数。

第二条 通信事务官得以从事于通信事务已满五年以上而现受二级俸以上之俸给者任用之。候补通信事务官得以从事于通信事务已满三年以上而现受判任官五级俸以上之俸给者任用之。

第三条 据前条而任用之候补通信事务官即得任用为通信事务官，但本为判任官三级俸以下而被任用之候补通信事务官，则非在职满二年以上，不得任用为通信事务官。

第四条 欲据本令而见任用者均须经文官高等试验委员之铨衡。

●●●任用三等邮便局长 明治二十年（1887年）敕令

三等邮便局长以或须选任在其地而有相当之资产者故，应由递信大臣定其采用规则而选任之。

但据采用规则而选任之三等邮便局长不得任为他之判任官。

●●●三等邮便局长之采用规则 明治二十一年（1888年）

递信省令

第一条 三等邮便局长应采用具有下之各款者：

第一款 住于其三等邮便局所在之地者。

第二款 有实价二百元以上土地或家屋者。

但从事于邮便或电信事务而已满三年以上之官吏得以记名公债证书充之。

第三款　通日常之笔算者。

第四款　遵奉别订之三等邮便局长服务规约者。

第五款　年满二十以上之男子。

第二条　三等邮便局长之奉职诚实者，因年老疾病及其他事故而辞职，或在官而死亡，则其嗣子抑为其相续人之男子，年已十六岁以上，亦有不照第五款之制限特得采用者。

第三条　非户主而为其保证之户主，有实价二百元以上之土地或家屋者，则其本人之资产虽不合第一条第一款者，亦有特得采用者。

●●●北海道厅管下三等邮便局长采用之法

<small>明治二十二年（1889年）递信省令</small>

北海道厅管下及岛地之三等邮便局长，虽不及三等邮便局长采用规则第一条第二款之制限，亦有权得采用者。

●●●采用三等邮便局长时郡区长、户长处办之法

<small>明治二十一年（1888年）递信省训令</small>

郡区长户长之采用三等邮便局长，应<small>北海道厅府县递信管理局长</small>照会或依托，以便宜处办，预示诸郡区长、户长。

●●●采用三等邮便局长之手续<small>明治二十一年（1888年）递信省训令</small>

递信省管理局

第一条　遇须采用三等邮便局长时，递信管理局长应就合于三等邮便局长采用规则者中选其适于邮便事务者，调查被选人之诺否、身

元引受人之有无,加其履历书而推荐之。

但因有愿辞职者或死亡者及犯罪而失官职者,须选后任之外,应待本大臣之指挥而后选之。

第二条 递信管理局长得相时宜嘱托郡区长以选三等邮便局长。

第三条 递信管理局长当传达三等邮便局长之任官辞令书时,应使差出受书^{书式第二号}及身元引受证书,^{书式第三号}若其本人而非户主,则使差出户主之保证书^{书式第四号}即加以任免报告书,^{书式第五号}而报告于本大臣,且以采用之旨通知于地方长官及郡区长,免官时亦同。

第四条 若使三等邮便局长取扱为替或贮金,则递信管理局长应照别订规程而征收保证品。

第五条 被选人所差出之书类及前条之保证品,递信管理局应保管之。^{书式略}

●●● 三等电信局长之选任及手当法 明治二十一年(1888年)敕令

三等电信局长应照三等邮便局长之例选任之,而支给手当。

●●● 任用东京邮便电信学校卒业生 明治二十四年(1891年)敕令

有东京邮便电信学校之卒业证书者,毋庸经文官普通试验及练习事务,即得任用为邮便电信之判任官。

但据本令而任用者,非经普通试验,不得任为他之判任官。

●●● 任用商船学校长及学生监 明治二十九年(1896年)敕令

商船学校长及学生监得据文官任用令第四条而任用之。

●●●任用会计检查官之资格 明治二十二年(1899年)敕令

据会计检查院之第六条,凡会计检查官以具下之资格者任之:

　　第一　年满三十以上者。

　　第二　在高等行政官或判事检事候补检查官之职五年以上者,及曾在其职者。但试补勤务之年限亦计入之。

●●●贵族院、众议院守卫长及守卫班长之特别任用法 明治二十六年(1893年)敕令

贵族院并众议院之守卫奉职满五年以上而现在其职者,毋庸试验,得经文官普通试验委员之铨衡,而即任用为贵族院并众议院之守卫长或守卫班长。

在第一次帝国议会之会期前或会期中被命为贵族院或众议院之守卫,而续引以在其职者,并且不拘奉职年数,得照前项。

●●●台湾总督府事务官之特别任用 明治三十四年(1901年)敕令

施行明治三十四年敕令第二百一号之时已为台湾总督府高等行政官者,以施行后一月内为限,毋庸试验,得经文官高等试验委员之铨衡,而任用之为台湾总督府事务官。

●●●任用台湾总督府判任职员 明治三十一年(1898年)敕令

台湾总督府判任职员,除属法院书记、通信书记、候补通信书记、警

部、候补警部、监狱监吏之外，权可不拘文官任用令之规程而任用之。

●●●台湾总督府附于海军幕僚海军判任文官任用及俸给等 明治三十年（1897年）敕令

第一条 台湾总督府附于海军幕僚之判任文官，得不照明治二十六年敕令第百八十三号文官任用令之规程。

但据前项而任用者不得转勤于其他。

第二条 附于海军幕僚之判任文官与明治二十九年敕令第二百二十九号及其年敕令第二百三十号之台湾总督府判任文官，视同一律。

但自台湾总督府判任文官而转任或再任为附于海军幕僚之判任文官，或自附于海军幕僚之判任文官而转任或再任为台湾总督府之判任文官，其俸给俱当在前官之俸给额以下。

第三条 附于海军幕僚之判任文官而转勤于其他，则其俸给当照台湾总督府判任文官转任他官厅判任文官之例，而适用明治二十九年之敕令第二百三十号。

●●●台湾总督府附于海军幕僚之判任文官转任或转勤 明治三十一年（1898年）敕令

据明治三十年敕令第三百九十一号而任用之台湾总督府附于海军幕僚内判任文官，限勤续三年以上而现在其职者，除特有任用规定之外，得转任或转勤为海军部内之判任文官。

●●●任用台湾总督府警部长及其他职员 明治三十一年（1898年）敕令

如下所列之台湾总督府职员,限从公五年以上而现在判任官三级俸以上之官职者,毋庸试验,即得经文官高等试验委员之铨衡而任用之。

警部长

办务署长

税务官

典狱

一等邮便电信局长

●●●据明治二十九年(1896年)敕令第百三号而任用之文官惟得转任于同一官职 明治三十三年(1900年)敕令

据明治二十九年敕令第百三号,以任用之警部长、办务署长、税务官、典狱、一等邮便电信局长及警部、监狱书记、看守长,而引续在其官职者,各惟得转任于其同一官职。

●●●台湾总督府警视之特别任用令 明治三十四年(1901年)敕令

施行明治三十四年敕令第二百二号台湾总督府地方官官制之时已为台湾总督府县厅警部长或办务署长者,毋庸试验,权得经文官高等试验委员之铨衡,而任用为台湾总督府警视。

从事警察事务已满五年以上而现在判任官二级俸以上之官职者,毋庸试验,权得经文官高等试验委员之铨衡,而任用为台湾总督府警视。

●●●台湾总督府警部、候补警部之特别任用令

明治三十四年（1901年）敕令

第一条 台湾总督府巡查在职满三年以上，而有精勤证书，现尚在其职者，得考查实务之成绩及试验学术，而任用为台湾总督府候补警部。其优等者，并得任用为警部。

第二条 台湾总督府巡查在职满三年以上，而有精勤证书，现尚在其职，且曾于明治三十三年九月以前入学台湾总督府警察官及司狱官练习所，毕修甲科之课程者，得考查实务之成绩，任用为台湾总督府候补警部。其优等者，并得任用为警部。

第三条 据前二条而试用之台湾总督府候补警部，在职满一年以上而实务之成绩居优等者，即得任用为台湾总督府候补警部。

第四条 台湾总督府巡查当施行本令之际而在巡查部长之职者，得考查实务之成绩，而任用为台湾总督府候补警部。

据前项任用之候补警部在职满一年以上而更经学术试验者，得任用为台湾总督府警部。

第五条 据明治三十年敕令第二百十五号而任用之警部、消防士，得任用为台湾总督府警部。

据第一条至第三条及第四条第二项而任用之警部，得任用为警视厅北海道厅及内地各府县之警部。

第六条 考查及试验之规定，台湾总督定之。

附　　则

第七条 在台湾之宪兵下士已及二年以上，而退现役后未满一年者，曹长以上权得任用为台湾总督府警部或候补警部，军曹及伍长权得任用为候补警部。

据前项试用之候补警部在职满一年以上而更经学术试验者,即得任用为台湾总督府候补警部。

第八条 台湾总督府之判任文官（除警部、候补警部）从公于番人、番地之事务,或雇员、嘱托员已有三年以上从公于番人、番地之事务与现尚在其职者,抑或台湾总督府之巡查已有三年以上从公于番人、番地之事务而现尚在其职者,考查其巡查实务之成绩,权得任用为管番人、番地事务之警部、候补警部。

据前项而任用之候补警部在职满一年以上者,考查其实务之成绩,权得任用为管番人、番地事务之警部。

据前二项而任用者在职满一年以上而更经学术之试验者,得使在台湾从公于普通警察事务。

●●●台湾总督府监狱监吏之特别任用 明治三十三年（1900年）敕令

警部监狱书记、看守长之特别任用令,任用台湾总督府之监狱监吏亦适用之。但其考查及试验之规程,则台湾总督定之。

附　　则

台湾总督府监狱之书记、看守长,当施行本令之际而现在其职者,得不用辞令,以任为同级之监狱监吏。

●●●任用台湾总督府警察官及司狱官、练习所之舍监 明治三十三年（1900年）敕令

台湾总督府警察官及司狱官、练习所之舍监,惟据特别任用之规定,

而为台湾总督府高等行政官者，抑三年以上从公于警察或监狱事务而现在判任官四级俸以上之职者，毋庸试验，得经文官高等试验委员之铨衡而任用之。

●●●台湾总督府海港检疫官之特别任用

明治三十三年（1900 年）敕令

从事卫生事务已三年以上而现在判任官四级俸以上之职者，毋庸试验，得经文官高等试验委员之铨衡，而任用为台湾总督府之海港检疫官。

●●●临时台湾基隆筑港局事务官之特别任用令明治三十三年（1900 年）

敕令

临时台湾基隆筑港局之事务官，以从事土木事务已五年以上而现在判任官之级俸以上之职者，毋庸试验，权得经文官高等试验委员之铨衡而任用之。

●●●任用台湾土地调查局之职员 明治三十一年（1898 年）敕令

临时台湾土地调查局之职员，权得不拘之官任用令之规程而任用之。

●●●台湾总督府专卖局事务官之特别任用令明治三十四年（1901 年）敕令

第一条　台湾总督府专卖局之事务官得以如下所列者之中，经文官高等试验委员之铨衡而任用之：

一　曾在台湾总督府制药所、台湾樟脑局、台湾盐务局、高等官之职者。

　　二　已有三年以上从公于台湾总督府制药所、台湾盐务局、台湾樟脑局、台湾总督府专卖局之事务而现受判任官三级俸以上之俸给者。

　　三　已有三年以上从事会计事务而现受三级俸以上之俸给者。

第二条　台湾总督府专卖局事务官之可为台湾总督府专卖局支局长者，权得自支局所在地之厅长中择任之。

附　　则

第三条　本令自明治三十四年六月一日施行之。

第四条　已有二年以上从公于台湾总督府制药所、台湾盐务局、台湾樟脑局之事务而曾受判任官四级俸以上之俸给者，限施行[①]本令之际，得经文官高等试验委员之铨衡，而任用为台湾总督府专卖局之事务官。

●●●台湾总督府税关事务官、税关监视官之特别任用令 明治三十五年（1902年）敕令

台湾总督府之税关事务官及税关监视官，惟满一年以上从公于税关事务而现在税关高等官之职者，又帝国法科大学卒业生，而满一年以上从公于税关事务者，或曾从公于税关事务者，抑又三年以上从公于税关事务而现受判任官三级俸以上之俸给者，毋庸试验，得经文官高

---

① 原文为"旋行"，应系排版之误。

等试验委员之铨衡而任用之。

附　则
本令以明治三十五年十月一日施行之。

●●●台湾总督府税关属职之特别任用令明治三十五年（1902年）敕令

台湾总督府之税关属职,惟满一年以上从公于税关事务而在判任官之职者,或曾在其职者,毋庸试验,得经文官普通试验委员之铨衡而任用之。

附　则
本令以明治三十五年十月一日施行之。

●●●任用台湾总督府法院检察官明治三十二年（1899年）敕令

台湾总督府法院检察官以有判事或检事资格者任用之。

●●●台湾总督府师范学校长之特别任用明治三十二年（1899年）敕令

台湾总督府之师范学校长,惟有高等师范学校之卒业证书者,或有学位或学士之称号而曾一年以上服教育之公务者,抑或三年以上服教育之公务而受月额四十元以上俸给之判任官及与判任官同待遇者,毋庸试验,得经文官高等试验委员之铨衡而任用之。

●●●任用台湾总督府之国语学校长明治三十三年
（1900年）敕令

台湾总督府之国语学校长，惟有学位或学士之称号，而当一年以上服教育之公务者，或在旧时东京师范学校卒业于中学师范学科而一年之后，即受月额七十五元以上之俸给现在奏任官或与奏任官同待遇之职者，毋庸试验，得经文官高等试验委员之铨衡而任用之。

以三十四年敕令
第八十九号改正

●●●任用台湾总督府国语学校之舍监明治三十三年
（1900年）敕令

台湾总督府之国语学校舍监，惟据特别任用之规定，而为台湾总督府高等行政官者，有一年以上在奏任教官或与奏任官同待遇之教职者，抑三年以上在判任教官或与判任官同待遇之教职者，毋庸试验，得经文官高等试验委员之铨衡而任用之。

●●●台湾樟脑局事务官之特别任用明治三十三年
（1900年）敕令

台湾樟脑局事务官，惟满三年以上从公于台湾樟脑局事务而现受判任官三级俸以上之俸给者，毋庸试验，得经文官高等试验委员之铨衡而任用之。

附　　则

自本令施行之日起，以三阅月为限，其于樟脑事务有经验而现在判任官五级以上之官职者，毋庸试验，得经文官高等试验委员之铨衡而任用之。

台湾樟脑局事务官之可为台湾樟脑局支局长者，权得以支局所在地之办务署长任用之。

●●●台湾总督府铁道部事务官之特别任用令

明治三十三年（1900年）敕令

台湾总督府之铁道部事务官得以如下所列者之中，经文官高等试验委员之铨衡而任用之。

一　铁道之技师技手，或满三年以上在管铁道事务判任官之职者，抑或满一年以上从公于铁道事务而现在高等官之职者。

二　已满三年以上从公于会计事务而现受判任官三级以上之俸给者。

●●●台湾总督府通信事务官、候补通信事务官之特别任用令 明治三十五年（1902年）敕令

第一条[①]　台湾总督府之通信事务官惟满五年以上从公于通信事务与现受判任官三级俸以上之俸给者，候补通信事务官惟满三年以上从公于通信事务而现受判任官五级俸以上之俸给者，毋庸试验，得经文官高等试验委员之铨衡而任用之。

第二条　据前条而任用之候补通信事务官在职满二年以上，而现尚在其职者，毋庸试验，得经文官高等试验委员之铨衡，而任用为通

---

① 原书中"第一条"三字缺漏，系排版之误。

信事务官。

附　则

第三条　施行本令之际而现居台湾总督府一等邮便电信局长之官职者,毋庸试验,得经文官高等试验委员之铨衡,而任用为通信事务官。

●●●台湾总督府通信书记、候补通信书记之特别任用令 明治三十五年(1902年)敕令

第一条　台湾总督府候补通信书记得据台湾总督所定之试验规则而任用之。

第二条　据前条而任用之候补通信书记在职一年以上者,及据特别任用之判任文官从公于通信事务一年以上者,毋庸试验,得任用为台湾总督府通信书记。

●●●台湾总督府地方职员之特别任用令 明治三十四年(1901年)敕令

第一条　施行明治三十四年敕令第二百二号台湾总督府地方官官制之际,而已为台湾总督府高等行政官者,权不试验,得经文官高等试验委员之铨衡,而任用之为台湾总督府厅长。

已及五年以上从事于官务而现在判任官二级俸以上之官职者,权不试验,得经文官高等试验委员之铨衡,而任用之为台湾总督府厅长。

第二条　施行明治三十四年敕令第二百二号台湾总督府地方官官制

之际，而已为台湾总督府判任官$_{通}^{除技手}$$_{译}$者，权得不拘文官任用令之规定，而任用之为台湾总督府厅属。

第三条　临时台湾调查局之属，勤续已一年以上而现尚在其职者，或罢职后未经六月者，得不拘文官任用令之规定，而任用之为台湾总督府厅属。

●●●恒春办务署主记之任用为恒春厅属 明治三十四年（1901年）敕令

台南县恒春办务署主记，当施行明治三十四年敕令第八十七号之际，而现在其职者，不必用辞令书，即任为同级俸之恒春厅属。

●●●警视之特别任用 明治三十二年（1899年）敕令

可补警察署长之警视，惟五年以上从事于警察职务而在判任官五级俸以上之官职者，权不试验，得经文官高等试验委员之铨衡而任用之。

●●●警视厅北海道厅府县税务监督局、税务署专卖局及集治判任官月俸未满十五元者之特别任用 明治二十六年（1893年）敕令

第一条　警视厅北海道厅府县$_{郡区在内}^{包括岛厅}$税务监督局、税务署专卖局及集治监判任官中月俸未满十五元者，毋庸试验，得经文官普通试验委员之铨衡而任用之。

第二条　据前条而任用之判任官，勤续已三年以上而现尚奉其职者，得任用为其厅月俸十五元以上之判任官。

附　　则

第三条　本令以明治二十六年十一月十日施行。

●●●北海道厅支厅长之特别任用令 明治三十年（1897年）敕令

北海道支厅长，惟三年以上从事于官务而现在判任官四级俸以上之官职者，或于地方公共事务及拓殖事务有经历而效绩显著者，权得不拘文官任用令之规定，经郡区长试验委员之铨衡而任用之。

●●●北海道厅翻译生之特别任用 明治三十年（1897年）敕令

北海道厅翻译生毋庸试验，得经文官普通试验委员之铨衡而任用之。

●●●任用北海道铁道部铁道事务官 明治三十二年（1899年）敕令

北海道铁道部之铁道事务官，惟铁道之技师，或三年以上从公于铁道事务而现受判任官四级俸以上之俸给者，毋庸试验，得经文官高等试验委员之铨衡而任用之。

●●●北海道厅铁道书记之特别任用 明治三十一年（1898年）敕令

有须令从事于北海道官设铁道业务之时，则在北海道厅官制第八条之定员内置铁道书记。北海道铁道书记为判任官。

●●●府县参事官及典狱之特别任用令 明治二十三年（1890年）敕令

第一条　府县参事官及典狱，惟五年以上从事于官务而在判任官三等以上之现职者，权不试验，得经高等文官试验委员之铨衡而任用之。

第二条　据前条经高等文官试验委员之铨衡而任用之府县参事官，及典狱非经高等试验，则俱不得转任为其他高等官。

●●●港务部职员之特别任用令 明治三十五年（1902年）敕令

第一条　有下之各款之一者，毋庸试验，得经文官高等试验委员之铨衡，而任用为港务官：

一　满三年以上从公于船舶及海员事务而现在判任官四级俸以上之官职者。

二　满三年以上从公于卫生事务而现在判任官四级俸以上之官职者。

三　有甲种船长之免状而满一年以上在近海航行以上之船舶执船长之职者。

第二条　有下之各款之一者，毋庸试验，得经文官普通试验委员之铨衡，而任用为港吏。

一　海军准士官，现役期满下士。

二　满二年以上从事于税关监视、税关监吏之职务而现在其职者。

三　满二年以上从事于船舶及海员或海港检疫之官务而现在其职者。

四　有海技免状而满二年以上从航海事业者。

附　　则

第三条　限施行明治三十五年敕令第七十三号之际,而在港务局长之职者得任用为港务长,在港务官或海港检疫官之职者得任用为港务官,在港吏、候补港吏或候补海港检疫官之职者得任用为港吏。

第四条　本令以明治三十五年四月一日施行。

●●●任用郡区长 明治二十三年(1900年)敕令

第一条　郡区长惟五年以上从事于官务而在判任官五等以上之现职者,权不试验,得经郡区长试验委员之铨衡而任用之。

第二条　经郡区长试验委员之铨衡而任用为郡区长者,若转任于他之道府厅县郡区长,仍须经郡区长试验委员之铨衡。

●●●郡区长、府县参事官之特别任用 明治二十四年(1891年)敕令

第一条　据明治二十三年敕令第九号第一条而任用为郡区长之判任官,限现受五级以上之俸给者。

第二条　据明治二十三年敕令第二百二十七号第一条而任用为府县参事官并典狱之判任官,限现受四级以上之俸给者。

第三条　消灭

●●●警部、监狱书记、看守长之特别任用令 明治三十年(1897年)敕令

第一条　巡查、看守在职三年以上,有精勤证书而现奉其职者,考查

实务之成绩及试验学术后，其巡查得任用为警部、消防士，看守得任用为监狱书记、看守长。

其巡查之考查及试验，在警视厅则本厅之警视三人行之，在北海道厅府县则书记官、警部长、参事官行之。其看守之考查及试验，在集治监则典狱行之，在警视厅则警视二人、第四部长行之，在北海道厅府县则书记官、参事官、典狱行之。但在北海道厅，则书记官、参事官之内各为一人。

据第一项而任用之警部、消防士得互相转任。

第二条　考查之方法及试验之科目由内务大臣、拓殖务大臣定之。

第三条　据明治二十三年敕令第百四十六号而任用之看守长得转任为监狱书记。

第四条　明治二十三年之敕令第十号及明治二十三年之敕令第百四十六号，俱以本令施行之日废去。

●●●采用巡查规则 明治二十四年（1891年）内务省训令

第一条　巡查例须试验后采用，但如下所列者不在此限：

一　曾奉判任官以上之职者及据文官任用令第三条有为判任文官之资格者。

二　有巡查精勤证书者。

三　曾奉巡查之职而退职后未满五年者。

四　陆军兵卒现役满期或被解除战时召集而有下士适任证书者。

第二条　欲呈巡查志愿者，须其人品行方正，年在二十以上、四十五以下，不在征兵期内，且不犯下记之各款者：

但曾奉巡查之职而年未满五十，则得为巡查志愿者。

一　被处重罪之刑或重禁锢之刑，或犯应受以上等刑之罪而仅付监视者,及被处轻禁锢之刑期满后未经五年者。但据旧法而被处施体之刑者,悉准本文之权衡。

二　据赌博犯处分规则处以惩罚者。

三　据巡查惩罚例或官吏惩戒例而免职,或无故辞巡查职,未经二年者。

四　负债与身分不相应者,或受家资分散之宣告而未得复权者,或前受身代限之处分而未完办偿之义务者。

五　有酒癖者或有暴行之癖者。

第三条　其体格之检查,以如下之各款所言者为合格:

一　体格善良,即无以下所载之缺点者:

四支[①]不完具者,但为手指之萎小弯曲强直而不害把握执笔之类不在此限。

有胸腔机关及腹内脏器或皮肤病等较著之疾者,但虽无较著之疾而全身诸机关之机能衰减者亦同。

不便于服装或运动者。

赘生物、畸形等容貌体势丑恶者。

二　身干五尺以上而胸围约等身长之半者。

三　两眼共视力在三分之二以上而辨色力完全者。

四　听力于六尺之距离能听识低语者。

五　言语应答明了,能充分发声者。

六　精神完全者,即无精神病及神经病者。　如忧郁、癫狂、痴状及舞蹈病[②]癫痫之类

第四条　其技艺之试验,以如下各款所言者为合格:

---

① 四支,即四肢。
② 原书为"舞蹈",核对《采用看守规则》第三条,疑为漏一"病"字。

一　通刑法、刑事诉讼法、警察法规等之大要者。

二　通本邦历史、地理之大略者。

三　能作假名交缀之论文及普通往复文者。

四　能为算术之加减乘除者。

五　能书普通楷书或行书者。

第五条　巡查之试验应在府厅县巡查教习所，警部二名以上立合之后，而巡查教习所长施行之。

第六条　既试验后定其可采用为巡查者，在警视厅则由巡查本部长，在北海道厅及府县则由警部长，躬自宣告下之诸件，征其誓书，然后采用：

一　为巡查者，当恪守官吏服务纪律固不待言，又当遵守上官之命令，勤务中无论已，即不服勤务之时，亦决不得恣口评论政治之是非得失等。

一　为巡查者，应自省为人民之保护者，常对之以丁宁①亲切为主，顾不得相与狎昵，其于职务上所负担各种之责，皆当严正忠实以践行之。

一　为巡查者，既奉职后，当绝他念，专心从事于职务，决不得有未满五年，自以一身之故而辞职。

一　为巡查者，从己身以至家族，皆当端正品行，决不可有污损警察官吏及其家族体面之行为。

第七条　将为巡查者所呈之誓文如下，但当于前条各官之前，由本人自书并捺印。

誓文　　　　　　　　　　　某人

---

①　丁宁，即礼貌、恭敬。

今具为某〔厅府县〕巡查之志愿,幸荷采用之后,自当恪守官吏服务纪律,对于人民则丁宁亲切,执行职务且遵守一切之法律、命令。职任上各种之责,皆以严正忠实践行之。又,奉职不满五年,断不因私故而辞职。又,从自身以至家族皆保持品行之端正,决不有污损警察官吏及家族体面之行为。特具誓文如上。

府县国郡市町村番地身分

明治　年　月　日　　　　　　　某人实印

第八条　新采用之巡查先给以三级俸,其系陆军现役期满之下士及有巡查精勤证书者得即给以二级俸,但陆军现役期满下士而有士官适任证书者得特给以一级俸。

●●●采用看守规则 明治二十六年(1893年)内务省训令

第一条　看守例须试验,然后采用。但如下所列者不在此限:

一　曾在判任官之职者及有为判任官之资格者。

二　有看守精勤证书者。

三　删

四　陆军兵卒现役期满或被解除战时召集而有下士适任证书者。

第二条　具看守志愿者,须品行方正,年在二十一以上、四十五以下,不在征兵期内,且不犯下之各款者:

一　被处重罪之刑或重禁锢之刑,或犯应受以上等刑之罪而仅付监视者,及被处轻禁锢之刑期满后未经五年者。但据旧法而被处刑者亦准之。

二　据赌博犯处分规则处惩罚者。

三　受免官或免职处分未满二年者。

四　负债与身分不相应者,或受家资分散之宣告而未得复权者,或前受身代限之处分未完办偿之义务者。

五　有酒癖者及有暴行之癖者。

第三条　其体格之检查,以如下之各款所言者为合格:

一　体质善良者,即无以下所载之缺点者:

四肢不完具者,如手指之萎小弯屈强直而不害执笔把握之类不在此限;

有胸腔机关及腹内脏器或皮肤病等较著之疾者,但虽无较著之疾而全身诸机关之机能减衰者亦同;

不便于服装或运动者;

赘生物、畸形等容貌体势丑恶者。

二　身干五尺以上而胸围约等身长之半,呼吸缩长之差在一寸以上者。

三　两眼共视力在三分之二以上而辨色力完全者。

四　听力于六尺之距离,得听识低语者。

五　言语应答明了,能充分发声者。

六　精神完全,即无精神病及神经病者。<small>忧郁癫狂痴呆及舞蹈病癫痫等</small>

第四条　其技艺之试验,以如下之各款所言者为合格:

一　通刑法、刑事诉讼法、裁判所构成法、监狱则、监狱则施行细则等之大要者。

二　能作寻常往复文及申告书者。

三　能为加减乘除者。

四　能书寻常之楷书或行书者。

第五条　看守之试验,应看守长二名以上立合之后,而警守课长行之。

第六条　试验合格者,其合格在一年以内为有效,但体格不在此限。

第七条　既定其可采用为看守者,则由典狱躬自宣告下之诸件,征其誓书,然后采用:

一　为看守者,当恪守官吏服务纪律固不待言,又当遵守上官之命令,其勤务中无论已,即不服勤务之时,亦决不得恣口评论政治之是非得失等。

一　为看守者,不可与在监人相狎昵,职务上所负担各种之责,皆当严正忠实以践行之。

一　为看守者,既奉职后,当绝他念,专心从事于职务,决不得有未满五年自以私故而辞职。

一　为看守者,从己身至家族,品行皆当端正,决不可有污损监狱官吏及其家族体面之行为。

第八条　看守所呈之誓文如下,但当于典狱之前由本人自书并捺印。

誓文　　　　　　　　　某人

今具为某监狱看守之志愿,幸荷采用,自当恪守官吏服务纪律,对于在监之人,决不与相狎昵,且遵守一切之法律命令,严正忠实,以践行职任上各种之责,断不因一身之故,以求免职。又,己身以至家族,皆保持品行之端正,决不有污损监狱官吏及家族体面之行为。特具誓文如上。

府县国郡市町村番地身分

明治年月日　　　　某人印

第九条　施行本则之方法细目由典狱定之,而报告于内务大臣。

●●●巡查、看守之考试规程 明治三十年(1897年)内务省训令

第一条 欲任巡查、看守为警部或监狱书记、看守长,必先考查实务之成绩,选拔其优等者,再行学术试验。

第二条 巡查及看守之实务成绩从厅府县长官、集治监典狱之所定,应备置考查表,就下之款目随时记入:

一 关于姿势、礼式、服装及其他纪律之事项。

二 执行职务之当否。

三 勤务之勉否。

四 书类报告之整否。

并其他厅府县长官所定之事项。

第三条 实务成绩之考查征诸警部或看守长之任其监督者之意见,对照考查表而判定其优劣。

第四条 学术试验以下之科目行之,但外国语得便宜省略之:

巡查

一 宪法、行政法之大意。

二 刑法、刑事诉讼法、裁判所构成法。

三 关于警察之诸法规。

四 算术。_{至比例百分算止}

五 外国语。

看守

一 关于监狱之诸法规。

二 刑法、刑事诉讼法之大要。

三 会计法规之大要。

四 算术。_{至比例百分算止}

五 外国语。

●●●巡查之教习概则 明治三十年(1897年)内务省训令

厅府县_{京府}^{除东}

第一条 初采用之巡查，当有二月以上教习必需之学科及实务。但其人而有警察官之经历者及有学术之素养者，得短缩教习之期间，抑省略教习之全部或一部。

第二条 教习当在巡查教习所行之，但实务教习得在警察署附入前任巡查之部伍行之。

第三条 警部长须时临巡查教习所，监督教习之方法，且训授在教习中之巡查。

第四条 教习之成绩当于教习期限之末试验之。

第五条 既受教习之巡查，非合教习成绩试验之格者，不得使服实务。但遇须临时警戒而巡查之人员告不足时，得使之补助实务。

第六条 既毕教习之巡查，非悬一定期间，使服勤务于警察署诘、警察分署诘后，不得为驻在所诘。

第七条 施行本则所必要之条项由厅府县长官定之，而报告于内务大臣。

第八条 明治十九年内务省训令第一百二十四号以本则施行之日废去。

●●●看守之教习规则 明治三十一年(1898年)内务省训令

厅府县_{京府}^{除东}集治监

第一条 新采用之看守，当有二月以上教习必需之学科及实务。但其人而有看守以上监狱官之经历者及有学术之素养者，得短缩教习之时间，抑省略教习之一部或全部。

第二条 看守教习当在看守教习所行之，但实务教习得附入前任看守之部伍行之。

第三条　看守教习所置所长一人,以看守长充之。教官则在二人以上,以监狱书记、看守长之内充之。

第四条　典狱须时临看守教习所,以监督教习之方法,且训授在教习中之看守。

第五条　看守之教习科目大概如下:

一　监狱则及监狱则之施行细则。

一　看守及看守佣人之分掌例。

一　刑法及刑事诉讼法之大要。

一　官吏服务纪律之大要。

一　监狱诸法规之大要。

一　戒护检束之心得。

一　遇在监人之心得。

一　勘查在监人行状之心得。

一　作业之心得。

一　监狱卫生事项并有患者取扱法之心得。

一　记牒及诸报告之心得。

一　姿势、礼式、服装及其他纪律之心得。

一　实习　体操、戒具使用法、消防演习、击剑柔术、记帐、报告、搜检、人相

第六条　教习之成绩应别以便宜期间时时试验之,而仍于教习完毕之际举行卒业试验。

第七条　既受教习之看守非合卒业试验之格者,不得使服本务。

●●●施行地方官官制中之郡视学规定时任用郡视

学之件明治三十二年（1899年）敕令

施行地方官官制中之郡视学规定时，现在郡视学之职，受月俸二十五元以上而有下之各款之一者，限在施行其规定中，得任用为郡视学：

一　曾一年又六月以上在师范学校、官立公立中学校、官立公立高等女学校或官立公立实业学校等学校长、教谕或助教谕之职者。

二　有为小学校本科正教员之资格而曾三年以上在官立公立学校训导之职者。

●●●公立学校职员、教官及其他从事教育之文官间转任之件明治三十二年（1899年）敕令

第一条　与奏任文官或判任文官受同一待遇之公立学校职员而任用为教官及其他从事于教育事务之文官，又教官及其他从事教育事务之文官而任用为与奏任文官或判任文官受同一待遇之公立学校职员，俱作转任观，其手续一依转任之例。

第二条　前条所谓教官及其他从事教育事务文官之种类，准用明治三十二年敕令第二百一号第二条之规定。

●●●任用外务通译生为外务书记生明治三十七年（1904年）敕令

外务通译生而已二年以上勤务于公使馆领事馆或贸易事务馆者，得经文官普通试验委员之铨衡，而任用为外务书记生。

据前条而任用之外务书记生，其在勤地惟限前官所任之国内，但在职已经一年以上者不在此限。

●●●烟草专卖局职员之特别任用令 明治三十七年
（1904年）敕令

第一条 为高等行政官已三年以上而佐烟草专卖之事务者，权得经文官高等试验委员之铨衡，而任用为烟草专卖局事务官。

第二条 如下所列者，权得经文官高等试验委员之铨衡，而任用为烟草专卖局候补事务官：

一 为高等行政官而佐烟草专卖之事务者。

二 已三年以上佐烟草专卖之事务而受判任官四级俸以上之俸给，现在其职者。

三 卒业于帝国大学分科或高等商业学校专攻科者，抑卒业于高等商业学校而已二年以上佐烟草专卖之事务者。

第三条 在专卖局属官、税务属官、警部、税关监视、税关监吏之职者及曾在其职者，得任用为烟草专卖局属官。

第四条 专卖局雇员而接续为烟草专卖局雇员者作为文官任用令第六条之勤续者，但据明治三十五年敕令第二百四十七号之第四条者，更通算其前之在职年数。

附　　则

第五条 本令以明治三十七年六月一日施行。

明治三十五年之敕令第二百四十七号作废。

第六条 如下所列者，惟烟草专卖局之官制施行后，二年之内，得经文官高等试验委员之铨衡，而任用为勤务于烟草制造所之烟草专卖局事务官：

一 为高等行政官而已一年以上佐烟草专卖之事务者。

二　在高等行政官之职已五年以上而现尚在其职者。

三　已十年以上在判任文官之职而现受三级俸以上之俸给者。

四　佐烟草专卖之事务已五年以上、受判任官三级俸以上之俸给而现在其职者。

五　有关于烟草之学识经验者。

第七条　如下所列者，惟烟草专卖局之官制施行后，二年之内，得经文官高等试验委员之铨衡，而任用为勤务于烟草制造所之烟草专卖局候补事务官：

一　已五年以上在判任文官之职而现受三级俸以上之俸给者。

二　有关于烟草之学识经验者。

●●●任用临时烟草制造准备局之事务官 明治三十七年（1904年）敕令

在专卖局事务官之职者，或为高等行政官已三年以上而佐叶烟草专卖之事务、现在其职者，得任用为临时烟草制造准备局之事务官。

●●●樟脑事务局职员之特别任用令 明治三十六年（1903年）敕令

第一条　樟脑事务局之事务官权得自下之所列者中任用之：

一　为高等行政官而现佐税务或樟脑、樟脑油之专卖事务者。

二　已三年以上佐税务或樟脑、樟脑油之专卖事务，而受判任官二级俸以上之俸给现在其职者。

第二条　樟脑事务局属官权得自下之所列者中任用之：

一　税务属官。

二　税关候补事务官。

三　台湾总督府专卖局书记。

第三条　税务监督局、税务署、台湾总督府专卖局之雇员，而当樟脑事务局之官制施行时为樟脑事务局雇员者，得作为文官任用令第六条之勤续者。

附　则

本令以明治三十六年十月一日施行。

●●●典狱及看守长之特别任用令 明治三十六年（1903年）敕令

第一条　典狱，惟五年以上执监狱之事务而在判任官三级俸以上之现职者，权得经文官高等试验委员之铨衡而任用之。

第二条　看守长，惟三年以上执看守之职务，有精勤证书而现在其职者，得考查实务之成绩及试验学术，经文官普通试验委员之铨衡而任用之。

前项之考查及试验，典狱行之。其方法及科目，则司法大臣定之。

附　则

第三条　本令以明治三十六年四月一日施行。

第四条　据府县参事官及典狱之特别任用令明治二十四年之敕令第百十三号，明治二十八年之敕令第百一号百二号，及集治监典狱、厅府县典狱、集治监分监长之特别任用令，而任用之集治监典狱、厅府县典狱或集治监分监长，惟施行监狱官制之际，得任用为典狱。

第五条　据明治二十三年之敕令第百四十六号，明治二十六年之敕令第百九十六号，警部、监狱书记、看守长之特别任用令，或文官任用令之第六条，而任用之集治监书记、监狱书记或看守长，惟施行监狱官制之际，得任用为前官月俸以内之看守长。

第六条　集治监或厅府县之雇员，而施行监狱官制之际被采用为监狱之雇员者，作为文官任用令第六条之勤续者。

●●●看守之考试规程 明治三十六年（1903年）司法省训令

第一条　任用看守为看守长，必先考查实务之成绩，选拔优等者，而更行学术之试验。

第二条　看守之实务成绩应备置考查表，按下之项目随时记之：
一　姿势、礼式、服装及其他关于纪律之事项。
二　执行职务之当否。
三　勉于勤务否。
四　书类报告整饬否。
五　特技之有无。
六　其他见为典狱所必须之事项。

第三条　实务成绩之考查应征看守长之意见，照对考查表而判定优劣。

第四条　试验学术据下之科目行之，但簿记，外国语，得以便宜省略之：
一　关于监狱之诸法规。
二　刑法、刑事诉讼法之大要。
三　会计法规之大要。
四　算术 至比例百分迄
五　簿记。
六　外国语。

●●●森林主事之特别任用规则 明治三十年(1897年)

农商务省令

第一条 森林主事除本规则第十四条所列者外,须试验之后,于其合格者中任用之。

第二条 年在二十岁以上、未满四十五岁之男子,身体健全、品行方正而绝无下之各款者,方得预于试验:

— 犯重罪者。但国事犯而已复权者不在此限。

— 犯应服定役之轻罪者。

— 自惩戒免职后未经二年者。

— 受破产或家资分散之宣告而未复权者,及受身代限之处分而债未清偿者。

第三条 试验在大林区署长见须试验之时酌宜行之。

试验委员亦由大林区署长在署员之中,选定二名以上而命之。

第四条 行试验之期日、场所及出愿期日,应揭示于官报,或以新闻纸及其它便宜之方法公示之。

第五条 欲预试验者应于大林区署长所指定之期日前,自具愿书,加以履历书及下之证明书,而差出于该管大林区署长。但愿书应据第一号书式,履历书则据第二号书式。

— 身分、职业、年龄及兵役之市区町村长证明书。

— 国事犯而已复权者,受破产或家资分散之宣告而已复权,收受身代限之处分而债已清偿者,则其各证明书。

第六条 试验出愿者预于试验之前行身体检查。

受验人之心得应大林区署长定之,而使受验人知悉。

第七条 试验分为笔记及口述之二种。笔记试验,则就下之科目行之:

一　讲述现行法令。_{关于刑事及林务者}

二　作文。_{片假名交错之文及往复文}

三　笔算。_{算教学全部}

四　珠算。_{加减乘除}

五　笔写。_{楷书行书}

六　簿记。

七　画图。

八　代数。

九　几何。

十　测量。

十一　森林学大意。

但第六款以下之科目，系由大林区署见为必须之时或据受验者之愿，则于其中选择一科目或二科目以上而试验之。

第八条　口述试验自非合笔记试验之格者不得受之。

口述试验之问题须参酌前条第一款之现行法令及其它关于林务之事项，而专取其适于实用者。

第九条　受验者而有下之各款之一，不得预其期之试验：

一　冀以不正之方法而受试验者。

二　背受验人心得及其他试验之规程者。

三　履历书中隐匿事实或伪捏者。

第十条　大林区署长及试验委员考查试验之成绩而议定其合格者，但大林区署长应以合格者之姓名及其成绩报告于农商务大臣。

第十一条　试验合格者之姓名自试验既毕之日起十日以内，应以便宜之方法公示之。

第十二条　试验合格者授予合格证书。

合格证书之有效期限,自其证书上所著之日起,为二足年。

既授予试验合格证书之后而发觉第九条中第二或第三款之事实,则其合格证书作为无效。

第十三条　有前条之试验合格证书者,得任用为森林主事。但大林区署得按次雇之,使于不逾六月之期间,在大林区署或小林区署修习实务。

第十四条　有下之资格之一者,毋庸试验,得经农商务省文官普通试验委员之铨衡,而任用为森林主事。但年未满二十岁与四十五岁以上者,又曾在森林主事或候补元营林主事、元森林监守之职而于誓约期限内辞职未经二年者,不在此限。

一　前为判任文官者。

二　陆军现役期满之下士及上等兵而有下士适任证书者。

三　满五年以上勤续于巡查或看守者。

四　满二年以上勤续于府县所立师范学校、中学校、公立小学校之教员者。

五　有乙种山林学校或乙种农林学校林科之卒业证书而修学中之成绩特列优等者。

六　林务各官厅之雇员而满三年以上尚勤续者。

七　有农商务省山林局林业讲习所之卒业证书者。

第十五条　大林区署长于选任中而见为必须考试,则于有前条第一至第六之资格者,得以第七条第一至第十一款内之一科目或二科目以上而行考试。

第十六条　大林区署长欲据本规则而任用森林主事,应令照第三号书式提出誓约书。

第十七条　除本规则所载者外，凡试验之手续皆据大林区署长之所定。

附　则

本令以明治三十六年十二月三十一日施行。

书式略

●●●候补铁道书记、通信手之特别任用令 明治三十六年（1893年）敕令

第一条　候补铁道书记、通信手得据递信省所定之试验规则而任用之。

当施行本令之际而在候补通信书记之职者，不必拘前项之规定，得任用为通信手。

第二条　据前条而任用之判任官满二年以上在其职者，毋庸为文官普通试验，即得任用为递信部内之判任官。在自候补通信书记任用者，通算其在职年数。

第三条　施行本令之际为候补通信书记者，而二年以上在其职，毋庸为文官普通试验，即得任用为递信部内之判任官。

附　则

候补铁道书记、候补通信书记之特别任用令废之。

●●●在外各地为邮便局长之通信事务官任用法

明治三十六年（1903年）敕令

在外各地为邮便局长之通信事务官得使领事官兼之。
据前项兼任通信事务官之官等照其本官之官等。

附　则

本令以明治三十六年四月一日施行。
明治三十二年之敕令第百八十号，即行废止。

●●●台湾总督府防疫事务官之特别任用令
　　　明治三十六年(1903年)敕令

台湾总督府防疫事务官得自如下所列者中，经文官高等试验委员之铨衡而任用之：

一　佐卫生事务已三年以上而现受判任官三级俸以上之俸给者。

二　卒业帝国大学医科大学者，又佐卫生事务已一年以上而现在台湾总督府高等之职者。

●●●台湾总督府税务官之特别任用令 明治三十七年(1904年)敕令

台湾总督府税务官权得自如下所列者中，经文官高等试验委员之铨衡而任用之：

一　从事于调查土地或税务已一年以上而现在管其事之高等行政官之职者。

二　从事于税务已五年以上而受判任官二级俸以上之俸给、现在其职者。

第二款　补充

●●●**陆军补充条例**明治二十九年（1896年）敕令

要　目

第一章　总则

第二章　现役士官之补充

　　第一款　各兵科士官

　　第二款　监督部士官

　　第三款　卫生部士官

　　第四款　兽医部士官

　　第五款　（删除）

第三章　预备役、后备役将校及与之相当官之补充

第四章　现役下士之补充

　　第一款　宪兵科下士

　　第二款　步骑炮工辎重各科下士（除诸工长）

　　第三款　炮兵诸工长

　　第四款　蹄铁工长、缝工长、靴工长

　　第五款　卫生部下士

第六款　经理部下士

第七款　军乐部下士

第五章　预备役、后备役下士之补充

第一款　各兵科下士

第二款　卫生部下士

第三款　经理部下士

第六章　现役上等兵之补充

第一款　宪兵科上等兵

第二款　（削除）

第七章　现役看护手之补充

第八章　补用现役乐手之补充

第九章　特别补充

第十章　杂则

附　则

第一章　总则

第一条　本条例系规定陆军将校及与之相当之官又下士、上等兵、看护手、补用乐手等之补充方法。

第二条　补充将校及与之相当之官并下士之缺员，除照本条例之外，更据陆军武官进级令及陆军预备、后备武官进级令。

第三条　将校与将校相当之官及下士之转职据别定之规程。

第四条　本条例中之单称为队长者，系指联队长、独立队长。又，称为联队长者，则包括独立队长。

本条例中之称为大队长者，系包括骑兵联队长、独立队长。

第五条　本条例所计实役停年以七月一日。

第二章　现役士官之补充

第一款　各兵科士官

第六条　步骑炮工辎重兵科之补充士官以士官候补生而备少尉之资格者。

宪兵科士官自他兵科之士官中使转科。

第七条　其得采用为士官候补生者如下所列,但准士官、下士、兵卒_{非一年之志愿兵者}及陆军诸生徒不在采用限内：

一　幼年中央学校生徒而卒业试验及第者。

二　卒业于官立府县所立中学校或文部大臣所指定之寻常中学校,而得其校长之保证并所入之队之队长承认者。

三　与本条第二项之中学校卒业生有同等之学力,并得所入之队之队长承认而召募试验及第者。

第八条　可采用为候补生之人员每年由陆军大臣定之。

第九条　士官候补生召募之方法由陆军大臣定之。

第十条　教育总监裁定可采用为士官候补生者,命之为士官候补生,配赋于各兵队,_{得某队长之承认者入其队}且通知于师团长。

士官候补生自士官学校分遣前,概使一年间,在该队_{由中央幼年学校出身者则六月}服习下士、兵卒之勤务_{除杂役}及军事学。

第十一条　自一年志愿兵采用为士官候补生者,下命之日,即免其服役。

第九类　第三章　任用(附补充　进级　分限)

第十二条　欲配赋中央幼年学校出身之士官候补生于各兵队,应计及下之四项:

一　本人之冀望。
二　军队之必需。
三　学术优等者之平均。
四　炮兵队、工兵队、铁道队中数学优等者。

第十三条　士官候补生入队之后,队长选某中队编入之,而使其中队长掌训育,任诸勤务之训练。

第十四条　士官候补生军事学之教授由队长使部下大尉或中尉任之。

第十五条　队长于士官候补生之教育总任其责。

第十六条　士官候补生中自中央幼年学校出身者,入队之后即与以上等之阶级,至两月以后进伍长之阶级。其他则入队之后,即与以一等卒之阶级,至六月以后进上等兵之阶级,八月以后进伍长之阶级。至分遣于士官学校之际,则俱进军曹之阶级,而与阶级及进阶级均由队长。

第十七条　士官候补生于诸勤务之训练毕后,任其训练之中队长,应将士官候补生既习诸勤务之保证书进之于队长。又,任军事学教授之士官则以其教授成绩之报告书进之于队长。队长审阅之,更确认其教育之完全与否,而上申之师团长。师团长乃制各兵科士官候补生之连名簿,加以队长所上之书类,而进之于教育总监。(在旅团长下之队长则经旅团长)

第十八条　教育总监则据前条之书类而定士官候补生之应入士官学校者,达之于师团长,师团长命队长召其本人入校。

第十九条　士官候补生,士官学校之修业既毕,卒业试验及第而归队。队长命为见习士官，令在中队服习勤务六月以上。

士官候补生被命为见习士官者，其身分视曹长之阶级。

第二十条 见习士官之教育，队长自任其责，应特使精密著实，实施诸种之演习等，以应用其学力于实际，而力求进步。

第二十一条 选举见习士官为将校，队长先向中队长征取本人教育完全堪为将校之保证书，而队长复自加承认后，如付于其队之将校会议。

第二十二条 将校会议即议决见习士官之可为将校与否。

各将校应将其可否之答复自行记入选举报告书中，并署己之姓名。但见习士官所属之中队长而差出保证书者，不在为选举报告之限。

第二十三条 在将校会议而将校之答复皆以为可者，队长以其选举报告书为一表，而作选举报告表，加以定次序之连名簿，上申其备少尉资格之事于师团长，<small>在旅团长下之队长则须经旅团长而上申之</small>其师团长进于教育总监，教育总监取缠之，附意见而移于陆军大臣。

使可答虽有多数，而尚不免有否答者，则应记其理由于选举报告表，而上申之同前项。反是而否答居多数者，亦记否答之理由于选举报告表而上申之，但其手续则据第二十七条。

第二十四条 士官候补生服习诸勤务而无充分之结果或有疾病而不得分遣于士官学校者，抑无分遣于士官学校而卒业之望或卒业试验落第而退校归队尚有望者，得展限一次，至下届入校之期止，使止于所属之队。但队长当具其事由而上申于师团长，<small>在旅团长下之队长则须经旅团长</small>以请其认可，师团长更具状而进于陆军大臣。

第二十五条 如前条所言者，士官学校之入校手续据本例条第十七条及第十八条。

第二十六条　士官候补生而值下之事项之一者免其士官,候补生犯第一至第七各款者,按其阶级使归任于本官,或为兵卒则编入于预备役:

一　紊军纪或屡触法则及品行不正、无悛改之志向者。

二　学力过浅、不合为士官候补生者。

三　乏将校之才能者。

四　认其不得为士官候补生者。

五　服习诸勤务不得充分之结果者,或因疾病不得分遣于士官学校者,_{除合于本条例第二十四条者}或因疾病、伤痍一时不能服役者。

六　据士官学校条例之规程而退校归队无后望者。

七　将校会议而否决者。

八　因疾病或伤痍不堪常备、后备之服役及永久不堪兵役者。

第二十七条　有值前条各款之一者,队长具其事由上申于师团长,_{在旅团长下之队长则经旅团长}师团长更具状上申于陆军大臣,以请其认可,而后使队长处分之。

第二款　监督部士官

第二十八条　经理部现役士官,以现役各兵科中少尉而持有经理学校卒业证书者,及监督候补生而备经理部士官之资格者,补充之。

第二十九条　持有前条之卒业证书者而遇需之之时,则据末次试验成绩之等列而任为与现官相当之陆军副监督。但在陆军大学校卒业而逾停年最下限者,则任为一级上级之陆军副监督。

持有卒业证书者任为副监督之前,得据其所愿,以本职于在职地或其附近之经理部见学实务,但其旅费皆自备。

第二十九条之二　可采用为监督候补生者如下：

一　帝国大学法科大学学生而为陆军经理部依托学生,毕其学之课程者。

二　高等商业学校生徒而为陆军经理部依托生徒,毕其学校之课程者。

三　非为依托学生、依托生徒而毕帝国大学法科大学或高等商业学校之课程者。

第二十九条之三　监督候补生,陆军省经理局长命之,应请陆军大臣认可而配赋于师团,其师团长更配赋于师团所在地之步兵联队。

监督候补生在经理学校入校之前,概使修习军事教育一年。

前项教育之方法准诸士官候补生之规定。

第二十九条之四　监督候补生在军队之教育既终,队长制其成绩报告书,经旅团长以上申于师团长。师团长附以意见,而移牒于陆军省经理局长。

第二十九条之五　陆军省经理局长据前条之书类,定其可入经理学校者,请陆军大臣认可,而移牒于师团长。

第二十九条之六　监督候补生入队之后,即与以一等卒之阶级,六月后进上等兵之阶级,八月后进伍长之阶级,十月后进军曹之阶级,及经理学校入校之际则命为见习监督,而其与阶级、进阶级及命为见习监督皆出队长。

被命为见习监督之监督候补生,其身分视曹长之阶级。

第二十九条之七　监督候补生,既毕经理学校之课程,陆军省经理局长由经理学校长具呈本人品学可为经理部士官之保证书。审查之后,认其有经理部士官之资格,乃定其次序,而以毕帝国大学法科大学课程者任用为陆军二等副监督,毕高等商业学校课程者任用为陆军三等副监督,上申于陆军大臣。

于前项之审查而否认者,据第二十九条之九之例处分之。

第二十九条之八　监督候补生而值下之事项之一者免其监督候补生,犯第一至第四各款者,按其阶级使归任于本官,或为兵卒,则编入于预备役:

一　紊军纪或屡触法则及品行不正、无悛改之志向者。

二　认其不得为监督候补生者。

三　或因伤痍、疾病一时不能服役者。

四　见为无经理部士官之资格者。

五　因疾病或伤痍不堪常备、后备之服役者及永久不堪兵役者。

第二十九条之九　有值前条各款之一者,队长或经理学校长具其事由,上申于陆军省经理局长。经理局长更具状上申于陆军大臣,以请其认可而处分之。但队长将上申于陆军省经理局长时,须经由旅团长及师团长。

第三款　卫生部士官

第三十条　卫生部士官以见习医官、见习药剂官及备有卫生部士官之资格者补充之。

陆军药剂官而有医术开业免状适任于军医者,得用为阶级相当之陆军军医。

第三十一条　可采用为见习医官、见习药剂官者如下:

一　帝国大学医科大学学生而为陆军卫生部依托学生,毕其学校之课程者。

二　医学专门学校或文部大臣于中学校之学科程度认为与有同

等以上之府县所立医学校生徒而为陆军卫生部依托生徒，毕其学校之课程者。

三　非为依托生徒、依托生徒而在帝国大学医科大学或医学专门学校或文部大臣于中学校之学科程度认为与有同等以上之府县所立医学校，毕其课程者。

四　军医学校生徒而卒业试验及第者。

第三十二条　见习医官、见习药剂官由陆军省医务局长命之，应请陆军大臣之认可而配赋于师团司令部所在地之步兵队，使在其队及卫戍病院服习卫生部之勤务至四月以上，但所配赋之队须由医务局长通知于师团长。

第三十三条　见习医官、见习药剂官之身分视曹长之阶级。

第三十四条　见习医官之教育由步兵队之高级医官任其责，见习药剂官之教育由卫戍病院长任其责，而其师团军医部长监督之。但队中之勤务仍由队长监督。

第三十五条　见习医官、见习药剂官、服习士官之勤务既终，师团军医部长由其队高级医官或卫戍病院长具呈本人之学术及勤务等可为卫生部士官之保证书，复由队长具呈勤务品行等之证明书，而自加承认后，始付卫生部士官选举会议。但在第三十一条第一至第三者，选举会议之前，须受开业免状或药剂师免状。

第三十六条　卫生部士官选举会议在师团军医部开之，议长为军医部长，议员则所在地一等军医、一等药剂官以上者为之，各应以其可否之意见记入于选举报告书，署己姓名。但差出前条之保证书者，不在此限。

第三十七条　在选举会议而议员之答复皆以为可者，军医部长以其选举报告书为一表，而作选举报告表，加以定次序之连名簿，上申其备卫生部士官之资格于陆军省医务局长。医务局长则审查之，而以毕帝国医科大学之课程者任用为陆军二等军医、陆军二等药剂官，其他任用为陆军三等军医、陆军三等药剂官，上申于陆军大臣。

使可答虽有多数而尚不免有否答者，则应记其理由于选举报告表，而上申之同前项。

反是而否答居多数者，亦记否答之理由于选举报告表而上申之，但其手续据本条例第三十九条。

第三十八条　见习医官、见习药剂官而值下之事项之一者免其见习医官见习药剂官，犯第一至第六各款者任为一等看护长，编入于预备役：

一　紊军纪或屡触法则及品行不端、无改悛之望者。

二　乏学力而不适为见习医官及见习药剂官者。

三　无士官之才能者。

四　认其不得为见习医官及见习药剂官者。

五　因疾病或伤痍一时不能服役者。

六　在士官选举会议而否决者。

七　因疾病或伤痍不堪常备、后备之服役者及永久不堪兵役者。

第三十九条　有值前条各款之一者，见习医官则由附队高级医官，见习药剂官则由卫戍病院长，具其事由，上申于师团军医部长，_{附队高等医官须经队长}而军医部长以之上申于陆军省医务局长，医务局长又具状上申于陆军大臣，以请其认可而处分之。但有值前条第六款者，师团军医部长当自具其事由而上申于医务局长。

第四款 兽医部士官

第四十条 兽医部士官以见习医官中之备兽医士官之资格者补充之。

第四十一条 可采用为见习兽医官者如下：

一　帝国大学农科大学之兽医学科学生而为陆军兽医部依托学生，毕其学科之课程者。

二　帝国大学农科大学之兽医学实科生徒而为陆军兽医部依托生徒，毕其实科之课程者。

三　非为依托学生、依托生徒而在帝国大学农科大学兽医学科或其大学兽医学实科，而毕其课程者。

第四十二条 见习兽医官由陆军省军务局长命之，应请陆军大臣之认可而配赋于各师团之骑兵、野战、炮兵、辎重兵队，使服习兽医士官之勤务四月以上。但配赋之队，当由军务局长通知于师团长。

第四十三条 见习兽医官之身分视曹长之阶级。

第四十四条 见习兽医官之教育由本队高级兽医任其责，而师团兽医部长监督之。但队中之勤务，则仍由队长监督。

第四十五条 见习兽医官、服习士官之勤务既毕，兽医部长由其队高级兽医具呈本人学术及勤务可为兽医部士官之保证书，复由队长具申勤务品行等之证明书，加以审查。既认为备有兽医部士官之资格者，则就其中作定次序之连名簿，自附意见，与保证书及证明书同进诸陆军省军务局长。军务局长复审查之，以毕帝国大学农科大学兽医学科之课科者任用为陆军二等兽医，以毕帝国大学兽医学实科者任用为陆军三等兽医，而上申于陆军大臣。但见习兽医官审查之前，须受兽医免状。

在前项之审查而否认者据第四十七条之例处分之。

第四十六条　见习兽医官而值下之事项之一者免其见习兽医官，犯第一至第六各款者任为一等蹄铁工长，编入于预备役：

一　紊军纪或屡触法则及品行不端、无悛改之望者。

二　乏学力而不适为见习兽医官者。

三　无士官之才能者。

四　认其不得为见习兽医官者。

五　因疾病或伤痍一时不能服役者。

六　见为无三等兽医之资格者。

七　因疾病或伤痍不堪常备、后备之服役者及永久不堪兵役者。

第四十七条　有值前条各款之一者，附队高级兽医具其理由，经队长而上申于师团兽医部长，而兽医部长以之上申于陆军省军务局长，军务局长又具状上申于陆军大臣，以请其认可而处分之。

第五款

第四十八条至第五十七条　均删除。

第三章　预备役、后备役将校及与之相当官之补充

第五十八条　预备役将校及与之相当之官以下之所列者补充之：

一　得一年志愿兵末届试验之及第证书而入后备役者。

二　将校及与之相当之官中未满现役定限年龄、退现役而入预备役者。

三　预备役准士官、下士而进级士官者。

第五十九条　合于前条第一款者可为预备士官,故于毕现役之次年,至少三月以内使在原队演习勤务。但军医生、药剂生、兽医生之演习勤务得在他部队行之。

军医生、药剂生、兽医生之演习勤务,得比三月以内更为短缩。

第六十条　前条之演习勤务得据本人之所望,或在他队^{本籍地或寄留地所在之队}或不延其期于明年,或自现役满期之日起,即引续为之,而请师团长之许可。但欲在他师团之某队演习勤务者,应由此师团长照会于彼师团长。

第六十一条　第五十九条之演习勤务时期,师团长定之。

第六十二条　召集于演习勤务者演习之初,即由队长命之为预备役见习士官、预备役见习医官、预备役见习药剂官、预备役见习兽医官,其身分取扱及教育一与现役见习士官、现役见习医官、现役见习药剂官、现役见习兽医官同。

第六十三条　预备役见习士官演习勤务既毕,即行将校试验,及第者选举为士官及任以官,其上申援照本条例之第二十一条至第二十三条。但将校试验之方法,师团长定之。

预备役见习医官、预备役见习药剂官、预备役见习兽医官演习勤务既毕,即行学术试验,及第者选举为预备役士官及任以官,其上申援照本条例之第三十五条至第三十七条及第四十五条。

第六十四条　预备役见习士官、预备役见习医官、预备役见习药剂官、预备役见习兽医官有值下之事项之一者,由联队长或有与之同等以上权之长官上申而得师团长^{在旅团下之联队长则经旅团长上申之}之许可,则免其预备役见习士官、预备役见习医官、预备役见习药剂官、预备役见习兽医官。犯第一至第七各款者,任为曹长或与曹长相当之官。

一　紊军纪，或屡触法则，或品行不端、无悛改之望者。

二　乏学力而不适为预备役士官者。

三　无预备役士官之才能者。

四　认其不得为预备役见习士官、预备役见习医官、预备役见习药剂官、预备役见习兽医官者。

五　因疾病或伤痍一时不能服役者。

六　前条之试验而落第者。

七　在将校会议或士官选举会议而否决者及见为无预备役三等兽医之资格者。

八　因疾病或伤痍不堪预备、后备之役者及永久不堪兵役者。

第六十五条　值前条第五或第六款者，若尚期望为预备役士官，得召集于明年之演习勤务。

第六十六条　后备役将校及与之相当之官以下之所列者补充之：

一　由预备役将校及与之相当之官而入后备役者。

二　将校及与之相当之官既满现役定限年龄而入后备役者。

三　后备役准士官、下士而进级士官者。

第四章　现役下士之补充

第一款　宪兵科下士

第六十七条　宪兵科下士以宪兵上等兵服宪兵之职务及两年以上、品行方正、志操坚实者，及步骑炮工辎重各兵科之附队下士内，入队后服现役六年以上、品行方正、志操坚实、合补充检查之格者，补充之。但步骑炮工辎重各兵科之附队下士以后有

除诸工长，本款中、以下皆同

一年以上之现役年期、转科于宪兵志愿者为限。

第六十八条　宪兵分队长选拔部下上等兵之合于前条者，据技能之优劣以定次序，而作人名及品行证明书，在三月三十一日前进诸宪兵队长。而宪兵队长检查之，有意见则加以取舍，通各分队而定其次序，更作下士候补名簿，以进诸宪兵司令官。

宪兵司令官则审查候补名簿，进诸陆军大臣，以请认可。按各队之缺员，而任用下士候补者为伍长。

补下士候补者于缺员，以在同队为例。

宪兵司令官得按补充时之所须，而使甲队之宪兵下士转于乙队。

第六十九条　须自步骑炮工辎重各兵科之下士而补充者，宪兵司令官以其所须之人员上申于陆军大臣，而陆军大臣告达之。但其补充，例在须补充之宪兵队管区内。

第七十条　遇有前条之告达，则师团长以之示各队长。_{在旅团长下之队长则经由旅团长}各队长调集其志愿而认为适当者之人名书，加以考科表誊本及品行证明书，进诸师团长，_{在旅团长下之队长则经由旅团长}而师团长送之宪兵司令官。

第七十一条　宪兵司令官受前条所加之书类，致之于宪兵队长，使行补充检查。其合检查之格者，则宪兵队长按其优劣，通其宪兵队管区内，作为定次序之候补下士名簿，加以检查书类，进诸宪兵司令官。

宪兵司令官审查候补名簿，请陆军大臣之认可，而下于宪兵队长。宪兵队长则按所须而循候补名簿之次序，合其阶级，任之为宪兵下士。

第七十二条　删除

第七十三条　补充宪兵下士之检查格例及合格规程应由宪兵司令官

第九类 第三章 任用(附补充 进级 分限) 761

定之,而通知于师团长及其他之长官。

第七十四条 削除

第二款 步骑炮工辎重各科下士(除诸工长)

第七十五条 步骑炮工辎重各兵科之长期下士(除诸工长)以各兵科下士候补生而卒业试验及第者补充之,短期下士以上等兵自入队之月起二年以上服现役而备伍长之技能者(警备队则在营一年以上迄于现役期满许之在营者)补充之。

在屯田步兵科,则以上等兵自入队之月起服现役二年以上者及各师团之预备役后备役下士、上等兵之为屯田兵者补充之。

第七十六条 下士候补生分生徒及学生,而其可采用者如下:

生徒, 不在海陆军现役、预备役、后备役而于召募试验及第者。

学生, 各队兵卒(除现役已过二年者)中品行方正、志操确实而冀望再服役,有下士候补生之技能者。

第七十七条 下士候补生,使在各队修习该兵科下士所必须之学术,其修学期限自入队之月起概为二年。

第七十八条 下士候补生中之生徒,入队之后即予二等卒之阶级,一年后得经一等卒之阶级而进上等兵之阶级。凡予阶进阶,俱出队长。

第七十九条 将任下士候补生为下士,联队长据卒业试验之成绩作下士候补生卒业名簿,进诸师团长(在旅团长下之联队长则经由旅团长)以请其认可,而任为伍长,配赋之于各中队。

第八十条 中队长选拔其部下上等兵内适于短期下士者,视其技能之优劣,作为定次序之候补下士名簿,于十二月一日(在警备队则十二月一日及六月一日,在屯田兵则四月一日)以前进诸大队长。

第八十一条　大队长应检阅前条候补下士者之技能,有意见则加取舍于候补名簿,而进诸联队长。

第八十一条之二　联队长则进前条之候补下士名簿于师团长,^{在旅团长下之队长则经由旅团长}以请其认可,每值中队有缺员,则任候补下士者为伍长。

第八十二条　举候补下士者,以补下士之缺员,例在所当隶之中队。若其中队不能补,则联队长补之于同一大队内他之中队。

联队长得按补充时之所须,或平均古参之下士于各中队,而使下士由甲中队转于乙中队。

第八十三条　下士候补生有值下之事项之一者,免其下士候补生:
一　学术之服习不完、无卒业之望者。
二　紊军纪或屡触法则及品行不正、无悛改之望者。
三　因伤痍或疾病而无卒业之望者。
四　卒业试验落第者。

第八十四条　有值前条各款之一者,队长具其事由,上申于师团长,^{在旅团长下之队长则经由旅团长}以请其认可而处分之。

第八十五条　下士候补生中,因伤痍、疾病或其他事故不能受卒业试验而尚有望者,若干日之后,得特行卒业试验。又,虽卒业试验落第而尚有望者,得使补修学术若干日,而更图卒业。

第三款　炮兵诸工长

第八十六条　炮兵诸工长以炮兵工长候补生而卒业陆军炮兵工科学校者补充之。

第八十七条　将任炮兵工长候补生为诸工长,由东京炮兵工厂提理进其人名簿于陆军大臣,以请认可,而后任之为三等鞍工长、三等铳工长、三等木工长、三等锻工长等,据陆军大臣之告达,以配赋于各队。

第四款 蹄铁工长、缝工长、靴工长

第八十八条　蹄铁工长以蹄铁工长候补生而卒业陆军炮兵工科学校者补充之。

第八十九条　蹄铁工长候补生分生徒及学生,而其可采用者如下:

生徒，　不在海陆军现役、预备役、后备役而于召募试验及第者。

学生，　骑炮辎重兵队之蹄铁工卒_{限现役第二年目者}中品行方正、志操坚实而冀望再服役,有下士候补生之技能者。

第九十条　蹄铁工长候补生概使在骑炮辎重兵队,自入队之月起一年零三月内受军事及蹄铁之教育,而后分遣于兽医学校,更历九月内使修习蹄铁工长所必须之学术。

第九十一条　蹄铁工长候补生中之生徒,入队之后即予二等卒之阶级,一年以后得进一等卒之阶级。其予阶升阶,俱出队长。

第九十二条　将任蹄铁工长候补生为蹄铁工长,由队长据兽医学校长移牒之卒业试验成绩,作为蹄铁工长候补生名簿进诸师团长,_{在旅团长下之队长则经由旅团长}以请认可,而任之为三等蹄铁工长。

第九十三条　蹄铁工长候补生有值下之事项之一者,免其蹄铁工长候补生:

一　学术之服习不完、无卒业之望者。

二　紊军纪或屡触法则或品行不正、无悛改之望者。

三　因伤痍或疾病而无卒业之望者。

四　卒业试验落第者。

第九十四条　有值前条各款之一者，队长具其事由，上申于师团长，_{在旅团长下之队长则经由旅团长}以请认可而处分之。

第九十五条　蹄铁工长候补生在分遣于兽医学校之中而有第九十三条各款之一者，兽医学校长具其事由，移牒于本人所属之队长，而所属之队长据前条之例处分之。

第九十五条之二　缝工长及靴工长以缝靴工卒之中适任者补充之，_{在警备队则以迨于现役期满许之在营者}队长每选拔其部下之合于前项者，造为缝工长、靴工长候补名簿，进诸师团长_{在旅团长下之队则当经由旅团长}以请其认可，而每有缺员时任之为缝工长或靴工长。

第五款　卫生部下士

第九十六条　卫生部下士以看护手二年以上_{自入队之月起算}服现役而许再服役者，_{警备队则以在营一年以上而迨于现役期满许之在营者}及卫生部下士候补生而卒业试验及第者补充之。

补充卫生部下士，例在同一师之管内。_{近卫师团则在其师团内}

第九十七条　不在海陆军现役、预备役、后备役而召募试验及第者，可采用为卫生部下士候补生。

第九十八条　下士候补生，概在步兵队六阅月_{自入队之月起算}内受军事之教育后，更使在病院约一年又六阅月内，修习卫生部下士所必须之学术。

第九十九条　下士候补生入队之后予二等卒之阶级，一年之后得经一等卒之阶级而进上等兵之阶级。予阶进阶，俱出队长。

第百条　将任下士候补生为下士，由卫戍病院长据卒业试验之成绩，作为定次序之下士候补生卒业名簿，而移于师团军医部长。

附队高级医官选拔看护手之适于第九十六条者，据其技能之优劣，作为定次序之下士候补名簿，在十二月一日〔警备队则在十二月一日与六月一日〕以前进诸队长，队长移之于师团军医部长。

第百一条　师团军医部长审查前条之下士候补生卒业名簿及下士候补名簿，若见为必须检阅技能，则更检阅之，有意见则加以取舍，而后进其卒业名簿及候补名簿于陆军省医务局长，以请其认可。遇有缺员，则交互看护手与下士候补生，而任为三等看护长，以配赋于各队。

第百二条　下士候补生有值下之事项之一者，免其下士候补生：

一　学术之服习不完、无卒业之望者。

二　紊军纪或屡触法则或品行不正、无悛改之望者。

三　因伤痍或疾病而无卒业之望者。

四　卒业试验落第者。

第百三条　有值前条各款之一者，队长高级医官或卫戍病院长具其事由，移于师团军医部长，〔附队之高级医官则当经由队长〕军医部长则请师团长之认可而处分之。

第百四条　下士候补生中因伤痍、疾病及其他事故不能受卒业试验而尚有望者，若干日之后，得特行卒业试验。又，虽卒业试验落第而尚有望者，得使补修学术若干日，而更图卒业。

第六款　经理部下士

第百五条　计手以步骑炮工辎重各兵科之附队下士具计手志愿、而入队后服现役三年以上、在师团经理部习成技手所必须之学术者补充之。

补充计手，例在各队。但应附属于军队以外之技手，其补充由陆军大臣定之。

第百六条　各队长每年三月，选拔部下下士之具技手志愿而认为适当者，应以其人名书及考科表誊本送诸师团经理部长。而经理部长定其通学于经理部之期日，告知各队长。

第百七条　削除

第百八条　师团经理部长于第百六条所言之下士，概使二月之内习成必须之学术后，以其成绩表告知所属队长，其队长造为计手候补名簿，进诸师团长，^{在旅团长下之队长则经由旅团长}以请其认可，每值技手之缺员，则任为与其现官等相当之技手。

登载于前项之候补名簿者在未任为技手前，而入预备役或后备役，则队长应予以计手适任证书。

第百九条　削除

第百九条之二　削除

第七款　军乐部下士

第百十条　军乐部下士以补用乐手之服现役二年以上而备下士之技能者补充之。

第百十一条　户山学校长、军乐队长选拔其部下补用乐手之合于前条者，据其优劣，作为定次序之下士候补名簿，而学校长则进诸教育总监，队长则进诸师团长。

第百十二条　教育总监审查前条之候补名簿，认可之后，下之于户山学校长。户山学校长每遇其有缺员，则任之为三等乐手。

第五章　预备役、后备役下士之补充

第一款　各兵科下士

第百十三条　各兵科预备役下士以如下所列者补充之：

一　预备役之上等兵中持有各兵科下士适任证书者。

二　预备役之兵卒中持有蹄铁工长适任证书者。

三　预备役之上等兵在现役中曾为武长务勤上等兵者。

四　各兵科之下士中服役未满七年四月，退现役而入预备役者。

第百十四条　各队长有养成战时所须补充预备役下士之责，故每年必有上等兵若干名，予以下士适任证书而除队者。

在骑兵、炮兵、辎重兵，则各联队或大队必有为蹄铁工卒之兵卒若干名，予以蹄铁工长适任书证而除队者。

第百十五条　各兵科之后备役下士以如下所列者补充之：

一　后备役之上等兵中持有各兵科下士适任证书者。

二　后备役之兵卒中持有蹄铁工长适任证书者。

三　后备役之上等兵在现役中曾为武长勤务上等兵者。

第百十六条　以合于第百十三条第一至第三及百十五条第一至第三者，任为下士。在战时或事变之际，当按下士之缺员，请师团长或有权与师团长同等以上之长官认可，而由联队长或有权与联队长同等以上之长官，任之为伍长及三等蹄铁工长。但平时亦有演习勤务，查阅其实地之技能而任之者。

第二款　卫生部下士

第百十七条　卫生部预备役下士以如下所列者补充之：
一　预备役之看护手及上等兵中持有卫生部下士适任证书者。
二　预备役之看护手在现役中曾为看护长、勤务看护手者。
三　卫生部之下士中服役未满七年四月、退现役而入预备役者。

第百十八条　师团军医部长有养成战时所须补充卫生部预备役下士之责，故每年必有看护手若干名，予以卫生部下士适任证书而除队者。

第百十九条　卫生部后备役下士以如下所列者补充之：
一　后备役之看护手及上等兵中持有卫生部下士适任证书者。
二　后备役之看护手在现役中曾为看护长、勤务看护手者。
三　自预备役卫生部下士而入后备役者。
四　卫生部之下士中服役七年四月以上、未满十二年四月、退现役而入后备役者。

第百二十条　以第百十七条及第百十九条之看护手及上等兵任为下士。在战时或事变之际，当按下士之缺员，请师团长或有权与师团长同等以上权之长官认可，而由师团军医部长或有权与师团军医部长同等以上之长官，任之为三等看护长。但平时亦有演习勤务，查阅实地之技能而任之者。

第三款　经理部下士

第百二十一条　经理部预备役下士以如下所列者补充之：
一　各兵科预备役之下士中持有经理部下士适任证书者。
二　经理部之下士中服役未满七年四月、退现役而入预备役者。

第百二十二条　经理部后备役下士以如下所列者补充之：
　　一　各兵科后备役之下士上等兵中持有经理部下士适任证书者。
　　二　自预备役经理部下士而入后备役者。
　　三　经理部之下士中服役七年四月以上、未满十二年四月、退现役而入后备役者。

第百二十二条之二　各队长每年于现役期满之下士上等兵中当选拔适任经理部下之士者，在步兵联队极少以二名为率，在他队极少以一名为率。概在期满之前，使属于附队主计，修习经理部下士之勤务者三月。于是审查成绩，以其适任者之人名及次序移牒于师团经理部长。而师团经理部长于现役期满之际，以经理部下士适任证书授之。

第百二十三条　以第百二十一条第一款及百二十二条第一款之下士上等兵，任为经理部下士。在战时或事变之际，当按经理部下士之缺员，请师团长或有权与师团长同等以上权之长官认可，而由师团经理部长或有权与师团经理部长同等以上权之长官，任为合其现官等之经理部下士或三等技手。但平时亦有演习勤务，查阅实地之技能而任之者。

第六章　现役上等兵之补充

第一款　宪兵科上等兵

第百二十四条　宪兵科上等兵以步、骑、炮、工、辎重各兵队之兵卒中具宪兵志愿而合于下之二款者补充之：

一　服现役二年以上而年满二十二岁以上者。
二　品行方正、志操确实而三月以上修习宪兵上等兵勤务所须之学术，而合补充检查之格者。

第百二十五条　各联队长应每年选拔志愿者若干名，据技能之优劣作为定次序之人名书，加以品行证明书，进诸师团长，^{在旅团长下之联队则当经由旅团长}而师团长送于宪兵司令官。

第百二十六条　宪兵司令官既受前条之书类，则定其应使在宪兵队修习宪兵勤务学术之人员，而以人名告于师团长，同时并告于各宪兵队长。

第百二十七条　第百二十四条学术之修习及补充之检查，各宪兵管区皆于其宪兵队本部行之。

宪兵队长为其修习学术，则与各联队长协议，而后使本人通学于宪兵队本部。但系宪兵队本部所在地之外者，则分遣于其本部所在地之各队，而使之通学。

在修习学术之中，有伤痍、疾病、犯罪、品行不端、学力不及等事而不可为上等兵者，则宪兵队长停止其通学，而应告于本人所属之队长。

第百二十八条　前条之修习学术由宪兵队长任其责。

第百二十九条　学术之修习既毕，宪兵队长即行补充之检查。其合格者，据检查之成绩，作为定次序之宪兵上等兵候补名簿，而进诸宪兵司令官。

宪兵司令官审查候补名簿，按各宪兵队决定宪兵上等兵候补名簿，而下于宪兵队长。遇有缺员，则宪兵队长命之为宪兵上等兵。

在候补名簿决定后而命归休或编入预备役者，得由宪兵队长照会联队区司令官，而在司令部行体格之检查，以合格者命为宪兵上等兵。

宪兵司令部得相时以甲队之宪兵上等兵候补者补充于乙队,其任命之手续据本条第二项、第三项之例,又得以甲队之宪兵上等兵使转于乙队。

第百三十条　既受补充检查之兵卒即停止通学,俟候补名簿决定后,由宪兵司令官以其人名经师团长而告于各联队长。各联队长则以取为宪兵上等兵候补者,告于本人。

第百三十一条　前条之候补者,在未为宪兵上等兵以前而命归休或编入预备役者,应自队长白其由于宪兵队长及联队区司令官。

第百三十二条　候补名簿自决定之日起至次年候补名簿决定之日止,于其间用之。

第百三十三条　补充检查格例及合格规程由宪兵司令官定之。

　　第二款　削除

第百三十四条
第百三十五条
第百三十六条
第百三十七条
第百三十八条
第百三十九条
第百四十条

第七章　现役看护手之补充

第百四十一条　现役看护手以步骑炮工辎重各兵之初年兵概使受军事教育者六月、更修看护学者六月而补充之。

在警备队,则受军事教育及修看护学之期限为各三月。

第百四十二条　前条之补充,师团军医部长预应调查各队所需看护手人员,白诸师团长,而师团长配赋之于各队,各队长更配赋之于各中队。

第百四十三条　中队长既受前条之配赋,应在其部下之兵卒中选笃实温厚适为看护手者,作其名簿,按次序而进诸联队长。

第百四十四条　联队长应据前条之名簿,命修看护学之兵入学或通学于其地之卫戍病院。

第百四十五条　修看护学之兵卒既毕业,载入看护学修业兵名簿。每有缺员,则联队长命之为看护手。

第八章　补用现役乐手之补充

第百四十六条　补用现役乐手以户山学校军乐生徒之卒业者补充之。

第百四十七条　削除

第百四十八条　户山学校长据军乐生徒卒业者之优劣,作为定次序之人名簿,进诸教育总监,以请其认可而命为补用乐手,并据陆军大臣之告达而配赋之于户山学校军乐生徒队及军乐队。

第百四十九条　削除

第百五十条　补用乐手得相时而更其所属。

第九章　特别补充

第百五十一条　遇战时或事变而士官及下士官有缺员,则据本条例各章之外,更得据本章而补充。

第百五十二条　士官得以如下所列者补充之，但可以补充之时期及区分，当据陆军大臣所指定：

一　现役见习士官、现役见习主计、现役见习医官、现役见习药剂官、现役见习兽医官。

二　预备役见习士官、预备役见习主计、预备役见习医官、预备役见习药剂官、预备役见习兽医官。

三　后备役见习士官、后备役见习主计、后备役见习医官、后备役见习药剂官。

陆军经理学校学生得以修业逾一年者，任为与其现官相当之副监督，而时期则据陆军大臣之指定。

第百五十三条　既发动员令之师团遇有所需，得使如下所列者服士官之勤务：

一　现役特务曹长、现役见习士官、现役见习主计、现役见习医官、现役见习药剂官、现役见习兽医官。

二　预备役特务曹长、预备役见习士官、预备役见习主计、预备役见习医官、预备役见习药剂官、预备役见习兽医官。

三　后备役特务曹长、后备役见习士官、后备役见习主计、后备役见习医官、后备役见习药剂官、后备役见习兽医官。

第百五十三条之二　军医学校生徒修业已三阅月者，需之时，得为现役见习医官、现役见习药剂官。

第百五十四条　既发动员令之师团遇有所需，得使如下所列者为预备役见习士官、预备役见习主计、预备役见习医官、预备役见习药剂官、预备役见习兽医官而服士官之勤务。但值第五、第六款者，其采用方法及时期应据陆军大臣之指定。

一　持有一年志愿兵末次试验之及第证书者。

二　预备役下士持有各兵科士官勤务适任证书者。

三　预备役下士持有经理部士官勤务适任证书者。

四　预备役下士持有卫生部士官适任证书者。

五　军医生药剂生兽医生之为一年志愿兵者。

六　持有医师开业免状及药剂师免状者，或据医生免许规则之第三条、第四条、药品营业并药品取扱规则之第四十六条而有不须试验即可得免状之资格者。

七　合于兽医免许规则第二条之第二、第三或第四项者。

第百五十五条　既发动员令之师团遇有所需，得以如下所列者为后备役见习士官、后备役见习主计、后备役见习药剂官、后备役见习兽医官，使服士官之勤务：

一　后备役下士持有各兵科士官勤务适任证书者。

二　后备役下士持有经理部士官勤务适任证书者。

第百五十六条　既发动员令之部队遇有所需，得自如下所列者中取以补充下士：

一　一年志愿兵入队后已逾四阅月者。

二　现役、预备役、后备役之上等兵。

三　现役、预备役、后备役之看护手。

四　在兽医学校中修业已六阅月之蹄铁工长候补者。

第百五十七条　经理部下士遇有所需，得以步骑炮工辎重各兵科之下士上等兵，具有经理下士之志愿、使入附队主计中修习经理部下士之勤务者补充之。

炮兵诸工队之补充遇有所需，得以候补炮兵工长修业逾一年又四阅月者补充之。

第百五十八条　合于第百五十二条者，其任官由陆军大臣奏荐宣行。

在战地，则首将之特受委以进级补除之权者得专行之。

第百五十九条　合于第百五十五条者，其身分取扱同于预备役见习士官、预补役见习主计、预备役见习医官、预备役见习药剂官。

第百六十条　合于第百五十六条及第百五十七条第一项者，其任官应请师团长或权与师团长同等以上之长官认可，而由联队长、师团经理部长、师团军医部长或权与彼同等以上之部队长行之。但在屯田骑炮工兵队，则由第七师团长自行之。

师团长或权与师团长同等以上之长官，得据时宜而以任官之权委诸联队长，或权与联队长同等以上之部队长。

前二项之时，不必拘本条例第四章所规定下士候补名簿之次序而任官。

合于第百五十三条之二及百五十七条之第二项者，陆军大臣视其所需，得使陆军省医务局长或东京炮兵工厂提理，以命之现役见习医官、现役见习药剂官或任之炮兵诸工长而配赋于各师团。

第百六十一条　合于第百五十三条第二、第三款及第百五十四条、第百五十五条者，离去现役抑或复员之际，若现无官等，则任为与曹长相当之官。但有如第百五十四条第五、第六款者，则免其预备役见习医官、预备役见习药剂官、预备役见习兽医官。

据前项而得为士官，在各兵科限于将校会议之可决者，在卫生部限于卫生部士官选举会议之可决者，在兽医部限于所属长官及同部士官为之保证者。

第百六十二条　置军事内局于大本营而取扱将校并与将校相当官之人之事，则系其取扱者，不适用第百五十二条之但书及第百五十八条之第一项。

第百六十三条　现役、预备役、后备役之特务曹长得以由曹长任为军曹已一年又六阅月者^{自被任之日起算}补充之。

第百六十三条之二　动员之际，遇有所需，宪兵队长得请宪兵司令官认可，在战地则宪兵长得请师团长或权与师团长同等以上之长官认可，而以预备役、后备役骑兵上等兵中持有宪兵上等兵适任证书者，补充预备役、后备役宪兵上等兵。

第十章　杂则

第百六十四条　士官候补生、主计候补生、现役见习医官、现役见习药剂官、现役见习兽医官而为志愿兵，则自入队之日编入兵籍。

第百六十五条　士官候补生，主计候补生、见习医官、见习药剂官、见习兽医官，在军队则使居屯营内，在学校则使居校内，但其居室不得与一般下士兵、卒混同。

第百六十六条　士官候补生、主计候补生、见习医官、见习药剂官、见习兽医官之于各阶级在本官等下士、兵卒之上位。

第百六十七条　士官候补生、主计候补生、见习医官、见习药剂官、见习兽医官，得使役兵卒以扫除室内及其他诸物品，并扫拭马匹、马具等。但士官候补生而欲扫拭马匹、马具等，则自为之。

第百六十八条　士官候补生、主计候补生、见习医官、见习药剂官、见习兽医官、炮兵工长候补者，俱不以自愿而免之。

第百六十九条　自台湾守备队及基隆澎湖岛要塞炮兵队下士、兵卒而补充宪兵下士上等兵者，其手续准本条例第四章第一款、第六章第一款。

第百七十条　在将校会议、经理部士官选举会议、卫生部士官选举会议而可决者，或认为有可任兽医部士官之资格者，使在部队服士官之勤务，至任官时止。

合于前项而可以补充现役士官者，在准士官之上位。

第百七十一条　下士候补名簿，自认可决定之日至次年候补名簿决定之日，于其间用之。下士之补充而有必须追加者，得追加于候补名簿，其取扱准各本条之例。

第百七十二条　削除

第百七十三条　登载于下士或宪兵上等兵候补名簿者及下士宪兵上等兵候补者，在任用前而有不可使为修补者之事由，或转换所属，或本身生有异动，则其所属长官应以其由通知或上申于有关系之部队长官。

附　则

第百七十四条　辎重兵科之现役士官以辎重兵科士官候补生补充之。若不能得，则可使他兵科之现役士官转科而补充之。

第百七十五条　削除

第百七十六条　削除

第百七十七条　卫生部预备役、后备役与将校相当之官，权得以预备役、后备役之卫生部下士持有士官勤务适任证书者补充之，是时准诸合第五十八条第一款者之例。

第百七十八条　削除

第百七十九条　值战时或事变，权得以预备役、后备役之炮兵上等兵持有炮兵工科学校卒业证书者，应于所需而任为伍长，其取扱手续据第百十六条。

第百七十九条之二　值战时或事变，权得以预备役、后备役之兵卒持有陆军兽医学校卒业证书者，应于所需而任为三等蹄铁工长，其取扱手续据第百十六条。

第百七十九条之三　值战时或事变,权得以预备役、后备役之上等兵持有军吏部下士适任证书者,应于所需而使服计手之勤务。

上等兵据前条而服计手勤务已六月以上者,应于所需,得请师团长或权与师团长同等以上之长官认可,而师团经理部长或权与师团经理部长同等以上之经理部长任之为三等计手。

第百八十条　削除

第百八十一条　监督候补生权得以留学外国而与帝国大学、法科大学或高等商业学校卒业生有同等以上之学力者采用之。

前项之所采用者,并得据第二十九条之三至二十九条之九之取扱手续,以其与帝国大学、法科大学卒业生有同等以上之学力者任为陆军二等副监督,其他任为陆军三等副监督。

第百八十一条之二　见习医官、见习药剂官权得以如下所列者采用之,但以一年志愿兵而采用者,则自命之之日免其服役:

一　留学外国,而与在帝国大学、医科大学,或医科专门学校,或文部大臣认为同于中学校学科程度之府县所立医学校,毕其课程,有同等以上之学力者。

二　一年志愿兵中之军医生药剂生,持有医术开业免状或药剂师免状,而具现役士官志愿者。

前项之所采用者中,其毕帝国大学、医科大学之课程者及留学外国而与之有同等以上之学力者,任为陆军二等军医、陆军二等药剂官,其他则任为陆军三等军医、陆军三等药剂官,其手续据第三十七条第一项之例。

第百八十一条之三　见习兽医官权得以如下所列者采用之,但以一年志愿兵而采用者,则自命之之日勉其服役:

一　留学外国,与在帝国大学、农科大学毕兽医学科之课程,或在帝国大学、农科大学毕兽医学实科之课程,有同等以上之学力者。

二　一年志愿兵中本为兽医生,持有兽医免状,而具现役士官志愿者。

前项之所采用者中,其毕帝国大学、农科大学兽医学科之课程者及留学外国与之有同等以上学力者,任为陆军二等兽医,其他则任为陆军三等兽医,其手续据第四十五条第一项之例。

第百八十二条　在明治三十二年十二月一日之前,许再服役之步骑炮工辎重各兵科上等兵得任为各兵科之伍长。

第百八十三条　削除

附　　则

本令以明治三十五年二月一日施行,但施行本令之际,各兵科大、中尉或一、二等军吏有陆军经理学校卒业证书者,虽本令施行后,尚得任用为一等副监督。

施行本令之际,其现在之见习军吏得任为预备役三等军吏,其军吏生得不行勤务演习而任为预备役三等军吏。又,现在之具见习军吏志愿者得任为现役上等计手。

<small>赅括编入于预备役者</small>

附　　则

本令以明治三十六年十二月一日施行。

施行本令之际,凡经理学校学生、经理部依托学生、监督候补生、见习监督及本年召募之经理学校学生等,均适用从前之规定。

施行本令之际,凡上等计手,不必拘本令之规定,而得任用之为三等主计。

施行本令之际,凡下士候补生、蹄铁工长候补生及决定本年十二月一日应入队之下士候补生、蹄铁工长候补生并计手候补者,均适用从前之规定。

本令发布以前,而以持有士官适任证书之预备役、后备役准士官下士,使为士官或服士官之勤务,均适用从前之规定。

●●●陆军补充条例第七条所应指定之学校明治三十年(1897年)文部省训令

北海道厅　府县

据明治二十九年敕令第三百七十九号陆军补充条例第七条之第一项,应指定之郡市町村所立及私立寻常中学校,以须合于下之第一项各目。而察知具备其事项者,应具下之第二项各目之调书而禀申之。

第一项

一　教员中半数以上系专任而且有寻常中学校之教员免许状者。

二　常年经费在五千圆以上者。

三　生徒现在总数二百名以上者。

四　寻常中学校得认可设置后已阅三学年而成绩佳良者。

但若寻常中学校未得认可以前而设置之学校,已设寻常中学校类似之课程,有卒业生,足证明其成绩佳良者,不必经本文之年限。

第二项

一　设立之年月日及其后之沿革。

二　入学规程。
三　学科及其程度，又日课表。
四　学级及组之编制，又现在生徒数。
五　教员之数及其资格并分担之学科。
六　卒业生之数及卒业后之状况。
七　教科所用及参考所用之图书目。
八　敷地校舍及教授所用器械等之设备。
九　校费 分临时与经常 及维持之方法。
十　校长或校主之履历。
其他试验规则及校则等。

●●●陆军宪兵科预备役士官之补充明治三十年(1897年)敕令

陆军宪兵科预备役士官权得以他兵科预备役士官使转科补充之。

●●●关于卫戍病院附属卫生部员并官衙学校附属兽医之补充明治三十年(1897年)敕令

卫戍病院附属之卫生部员并军队官衙学校附属之兽医，视补充上之所必须，权得以在预备役、后备役者充之，其身分取扱与在召集中者同。

●●●陆军诸部团队官衙学校中以预备役、后备役者补充之身分取扱明治二十四年(1891年)敕令

以预备役、后备役者补充陆军诸部团队官衙学校之将校及与将相当

以下之官，其身分取扱与在召集中者同。

附　则

明治三十三年之敕令第三百十四号即行废去。

●●●动员时陆军诸官衙学校及宪兵队附属职员之补充_{明治二十三年（1890年）敕令}

在动员之际，以奉职于陆军诸官衙学校及宪兵队之将校及与将校相当以下之官编入于诸团队，则得以预备役、后备役者补充其缺员。

●●●海军高等武官之补充条例_{明治三十年（1897年）敕令}

要　目

第一章　总则
第二章　候补生之补充
第三章　士官之补充
第四章　兵曹长及与兵曹长相当官之补充
第五章　杂则
附　则
附　则

第一章　总则

第一条　本条例专规定海军高等武官之补充。

第二条　本条例中所称与少尉相当之官,系谓少机关士、少军医、少药剂士、少主计、造船少技士、造兵少技士、水路少技士。所称与兵曹长相当之官,系谓①军乐长、船匠长、机关兵曹长、看护长、笔记长。所称候补生,系谓少尉候补生、少机关士候补生、少军医候补生、少药剂士候补生、少主计候补生、水路少技士候补生。

第二章　候补生之补充

第三条　海军少尉候补生自如下所列者采用之:
一　卒业于海军兵学校之全学科者。
二　以私费留学于外国,修习相当之学术,既卒业而具海军出身之志愿,合于身体检查及采用试验之格者。

第四条　海军少机关士候补生自如下所列者采用之:
一　卒业于海军机关学校之全学科者。
二　合于第三条第二项者。

第五条　海军少军医候补生自有医术开业免状而合身体检查及采用试验之格者采用之,但卒业于高等学校医学部及海军大臣特行指定之府县所立医学校者,得省略采用试验。

第六条　海军少药剂士候补生自有药剂师免状而合身体检查及采用试验之格者采用之。

第七条　海军少主计候补生自卒业于官立公立寻常中学校或认为与之同等以上之学校、且修法律及经济学而合身体检查及采用试验之格者采用之。

---

① 原文为"设",应系排版之误。

第七条之二　海军水路少技士候补生，卒业于官立公立中学校或认为与之同等以上之学校、且修测量术及制图法而合身体检查及采用试验之格者采用之。

第八条　采用少军医候补生、少药剂士候补生、少主计候补生、水路少技士候补生之时，由海军大臣告示之。

第九条　具前条之候补生志愿而有下之事项之一者，不得采用为候补生：

一　年未满二十及二十八以上者。

二　有妻者。

三　曾受禁锢以上之刑者或犯赌博而受处分者。

四　家资分散或破产而未复权者，及受身代限之处分而办偿之义务未终者，抑或其相续之人。

第十条　候补生而为现役海军军人，其身分得奏任官之待遇。

第十一条　候补生不得自以情愿辞去。

第十二条　候补生使练习实务一年以上，但少机关士候补生之练习实务则为八阅月以上。值战时或事变，得不使练习实务。

第十三条　候补生实务之练习既终，则舰团及其他各部长之担任其练习者，应作各候补生之勤务报告，附以意见与第三项之报告，进诸所管长官。而所管长官又附以意见，进诸海军大臣。

候补生勤务报告应详记各候补生之才能、品行、勤惰、伤痍、疾病等事实。

候补生在练习实务之中转于他之舰团等，抑或其长他转，则每次应作各候补生之勤务报告，附以意见，移于其候补生新所隶属之长。

第十四条　海军大臣于候补生第十二条之练习既终，审查勤务报告之后，以可任用为本官者，作候补名簿。每有缺员，则按候补名簿之次序而呈奏其任用为本官之事。

候补名簿之次序据下之规定：

一　卒业于海军兵学校及海军机关学校者，则以实务练习之得点，加于卒业试验之得点，而据其点数。

二　少军医候补生，则以海军军医学校卒业试验之得点，加于采用试验之得点，或采用时以定席次而行试验之得点，而据其点数。

三　少药剂士候补生、少主计候补生、水路少技士候补生，则以练习实务之得点，加于采用试验之得点，而据其点数。

第十四条之二　值战时或事变而不使候补生练习实务，则候补名簿之次序据下之规定：

一　卒业于海军兵学校及海军机关学校者，据卒业试验之得点。

二　少军医之候补生，则据采用试验之得点或采用时以定席次而行试验之得点。

三　少药剂士候补生、少主计候补生、水路少技士候补生，则据采用试验之得点。

第十五条　候补生而有下之诸项之一者免之：

一　因伤痍或疾疾而不适为高等武官者。

二　品行不端、无改悔之望者。

三　并不原因于公务而生死不明者。

四　实务练习之成绩居劣等而无发达之望者。

五　乏高等武官之才能者。

六　背候补生之本分者。

第三章　士官之补充

第十六条　海军少尉少机关士各以其候补生任用之。又,他之与少尉相当之官各以其候补生及有下之资格之一者任用之。但兵曹长及与兵曹长相当之官,其任用据第四章。

　　一　以私费留学于外国,修习相当之学术,而合采用试验之格者。但有适当之卒业证书,毋庸试验,即采用之。

　　二　卒业于高等商业学校或高等学校法学部者。

　　三　有文官高等试验之合格证书者。

以合于前项第一至第三而任用者,除命为官费学生时已行身体检查外,余皆应行身体检查。

第十六条之二　有下之资格之一者,得任用为海军中军医、中药剂士、中主计、造船中技士、造兵中技士、水路中技士:

　　一　在帝国大学、原东京大学、原工部大学校修习海军高等武官所必须之学术而卒业者。

　　二　以私费留学于外国,修习相当之学术,试验之后认为与毕大学之课程有同等以上之学力者。但有适当之卒业证书,并得经采用委员之铨衡而任用之。

第十七条　有下之事项之一者不得任用为士官,但自候补生而任用者不在本条之限:

　　一　年未满二十者。

　　二　所应采用之官之现役定限年龄在前八年以内者。

　　三　值第九条之第三、第四者。

第十八条　具第十六条之二之第一、第二资格而有相当之实历者,得经采用委员之铨衡而任用为与大尉相当之官或与中尉相当之官。

第十八条之二　据第十六条第一项第一款、第十六条之二及第十八条而被任用之军医官须有医术开业免状,药剂官须有药剂师免状。

第十九条　采用海军军医官、药剂官、主计官、造船官、造兵官、水路官之时,由海军大臣告示之。

第四章　兵曹长及与兵曹长相当官之补充

第二十条　海军兵曹长及与兵曹长相当之官,自现役准士官中取其技术过群而实役停年已逾六年者,选拔而任用之。

第二十一条　海军大臣于合前条者,应征其候补名簿,付之任用会议调查,而作任用决定候补名簿。每须叙任,则据其顺序而呈奏其任用之事。但事变之际,得不付调查。

作决定候补名簿之法,自候补名簿中选拔应任用者而定其列序。

任用会议以各司令长官、要港部司令官、将官会议议员、在职之各首席总监组织之,但海军大臣见有必须他之职员参与者,则得命他之职员临时参与。

第二十二条　兵曹长及与兵曹长相当官之任用决定修补名簿,自其调制之时起至次届决定候补名簿调制之时止,为有效力。

第二十二条之二　在战时,海军大臣当相机以备任用资格者,征其候补名簿,选拔可任用者,为定次序,而呈奏其任用之事。

第二十二条之三　值战时或事变,现役海军兵曹长及与兵曹长相当之官而生缺员,则以现役海军上等兵曹及与上等兵曹相当之官任用之。此而不能补充,则得准据前四条,而以在召集中之预备役、后备役准士官任用之。

值本条之时，其在召集中之勤务日数，通算为现役中之勤务日数。

第二十三条　现役准士官值战时或事变尝有勋绩而任用为准士官后实役停年已逾六年者，或多年从事军务而有勋绩者，其退现役之际，各得任用为其上级兵曹长或与兵曹长相当之官。但受恩给之资格，则据前官等。

第二十四条　预备役、后备役之准士官，值战时或事变而在召集中有勋绩者，其召集既解之际，各得任用为其上级之兵曹长或与兵曹长相当之官。但受恩给之资格，不得据新官等。

第五章　杂则

第二十五条　海军大臣设海军高等武官采用委员或候补生采用委员及身体检查委员，以使之检查第八条、第十九条之志愿者。

采用试验及身体检查之规定，海军大臣定之。

第二十六条　值战时或事变，应补充海军高等武官，惟候补生不足所需之员数，则得以有下之诸项之一者行身体检查，而任用之为少尉及与少尉相当之官：

一　以私费留学外国，修习海军高等武官所必当有之学术，而有证明书者。

二　有医术开业免状，合于军医官采用试验之格者。

第二十七条　遇下之时，可以不拘定规，而以候补生各任用为其本官，以准士官各任用为其上级兵曹长或与兵曹长相当之官：

一　在前敌奏殊勋者。

二　战时人员缺乏而不能履叙任之定规。

第二十八条　实役停年适用海军高等武官进级条例之规定。

第二十九条　海军高等武官有特别之学术技能且其事绩显著者,得使转任于须其学术技能之高等武官。是时其实役停年,前后通算。

附　　则

第三十条　本令以明治三十年十二月一日施行。

第三十一条　海军高等武官任用条例、海军高等武官候补生规则及明治二十八年之敕令第六十三号俱自本令施行之日废去。

第三十二条　有第十六条中资格之一而施行本令之日已为候补生者,不必拘第十二条之规定,各得任用为其本官。

附　　则

本令即自发布之日施行。

●●●得省略采用试验而采用海军少军医候补生之府县所立医学校明治三十三年(1890年)海军省告示

据海军高等武官补充条例第五条之但书,于府县所立医学校卒业者,得省略采用试验,而采用为海军少军医候补生。今指定其府县所立之医学校如下:

京都府所立之京都医学校　　　大阪府所立之大阪医学校
爱知县所立之爱知医学校

第三款　进级

●●●**陆军武官进级令**明治二十二年（1889年）敕令

第一条　陆军武官之进级使历级而进，无缺员则无补除。

第二条　陆军武官非逾实役停年最下期限，不得进级。

第三条　实役停年之最下期限规定如下：

自武长进于军曹，其实役停年为半年。自军曹进于曹长，其实役停年为一年。

自曹长进于特务曹长，其实役停年为二年。自特务曹长进于少尉，其实役停年为二年。

自少尉进于中尉，自中尉进于大尉，其实役停年各为二年。自大尉进于少佐，其实役停年为四年。

自少佐进于中佐，其实役停年为三年。自中佐进于大佐，自大佐进于少将，其实役停年各为二年。

自少将进于中将，其实役停年为三年。

中将之进于大将，系于历战事者，或功绩特著者，以特旨亲任为例，而不定最下期限。

第四条　在战时，各官之实役停年俱得减其半。

第五条　休职、停职之年月不算入于实役停年，但为敌捕虏而归休职者，若有正当之理由，则其年月得算入于实役停年。

第六条　陆军武官进级之法有二，一为停年补除，一为拔擢补除。

第七条　停年补除者,谓逾实役停年最下期限,据其次序而使之进级也。拔擢补除者,谓以逾实役停年最下期限者,拔擢而使之进级也。其区别如下:

自伍长进于军曹,自军曹进于曹长,自曹长进于特务曹长,皆为拔擢。

自少尉进于中尉,停年居三之二,拔擢居三之一。

自中尉进于大尉,停年与拔擢相半。

值战时或事变,既发动员令之各部团队,其中少尉之进级,皆为拔擢。

自大尉进于少佐,自少佐进于中佐,自中佐进于大佐,皆为拔擢。

第八条　将校据其职权有拔擢部下之权,但有直属长官者,则在其监督下行之。

第九条　将官之进级及进级于将官,虽出上裁,例先谕内旨于陆军大臣。

第十条　特务曹长之进级少尉系为特例,得当此选者,以功绩拔群而有士官之学力者为限。

第十一条　陆军大臣每年当作将校之实役停年名簿而呈奏之。

第十二条　将校拔擢进级之候补及准士官进级于将校之候补,俱出上裁,陆军大臣应奉上旨而调制决定候补名簿。

第十三条　下士之进级于准士官及下士进级之候补,应由师团长或权与师团长同等以上之长官,并经理局长、医务局长裁决之,而调制决定候补名簿。

第十四条　决定候补名簿,自调制之日起至次年决定候补名簿调制之日止,于其间用之。

第十五条　遇下之时,得不依前诸条之例而进级:

一　在前敌奏殊勋,自首将布告之于全军者。

二　在前敌之军队，人员缺乏而不能履补除之定规。

第十六条　军兴之日或有特假临战地之首将，以进级补除之权。

第十七条　与将校相当之官，经理部、卫生部、军乐部之下士及诸工长之进级，据将校及各兵科下士进级之例。

第十八条　曹长之进级于特务曹长，限在入队后服役八年以上者。

炮工兵曹长及炮兵一等诸工长进级于炮工兵上等工长，限在入队后〔自炮工兵长候补生徒出身者则入校后〕服役八年以上，而实役停年逾二年者为限。

前项炮工兵曹长之进级，须修火工术，或其服役中在技术部队二年以上从事于其技术者。

第十九条　一等乐手之进级于候补乐长，一等技手之进级于上等计手，其实役停年最下限为二年。

候补乐长之进级于乐长，限在实役停年已逾三年而功劳显著者。

第二十条　前二条之进级皆为拔擢。

第二十一条　短期下士之伍长在平时不得进级于军曹。

第二十二条　第十八条服役之年，在教导团或要塞炮兵射击学校出身者，则自入队或入队之日起算。

第二十三条　第十八条第一项之所谓服役年权得短缩为六年。

附　　则

本令以明治三十二年十二月一日施行。

明治三十二年十一月三十日，现有之二等军曹及与二等军曹相当之官并诸工下长之下士，施行本令之际，即得任为军曹及与军曹相当之官并二等诸工长，其区分由陆军大臣定之。而任官后，进级于曹长及与曹长相当之官并一等诸工长之实役停年，为一年又六月。

●●●陆军预备、后备之武官进级令 明治二十七年（1894年）

敕令

第一条 陆军预备、后备之武官，召集于战时或事变之时，抑或平时特因进级而召集演习勤务，并奉职于陆军常设官衙及部队者，得据本令之规程而进级。

第二条 陆军预备、后备武官之进级应历级而进。

第三条 陆军预备、后备武官之进级为拔擢。

第四条 陆军预备、后备之武官，以过于现役武官之进级停年相当之年数者，于其中特选拔之，使为进级，而服演习勤务，更查阅实地之技能，其及第者则进级。

值战时或事变，在召集中之陆军预备、后备之武官，并奉职于陆军常设官衙及其部队而勤务优后者，得遇缺员拔擢进级。

第五条 在战时则前条之进级停年得减其半。

第六条 将校据其职权有拔擢其部下之权，但有直属长官者，则在其监督之下而行之。

第七条 预备、后备之特务曹长进级于少尉系为特例，得当此选者，以功绩拔群而有士官之学力者为限。

第八条 遇下之时，得不依前诸条之例而进级：

一　在前敌奏殊勋，自首将布告之于全军者。

二　在前敌之军队，人员缺乏而不能履补除之定规。

第九条 军兴之日或有特假临战地之首将，进级补除之权。

第十条 预备、后备将校准士官下士之进级除任，据现役将校准士官下士之例。

师团长、屯田兵司令官值战时或事变，则联队长或权与联队长同等以上之团队长，得委任以下士任官之权。

第十一条　置军事内局于大本营,以取扱将校及与将校相当之人与事,则系其取扱者,不适用前条。

第十二条　陆军预备、后备与将校相当之官并卫生部、军吏部之下士及诸工下长之进级,亦援用本令。

●●●陆军三等军医及药剂官之特别进级 明治三十一年(1898年)敕令

毕帝国大学医科大学之课程而现为陆军三等军医或陆军三等药剂官者,是时特得进级为陆军二等军医或陆军二等药剂官。

●●●陆军三等兽医之特别进级 明治三十一年(1898年)敕令

毕帝国大学农科大学兽医学科之课程而现为陆军三等兽医者,是时特得进级为陆军二等兽医。

●●●陆海军将校同等官之名誉进级 明治二十三年(1890年)敕令

陆海军将校及与将校相当官在现役中已多年从军于军务且于战役有功劳者,据海陆军将校分限令第五条之第一、第二、第四、第五项及第六条、第七条,而退现役之时,得特进其官等。但受恩给之资格,则照前官等。

●●●海陆军预备、后备将校及与将校相当官之名誉进级 明治二十八年(1895年)敕令

海陆军预备、后备之将校及与将校相当之官,值战时或事变而在召集

中有功劳者,则召集解时,得特进其官等。

●●●参谋职制中之补职年限明治二十九年(1896年)敕令

在明治二十九年三月卒业于陆军大学校之学生,不必拘参谋职制第七条中第一所定之年限,得补参谋之职。

●●●台湾在勤陆军武官实役停年之加算明治三十年(1897年)敕令

陆军武官在勤于台湾已满一年以上者,加算其在勤年月之三分之一于实役停年。但在勤中已进级而尚勤务于同地者,其应加算之在勤年月,自进级之明日起算。

在台湾实施陆军武官进级令第四条之时,其间即停止本令之施行。

●●●海军[①]高等武官之进级条例明治二十九年(1896年)敕令

第一条　所谓海军高等武官,系言海军将校及与将校相当之官。

第二条　海军高等武官之进级均以拔擢而历级以进,但无缺员时不进官阶。

第三条　海军高等武官非逾实役停年之最下期限,不得进官阶。

第四条　实役停年之最下期限定之如下:

自少尉及与少尉相当之官,各进于上级之官,其实役停年为一年。

自中尉及与中尉相当之官,各进于上级之官,其实役停年为二年。

自大尉及与大尉相当之官,各进于上级之官,其实役停年为五年。

---

① 原书为"海陆",系排版之误。

自少佐及与少佐相当之官，各进于上级之官，其实役停年为二年。
自中佐及与中佐相当之官，各进于上级之官，其实役停年为二年。
自大佐及与大佐相当之官，各进于上级之官，其实役停年为二年。
自少将及与少将相当之官，各进于上级之官，其实役停年为三年。

第五条　中将之进于大将，系于历战事者或功绩特著者，以特旨亲任为例。

第六条　少将及与少将相当之官进于中将及与中将相当之官，限在有特别之功劳者。

第七条　其实役停年中而有在海上勤务之日数，应更以其日数三分之一，加算于实役停年。

第八条　所谓海上勤务，系乘组于舰船而服务者。其舰船之类，则海军大臣定之。

第九条　在海上勤务者并不原因于公务而有伤痍、疾病，及出自己之愿而居于陆上之日数，不算入于海上勤务。

第十条　休职、停职、收禁、处刑及无正当之理由而为敌捕虏，其间之日数，不得算入于实役停年。

第十一条　削除

第十二条　将校及与将校相当之官各据其职权有拔擢部下之权，但有直属长官者，则在其监督之下而行之。

第十三条　将官之进级并大佐及与大佐相当之官各进于其上级之官，虽出上裁，例先谕内旨于海军大臣。

第十四条　除前条外，海军大臣应于海军高等武官据第四条而以具进级之资格者，征其候补名簿，付之进级会议之调查，而作海军高等武官决定修补名簿。但值战时或事变，可以不付调查。

作决定修补名簿之法，系自候补名簿中选拔其应进级者，各据其次序而定列序。

进级会议以各司令长官、要塞部司令官组织之,将官会议以议员在职之各首席总监组织之。但海军大臣见有必须他之职员参与者,则得命他之职员临时参与。

第十五条　海军大臣应奏上其海军高等武官决定候补名簿,每须叙任,则据其次序而复奏上叙任之事。但有在休职、停职中者及有不可叙任之事由者,毋庸奏上。

第十六条　海军高等武官决定候补名簿,自其调制之时迄于次届决定候补名簿调制之时,其间为有效力。

第十七条　兵曹长及机关兵曹长得由特选而使进级于中尉及中机关士。

第十七条之二　在战时而有必须奏上叙任者,海军大臣应据第四条或第十七条之三,于备具进级资格之人,征其候补名簿而选拔可以进级者,定其次序,奏上叙任之事。

第十七条之三　实役停年之最下期限在战时得减其半。

第十八条　值战时或事变而现役海军高等武官有缺员,则使现役海军高等武官进级。若尚不足为其补充,得准据前数条,而使召集中之预备役、后备役海军高等武官及留任中之海军高等武官进级。遇本条之时,召集中及留任中之勤务日数通算现役中之勤务日数。

第二十条　值战时或事变而有勋绩者或多年从事军务而备具进级之资格者,得据海军高等武官准士官服役令第八条之第一、第二、第四、第五项,第十条之第一项,第十五条之第二项,而退现役或免留任之际特使进级。但受恩给之资格,则仍据前官等。

第二十一条　预备役、后备役之海军高等武官,值战时或事变而在召集中有勋绩者,则召集被解之际,得特使进级。

预备役、后备役之海军高等武官，非召集中而于军事有拔群之功绩者，得特使进级。

据前二项而进级者，其受恩给之资格不得据新官等。

第二十二条 如下所列，有不据定规而使进级者：

一　在前敌奏殊勋，自首将布告之于全军者。

二　在战时人员乏少而不能复叙任之定规。

●●●台湾总督府及所辖官厅技手之进级明治三十三年（1900年）敕令

判任官俸给令第三条之规定，得权不用于台湾总督府及其所辖官厅四级俸以下之技手。

据本令而有增给者，或转任于他官厅，或再被任，其俸给准用明治二十九年敕令第二百三十号之规定，但是令第二条中之七级俸以下易为六级俸以下。

第四款　分限[①]

●●●文官分限令 明治三十二年(1899年)敕令
第一条　本令除以亲任式而叙任之官、公使秘书官及法令别有规定者外,自余文官一律用之。
第二条　官吏非因刑法之宣告、惩戒之处分以及本令则,无免其官者。
第三条　官吏而有下之各项之一者,得免其官:
　　一　因残疾废疾或身体及精神衰弱,不复堪执职务之时。
　　二　因受伤痍或罹疾病,不堪其职,而本人自以便宜,呈愿免官之时。
　　三　因官制或定员之改正而有过员之时。
据前项第一款而免官者,在高等官则付文官高等惩戒委员会审查,在判任官则付文官普通惩戒委员会审查。
第四条　官吏在废官或废厅之时,是为当然退官者。
第五条　据第十一条第一项之第三、第四款,自命休职至期满之间,是为当然退官者。
第六条　官吏无反其意,而转官于同等官以下。
第七条　文官高等惩戒委员会置顾问医二人,若审查时而必须增之,得增临时顾问医。

[①] 分限,即身份、地位。

第八条　文官普通惩戒委员会置临时顾问医。

第九条　惩戒委员会据本令而为审查之前，应预征顾问医之意见。

第十条　惩戒委员据第三条第二项之审查，准用文官惩戒令第十二条、第十三条、第二十四条、第二十五条、第二十九条至第三十四条之规定。

第十一条　官吏有下之各款之一者，得命休职：

一　据惩戒令之规定而付惩戒委员会审查之时。

二　有关于刑事之件而被告诉或告发之时。

三　因官制或定员之改正而有过员之时。

四　据官厅事务之便宜而须命休职之时。

前项之休职，其值第一、第二款者，以因其事件而系属于惩戒委员会或裁判所之中为其时间；第三、第四款者，在高等官以满二年为其时间，在判任官以满一年为其时间。

第十二条　休职者，但不奉其本官从事职务，其他皆与在职官吏无异。

据前条第一项第三、第四款而命休职者，本属长官得度事务之宜，无论何时，可命复职。

第十三条　据第十一条而命休职者，其休职中给俸级三分之一。

第十四条　凡免官，在敕任官则内阁总理大臣奏请裁可而行之，在奏任官则本属长官经由内阁总理大臣奏请裁可，而行之。

凡休职，在敕任官，内阁总理大臣奏请裁可而行之；在奏任官，则本属长官经内阁总理大臣之认可而命之。其复职时亦同。

附　　则

第十五条　本令以明治三十二年四月十日施行。

官吏之非职条例，又，明治二十三年之敕令第二百八十六号及从前他之命令而抵触于本令之规定者，均自本令施行日废去。

第十六条　施行本令之前，有据官吏之非职条例或明治二十三年之敕令第二百八十六号而命为非职或休职未至满期者，适用本令第十一条第一项第四款休职者之规定。但本令之第十三条不在此限。

第十七条　本令中所谓休职，即视为他法令规定之非职者。

附　　则

本令即自发布之日施行。

据从前之规定而命休职者，休职期间仍据从前之规定，但自本令施行之日起算，而本令规定之年限以上之残余期间，则即其日起算，即适用本令之规定。

●●●陆军将校分限令 明治二十一年（1888年）敕令

第一条　凡将校终身保有其官，被其制服，享其官之礼遇，谓之将校之分限。

第二条　将校非有下之各款之一者无失其分限：

　　第一　容许本人之请愿而免官时。

　　第二　失其为日本人之分限时。

　　第三　被处重罪之刑时。

　　第四　受夺官之宣告时。

　　第五　处禁锢而失其官时。

　　第六　背武官之本分、据敕裁而免官时。

第三条　将校之位置分之如下：

第一现役　第二预备　第三后备　第四退役

第四条　现役系谓现奉军务者或被命修学者及陆海军之将官。各任其部内之文官者，其在休职及停职中者，准诸现役。

休职系谓有下之事项之一而无职务者：

一　解队。

二　废职。

三　定员改正。

四　期满解任。

五　为俘虏者及归朝而已有他员代其职。

六　特别之职务既毕或修学满期而未有就职之命。

七　伤痍或疾病至六阅月而尚未已。但据本人之自愿或据职务而必须命代之者，则不必待六阅月之期限。

八　容许本人之愿请修学。

九　海陆军之上长官士官各专任于其部内之文官。

停职系谓其行为有应惩戒而情状稍轻，故暂停其在职或就职者。但停职者非一年之后，不得就职。

第五条　预备系谓有下之事项之一者：

第一　以旨谕退现役之时。

第二　休职至五年而不就职之时。但值第四条第二项之第八、第九者不在此限。

第三　停职至二年而不就职之时。

第四　专任于陆军各部外文官之时。

第五　据贵族院令第四条而为贵族院议员之时。

第六　自一年志愿兵而任为士官之时。

第七　预备准士官下士而任为士官之时。

第六条　后备系谓有下之事项之一者：
　　第一　年龄满限而退现役之时。
　　第二　预备期满之时。
　　第三　后备准士官下士而任为士官之时。
第七条　退役系谓后备期满者，或以伤痍、疾病而永久不堪服役而退现役或预备、后备者。
第八条　预备、后备者遇召集则当出应。
　　预备、后备之服役年限别定之。
第九条　本令，与将校相当之官亦援用之。

附　　则

第十条　陆军将校之免黜条例、将官之退职令及海军将校准将校之免黜条例俱废去。
第十一条　依陆军将校之免黜条例及海军将校、准将校之免黜条例而为待命或非职者之位置，定之如下：
　　一　待命者为休职，但陆军将官而现专任于陆军部外之文官者为预备。
　　二　非职者为休职，其有因停职、解职而非职者为停职，而年数各自成为非职之日起算，但越定期之年数者为预备。
　　三　海军将校而现专任于海军部外之文官者为预备。
第十二条　海军将校因年龄满限而退役、罢役者为后备。

●●●海军将校分限令 明治二十四年（1891年）敕令
第一条　海军将校系谓大将、中将、少将、大佐、中佐、少佐、大尉、中尉、少尉。

第二条　将校终身保有其官,被其制服,享其官之礼遇,谓之将校之分限。

第三条　将校非有下之各款之一者无失其分限:

　　第一　容许本人之请愿而免官。

　　第二　失其为日本人之分限。

　　第三　被处重罪之刑。

　　第四　受夺官之宣告。

　　第五　处禁锢而失其官。

　　第六　背武官之本分、据敕裁而免官。

第四条　本令,与将校相当之官亦援用之。

●●●理事分限令 明治二十八年(1895年)敕令

第一条　理事非受刑法之宣告或惩戒之处分,无反其意而免官、转官者。

兼任理事者,其在本官之职援用前项。

第二条　遇下之时,得命非职于理事:

　　一　值战时或时变临时必须增员,而其后复于平昔定员之时。

　　二　变更制度而有过员之时。

　　三　受伤痍或罹疾病,至六阅月而尚未有瘳之时。但据本人之自愿或据职务而必须命代之者,则不必待六阅月之限期。

第三条　理事值下之事项则为预备:

　　一　在现职或非职中而转任他之文官。

　　二　非职满期。

第四条　理事在非职中给其俸给三分之一,但得官吏非职条例第七条之许可者不给。

第五条　预备理事值战时或事变,有必须仍就现职之义务,其后仍归于预备。

第六条　理事年满六十则为退职。

现职理事虽达前项之年,在敕任官有出上裁而特命留任者,在奏任官有陆军大臣特命留任者。

第七条　理事有身体或精神衰弱而不堪其职务者,在敕任官则本上裁而命退职,在奏任官则陆军大臣命之退职。

第八条　理事而为预备或退职,视同退官者,而据明治二十三年敕令第九十八号以给退官赐金。

第九条　理事之在现职,不得为下之诸件:
一　公然关系政治之事。
二　为政党之党员、政社之社员或帝国议会、府县郡町村会之议员。
三　就有俸给之公务或以金钱利益为目的之公务。
四　营商业及其他行政上命令所禁之业务。

附　　则

本令即以发布之日施行。

●●●公立学校职员之休职 明治二十七年(1894年)敕令

第一条　因学校之变更、时务之伸缩等而无所需于其人,及其有伤痍、疾病等之事故,则地方长官得命公立学校之职员休职。

公立学校职员之在预备、后备军籍者,值战时或事变而被召集,是为当然命之休职者。

第一项休职之期限为一年。第二项休职之期限,则其事故毕后,为三阅月。

第二条 休职之期限既满,是为当然退职者。

第三条 休职者除不从事职务及减其俸给或全不受之外,均与在职者无异。

附　　则

第四条 本令不适用于市村町所立小学校之教员。

第五条 在明治二十七年六月五日以后本令施行以前而召集者,则即其召集之日命之休职。

●●●裁判官休职之规定 明治二十三年(1890年)敕令

第一条 实施裁判所构成法之际,其在职之裁判官、检察官及裁判所书记,作为其法所定之判事、检事及裁判所书记。

第二条 实施裁判所构成法之际,其在职之裁判官不据其法而更补职者,为休职。

第三条 判事奉职十五年以上者,裁判所构成法实施之后,有因疾病及其他事故不复能执职务而愿休职者,司法大臣得命其休职。但自检事而转任于判事者,通算检事之勤务年数。

第四条 休职中之俸给,支给现俸三分之一。

第五条 支发休职判事俸给之法,据非职官使之例。

●●●会计检查官之退官 明治二十九年(1896年)法律

第一条 会计检查官有因身体或精神衰弱而不复能执职务者,得命之退官。

第二条　退官据会计检查官会议之决议而定之。

第三条　会计检查官之会议以会计检查院长为议长。若于院长而有退官之申立，则以会计检查院部长中之上席者为议长。

议长而有事故，则以会计检查院长中之上席者代理之。

第四条　会计检查官之会议非有现员三分之二以上出席，不得为决议。

会计检查官会议之决议以过半数定可否，数同则据议长之所决。

第五条　于会计检查院部长及检查官而有退官之申立，会计检查院长为之。于院长，则部长合议而为之。

第六条　会计检查官据第一条而命之退官者，视同官吏恩给法中之合于其第二条之事项者。

●●●集治监、假留监看守之休职 明治二十三年（1890年）敕令

定集治监、假留监看守之人员及俸给如下：

一　废

二　同

三　同

四　同

五　看守以在监人数减少而有过员，则得命之休职，而给现俸三分之一。但休职以一年为期，期满则免其职。

●●●厅府县看守之休职 明治二十三年（1890年）敕令

敕令第二百二十八号集治监、假留监看守之人员及俸给之件中所有俸给及休职之规定，厅府县之看守亦援用之。

第四章 服务规律 惩戒赏罚 执务时间 休假

第一款 服务规律

●●●**官吏服务规律**明治二十年(1887年)敕令

第一条 凡官吏仰对天皇陛下及天皇陛下之政府,应以忠顺勤勉为主,而遵法律命令,各尽其职务。

第二条 官吏行其职务,应遵守本属长官之命令,但得于其命令而陈述意见。

第三条 官吏不问职务之内、职务之外,俱应重廉耻,而不可有贪污之行为。

官吏不问职务之内、职务之外,俱不得滥用威权,而务应谨慎恳切。

第四条 官吏无论于己之职务或闻知于他之官吏,概禁泄漏官中机密,虽退职后亦然。

遇裁判所召唤为证人或鉴定人,讯及职务上之秘密,则惟经本属长官许可之件得供述之。

第五条 官吏不得以职务上未发之文书私自漏泄于有关系之人。

第六条 官吏非有本属长官之许可,不得擅离职务及离职务上居住之地。

第七条 官吏非经本属长官之许可,不得为营业会社之社长或役员。

第八条 官吏非经本属长官之许可,则于其职务无论直接、间接,以慰劳、酬谢及其他何等名义,概不得受他人之赠遗。

官吏凡受外国君主或其政府授与之勋章、赐品、俸给及赠遗，俱须我天皇陛下裁可。

第九条　如下所列者，其职务与有直接关系之官吏不得受其燕享：
　　一　受负官厅之工事者。
　　一　引受官吏之为替法或出纳者。
　　一　受官厅补助金而起业者。
　　一　调达官厅之用品者。
　　一　与官厅结各种之契约者。

第十条　凡为上官者，无论职务之内、职务之外，概不得受所属官吏之赠遗。

第十一条　官吏及其家族非经本属长官之许可，则不问直接与间接，俱不得营商业。

第十二条　官吏不得为取引相场会社之社员及以间接而关系相场商业。

第十三条　官吏非经本属长官之许可，不得于本职之外得给费而行他之事务。

第十四条　以浪费破产、不当负债而负债者，为过失之一。

第十五条　官吏不得于私立邮船会社或私立铁道会社受无赁乘船、无赁乘车之切符①。

第十六条　凡局长、所长及其他一部之长，各监督其所属之官吏，若其过失而不在己所行惩戒处分之区域内者，务当训告之。而见有须行惩戒处分，则具其事状而禀诸本属长官。知情隐蔽而不禀者，不得免于过失。

---

　　① 切符，即船票、车票。

●●●禁官吏私自揭载新闻纸 明治六年（1873年）太政官达书

在官者于官中之事务或与外国交际有妨碍者，虽琐细之事，亦不准私自揭载新闻纸。但经公布之文书，或自其长官差图之分，则不在此限。

●●●禁官吏叙述政务于新闻纸等 明治八年（1875年）太政官达书

凡为官吏者，除官报、公告之外，不得于新闻纸或杂志、杂报等私自叙述一切之政务。但凡百科学之叙述，则不在此限。

●●●官吏之商业制禁 明治八年（1875年）太政官达书

第一条　凡官吏及其家族于买入他之物品卖于他人以获利，或卖入他之生产加以制作而贩卖以获利等业，一切禁止。但神官、教导职、区户长、邮便取扱人、学区取缔役及等外之吏，不在此限。

第二条　官吏之家族而欲以己之财营商贾之业者，必分籍别居，方可营之。

第三条　下之所列数件非专商贾之业，虽为官吏者亦不在禁制之内，但开与商贾相同之廛肆则仍禁止：

一　以矿山借区营业及所有田地而获其利。

一　贷其田地、家屋而获地代①宿赁。

一　贷金银而获利息。

---

①　地代，即地价、地租。

一　于所有地之生物产加以制造而售卖之。

●●●官吏得为会社之株主 明治十四年（1881年）太政官达书

官吏商业区分之事既立，自今后惟以道路河港之修筑、海陆之运输、土地之开垦、殖产之事业为目的而设立之社会株主，官吏亦在不禁之列。

●●●公卖官地、官林及不用之物禁其厅之官吏投票

明治七年（1874年）太政官达书

官地、官林及不用之物品等，以公人札法而拂下之时，属于其厅之官员。无论由本人与代理人，俱不得投票。

第二款　惩戒赏罚

●●●**文官惩戒令** 明治三十二年（1899年）敕令

要　目

第一章　总则

第二章　惩戒委员会

　　第一款　总则

　　第二款　文官高等惩戒委员会

　　第三款　文官普通惩戒委员会

第三章　惩戒手续

附　则

第一章　总则

第一条　除以亲任式而叙任之官及法令别有别规定者外，自余官吏，非据本令无受惩戒者。

第二条　官吏当受惩戒者如下：

　一　违背职务上之义务或怠其职务之时。

　二　无论职务之内、职务之外，其行为有失官职上之威严或信用之时。

第三条　惩戒之条款如下：
一　免官。
二　减俸。
三　谴责。

第四条　受免官之处分者，自失其官职之日起，二年间不得就官职。受免官之处分而情节重者，则使返上位记。

第五条　减俸者，一月以上，一年以下，减其年俸月割额或月俸三分之一以下。

第六条　敕任官之免官及减俸，惩戒委员会具其议决，而内阁总理大臣奏请裁可以行之。奏任官之免官，惩戒委员会具其议决，本属长官经由内阁总理大臣而奏请裁可以行之。

谴责，本属长官行之。

第七条　应付惩戒之事件在系属于刑事裁判所之间，不得对之开惩戒委员会。

惩戒委员会议决以前，对于应付惩戒者而刑事诉追已经开始，则迄其判决之间，停止惩戒委员会之开会。

第二章　惩戒委员会

第一款　总则

第八条　惩戒委员会分之为文官高等惩戒委员会、文官普通惩戒委员会。

第九条　文官高等惩戒委员会专于议决高等官之惩戒，文官普通惩戒委员会专于议决判任官之惩戒。

第二款　文官高等惩戒委员会

第十条　文官高等惩戒委员会以委员长一人、委员六人组织之。

第十一条　委员长则在枢密顾问官之中，委员则在行政裁判所长官、敕任行政裁判所评定官、敕任判事及其他敕任文官之中，据内阁总理大臣之奏请而命之。

委员会中置预备委员六人，据前项之例而命之。

第十二条　委员会非合委员长与委员有五人以上出席，则不得开会议。

委员会之议事以多数决可否，数同则委员长决之。

第十三条　委员长而有事故，则上席之委员代理之。

委员中而有事故或有缺员，则委员长在预备委员中命之代理。

第十四条　委员长及预备委员之任期俱为三年。

以委员及预备委员中有缺员而命之补缺者，其任期尽前任者所残余之任期。

第十五条　委员长及委员而有下之事项者则免之：

　　一　失其官职。

　　二　转任于委员会之所在地以外。

第十六条　委员会置干事一人。

第十七条　干事在高等官之中据内阁总理大臣之奏请而命之。

第十八条　干事承委员长之命，准备委员会之议事，统理庶务。

第十九条　委员会置书记三人。

第二十条　书记在判任官之中由委员长命之。

第二十一条　书记承干事之命，从事庶务。

第三款　文官普通惩戒委员会

第二十二条　文官普通惩戒委员会置之于下列各官厅：
- 内阁
- 枢密院
- 各省
- 台湾总督府
- 会计检察院
- 行政裁判所
- 警视厅
- 北海道厅
- 府县
- 贵族院事务局
- 众议院事务局

前项之外，各省大臣而见为当必置之者，得于其所辖官厅置文官普通惩戒委员会。

第二十三条　委员长即以各官厅之长官充之。但在内阁则法制局长官充之，在枢密院则书记官长充之，在各省则总务长官充之，在台湾总督府则民政长官充之。

委员之数自二人至于六人，在该官厅中由本属长官命之。但内阁则在赏勋局、法制局及内阁所属之高等官中命之。

遇有特别之事情，则得以上级官厅之高等官充下级官厅之委员。

第二十四条　委员会非合委员长与委员有二人以上出席，则不得开会议。

第二十五条　委员长而有事故，则上席之委员代理之。

第二十六条　委员会置书记二人。

第二十七条　书记在委员长所属官厅之判任官中由委员长命之。

第二十八条　书记承委员长之命，从事庶务。

第三章　惩戒手续

第二十九条　本属长官察觉所部之官吏而有当惩戒之行为，应具凭证，以书面而要求惩戒委员会审查之。

第三十条　遇有前条之要求，委员长应定期日而召集委员会。

委员会而见必须引致本人之时，则得命本人出面。

遇前项之时，应自本人所属官厅，据内国旅费规则，给以与本官相当之旅费。

第三十一条　委员会而已议决，则应具其理由，申覆于本属长官。

第三十二条　委员长及委员遇会议之事件而有关系于其自己或其亲族，不得参与。

第三十三条　委员会之审查手续则委员会自定之。

附　　则

第三十四条　试补高等官准诸高等官，见习判任官准诸判任官，俱适用本令。

第三十五条　本令以明治三十二年四月十日施行。

官吏惩戒例即以施行本令之日废去。

●●●判事惩戒法 明治二十三年（1890年）法律

要 目

第一章 总则
第二章 惩罚
第三章 惩戒裁判所
第四章 裁判手续
第五章 停止职务
第六章 惩戒裁判手续与刑事裁判手续之关系
第七章 补则

第一章 总则

第一条 凡惩戒判事,如遇下之列款,应付惩戒裁判所之裁判:
第一 背职务上之义务或怠于职务。
第二 有失官职之威严或失信用之行为。

第二章 惩罚

第二条 惩罚之条款如下:
第一 谴责。
第二 减俸。
第三 转所。
第四 停职。
第五 免职。

第三条　应适用前条何种惩罚,则当视所犯之轻重而由惩戒裁判所定之。

惩戒裁判所于定何种惩戒之时,得斟酌其平生之行状。

第四条　减俸,自一月以上至一年以下,减年俸月份额三分之一。

第五条　转所,系转于他之裁判所或转于他职,但得因情状而并以减俸科之。

第六条　停职,自三月以上至一年以下,停止其执行职务。

在停职中不予俸给。

第七条　既受免职之宣告者,即失其现任之官及受恩职之权。

第三章　惩戒裁判所

第八条　惩戒裁判所置之于各控诉院及大审院。

第九条　控诉院之惩戒裁判所增控诉院长,以其院之判事五人组立之,而院长为之长。

大审院之惩戒裁判所增大审院长,以其院之判事七人组立之,而院长为之长。

第十条　控诉院长及大审院长每年与部长协议,以预定惩戒裁判所之判事,并定裁判所长或判事有差支时之代理次序。

第十一条　惩戒裁判所判事之忌避、回避准用治罪法之规程。

第十二条　控诉院惩戒裁判所检事之职务,检事长行之。大审院惩戒裁判所检事之职务,检事总长行之。

第十三条　控诉院之惩戒裁判所长,在其院之裁判所书记中,选命惩戒裁判所之书记。大审院之惩戒裁判所长,在其院之裁判所书记中,选命惩戒裁判所之书记。

第十四条　控诉院之惩戒裁判所，除院长及部长外，凡其院之判事及其管辖区域内一切下级裁判所之判事，皆归管辖惩戒事件。

第十五条　大审院之惩戒裁判所管辖如下所列之事件：

　　第一　以第一审为终审而对大审院之判事、控诉院长及控诉院部长之惩戒事件。

　　第二　对控诉院惩戒裁判所裁判之控告及控诉。

第十六条　惩戒裁判所之管辖，系不必拘所犯之地。裁判手续开始之时，但据判事奉职之裁判所而定者。

第四章　裁判手续

第十七条　惩戒裁判所本诸检事之申立或自以职权，而决定惩戒裁判应开始与否。但自以职权决定之时，应听检事之意见。

第十八条　检事于所拒其裁判手续开始者，则对惩戒裁判所之决定，得在七日之期间内，抗告于抗告裁判所。

第十九条　抗告裁判所既询检事之意见后，即裁判其抗告。若见抗告为正当，则于其裁判手续开始之决定，使管辖惩戒裁判所行其后之手续。

第二十条　决定开始，应列示所当惩戒之行为及证据。

第二十一条　决定开始应告诸检事及被告。

第二十二条　惩戒裁判所决定必须下调之时，则惩戒裁判所长当以开始惩戒裁判院之判事或管辖区域内之地方裁判所，命之下调。

第二十三条　受命下调之判事应集取必须之证据。

　　受命之判事得传召被告，命陈述其事实。

　　被告得使代理人为之代理。

证人应据治罪法之规程而讯问之。

第二十四条　判事之受命者得以讯问证人及集取证据,嘱托于裁判所之判事。

第二十五条　判事之受命者下调既毕,应差出调书及一切证据于惩戒裁判所长,而裁判所长于二十四时内送诸检事。

第二十六条　检事于三日内附以意见,而缴呈记录于惩戒裁判所长。

第二十七条　惩戒裁判所而见下调已为满足,则应为口头辩论之决定,或免诉之判决。

虽无免诉之理由而不得现时着手裁判,则应为诉追停止之决定。

第二十八条　前条之裁判应送诸检事及被告。

第二十九条　惩戒裁判所长应定口头辩论之期日而传呼被告。

第三十条　口头辩论不公行之。

第三十一条　口头辩论者,首由裁判所书记朗读开始之决定。

裁判长先审讯被告,次检证据,使检事及被告就证据之结果而为辩论,应许被告最终发言。

第三十二条　惩戒裁判所或因被告及检事之申立,或自以职权,以为当更提出适当证据,则得发必应发之命令,且或延缓辩论之期于他日。

第三十三条　被告人得使他人辩护或用代理人。

第三十四条　惩戒裁判所而于事件之辩论见已满足,则应结束之而评议判决。

第三十五条　判决当即时言宣之。若不能即时言宣,则于七日内送其判决于被告及检事。

第三十六条　被告或代理人至辩论期日而不出,亦得言宣判决。

第三十七条　其评议及言宣据裁判所构成法之规程,其证据之判断据治罪法之规程。

第三十八条　被告及检事得于十四日之期间内为控诉之申立,但其期间自判决言宣之日起算。若被告而不出,则自判决送到之日起算。

第三十九条　控诉之申立,应在受判决之惩戒裁判所为之。

控诉状应自控诉申立之十四日期间内差出之。

第四十条　惩戒裁判所应送控诉之申立及控诉状之誊本于对手人。

对手人得自送到之日起十四日之期间内差出辩答书。

第四十一条　惩戒裁判所经过前条之期间后,应送其书类于控诉裁判所。

控诉裁判所长应定口头辩论之期日而传呼被告。

第四十二条　控诉裁判所有提出第一审所未呈之证据,应取调之,或请再讯第一审所已讯之证人,则惟陈述重要之点互异,抑其证言重要之事实推测而知为满意,始许之。

自以职权讯问,无论何时得为之。

第四十三条　第二审之裁判手续适用第三十条至三十七条之规程。

第四十四条　无理由之控诉,则以判决弃却之,而应使控诉人担其费用。

有理由之控诉,则消其第一审所宣之判决,而控诉裁判所更为判决,且其费用亦付裁判。

控诉完毕之后,应与第二审有判决认证之誊本共返之于原裁判所。

第四十五条　计算调书编制之期间及传送书类,据治罪法之规程。

惩戒裁判手续之费用,援刑事裁判费用之规程。

第四十六条　惩戒裁判所之裁判非确定之后不得执行之。

第四十七条　惩戒裁判既已确定,则惩戒裁判所长当报告事件之情况于司法大臣,且差出判决之誊本。

第四十八条　惩戒裁判所宣布减俸、转所或停职之裁判,则司法大臣掌其执行之手续。

第五章　停止职务

第四十九条　判事而有如下所列之事理,当停止其职务:
第一　以刑事裁判手续而被羁留。
第二　据刑事裁判而宣告丧失官职之罚。
第三　据惩戒裁判而受免职之宣告。

第五十条　据刑事裁判而被羁留者,自其裁判确定迄于终其刑期,其间为当停止职务。

第五十一条　惩戒裁判所而见惩戒事件,应处以转所、停职及免职,则不问何时,得自以职权或据检事之申立,决定停止被告之职务,迄于惩戒裁判手续之终。但自以职权决定者,须从检事之意见。
在刑事裁判手续之中,不问何等,惩戒裁判所均得决定停止被告之职务,迄于其手续之终。

第五十二条　惩戒裁判所既已决定,或停止职务之后,其判事于职务上之行为俱无效。

第五十三条　被告于停止职务之决定不得为上诉。

第六章　惩戒裁判手续与刑事裁判手续之关系

第五十四条　在刑事裁判手续之中,于同事件,不得复向被告开始惩戒裁判手续。

惩戒裁判所宣告判决之前,而于同事件已向被告开刑事诉追,则应停止惩戒裁判手续,迄于其事件判决之终。

第五十五条 虽据刑事裁判,而以其并不解于法律而宣告免诉或无罪,至惩戒裁判手续,仍不妨于其同一行为而为诉追。

据刑事裁判而宣告不至丧失官职,在惩戒裁判手续,仍得诉追。

第七章 补则

第五十六条 凡应惩戒之行为,虽关于本法实施之前,亦可据本法而诉追。

第五十七条 此法律以明治二十三年十一月一日施行。

●●●陆军惩罚令 明治十四年(1881年)陆军省达书

要 目

第一章 法例
第二章 罚令
第三章 犯行

第一章 法例

第一条 此令系为军人之故意、疏虞、懈怠、过失之轻犯不至用刑法者及素行不修、有污军人之体面者而上官惩戒之之罚典。

但可据他之法律规则而论之者，仍各从其法律规则。

第二条　各该管之长官、军团长、师团长、旅团长及卫戍司令官，遇其部下之军人有犯此令者，即以此令罚之。

第三条　各军队之队长可据下之区别而处分之：

一　联队长处分部下军人三十日以内谨慎营仓之罚。

二　大队长处分部下士官十日以内谨慎之罚，下士二十日以内营仓之罚，兵卒三十日以内营仓之罚。

三　中队长处分部下下士十日以内营仓之罚。

独立或分屯之大队长及宪兵队长，视第一项。独立或分屯之中队长及为分遣队长之中少尉并宪兵分队长，视第二项。军乐队长，视第三项。

第四条　除前所载者外，据下之区别而处分之：

一　将官并在独立职之上长官，视前条第一项。

二　在不独立职之长官及在独立之士官，视前条第二项。

三　在不独立职之士官，视前条第三项。

四　遇前之各项，在以将官或上将官所充之职者，例于将官。在以上长官或士官所充之职者，同例于上长官。在以士官或准士官所充之职者，例于士官。

五　惟一时属其部下或属其指挥之下者之惩罚，同于前条及本条。

第五条　既据前二条而为处分，应各从其秩序，而申报于所属上长官。虽其所犯有关于权限外之日数者，亦先遵其权限处分之，再附以意见而申报。

队长长官受此申报，各以权限，得变更其法，或增加其日数。

第六条　削除

第七条　在甲所有犯此令之罚者,未经处分而转于乙所,则甲乙两所应互相通议,而在乙所处分之。

第八条　有犯此令二罚以上而俱发觉者,各科其罚。但以一事而犯二罚以上,则科其一。

第九条　军属及陆军所属诸生徒而犯此令之罚者,可与军人同其处分。但为军属之高等官则准将校之处分,判任官则准下士之处分,诸生徒及其他则准诸卒之处分。

第二章　罚令

第十条　值战时或事变,则第三条所言各官得命被罚者戴罚服务。但是时服务之期日,通算于处罚日数。

第十一条　在戴罚服务之中而有勤劳功绩者,第三条所言各官得免其罚,或轻减之。

第十二条　科罚将校及与将校同等官之目:
  一　重谨慎①。
  二　轻谨慎。

第十三条　科罚下士之目:
  一　重营仓②。
  二　轻营仓。

第十四条　科罚诸卒之目:
  一　重营仓。

---

① 谨慎,即禁闭、幽闭。
② 营仓,即禁闭。

二　轻营仓。

第十五条　谨慎云者，谓停其勤务，禁其他出，并禁与外人相见及通信，而日数则为一日以上三十日以下。

重谨慎减俸给之半额，轻谨慎则减四分之一。

第十六条　在谨慎限内而有疾病，许其延医。有水火等灾，许其防救迁徙。

第十七条　下士、上等兵，屡受第十一条、第十二条之处分仍无悔改之状，而不堪为其部下之仪表者，则免其官职，但不免兵役。脱被免官职后，有悔改之望者，则自被免之日起六月以后，得复之。

免其官职及复其官职，由近卫都督师团长或权与同等以上之长官行之。

第十八条　重营仓云者，谓除演习外停其勤务，锢于营仓，惟给饭与汤与盐，例不贷与寝具，而日数为一日以上三十日以下。但在七十二时之内，当移于轻营仓者二十四时间。

在重营仓之中，因天时或疾病等而医官证其必须贷与寝具者，得贷与之。

第十九条　轻营仓云者，谓除演习外停其勤务，锢于营仓，而日数则为一日以上三十日以下。

第二十条　本居住营外者而处以营仓之罚，则在囚狱之监仓行之。

第二十一条　居住营内者而处重营仓，减俸给十分之八。居住营外者而处重营仓，则减其半额。居住营内者而处轻营仓，减俸给十分之六。居住营外者而处轻仓，则减其四分之一。

第二十二条　犯第二十七条之款而系疏虞、懈怠或过失者，则处轻谨慎、轻营仓。出于故意者，则处重谨慎、重营仓。

第二十三条　应处营仓之罚，在下士、上等卒、诸生徒及居住营外者，得更以禁足。而在营兵卒，则得更以苦役。

处禁足、苦役者，其日数折算三日为重营仓之一日，二日为轻营仓之一日。

处禁足、苦役而系居住营内者，减俸给十分之三。

第二十四条　禁足云者，谓勤务演习外，禁其出营。

居住营外者，则除勤务演习外，禁其他出。但有水火之灾及疾病等，不在此限。

第二十五条　苦役云者，谓除勤务演习外，禁其出营，并使执杂役。

第二十六条　诸卒得视所犯之情状，于罚限满后三日以内，仍禁佩剑。

第三章　犯行

第二十七条　犯行之款目如下：

一　误职务之权限者。

二　失训导之道者。

三　稽缓上申、下达及其他有定期之时日者。

四　错误文书计算者。

五　误命令或误传之者。

六　物件之调制、贮藏、运搬、支给错误者。

七　离职役或屯营本队者。

八　赴他方而后归期者。

九　际行军而后于发程及乘舰之期者。

十　后召集之期者。

十一　以受寄之财物或借用物而典却者。

十二　擅用官物者。

十三　不遵奉法则命令或诽谤之者。

十四　骂詈侮慢或争斗者。

十五　暴行胁迫者。

十六　无端拔剑者。

十七　酩酊不省事者。

十八　言语行为涉于诈伪者。

十九　托疾病事故而规避勤务演习者。

二十　抗言恃顽、失从顺之道者。

二十一　知有犯罪而曲庇之者。

二十二　后于勤务、演习、集合之期或缺之或懈之者。

二十三　违服装法者。

二十四　阙敬礼者。

二十五　违官给物件措置拂法者。

二十六　物件误毁、遗失、污损者。

二十七　失言过语或误应答之事理者。

二十八　失军人之态度者。

二十九　以上所列各款之外，素行不修者。

●●●海军惩罚令 明治二十二年（1889年）敕令

第一条　本令系为军人之故意、疏虞、懈怠、过失等行为不至用刑法者，及素行不修、有污军人之体面者，而设之罚典。但可据他之法律规则而论之者，仍各从其法律规则。

第二条　所称长官者系谓海军大臣、海军军令长、各司令长官、独立司令官。

第三条　所称舰团队长者系谓海军全体舰船团队之长。

第四条　所称各厅长者系谓直隶于长官之各厅长，并直隶于参谋长、部长及其他之长，并海军教育本部长、海军舰政本部长、海军省医务局长、海军省经理局长、镇守府舰政部长之各厅长。

第五条　削除

第六条　长官舰团队长及各厅长遇部下军人之犯本令者，即以本令处分之。

第七条　舰团队副长及机关工练习所长、技手练习所长，可处分部下准士官十日以内谨慎之罚，下士二十日以内禁足之罚，卒三十日以内禁足之罚。

分队长及与分队长职权相同者，可处分部下士二十日以内禁足之罚，卒二十日以内禁足之罚。

第八条　例无惩罚权全部之各官而见部下军人之所犯，浮于权限之日数，则应附以意见，具申于上官，以请其处分。

第九条　候补生及军属而犯本令者，与军人同其处分。海军所属生徒在乘舰中而犯本令者亦同。但奏任官及候补生则准将校之处分，判任官则准准士官之处分，生徒则准下士之处分，其他军属则准卒之处分。

第十条　值战时或事变，则第三条所言各官得命被罚者戴罚服务。但是时服务之期日，通算于处罚日数。

第十一条　在戴罚服务中而有功绩勤劳者，第三条所言各官得免其罚，或轻减之。

第十二条　罚之之目如下：

一　谨慎。

二　禁足。

谨慎系科准士官以上之罚,禁足系科下士以下之罚。

第十三条　谨慎行之于居宅或舰团队校内。

在居宅者,禁他出及与外人接见通信。但有疾病,得延医。

在舰团队校内者,禁外出及与他人集会通信。

罚谨慎之日数为一日以上、三十日以下。

第十四条　禁足,除勤务演习外,禁出舰团队或居宅。

罚禁足之日数为一日以上、三十日以下。

第十五条　在军中合围之地或在舰团队校内而被罚谨慎者,得使之服勤务。其勤务日数,即算入于谨慎日数。

第十六条　有犯本令二罚以上而俱发觉,各科其罚。但以一事而犯二罚以上,则科其一。

第十七条　据本令而处分军属之犯令,虽与官吏服务规则不合,亦无受惩戒处分之事。

第十八条　在甲所有犯本令者,未经处分而转于乙所,则甲所当拟定其罚,而在乙所处分之。

第十九条　犯本令者未经处分而离现役,或已为非职,或已除海军之名籍,则不复科其罚。

第二十条　犯行之款目如下:

一　擅离舰船团队校及职役或缺勤务及懒之者。

二　侵职务之权限或误之者。

三　违背①成规之处置,或怠命令,或误命令以及误传之者。

四　漏泄秘密之事件者。

五　稽延上申、下达及其他有定期之事件者。

---

①　原文为"为背",应系排版之误。

六　失服顺之道者。

七　后演习集合之期或不赴会者。

八　受征召之命无故后到达之期限者。

九　得允许而赴他方无故后还归之期限者。

十　言语行为属于诈伪者。

十一　暴行胁迫者。

十二　滥发铳炮或拔剑者。

十三　骂詈侮慢或争斗者。

十四　知犯罪而隐庇之者。

十五　欲陷人于惩罚而为申告者。

十六　因其疏虞、懈怠、过失而于官中文书或器具物品毁损、亡失、污秽者。

十七　图书计算错误者。

十八　忽其各自担当之锁钥者。

十九　违兵器、弹药、器械、船具、粮饷及其他物品所有、调制、贮藏、搬运、支给之法，抑或误之者。

二十　故令粮食分配不均者。

二十一　以官物而滥用或浪费者。

二十二　违兵器及其他物品之配置、保存法者。

二十三　未得允许而以官给及其他附连之物品贷借者。

二十四　以受寄之财物或借用物而典却者。

二十五　不携下士、卒之定数被服者。

二十六　向守兵滥与言谈或戏之者。

二十七　酩酊不省人事者。

二十八　失军人之度态者。

二十九　违礼节式者。

三十　衣背于服装式或制规外命令外之服者。

三十一　诽谤法则命令或违之者。

三十二　素行不修者。

三十三　以其疏虞、懈怠、过失而毁损船舰或其他物件及令船舰搁岸、坐礁与受其他危险者。

三十四　船舰乘员由于己之无能致令船舰搁岸、坐礁与受其他危险或毁损之者。

三十五　未得允许而擅自积载物品于船舰者。

三十六　身凭炮具及其他不可凭之处者。

三十七　在舰船团队校内巡检之后无故离去寝所者。

三十八　在舰船团队校内滥入他人之室者。

三十九　在舰船团队校内滥入庖厨者。

四十　在舰船团队校内不有允许而携带火药及其他可以破裂之物品者。

四十一　在舰船团队校内、定所之外出入物品或投弃物品者。

四十二　在舰船团队校内为丑行者。

四十三　贴纸或乐书于舷侧、栅档、墙壁等者。

四十四　不有允许而携酒类入舰船团队校内，或在舰船团队校内以酒类授受、买卖或在工场内饮酒者。

四十五　擅在舰船团队校内饲蓄鸟兽，或在工场内滥采果实、贝藻，或折树木、花卉，或捕鱼鸟者。

四十六　滥在舰船团队校内睡眠于定所之外，或在工场内于就业时间而睡眠者。

四十七　滥自炮门出入舰内，或逾越栅塀、墙壁等而出入团队校工场构内者。

四十八　滥立入于团队校工场构内无端徘徊诸方，或向构内海岸泊船者。

四十九　在舰船团队校内饮食于定所之外，或在工场内于就业时间而食饭，或为食饭之准备者。

五十　在舰船团队校工场内用灯火或他火于所定时限之外及禁制之所，或疏于火之取扱或吸烟者。

五十一　在守所或整列就业之中而喧噪、戏谑或杂话者。

五十二　在舰船团队或工场内而遗粪尿于定所之外者。

五十三　无端裸体者。

五十四　在工场内滥立入于禁止之所者。

五十五　在工场内不顾火之始末而即退散或滥于举火者。

五十六　在工场内滥于游戏放歌或发高声者。

五十七　在工场内赌决胜负及类于此者。

五十八　在工场内携带棋、将棋、双六、骨牌等之戏具者。

五十九　在就业时间制造私用物品，或受他人嘱托而制造者，与夫嘱托之及为嘱托之介绍者。

六十　在就业时间滥入他工场，或妨害他人之工业，或休止自己之工业者。

六十一　在工场内各自使用之器具材料失于整顿而使散乱者。

六十二　在工场毁坏揭示、标札及其他诸报告、榜标等者。

六十三　在工场内抛掷瓦砾等者。

六十四　在工场内故意毁损职札，或令纷失，或在札场投掷者。

六十五　在工场内嘱托他人为职札之挂外者及承诺与为挂外者。

第二十一条　在练习所病院监狱而有犯行者,与在舰团校内者同其处分。

●●●神职惩戒令 明治三十五年(1902年)敕令

神职之与高等官受同一之待遇者,其惩戒准诸文官惩戒令中用于高等官之规定。与判任官受同一之待遇者,诸准文官惩戒令中用于判任官之规定。

附　则

本令以明治三十五年二月二十日施行。

神官神职之惩戒令即行废去。

●●●税关监吏赏罚规则 明治二十三年(1890年)敕令

第一条　监吏而于职务上有勤劳者,视其事之大小难易,而每事与以五圆之赏。

第二条　监吏而于职务上有怠慢过失者,按其情状,处以下之惩罚:

第一　谴责。

第二　罚俸。

第三　免职。

第三条　罚俸,罚月俸百分之一以上,定期一月以下。

第四条　罚俸,每月使以俸给缴纳,但不得逾月俸额三分之一。

第五条　被处罚俸者,而在罚俸完纳以前或免职、或退官、或死亡者,不复追征。

第六条　大藏大臣得以本规则之执行委任于各地税关之长官。

监狱判任待遇职员之惩戒规程 明治三十六年（1903年）司法省令

第一条 监狱以判任官待遇之职员，其应受惩戒者如下：
 一　违背厥职之义务。
 二　有怠慢职务之行为。
 三　不问在职务之内、职务之外，有失监狱官吏威信之行为。

第二条 惩戒如下：
 一　免职。
 二　减俸。　一月以上，五月以下，减月俸百分之二十以下。
 三　谴责。

第三条 惩戒据惩戒委员会之决议而行之。
但谴责则典狱专行之。

第四条 惩戒委员会置委员长一名、委员自二名至四名、书记一名。

第五条 典狱即为委员长。
委员，典狱在看守长中命之，而应报告于司法大臣。
书记，委员长命之。
委员长而有事故，则上席之委员代理之。

第六条 委员会非有委员长、委员二名以上，不得开之。
委员会之议事以多数决可否，数同则委员长决之。
委员长或委员之中，而遇议及自己亲属之事件，则不得加于议决。

第七条 书记承委员长之命而从事庶务。

第八条 典狱而见以判任官待遇之职员有应惩戒之行为，则具凭证，以书面要求惩戒委员会之审查。
遇有前项之要求，则委员长应开临时委员会，而报告其决议之事由于典狱。

委员会而见为必须召唤本人以取调者，则得为之。

第九条　惩戒应作辞令书，传达于本人。

●●●巡查惩罚例明治九年(1876年)内务省达书

第一条　凡背职务之规则及有怠慢失误者，应审按其情状，科以罚金，不可少于一月俸给百分之一，不可多于一月，轻者止于呵责。

第二条　所犯而贻羞于职务者，免职。

第三条　罚金尚未完纳而有免职、死亡等者，免其追征。

第四条　罚金，每月使控除俸金而完纳之。

但不得逾月俸三分之一。

第五条　将官物遗失或毁损者，科相当之罚金，并使赔偿其代价。

●●●授与看守女监取缔以精勤证书之规则

明治三十六年(1903年)司法省训令

第一条　精勤证书所以证看守女监取缔之精勤而表彰其名誉者。

第二条　精勤证书有合于下之事项者，则典狱授与之：

一　品行方正。

二　勤务黾勉。

三　事务熟达。

四　勤续已满三年。

第三条　如下所记者，则前条第四款之期间以处分之次月起算：

一　据巡查惩罚例、监狱判任待遇职员惩戒规程而被处相当于月俸百分之二十以上之罚金或减俸者，抑一年中有二次以上被处相当于月俸百分之二十以下之罚金或减俸者。

二　在奉职中而被处刑者。

第四条　持有精勤证书者据监狱判任待遇职员惩戒规程而被免职，则其精勤证书归于无效。在奉职中而被处刑或退职后而被处禁锢以上之刑，则其精勤证书归于无效。

第五条　持有精勤证书者，退职之后而求再任，则得不行学术试验即采用之。

第六条　精勤证书而亡失者，可更授与之。

第七条　精勤证书应据下之雏形调制。

雏形
从略

附　则

第八条　明治二十二年五月内务省训令第二十一号之巡查看守精勤证书授与规则，自本则施行之日不复适用之于看守。

●●●会计检查官之惩戒法 明治三十三年（1900年）法律

要　目

第一章　总则
第二章　惩戒裁判所
第三章　裁判手续
第四章　罚则
附　则

第一章　总则

第一条　会计检查官之应受惩戒者如下：

一　违背厥职之义务或怠之者。

二　不问在职务之内、职务之外，有失官职上之威信之行为。

第二条　惩戒据惩戒裁判所之裁判而行之。

第三条　惩戒如下：

一　谴责。

二　减俸。

三　免官。

第四条　减俸为一月以上、一年以下，减年俸月割额三分之一以内。

第五条　受免官之处分者，自其判决之日始二年之间，不得就官职。

第六条　在刑事裁判手续之中，不得复以同一事件，向被告开始惩戒裁判手续。在惩戒裁判宣告之前而以同一事件向被告开始刑事诉追，则应停止惩戒裁判手续，迄于其事件判决之确定。

第二章　惩戒裁判所

第七条　惩戒裁判所置长官一人、裁判官六人、预备裁判官六人。长官由内阁总理大臣于枢密顾问官中奏请而补之。裁判官，则三人于大审院判事中、三人于会计检查院长及会计检查官中奏请而补之。

预备裁判官准前项之例而补之。

第八条　长官、裁判官、预备裁判官之任期俱为三年。但以补阙而就职者,则尽前任所残余之期。

第九条　惩戒裁判所以并长官及裁判官七人列席合议而裁判。

第十条　惩戒裁判所即以长官为裁判长。长官而有事故,则以上席裁判官为裁判长。

裁判官而有事故,则长官以其出自同一官厅之预备裁判官命之代理。

第十一条　惩戒裁判所中裁判之评议准用裁判所构成法之规定。

第十二条　惩戒裁判所置检察官一人及预备检察官一人。

检察官及预备检察官由内阁总理大臣于大审院敕任检事中奏请而补之。

第十三条　惩戒裁判所置书记三人。

书记由长官于判任官中命之。

第三章　裁判手续

第十四条　会计检查院长而见会计检查院部长及检查官有应惩戒之行为,则当通告于惩戒裁判检察官。

检察官既受前项之通告,或自以职权,可为惩戒裁判开始之申立。

第十五条　惩戒裁判所或据检察官之申立,或自以职权,决定惩戒裁判之应开始与否。但出于自以职权者,须征检察官之意见。

第十六条　惩戒裁判既开始,则被告不复得就职务,迄于其裁判终结为止。

第十七条　开始既决定,当布示其应惩戒之行为及证据。

第十八条　开始既决定,当传达于检察官及被告。

第十九条　惩戒裁判所应即定口头辩论之期日或为下调之决定。

下调既决定，当传达于检察官及被告。

第二十条　惩戒裁判所既有下调之决定，则裁判长应即以下调命之裁判官。

裁判官之受命者应集取必须之证据。

裁判官之受命者得以讯问证人及集取其他证据，嘱托之于区裁判所之判事。

裁判官之受命者及判事之受托者，其集取证据，与刑事诉讼之候审判事有同一之权。但受命裁判官不得宣告罚金，或发拘引状。

第二十一条　被告因下调而受传呼，得令代理人为之代理。但受命裁判官或受托判事而必须本人之出面，则不在此限。

第二十二条　受命裁判官而下调既终，则应以调书及其他一切证据差出于惩戒裁判所。受托判事而受托之职务既终，则应以调书及其他一切书类送致于受命裁判官。

惩戒裁判所得决定下调之补充。

第二十三条　惩戒裁判所而见为下调既已满足，则应征检察官之意见，而定口头辩论之期日，或为免诉之决定。

免诉既决定，当传达于检察官及被告。

惩戒裁判所既定口头辩论之期日，则当以之通知检察官，传呼被告。

第二十四条　辩论及判决之宣告不公开之。

第二十五条　口头辩论之开始，裁判长宣告之。

裁判长先审问被告，次查证据，使检察官与被告互为辩论，而应许被告以最终之发言。

第二十六条　惩戒裁判所得因被告之申立而为书面审理。

惩戒裁判所虽已许书面审理，仍得使被告为口头辩论。

第二十七条　惩戒裁判所或因被告及检察官之申立，或自以职权，而核其当更使之提出证据，则得发召唤证人及其他必须之命令，且延口头辩论之期。但第二十条第四项之但书，本条亦准用之。

第二十八条　惩戒裁判所而本于书面审理以判决，则其判决之前，应以与事件有关系之书类送致于检察官，而征其意见。

第二十九条　惩戒裁判所值事件之辩论既已满足，则终结之，而应即判决以宣告。

虽被告于辩论期日不出面，亦即得为判决而宣告之，但是时应传达判决于被告。

若不能据前二项而即判决，则限七日以内为之，而应传达于检察官及被告。

本书面审理而为判决，则应传达于检察官及被告。

第三十条　凡裁判长、裁判官之忌避、回避，集取证据之手续及制作调书、送达书类，俱准用刑事诉讼法之规定。

送达书类以书留邮便①或惩戒裁判所之使丁为之，是时之邮便配达人及使丁即视作送达吏。

第三十一条　证人、鉴定人及通事②得求旅费日当，其金额准用刑法附则。

第三十二条　惩戒裁判所既为裁决，则应由长官即报告其旨于内阁总理大臣及会计检查院长。

第四章　罚则

第三十三条　由惩戒裁判所或受命裁判官传呼为证人及传呼为鉴定

---

① 书留邮便，即挂号信、挂号邮件。
② 通事，即（民事诉讼中聋哑者及外语等方面的）翻译。

与通事，并无正当之理由而不出应之或不尽其义务者，罚金四圆以上、四十圆以下。

第三十四条 证人之由惩戒裁判所或受命裁判官与受托判事传呼之者而诈为虚伪之证，又鉴定及通事之由惩戒裁判所或受命裁判官与受托判事传呼之者而诈为虚伪之陈述，处一月以上、一年以下之重禁锢，附加五圆以上、五十圆以下之罚金。以贿赂及其他方法而嘱人为伪证或为诈伪之鉴定及通事者，亦同。

犯前项之罪而在其事件判决以前自首者，免本刑。

附　则

虽应惩戒之行为系在本法施行以前，亦可据本法而诉追。

●●●行政裁判所长官评定官之惩戒令 明治三十二年
（1899年）七月敕令

要　目

第一章　总则
第二章　惩戒裁判所
第三章　裁判手续
第四章　罚则
第五章　附则

第一章 总则

第一条 行政裁判所之长官评定官而有如下所载之行为,则据惩戒裁判所之判决,应受惩戒之处分:
　　一　违背厥职之义务或怠之者。
　　二　不问在职务之内、职务之外,而有失官职上威信之行为者。

第二条 惩戒处分据惩戒裁判所之判决而行之。

第三条 惩戒如下:
　　一　谴责。
　　二　减俸。
　　三　免官。

第四条 惩戒裁判所将定用何惩戒,须斟酌被告所犯之情状与平生之行状。

第五条 减俸为一月以上、一年以下,减年俸月割额三分之一以内。

第六条 受免官之处分者,自失其官职之日始二年之间,不得就官职。受免官之处分而其情重者,令返上位记。

第七条 在刑事裁判手续之中,不得复以同一事件向被告开始惩戒裁判手续。
　　在惩戒裁判宣告之前而以同一事件向被告开始刑事诉追,则应停止惩戒裁判手续,迄于其事件判决之确定。

第二章 惩戒裁判所

第八条 惩戒裁判所置裁判长一人、裁判官六人、预备裁判官六人。

裁判长以文官高等惩戒委员长充之,裁判官以文官高等惩戒委员充之,预备裁判官以文官高等惩戒预备委员充之。

第九条　惩戒裁判所置检察官一人。

检察官由内阁总理大臣于敕任检事中奏请而命之。

第十条　惩戒裁判所置书记五人,其内三人以文官高等惩戒委员会书记充之,二人由裁判长于大审院书记中命之。

第十一条　文官惩戒令第十二条及第十三条之规定,本令准用之。

第三章　裁判手续

第十二条　行政裁判所长官而察行政裁判所评定官有应惩戒之行为,则当具证据而通告于惩戒裁判所检察官。

检察官既受前项之通告,或自以职权,可为惩戒裁判开始之申立。

第十三条　惩戒裁判所或据检察官之申立,或自以职权,决定惩戒裁判之应开始与否。但出于自以职权者,须征检察官之意见。

第十四条　惩戒裁判既开始,则被告不得复就职务,迄于其裁判终结为止。

第十五条　开始既决定,当布示其应惩戒之行为及证据。

第十六条　开始既决定,当传达于检察官及被告。

第十七条　惩戒裁判所应即定口头辩论之期日或为下调之决定。

下调既决定,当传达于检察官及被告。

第十八条　惩戒裁判所既有下调之决定,则裁判长应即以下调命之裁判官。

裁判官之受命者应集取必须之证据。

裁判官之受命者得以讯问证人及集取其他证据,嘱托之于通常裁判所之判事。

受命裁判官之集取证据，与刑事诉讼之预审判事有同一之权，但不得发拘引状或拘留状。

第十九条　被告因下调而受传呼，得令代理人为之代理。但受命裁判官或受托判事而必须本人之出面，则不在此限。

第二十条　受命裁判官而下调既终，应以调书及其他一切证据差出于惩戒裁判所。

受托判事而受托之职务既终，应以调书及其他一切书类送致于受命裁判官。

惩戒裁判所得命下调之补充。

第二十一条　惩戒裁判所而见为下调既已满足，则应征检察官之意见，而定口头辩论之期日，或为免诉之决定。

免诉既决定，当传达于检察官及被告。

第二十二条　惩戒裁判所既定口头辩论之期日，则当以之通知检察官，传呼被告。

第二十三条　口头辩论之开始，裁判长宣告之。

裁判长先审讯被告，次查证据，使检察官与被告互为辩论，而应许被告以最终之发言。

第二十四条　被告得以书面辩论。

第二十五条　惩戒裁判所或因被告及检事官之申立，或自以职权，而核其当更使之提出证据，则得为之发必须之命令，且延口头辩论之期。

第二十六条　惩戒裁判所值事件之辩论既已满足，则终结之，而应即判决以宣告。

虽被告于辩论期日不出面，亦即得为判决而宣告之。

若不能据前二项而即判决，则限七日以内为之，而应传达于检察官及被告。

第二十七条　凡裁判官之忌避、回避、评议及证据之判断，准用裁判所构成法及刑事诉讼法之规定。

第二十八条　惩戒裁判所既为判决，则应由①检察官即报告其旨于内阁总理大臣及行政裁判所长官。

第四章　罚则

第二十九条　由惩戒裁判所或受命裁判官传呼为证人及传呼为鉴定与通事，并无正当之理由而不出应之或不尽其义务者，罚金四圆以上、四十圆以下。

第三十条　证人之由惩戒裁判所或受命裁判官与受托判事传呼之者而诈为虚伪之证，又鉴定及通事之由惩戒裁判所或受命裁判官与受托判事传呼之者而许为虚伪之陈述，处一月以上、一年以下之重禁锢，附加五圆以上、五十圆以下之罚金。以贿赂及其他方法而嘱人为伪证或为诈伪之鉴定及通事者，亦同。

犯前项之罪而在其事件判决以前自首者，免本刑。

第五章　附则

第三十一条　虽应惩戒之行为系在本令施行以前，亦可据本法而诉追。

---

① 原文为"应用"，应系排版之误。

第三十二条　本令自明治三十二年八月一日施行之。

●●●贵、众两议院守卫之惩罚明治二十四年(1891年)敕令

贵族院并众议院守卫之惩罚照巡查惩罚例。

●●●临时博览会事务局职员惩戒之件明治三十六年(1903年)敕令

临时博览会事务局之职员，与高等官受同一待遇者之惩戒准用文官惩戒令中高等官之规定，与判任官受同一待遇者之惩戒准用文官惩戒令中判任官之规定。

第三款　执务时间

●●●**各官厅执务时间**明治二十五年(1892年)阁令

各官厅之执务时间自今改正如下：

  自九月十一日,迄十月三十一日。 午前八时至午后四时。
  自十一月一日,迄明年二月晦日。 午前九时至午后四时。
  自三月一日,迄七月十日。 午前八时至午后四时。
  自七月十一日,迄九月十日。 午前八时至正午十二时。
  但土曜日[①]与日曜日[②]循旧。

惟地方之况状或厅务之性质上有不得已者,则主务大臣得经阁议而更动上之时间。

事务繁剧之际,应奉上官之指挥,不分昼夜执务。

●●●**台湾总督府及其所属各官厅之执务时间**明治三十一年(1898年)阁令

台湾总督府及其所属各官厅之执务时间,台湾总督得酌定而施行之。

除前项所揭者外,凡在台湾之各官厅,应准用台湾总督所定执务时间之规定。

---

 ① 土曜日,即星期六。
 ② 日曜日,即星期日。

●●●**邮便局所之执务时间**明治三十六年（1903年）递信省告示

自四月一日始，邮便局所每日于下之时间内，取扱邮便为替、外国邮便为替、邮便贮金及邮便取立金受拂事务：

　　自九月十一日，迄十月三十一日。　　午前八时至午后四时。
　　自十一月一日，迄明年二月晦日。　　午前九时至午后四时。
　　自三月一日，迄七月十日。　　　　　午前八时至午后四时。
　　自七月十一日，迄九月十日。　　　　午前八时至正午十二时。

但日曜日及大祭祀日皆以正午十二时为止。

第四款　休假

●●●**休假定日** 明治六年（1873年）布告

自今休假之日通定如下：

自一月一日迄三日，自六月二十八日迄三十日，自十二月二十九日迄三十一日。

每月休假止此，但大月之三十一日非休假。

●●●**日曜日、土曜日休假之件** 明治九年（1876年）太政官达书

向例一、六休假，自四月始，改定以日曜日休假，将此通饬知之。

但土曜日应自正午十二时，同为休假。

●●●**年中祭祀等之休假日** 明治六年（1873年）布告

年中祭祀日等之休假，通定如下：

元始祭　　　一月三日

新年宴会　　一月五日

孝明天皇祭　一月三十日

纪元节　　　二月十一日

神武天皇祭　四月三日

神尝祭　　　十月十七日

天长节	十一月三日
新尝祭	十一月二十三日
春季皇灵祭	春分日
秋季皇灵祭	秋分日

●●●各官员暑假之件 明治七年（1874年）太政官达书

自七月十一日迄九月十日，既赐各官员休假。各官员若于公事无碍，遵即休假。或于赐假之中，有旅行而得许可，应先以行期届出。但各厅均当由长官察度公事之情形，然后休假。

●●●赐官员父母祭日之休假 明治六年（1873年）布告

自今各官员遇其父母之祭日，特赐休假，为此通饬知之。

●●●各官员出张于远地者归京后赐休假 明治二年（1869年）达书

各官员以公事而出役于东京外之远地，归京之后，予假三日，不必到公。

但其时适有要公，则俟公事毕，然后休假。

●●●归京者休假之日数 明治三年（1870年）太政官达书

百里以上	三日
五十里以上	二日
二十五里以上	一日

●●●女监取缔休假之件 明治三十六年（1903年）司法省训令

女监取缔之休假援照明治十八年内务省号外达书之巡查看守休假概则。

●●●巡查、看守休假概则 明治十八年（1885年）内务省号外达书

第一条　巡查、看守本须定员常齐，不许休假，然于勤务无碍而奉公无间断者得予休假，特以慰劳。

第二条　休假之日数，照下之割合：

一年奉公无间断者　　三周间

半年奉公无间断者　　一周间

第三条　不值班父母祭日及以职务而负伤者之缺勤，不算入缺勤日数。

第四条　休假日数得通算数年而并予之。

第五章 恩给 扶助

第一款 官吏恩给及遗族扶助
并附退官之赐金

●●●**官吏恩给法**明治二十三年(1890年)六月法律

第一条 文官之判任以上者,其退官时,据此法律之所规定,有受恩给之权利。

第二条 在官满十五年以上而合下之事项之一者,则予终身恩给:

一 年逾六十岁而许之退官者。

二 受伤痍或罹疾病不复堪其职而许之退官者。

三 因废官、废厅或官厅事务之伸缩及非职满期而退官者。

第三条 合于下之事项之一者,虽不满前条之年限,亦予终身恩给,且更予增加恩给,得其最下金额十分之七:

一 因公务受伤痍致失一肢以上之用,抑谨可准诸此不复堪其职务而退官者。

二 因公务不能顾其所受之感动,有害健康,而从事于勤务致罹疾病、失一肢以上之用,抑或可准诸此不复堪其职务而退官者。

第四条 在国务大臣之职已满五年以上而退官者,不必拘第二条之制限而予恩给。

第五条 恩给之年额据退官时之俸给与在官年数而定之。例如,在官十五年以上、不满十六年而退官者,其恩给年额为俸给年额二百四十分之六十。而十五年以后每满一年,加二百四十分之一,至满四十年而止。但在官四十年以上者应予之恩给为四十年之额。又,不满十五年者应予之恩给为十五年之额。

为非职满期而退官者之恩给,据其在职最后之俸额以算定之。

交际官及领事、贸易事务官等之恩给据其官等,按普通文官之俸额以算定之。

以兼官而受之加俸,计恩给年额时,应除去而后算定之。

恩给年额不满圆位之数,准作圆位。

第六条　无论退官者本受恩给或不受恩给,而有起因于在官公务之伤痍、疾病,延发而趋于重症,则详具其事由,在下之期限内呈明,查复之后,予相当之恩给:

　　一　失一肢之用抑或可准诸此者,退官后阅二年。

　　二　亡一肢或失二肢之用,及盲两眼或亡二肢,抑或可准诸此者,退官后阅三年。

第七条　在官年数为判任官以上初任之月起算,至于退官之月。

在明治四年八月以前任为官者,以其年其月起算。但本项之所言者而退官,则于其明治四年七月以前之勤务,即以其年其月之官等之月俸半额,当在官年数之一年,而按其年数,以一时支给其额。

第八条　如下所言之月数及日数应算入于在官年数中:

　　一　判任以上在出仕官之月数。

　　二　自武官转于文官者,或不受军人恩给而退现役之后任为文官者,其在现役中之日数。

　　三　从军之年所有加算之年月。

　　四　在非职及休职中之日数。

五　退官之后再任官者,已前在官之月数。

六　自宫内官转于文官者,或不受恩给而退宫内官后任为文官者,其在宫内判任官以上之月数。

第九条　如下所言之月数及日数应自在官年数中除去之:

一　年未满二十岁之在官月数。

二　在高等官试补及判任官见习中之月数。

三　除郡区判任官之外,在不受俸给于政府之官职月数及例得营商业之官职月数。

四　除御用挂雇等外出仕、勤仕之月数。

五　列于第八条之第二款者,据军人恩给法所应除算之月数。

六　或自以便宜而退官,或因惩戒处分及刑事裁判而免官,厥后再任官者,则其前官之月数。

第十条　文官而曾从军者则照军人恩给法之算则,而加算其从军之年。

第十一条　受恩给者而再就官,则在官一年以后,退官时据下之区别而予恩给:

一　退官时之俸给前后不相同,则通算前官之年数于后官之年数,而以后之恩给额与前之恩给额比较,取其多者予之。

二　退官时之俸给前后相同,则据在官年数而增加恩给。但在前官未满十五年而受恩给者,前后通算尚不及十六年以上,则不增加。

第十二条　受恩给者而被处重罪之刑或失日本臣民之分限,则褫夺恩给。

有值下之事项之一者,其间停止恩给:

一　为判任以上之官而受俸给于政府时。但居得营商业之官职则不在此限。

二　被停止公权时。

第十三条　年未至六十而自以便宜退官者与据惩戒处分或刑事裁判而免官者，失受恩给之资格。

以法令而设立之议会议员，并市长、町村长、助役、收入役、名誉职、参事会员及东京市、京都市、大阪市、北海道之区长，而有故退官者，不失受恩给之资格。

第十四条　除郡区判任官外，凡不受俸给于政府之官吏及得营商业之官吏，并试补高等官、见习判任官，无受恩给之权。

得营商业之官吏并试补高等官、见习判任官，惟因公务而受伤痍或罹疾病，合于此法律第三条者，得以退官或罢官时之俸给四分之一，终身支给。

第十五条　予恩给之期以退官之次月始，死亡之月终。

第十六条　应受恩给之事由生后而三年以内不请求者，是为弃其权利。

第十七条　凡予恩给，须据本属长官之证明，经恩给局审查，而内阁总理大臣裁定之。

因行政上之处分而被障害给之权利者，得于六阅月以内，具申于恩给局而请裁决。不服其裁判者，得于一年以内，出诉于行政裁判所。但下之事件，则以恩给局之裁决为终审确定：

一　伤痍、疾病之原因及其轻重。

二　其堪职务与否。

第十八条　恩给不得卖买、让与、质入、书入，并不得以抵偿负债而差押。

第十九条　据明治十七年达书官吏恩给令而受恩给者仍据其令，但其权利消灭及停止则据此法律。

第二十条　在此法律施行以前退官者，其恩给应据明治十七年达书官吏恩给令。但自施行此法律之日起三年以内而不请求，则为弃其受之之权利。

第二十一条　此法律自明治二十三年七月一日施行之。

凡从前之命令而与此法律抵触者俱废去。

●●●官吏恩给法施行规则 明治二十三年（1890年）七月阁令

要　目

第一章　恩给之请求
第二章　恩给之支发
第三章　恩给之停止
第四章　杂则

第一章　恩给之请求

第一条　据官吏恩给法第二条、第三条、第六条及第七条第二项、第十四条第二项而得受恩给者，退官时应具请求恩给书，差出于本属之厅长官。但在废官、废厅之际，则应差出于接其事务之官厅长官。

第二条　据官吏恩给法第四条而得受恩给者，应具请求恩给书，差出于内阁总理大臣。

第三条　请求恩给书应附以下之书类：

一　在官履历书。

二　市町村长所证明之户籍调书。

但官吏恩给法第十四条第二项之所载者,不及附之。

第四条　因公务受伤痍、罹疾病而请求恩给者,应于前条书类之外,更以下之书类证明其事实。又,据官吏恩给法第六条而请求者亦同。

一　现认证书,或所以证之之公文誊本,或口供书。

二　医师之诊断证书。

第五条　各厅长官受有恩给之请求,而查核之后认其请求为有理由,则应作请求者之在官年数及恩给年额计算书,加以证据书类,而差出于内阁总理大臣。

第六条　内阁既许可前条之请求,则作恩给证书,经其本属之厅,而使本人居住地之地方官颁予之。但系一时支给者,用辞令书。

既颁恩给证书或辞令书,则内阁应通报其旨于大藏省。

第二章　恩给之支发

第七条　恩给,四分其年额,而以四月、七月、十月、正月,自大藏省经本人居住地之地方厅,支发其前三月分。但权利消灭或停止之时,及一时支给之金额,则不必拘其期月而支发之。

第八条　受恩给者领受其金额之时,应以恩给证书证明其有领受之权。

第九条　受恩给者而徙居住于他方,则应于支发恩给之月之三十日前,届出其事于新旧居住地之地方厅。若过此期日而后届出,则其期之金额尚在前之地方厅支发。

地方厅既受前项之届出,则各厅之间互交支发其人恩给之事,而应自接管之地方厅通知于大藏省。

第十条 合官吏恩给法之第十二条者,其恩给支发之始终,应据下之各项:

一 被处重罪之刑者以受确定裁判官告之日为终,失日本臣民之分限者以失之之日为终。

二 为判任官以上而受俸给于政府者,以始受俸给之前一日为终,其退官时则以俸给截止之日为始。

三 被停止公权者,则以应处禁锢之刑或应付之监视而受确定裁判宣告之日为终,以刑期满限之翌日为始。

第十一条 官吏恩给法第七条第二项所言之月俸,系据明治四年六月东京浅草米廪之平均相场,与当时官禄一月相当之金额。

第十二条 官吏恩给法第十三条所言增加恩给,至最下金额十分之七为止者,其等差如下:

第一项　盲两目或亡二肢以上者。　　　　十分之七。
第二项　受伤痍或罹疾病足准于前项者。　十分之六。
第三项　亡一肢或失二肢之用者。　　　　十分之五。
第四项　受伤痍或罹疾病足准于前项者。　十分之四。
第五项　盲一目或失一肢之用者。　　　　十分之三。
第六项　受伤痍或罹疾病足准于前项者。　十分之二。

伤痍、疾病之等差,据明治十八年达书之文官伤痍、疾病等差例。

第三章　恩给之停止

第十三条 受恩给者而被处重罪及禁锢之刑,抑或付诸监视,应由宣告其确定裁判之裁判所通知于大藏省。

第十四条　有合于官吏恩给法第十二条第六项之第一款者,应由任用之之官厅通知于大藏省,解任之时亦同。但此通知书,须附记支发本人恩给之地方厅名及始受俸给之日。_{解任时则记载止俸给之日}

第十五条　受恩给者而死亡,应由其遗族届出于地方厅。若遗族而无受扶助费之权利,则同时并须将恩给证书缴还。

地方厅而既受前项之届出,应即通知于大藏省,而以其恩给证书送之内阁恩给局。

第十六条　大藏省而既受第十三、十四、十五条之通知,则转而通知于内阁恩给局。且遇第十三、十四条之时,并应通知地方厅,使停止其恩给,或使复发。

地方厅而既受此通知,其应褫夺恩给者,即收恩给证书,而送之内阁恩给局。

第四章　杂则

第十七条　因水火、盗贼等灾害而亡失恩给证书者,应届出于居住地之地方厅。

地方厅既受前项之届出,应调查其事实,为具其由,而申出于内阁恩给局。是时恩给局当作恩给证书之誊本,经地方厅而再颁于本人。

第十八条　受恩给者而改姓名,亦应届出于居住地之地方厅。而地方厅以其事实,记载于恩给证书之里书,由长官署名捺印之后,交与本人,并当通知于内阁恩给局及大藏省。

第十九条　据明治十七年达书官吏恩给令而受恩给者,遇如下所言之时,则应据本则。
　　一　死亡,或权利消灭抑或停止之时。
　　二　亡失恩给证书之时。
　　三　改名姓或迁居住地之时。
第二十条　据官吏恩给法第二十条而请求恩给者应遵本则。
第二十一条　在不行市制町村制之地,本则中应归市町村长之职务由区户长行之。

●●●文官伤痍、疾病之等差例明治十八年(1885年)太政官达书

因公务而受伤痍或罹疾病,遂等于失一肢以上之用,则为不治之症,而合于官吏恩给令附则第五条之各项者,概定如下:

第一条　盲偏眼者、失全鼻者,俱为第五项。并偏耳之官能而废者,为第四项。

第二条　聋两耳者,为第四项。

第三条　并偏眼两耳之官能而废者,酌量重轻为第二项或第三项。

第四条　失一眼,而他之一眼复昏瞶,仅能为办自己之用者,为第二项。

第五条　并咀啮言语之两机括而废者,酌量重轻为第一项或第二项。

第六条　废咀啮之用者,酌量重轻为第二项或第三项。有几分障碍者,为第五项。其轻者,为第六项。

第七条　精神亡失,或常错乱,须人看护者,酌量重轻为第三项或第五项。

第八条　得痴呆或健忘症,不须常看护者,酌量重轻为第三项或第五项。

第九条　患神经痛,毋庸看护者,$^{酌量}_{重轻}$为第五项或第六项。

第十条　废言语之机能者,为第三项。害言语之机能者,为第五项或第六项。

第十一条　遗瘘管于肠胃膀胱等者,$^{酌量}_{重轻}$为第二项或第三项。

第十二条　遗肠歇尔尼亚者,$^{酌量}_{重轻}$为第五项或第六项。

第十三条　全失阴茎或睾丸者,为第三项。

第十四条　阴茎半失者,或失睾丸之一者,俱为第六项。

第十五条　害颈项腰背诸筋之运用者,$^{酌量}_{重轻}$为第五项或第六项。

第十六条　失一肢且全废他肢之用者,为第一项。

第十七条　失一上肢者,凡自肩之关节,迄于腕之关节,无论为何部位,俱为第三项。

第十八条　凡自肩之关节,迄于腕之关节,废其作用,而不至废全体之作用者,为第六项。

第十九条　在一手而失四指以上者,为第四项。遇五指并力或强硬等,而废把握采摘之用者,为第六项。

第二十条　在一手而四指或五指各失一部,尚得为把握之用者,为第六项。

第二十一条　在一手而并失拇指示指之用者,或除拇指示指外失他之三指者,为第六项。

第二十二条　失一下肢者,凡自股之关节,迄于踝之关节,无论为何地位,俱为第三项。

第二十三条　凡自股之关节,迄于踝之关节,害其作用者,$^{酌量}_{重轻}$为第六项或第五项。

第二十四条　失跗骨至于跖骨之一部者,无论为何地位,俱为第四项。

第二十五条 在一足而失五指者,为第五项。并第一指而失三指者,为第六项。

第二十六条 因不治之病而常须看护者,^{酌量重轻}为第一项或第二项。

第二十七条 不治之病,虽经于前项而不能步行者,为第三项。

第二十八条 不治之病,虽轻于前项而有害自己之办用者,为第四项。

第二十九条 不治之病,虽轻于前项而难营业者,为第五项。

第三十条 不治之病,虽轻于前项而有妨营业者,为第六项。

●●●官吏遗族扶助法 明治二十三年(1890年)法律

第一条 文官位在判任以上而值下之事项之一者,其遗族据此法律,有受扶助费之权利。但无第二条纳金之义务者,不在此限。

　一 在官十五年以上而死于官中。

　二 在官未满十五年因公务而死亡。

　三 受恩给者而死亡。

第二条 文官位在判任以上者应纳其俸给百分之一于国库。

第三条 交际官及领事、贸易事务官等,其俸给比诸普通文官而额多者,应据普通文官之俸给而缴第二条之纳金。额少者,应据其现今所受之俸给而缴第二条之纳金。

除郡判任官外,不受俸给于政府之官吏及例得营商业之官吏,毋庸第二条之纳金。

第四条 寡妇扶助费之年额为其夫曾受或应受之恩给年额三分之一。

原因在为公务受伤痍而死亡，或忍非常之劳动及困苦以从事于勤务遂发病而死亡，或因公务接近于传染病者遂感染其病毒而死亡，或在战地与公务旅行中罹流行病而死亡，则其寡妇之扶助费以其夫之俸给，据官吏恩给法第五条，而核定之恩额年额，得三分之一。扶助费不满圆位之数准作圆位。

第五条　无寡妇或受扶助费之寡妇死亡，抑或权利消灭，则给其扶助费于孤儿。

第六条　孤儿扶助费，有数子则给于继袭家名者。在非户主者之孤儿，则给长子。若继袭者及长子或死亡，或权利消灭，或支给期限已满，则以次转给少者。但除继袭家名者外，必先男子而后女子。

第七条　受恩给者之寡妇在其夫退官之后始与结婚者，不得受扶助费。

第八条　此法律所称孤儿，系谓年未满二十之男子、女子而未结婚者，但养男、养女则惟限继袭家名者。

第九条　扶助费自其应受之事由所生之次月给之。

第十条　无应受扶助费之寡妇、孤儿，抑受扶助费之寡妇、孤儿或去户籍，或死亡，或权利消灭，则有父母或祖父母者，得以相当于寡妇扶助费之全额，予其父母或为终身之给。

第十一条　无应受扶助费之寡妇、孤儿及父母、祖父母，而死者之户籍中，有年未二十，残废不具，不能营产业之兄弟、姊妹，无给养之者，得以相当于寡妇扶助费一年分以上、五年分以下之金额，不拘人数，总为一时给其兄弟、姊妹。

第十二条　扶助费自生其应受权利之月始，三年以内而不请求者，则为弃其权利。

第十三条　扶助费不得卖买、让与、质入、书入，并不得抵偿负债而为差押。

第十四条 受扶助费之权利以下之时而消灭：

一 寡妇死亡，或再醮，或去户籍之次月。

二 孤儿死亡，或婚嫁，或为他家之养子、养女，或年满二十岁之次月。

三 父母、祖父母死亡，或去户籍之次月。

第十五条 孤儿年虽满二十，而残废不具，不能营产业，别无给养者，得以寡妇扶助费三分之一，给孤儿终其身。但一户籍中，有受与寡妇同额之扶助，其间不复给之。

第十六条 受扶助费者而失日本臣民之分限或被处重罪之刑，则废扶助费之支给。

被停止公权，则其间停止支给。

受扶助费者在公权停止中，则给诸应受其转给者。

第十七条 在官未满十五年者非以公务之故而死于官中，则给其遗族以一时扶助金。

前项之扶助金，以其在职最后之俸给年额百分之一，乘算其居官年数为额。但居官不满一年之月数不计。

第十八条 支给扶助费，据地方长官之申牒，经恩给局审查，而内阁总理大臣裁定之。

因行政上之处分而被障害扶助费之权利者，得于六阅月以内，具申于恩给局而请裁决。有不服其裁决者，得于一年以内，出诉于行政善哉所。

第十九条 据明治十七年达书官吏恩给令而受扶助费者及受恩给者，其遗族扶助费亦应据其恩给令，但权利消灭及停止则据此法律。

第二十条　此法律自明治二十三年七月一日施行之。

●●●官吏遗族扶助法施行规则 明治二十三年(1890年)阁令

要　目

第一章　扶助费之请求
第二章　纳金之征收
第三章　扶助费之支给及停止
杂则

第一章　扶助费之请求

第一条　有合官吏遗族扶助法第一条之第一、第二款及第十七条者，应由本属厅颁死者之履历书于其遗族，而遗族以之为请求扶助费或一时扶助金之证。

第二条　有合官吏遗族扶助法第一条之第三款者，则遗族应以其恩给证书为请求扶助费之证。

第三条　有合官吏遗族扶助法第四条之第二项者，则本属厅应查核事实，以可证其伤痍或疾病系原因于公务之书类，及曾使医师诊察，则并诊断书颁于其遗族，而遗族以之为请求扶助费之证。

第四条　受扶助金者而死亡，或权利消灭，或支给之期限已满，则请转给其扶助费者，应以前者之扶助费证书为请求之证。

第五条　因公权停止而应受扶助费之转给者，则应以确定裁判宣告书之誊本为请求之证。

第六条　有合官吏遗族扶助法之第十一条及第十五条者,应详记其事由,而残废不具、不能营产业者,并加医师之证断书,以请求扶助费。

第七条　据官吏扶助法而请求扶助费者,应具请求书,加以户籍誊本及第一条至第六条所言之书类,而差出于居住地之地方长官。

第八条　地方长官受扶助费之请求,应于查核后作扶助费年额计算书,加以证据书类,而差于内阁总理大臣。

内阁而许可之,则作扶助费证书,使地方厅颁之于本人。但系一时支给者,则用辞令书。

既颁扶助费证书或辞令书,则内阁应通报其旨于大藏省。

第二章　纳金之征收

第九条　官吏扶助法第二条之纳金应于支发俸给之时由各厅征收之,而纳于国库。

第三章　扶助费之支给及停止

第十条　支给扶助费,据官吏恩给法施行规则第七条、第八条、第九条、第十条第一、第三款之例。

第十一条　受扶助费者而死亡,或权利消灭,或支给之期限已满,则地方厅应停其支给,而通知其旨于大藏省。

遇前项而无应受扶助金之转给者,则地方厅并应收其扶助费证书,而送诸内阁恩给局。

第十二条　受扶助费者而被处重罪之刑或被停止公权,则据官吏恩给法施行规则第十三条之例。

第十三条　大藏省既受第十一条、第十二条之通知,则据官吏恩给法施行规则第十六条之例。

杂则

第十四条　有因水火盗贼等而亡失其扶助费证书及受扶助费者改其姓名,则据官吏恩给法施行规则之第十七条、第十八条之例。

第十五条　据明治十七年达书官吏恩给令而请求扶助费者应据本则。又,据彼令而受扶助费者遇下之时,亦应据本则:

一　死亡,或权利消灭,抑或停止之时。

二　亡失恩给证书之时。

三　改姓名或住居地之时。

第十六条　削除

●●●官吏恩给法及官吏遗族扶助法之补则

明治二十九年(1906年)法律

第一条　郡区长受地方税支办之俸给者,其在官月数算入于官吏恩给及遗族扶助所谓在官年数中。

第二条　文官之为判任以上者,在明治二十三年七月一日以后退官,而除去为郡区长受地方税支办俸给之月数,以受恩给或因此而不受恩给者,兹得算入其月数而增加恩给,或新给之。

第三条　合于第二条者,在官时或退官后死亡,其遗族受扶助费与一时扶助金或不受之,得据以第一条算定之恩给年额或在官年数,而增加其扶助费与一时扶助金,或新给之。

第四条　据第二、第三条而新受恩给或扶助费者,应据[①]下之方法,使缴还最后所受之退官赐金及一时扶助金之一部:

应新受恩给或扶助费之年额,应乘算其退官或死亡后,迄于受恩给或扶助费日之年数月数则加月割额,而以其总额核对退官赐金及一时扶助金,若超过之,则自新受之恩给或扶助费中除其超过之额。

第五条　受恩给者而被任为郡判任官,则其间停止恩给。

第六条　第二、第三条中之恩给及扶助费,自此法律施行之日起算而给之。

第七条　据第二、第三条而应受恩给或扶助费或一时扶助金者,自此法律施行之日始,一年以内而不请求,则为弃其权利。

第八条　此法律中不设特别规定者,悉据官吏恩给法及官吏遗族扶助法之例。

第九条　此法律自明治二十九年四月一日施行之。

●●●官吏恩给法及官吏遗族扶助法补则之施行规则 明治二十九年(1896年)阁令

第一条　据官吏恩给法及官吏遗族扶助法补则之第二条而受增加之恩给或新受恩给者,应具请求恩给书,于退官时差出于本厅之长官。但系废官、废厅者,则差出于接管之官厅长官。

第二条　据官吏恩给法官吏遗族扶助法补则第三条而受增加扶助与

[①] 原文为"据应",应系排版之误。

一时扶助金或新受之者，应具请求书，差出于居住地之地方长官。

第三条　请求恩给或扶助费或一时扶助金书应附下之书类：

一　在官之履历书。

二　市町村长所证明之户籍誊本。

但请求恩给者须用退官时之户籍誊本请求扶助费，或一时扶助金者，须用原为官吏者死亡时之户籍誊本及明治二十九年四月一日现时之户籍誊本。

三　在官吏恩给法及官吏遗族扶助法补则施行之前而已受恩给或扶助金及一时扶助金者，则其证书或辞令书。

第四条　据第一条而请求新恩给，受其请求之各厅长官应于官吏恩给法施行规则第五条之计算书外，附以其退官时给与退官赐金之调书。

第五条　受恩给者而被任为郡区书记或解任之时，准用官吏恩给法施行规则第十条、第十四条、第十六条，但向被任用者即从本条之手续。

第六条　本规则中不设特别之规程者，悉据官吏恩给法施行规则及官吏遗族扶助法施行规则之例。

●●●恩给局裁决恩给扶助费权利之手续 明治二十四年（1891年）阁令

第一条　因行政上之处分而被障害恩给扶助费之权利者，欲请恩给局之裁决，则应以明其事由之文书，记载身分、职业、住址、年龄，而署名盖印，加以证据书类，差出于内阁恩给局长。

前项之书类得以邮便差出之。

第二条　恩给局而以前条之申立为有理由，则应以其书类送诸该管官厅,而定相当之期限,使加答辩书,而仍差出于恩给局。

第三条　恩给局而见为必须其口头陈述,则得召唤请求者或该管官厅之官吏,使为口头陈述。

第四条　恩给局而既裁决,则应作裁决书二通,分颁于请求者及该管官厅。

●●●台湾总督府属下雇员之适用官吏恩给法及官吏遗族扶助法 明治二十九年(1896年)法律

第一条　台湾总督府条例施行之前,台湾总督府属下之雇员从事于官吏之职务者,其于官吏恩给法及官吏遗族扶助法之关系,视同文官判任以上者而处分之。但此雇员之年月数,不适用官吏恩给法第十一条第二项之第一款及官吏遗族扶助法之第二条。

第二条　现受恩给者而合于第一条,则为此雇员之勤务年月数,不通算于官吏恩给法及官吏遗族扶助法所定之在官年数。又,为此雇员而受之俸给额,其异动不及于既定之恩给额,如前项所云者,而有合于官吏恩给法第三条,则予以据雇员俸给额而算出之增加恩给。

第三条　现受恩给者而为第一条之雇员,有合于官吏遗族扶助法第四条之第二项,则以据雇员俸给额而算出之扶助金,给其遗族。

●●●文官判任以上者之退官赐金 明治二十三年(1890年)敕令

于文官判任以上者,在官既满一年以上而退官,以退官时之半月俸给当其在官年数之一年,而按其年数一时支给其金额。但由非职满期而退官者,则据其在职终末之俸给额而给之。

在本令施行以前而已受满年赐金或一时赐金者，抑或受前项之赐金者，而再任以官，则此后退官，所有前项之在官年数自其再任之日起算。

受恩给者以自己之便宜而退官者，或由惩戒处分及刑事裁判而免官者，不给本令之赐金。

本令以明治二十三年七月一日施行。

●●●台湾总督府三等邮便电信局长、三等邮便局长、三等电信局长之俸给退官赐金及死亡赐金令 明治三十一年(1898年)敕令

第一条 台湾总督府三等邮便电信局长、三等邮便局长及三等电信局长不给俸给，而给年额六百圆以内之手当金。其给与之额由台湾总督定之。

第二条 台湾总督府三等邮便电信局长、三等邮便局长及三等电信局长而死亡于官，或值废官、废局，或勤续满三年以上而退官，则据其勤劳，给与三百圆以内之金额。但因刑事裁判或惩戒处分而失其官职者，不给。

附　　则

第三条 本令以明治三十一年六月二十日施行。

第四条 台湾总督府三等邮便电信局长、三等邮便局长、三等电信局长不适用明治二十九年之敕令第百号。

●●●台湾在勤官吏之恩给及遗族扶助费 明治三十三年

(1900年)法律

第一条　文官判任以上之在勤于台湾者,其居职引续已三年以上,则计算官吏恩给法并官吏遗族扶助法之在官年数,按其居职一月,加算半月。但有时加算从军之年,则不在此限。

据前项而加算年月之数,在军人恩给法,算入于文官服务之日数中。

第一项之加算以抵台湾之日始。

第二条　文官判任以上之在勤于台湾者,其居职引续已三年以上,而罹台湾之风土病或流行病,应准诸官吏恩给法第三条之第二款,则予恩给及增加恩给。

罹前项之疾病而因之退官后,其症复趋于重,则准官吏恩给法第六条之规定,予相当之恩给。

第三条　文官判任以上之在勤于台湾者,而罹台湾之风土病、流行病,死于官中,或因之退官后死于其疾病,则以下之区别,据官吏遗族扶助法之规定,给扶助费于其遗族:

一　第一条之居职未及三年,则视同在官十五年者,得其应受之恩给年额三分之一。

二　第一条之居职已三年以上,则得其应受之恩给年额三分之二。

第四条　前二条风土病及流行病之种类以敕令指定之。

第五条　施行本法之初已在勤于台湾者,则以前之在职年月数,亦适用本法之规定。

附　则

本法以明治三十三年四月一日施行。

●●●**据明治三十三年（1900年）法律第七十五、七十六号在台湾官吏及军人之恩给并遗族扶助费中所称之风土病、流行病而指定其种类**明治三十三年（1900年）敕令

明治三十三年法律第七十五号之第四条及第七十六号之第四条所言风土病及流行病为下之十五种：

麻剌利亚	虎列剌	猩红热
俾司脱	赤痢	回归热
麻疹	流行性感冒	肠窒扶私
发疹窒扶私	脚气	霍乱
实布垤利亚	痘疮	流行性脑脊髓膜炎

●●●**在台湾文官判任以上之学校职员所受俸给以地方税支办者之退隐费及遗族扶助费**明治三十三年（1900年）法律

第一条　在勤台湾，受地方税支办俸给之文官判任以上学校职员及其遗族，有据本法而受退隐费及遗族扶助费之权利。

第二条　明治二十三年之法律第九十一号及本于九十一号而发之敕令，准用之于前条之学校职员及其遗族。但其所谓府县知事之职务则县知事或厅长行之，文部大臣之职务则台湾总督行之。又，其第十条中应为府县郡市町村负担之经费，则以地方税支办。

第三条　第一条之学校职员，其在职台湾之年数，准诸文官判任以上在勤台湾受俸给于国库者，而计算之。

第一条之学校职员而在台湾罹风土病或流行病，准诸文官判任以上在勤台湾受俸给于国库者，而给退隐费。

第一条之学校职员有以前项而死亡者之遗族，准诸文官判任以上在勤台湾受俸给于国库者之遗族，而给扶助费。

第四条 明治二十九年之法律第十三号及本于十三号而发之敕令，准用之于第一条之学校职员。

第五条 台湾人而为受地方税支办俸给之文官判任以上学校职员及其遗族，有据第二条及第四条之规定而受退隐费及遗族扶助费之权利。

附　　则

本法以明治三十三年四月一日施行。

第二款　军人恩给及遗族扶助

●●●军人恩给法 明治二十三年（1890年）法律

要　目

第一章　总则
第二章　退职恩给、免除恩给、增加恩给
第三章　赈恤金、给助金
第四章　服役之年
第五章　从军之年
第六章　应受恩给之资格及权利消灭停止
第七章　扶助费
杂则

附则
附则

第一章　总则

第一条　海陆军军人而离现役者据此法律之所规定,有受恩给之权利。

第二条　海陆军军人之恩给为下之六种：

一　退职恩给。

二　免除恩给。

三　增加恩给。

四　赈恤金。

五　给助金。

六　扶助费。

第三条　退职恩给、免除恩给、增加恩给及寡妇之扶助费皆终身给之，孤儿之扶助费给至满二十岁止，而赈恤金、给助金限一时给之。

第二章　退职恩给、免除恩给、增加恩给

第四条　退职恩给，系准士官以上而有下列事项之一者则给之：

一　服现役十一年以上而达定限之年岁，或虽未达定限之年岁而受伤痍、罹疾病，不堪服役，因之退职者。

二　不问战斗及战时或平时，因公务而受伤痍，失一肢以上之用，或可以准之而退职者。

三　在战地罹流行病，或不问战时平时，因公务而不能顾所受之感动，有害其健康，以从事于勤务致失一肢以上之用，或可以准之而退职者。

四　服现役十一年以上，虽未达定限之年岁，本于休职、停职满期，或奉谕旨而退职者。

第五条　免除恩给，系下士以下而有下之事项之一者则给之：

一　服现役十一年以上而达定限之年岁，或虽未达定限之年岁

而服役满期，或受伤痍、罹疾病，不堪服役，因之免官或免除现役者。

二　由第四条之第二或第三款而免官或免除现役者。

第六条　退职恩给、免除恩给之年额，于应受军人恩给之事故所生之时，视其官阶与服役年数，而据第一号表或第二号表以给之。但服现役四十年以上者应予之恩给同四十年之额，未满十一年者应予之恩给同十一年之额。

第七条　军人服现役十一年以上而任为文官者或兼任文官者，未满十五年即退官退职，则按军人服役年数予恩给。若十五年以上而退官退职，则比较文武官，给以恩给年额之多者。

第八条　受退职恩给、免除恩给后，再就现役一年以上者，而退职或免官或免除现役，则据下之区别而予恩给：

一　再离现役之时，其官阶与往时受恩给之官阶不同等，则通算再役年数于前役年数，以既得之恩给与再役官阶应得之恩给比较，给其多者。

二　前后之官阶同等，则据再役之年数增加恩给。但前役未满十一年而受恩给者，前后通算不至十二年以上，则不增加。

第九条　增加恩给，系不问战斗及战时或平时，因公务而受伤痍或罹疾病，合于下列各款之一者，特于退职恩给、免除恩给以外给之：

一　盲两目或亡二肢以上者。

二　受伤痍或罹疾病足准于前项者。

三　亡一肢或失二肢之用者。

四　受伤痍或罹疾病足准于前项者。

五　盲一目或失一肢之用者。

六　受伤痍或罹疾病足准于前项者。

第十条　增加恩给之年额,于军人之受伤痍或罹疾病合于前条者,视其官阶而据下之所列以给之:

一　因战斗而受伤痍者,给第三号表甲之金额。

二　因公务而受伤痍,或原于第四条之第三款而罹疾病者,给第三号表乙之金额。

第十一条　不问战斗及战时或平时,因公务受伤痍、罹疾病,曾受恩给,或不受之而离现役之后其症复趋于重者,于下之期限内而请检查,则核定之后,予相当之恩给:

一　至于盲一目、失一肢之用者,或可以准之者,则离现役之日起,为二年。

二　至于亡一肢、失二肢之用,或盲两目、亡二肢以上者,或可以准之者,则离现役之日起,为三年。

第十二条　起因于伤痍、疾病而请求恩给者,应以下之书类证明:

一　伤痍、疾病之原因,则用现认证书,或所以证之之公文誊本,或口供书。

二　伤痍、疾病轻重之差,则用海陆军医官之证书,或经海陆军医官查核之医师证书。

第十三条　退职恩给、免除恩给、增加恩给,其支给皆以离现役之明日始,以死亡之月终。

第三章　赈恤金、给助金

第十四条　赈恤金,系下士以下而有下列事项之一,其症轻于第九条之第六款而不受免除恩给者,则给之:

一　因战斗受伤痍而离现役者。

二　因公务受伤痍或原于第四条第三款以罹疾病而离现役者。

第十五条　赈恤金于受伤痍或罹疾病之合于前条者，视官阶而分之。其为前条第一款者，给第三号表甲第六项，一年以上十三年以下之金额。其为前条第二款者，给第三号表乙第六项，一年以上十三年以下之金额。

第十六条　给助金，系下士以上而在现役中死亡，或服现役四年以上、未满十一年而离现役，不受退职恩给、免除恩给者，则给之，其额视第四号表。

第四章　服役之年

第十七条　服役之年之始期、终期照下之所列：

第一　于退职恩给、免除恩给所谓服役之年之始期：

一　下士以上，则初任之日始。自陆军兵卒出身之下士以上，则入营之日始。自海军卒出身之下士以上，则为五等卒之日始。但属第二十四条第六款者，则其为兵卒之日始。

二　陆军兵卒，则入营之日始。海军卒，则为五等卒之日始。但属第二十四条第七款者，则其刑期满限之翌日始。

三　准士官以上，自移住北道之际。受定规给助之屯田兵下士、卒出身者，则其任士官之日始。

四　陆军军人及海军准士官以上，而自明治四年八月以前勤仕者，则四年八月一日始。

五　海军下士以下，而自明治二年五月一日以前勤仕者，则二年五月一日始。

第二 于给助金所谓服役之年之始期：

一 下士以上，则初任之日始。但既受给助金之后而再就现役者，则其服役之日始。

第三 服役之年之终期：

一 离现役之日。

第十八条 如下所言之日数通算于服役之年：

一 自前条所列服役之年之始期，迄于终期之日数。

二 本在预备、后备，值战时或事变而被召集者，则其召集中之日数。

三 由海军军人转而为陆军军人者，则海军服务之日数。由陆军军人转而为海军军人者，则陆军服务之日数。

四 由文官转而为海陆军军人者，则迄于应受恩给最下限之期，其文官服务日数之四分之三。

五 本为现役陆军见习士官、海军候补生或陆军诸生徒而再就现役者，则前后之日数。

六 既离现役之后而再就现役者，则亦前后之日数。

七 陆军见习士官、海军候补生、海陆军诸生徒、海军水雷夫及北海道移住之际，受定规给助之屯田兵下士，卒而从军者，则其日数。

第十九条 如下所言之日数于服役之年中除去之：

一 刑期中及逃亡中之日数。

二 在陆军见习士官、海军候补生、海陆军诸生徒中之日数。但其从军之日数不在此限。

三 文官奉职中之日数，而据官吏恩给法所应除去之月数。

四 年未满十七岁之日数。

第五章　从军之年

第二十条　所谓从军之年,系为现役以外之年月加算之于服役年数者。

第二十一条　加算从军之年应照下之所列:

一　值外国之战编入于出征军而出发内国港湾者,则二年。

二　值内国之战编入于出征军而临战地者,则一年。

三　服役于临战合围地之境内者,在外国则二年,在内国则一年。

四　在日本国外之镇戍者,则一年。

五　于出征事件有功绩者,及一时出兵视作出征军,应加算于从军之年者,则请敕裁。

第二十二条　海军军人之航海于外国者,则准从军之年自出发内国港湾之日始,每次航海加算半年。其航海而逾十二月者,则更加算半年。但合于第二十一条者,不适用本条。

第二十三条　加算从军之年,于十二月以内数次从战或航海,不重复算之。但亘一年以上,而十二月所余之分数,则更为一次战役或一次航海。

第六章　应受恩给之资格及权利消灭停止

第二十四条　军人而有下之事项之一,则应受退职恩给、免除恩给、增加恩给、赈恤金、给助金之资格消灭。

一　被处重罪之刑。

二　失日本臣民之分限。

三　将校及与将校相当之官、准士官，据海陆军刑法被夺官而附处禁锢之刑，或据普通刑法及其他罚则被处禁锢之刑而失官职。

四　将校及与将校相当之官，据海陆军将校分限令第二条之第一项、第六项而免官。

五　准士官以下，呈愿而免官或免除现役。

六　海陆军下士、陆军上等兵、看护手、补充乐手，据海陆军刑法、普通刑法及其他罚则被处禁锢之刑而失官职，或据陆军惩罚令及宪兵条例之第三十五条而免官职。

七　诸卒，据普通刑法及其他罚则被处禁锢之刑，或据海陆军刑法、照将校例应被夺官而附处禁锢之刑。

第二十五条　受退职恩给、免除恩给、增加恩给者而被处禁锢之刑或失日本臣民之分限，则夺恩给。

若有下列事项之一，则其间停止恩给：

一　再就现役或任为文官判任以上而受俸给于政府。

但在得营商业之官职，及准士官以下而任为文官判任以上，则不在此限。

二　被停止公权。

增加恩给自非停止公权之时，无停止者。

第二十六条　既有应受恩给之事由而三年以内不请求者，则弃其权利。

第七章　扶助费

第二十七条　军人而值下列各款之一，则有受扶助费之权利：

一　战死或因战斗负伤而死。

二　因公务而受伤痍或罹疾病,抑在战地或公务旅行中而罹流行病以死。

三　曾受退职恩给或免除恩给,或有受之之权利者而死。

第二十八条　寡妇扶助费之年额,其为前条第一款者据第五号表甲,第二款者据第五号表乙,第三款者据第五号表丙。

第二十九条　受扶助费者而有下列事项之一,则其权利消灭:

一　被处重罪之刑。

二　失日本臣民之分限。

三　自生有应受扶助费权利之日而三年以内不请求。

四　死亡,或去户籍,或再醮。

第三十条　受扶助费者而被停止公权,则其间扶助费亦停止。

第三十一条　无寡妇,或受扶助费之寡妇死亡,抑或权利消灭,则给其扶助费于孤儿。

受扶助费者而在公权停止中,即给于其应受转给者。

第三十二条　孤儿扶助费,有数子则给于继袭家名者。在非户主军人之孤儿,则给长子。若继袭者及长子或死亡,或权利消灭,或支给期限已满,则以次及于少者。但除继袭家名者外,必男子而后女子。

第三十三条　无应受扶助费之寡妇、孤儿,抑受扶助费之寡妇、孤儿或去户籍,或死亡,或权利消灭,则有父母或祖父母者,得以相当于寡妇扶助费之全额,予其父母或祖父母,为终身之给。

此扶助费先予其父。其父不存,或权利消灭,则给其母。自其母而转给其祖父,自其祖父而转给其祖母,递次以为例。

第三十四条　无应受扶助费之寡妇孤儿及父母、祖父母,而军人死者之户籍内,有年未满二十、残废不具,不能营产业之兄弟、姊妹,无给养之者,得以相当于寡妇扶助费一年分以上五年分以下之金额,不拘人数,总为一时给其兄弟、姊妹。

第三十五条　军人之寡妇父母、祖父母及兄弟、姊妹,引用第二十七条至第三十四条,限自其军人服现役时接续在一户籍内者,而寡妇更限登记于海陆军兵籍簿者。

第三十六条　此法律所称孤儿,系谓年未满二十之男子、女子而未结婚者。但养男、养女,则惟限继袭家名者。

第三十七条　扶助费自其应受之事由所生之次月给之。

杂　则

第三十八条　陆军军人及海军准士官以上而自明治四年八月以前勤仕者,值退职或免官,则于彼四年七月以前之勤仕,以合于其时官等之月俸半额当奉职年数之一年,而一时支给其年数之金额。

海军下士以下而自明治二年五月以前勤仕者,则于彼二年四月以前之勤仕,以合于其时官等之月俸半额当奉职年数之一年,而一时支给其年数之金额。

第三十九条　本为预备、后备者,在平时召集中因职务而死亡,或受伤痍、罹疾病不堪服役者,有据此法律之规定而受恩给之权利。

受规定给助之屯田兵下士,因平时军队勤务而死亡,或受伤痍、罹疾病不堪服役者,亦同。

第四十条　陆军见习士官、海军候补生、海陆军诸生徒、受规定给助之屯田兵下士、卒及海军水雷夫,惟因第四条之第二、第三款而死亡或受伤痍、罹疾病不堪服役者,斯有受恩给之权利。

第四十一条　恩给据海陆军大臣之证明，经恩给局之审查，而内阁总理大臣裁定以支给之。有因行政上之处分而被障害恩给之权利者，得于六月之内具申于恩给局而请裁决。不服其裁决者，得于一年之内出诉于行政裁判所。但如下之事件，以恩给局之裁决为终审确定：

一　伤痍、疾病之原因及其轻重。

二　诚不堪职务与否。

第四十二条　恩给不得卖买、让与、质入、书入，并不得以抵偿负债而为差押。

第四十三条　据明治八年达书海军退隐令、明治九年达书陆军武官恩给令、明治十六年达书陆军恩给令、海军恩给令而受恩给或退隐费与扶助费者，仍据各令。但除明治九年达书陆军武官恩给令中受伤痍之恩给外，其权利之消灭及废去据此法律。

曾从明治七年佐贺及台湾之役、明治九年熊本及山口之役、明治十年鹿儿岛之役者，并明治十五年、十七年朝鲜京城变乱之际驻扎或派遣于该国者，其计算从军之年皆据从前之命令。

第四十四条　施行此法律之前已离现役者，其恩给应据明治十六年达书陆军恩给令、海军恩给令。但自施行此法律之日始三年以内而不请求，则为弃其应受之权利。

第四十五条　此法律以明治二十三年七月一日施行。

第一号表第六号表俱略
第二至第五号表列后

附则　明治三十五年（1902年）法律

本法施行之期日以敕令定之。据三十五年敕令第百五十号始自其年七月一日施行。

原于第二十七条第一款之事，而在施行本法之际，现受扶助费或有应受之权利者，自本法施行之日起，得受本法所规定之金额。

据前项而受本法所规定之金额者，自本法施行之日起，须于三年以内请求之。

附则 明治三十七年（1904年）法律

本法即自发布之日施行之。但明治三十七年二月六日之后，迄于本法施行之日，而有下之各款之一者，及其遗族所应给之金额，亦据本法之规定：

一　战死者。

二　因战斗受伤痍而死亡或离现役者。

三　因战地之公务而受伤痍或罹疾病，又或在战地罹流行病而死亡或离现役者。

在施行本法以前，生有受免除恩给、增加恩给、赈恤金、给助金或扶助费之权利者，所应给之金额，除前项但书之外，皆据从前之规定。

本据从前规定而受免除恩给之死者给于其遗族之扶助费，及因受扶助费之权利消灭给于其应受转给者之扶助费，皆据从前规定之金额。

第十七条第一项第三款之规定，系在施行本法以前离现役者及在现役中或离现役后而死亡者适用之。

本前项之规定，而应予之退职恩给、增加恩给、给助金或扶助费等金额，准据军人离现役或在现役而死亡时之规定。其支给之，则自施行本法之时起算。

原于第四项之规定而受恩给者，自本法施行之日起，须于三年以内请求之。

第一号表（略）

第二号　免除恩给表

官等＼年数	下士 判任官 二等	下士 判任官 三等	下士 判任官 四等	海军一等卒	陆军上等兵 海军二等卒	陆军一等卒 海军三等卒	陆军二等卒 海军四等卒	海军五等卒
十一年	九十圆	八十圆	七十圆	六十圆	五十五圆	五十圆	四十五圆	四十圆
十二年	九十三圆	八十三圆	七十三圆	六十二圆	五十七圆	五十二圆	四十七圆	四十二圆
十三年	九十五圆	八十五圆	七十五圆	六十四圆	五十九圆	五十四圆	四十九圆	四十四圆
十四年	九十八圆	八十八圆	七十八圆	六十六圆	六十一圆	五十六圆	五十一圆	四十六圆
十五年	百圆	九十圆	八十圆	六十八圆	六十三圆	五十八圆	五十三圆	四十八圆
十六年	百三圆	九十三圆	八十三圆	七十圆	六十五圆	六十圆	五十五圆	五十圆
十七年	百五圆	九十五圆	八十五圆	七十二圆	六十七圆	六十二圆	五十七圆	五十二圆
十八年	百八圆	九十八圆	八十八圆	七十四圆	六十九圆	六十四圆	五十九圆	五十四圆
十九年	百十圆	百圆	九十圆	七十六圆	七十一圆	六十六圆	六十一圆	五十六圆
二十年	百十三圆	百三圆	九十三圆	七十八圆	七十三圆	六十八圆	六十三圆	五十八圆
二十一年	百十五圆	百五圆	九十五圆	八十圆	七十五圆	七十圆	六十五圆	六十圆
二十二年	百十八圆	百八圆	九十八圆	八十二圆	七十七圆	七十二圆	六十七圆	六十二圆
二十三年	百二十圆	百十圆	百圆	八十四圆	七十九圆	七十四圆	六十九圆	六十四圆
二十四年	百二十三圆	百十三圆	百三圆	八十六圆	八十一圆	七十六圆	七十一圆	六十六圆
二十五年	百二十五圆	百十五圆	百五圆	八十八圆	八十三圆	七十八圆	七十三圆	六十八圆
二十六年	百二十八圆	百十八圆	百八圆	九十圆	八十五圆	八十圆	七十五圆	七十圆
二十七年	百三十圆	百二十圆	百十圆	九十二圆	八十七圆	八十二圆	七十七圆	七十二圆
二十八年	百三十三圆	百二十三圆	百十三圆	九十四圆	八十九圆	八十四圆	七十九圆	七十四圆
二十九年	百三十五圆	百二十五圆	百十五圆	九十六圆	九十一圆	八十六圆	八十一圆	七十六圆
三十年	百三十八圆	百二十八圆	百十八圆	九十八圆	九十三圆	八十八圆	八十三圆	七十八圆
三十一年	百四十圆	百三十圆	百二十圆	百圆	九十五圆	九十圆	八十五圆	八十圆
三十二年	百四十三圆	百三十三圆	百二十三圆	百二圆	九十七圆	九十二圆	八十七圆	八十二圆
三十三年	百四十五圆	百三十五圆	百二十五圆	百四圆	九十九圆	九十四圆	八十九圆	八十四圆
三十四年	百四十八圆	百三十八圆	百二十八圆	百六圆	百一圆	九十六圆	九十一圆	八十六圆
三十五年	百五十圆	百四十圆	百三十圆	百八圆	百三圆	九十八圆	九十三圆	八十八圆
三十六年	百五十三圆	百四十三圆	百三十三圆	百十圆	百五圆	百圆	九十五圆	九十圆
三十七年	百五十五圆	百四十五圆	百三十五圆	百十二圆	百七圆	百二圆	九十七圆	九十二圆
三十八年	百五十八圆	百四十八圆	百三十八圆	百十四圆	百九圆	百四圆	九十九圆	九十四圆
三十九年	百六十圆	百五十圆	百四十圆	百十六圆	百十一圆	百六圆	百一圆	九十六圆
四十年	百六十三圆	百五十三圆	百四十三圆	百十八圆	百十三圆	百八圆	百三圆	九十八圆

第三号　增加恩给表

种类	症项 \ 官等	将官及与之相当之官 亲任	一等	二等	三等	四等	五等	佐尉官及与之相当之官（高等官）六等	七等	八等	准士官 一等	判任官 二等	三等	四等	下士卒 陆军上等兵/海军一等卒	陆军一等卒/海军三等卒	陆军二等卒/海军五等卒
甲号	第一项	千五百圆	千二百圆	千五十圆	七百五十圆	六百圆	四百五十圆	三百圆	二百二十五圆	百八十圆	百五十圆	九十圆	八十圆	七十圆	六十五圆	五十五圆	四十五圆	四十圆
	第二项	千二百八十六圆	千二十九圆	九百圆	六百四十三圆	五百十三圆	三百八十三圆	二百五十三圆	百九十三圆	百五十四圆	百二十九圆	七十八圆	六十八圆	六十圆	五十六圆	四十七圆	三十九圆	三十五圆
	第三项	千七十二圆	八百五十七圆	七百五十圆	五百三十六圆	四百二十八圆	三百十九圆	二百十一圆	百六十一圆	百二十八圆	百八圆	六十五圆	五十八圆	五十圆	四十六圆	三十九圆	三十三圆	二十九圆
	第四项	八百五十八圆	六百八十六圆	六百圆	四百二十九圆	三百四十三圆	二百五十五圆	百七十圆	百二十九圆	八十六圆	八十六圆	五十二圆	四十六圆	四十圆	三十七圆	三十一圆	二十六圆	二十三圆
	第五项	六百四十三圆	五百十五圆	四百五十圆	三百二十二圆	二百五十七圆	百九十三圆	九十七圆	七十八圆	六十五圆	三十九圆	三十五圆	三十圆	二十八圆	二十三圆	十九圆	十八圆
	第六项	四百二十九圆	三百四十四圆	三百圆	二百十四圆	百七十二圆	百二十九圆	八十六圆	六十五圆	五十二圆	四十三圆	二十六圆	二十二圆	十八圆	十六圆	十五圆	十三圆	十一圆
乙号	第一项	千五十圆	八百四十圆	七百三十五圆	五百二十五圆	四百二十圆	三百十五圆	二百十圆	百五十八圆	百二十六圆	百五圆	六十三圆	五十六圆	四十九圆	四十五圆	三十八圆	三十二圆	二十八圆
	第二项	九百圆	七百二十圆	六百三十圆	四百五十圆	三百六十圆	二百七十圆	百八十圆	百三十五圆	百八圆	九十圆	五十四圆	四十八圆	四十二圆	三十九圆	三十三圆	二十七圆	二十四圆
	第三项	七百五十圆	六百圆	五百二十五圆	三百七十五圆	三百圆	二百二十五圆	百五十圆	百十三圆	九十圆	七十五圆	四十五圆	四十圆	三十五圆	三十二圆	二十七圆	二十三圆	二十圆
	第四项	六百圆	四百八十圆	四百二十圆	三百圆	二百四十圆	百八十圆	百二十圆	九十圆	七十二圆	六十圆	三十六圆	三十二圆	二十八圆	二十六圆	二十二圆	十八圆	十六圆
	第五项	四百五十圆	三百六十圆	三百十五圆	二百二十五圆	百八十圆	百三十五圆	九十圆	六十八圆	五十四圆	四十五圆	二十七圆	二十四圆	二十一圆	十九圆	十七圆	十五圆	十二圆
	第六项	三百圆	二百四十圆	二百十圆	百五十圆	百二十圆	九十圆	六十圆	四十五圆	三十六圆	三十圆	十八圆	十六圆	十四圆	十二圆	十一圆	十圆	九圆	八圆

第四号　给助金表

将官及与之相当之官					佐尉官及与之相当之官				准士官	下士		
高　　等　　官									判　任　官			
亲任	一等	二等	三等	四等	五等	六等	七等	八等	一等	二等	三等	四等
千五百圆	千二百圆	千五十圆	七百五十圆	六百圆	四百五十圆	三百圆	二百二十五圆	百八十圆	百五十圆	九十圆	八十圆	七十圆

第五号　寡妇孤儿扶助费表

官等\种类	将官及与之相当之官（高等官）					佐尉官及与之相当之官（高等官）				准士官（判任官）				海军一等卒	下士卒			
	亲任	一等	二等	三等	四等	五等	六等	七等	八等	一等	二等	三等	四等		陆军上等兵／海军一等卒	陆军一等卒／海军二等卒	陆军二等卒／海军三等卒	陆军／海军五等卒
甲号	千五百圆	千二百圆	千五十圆	七百五十圆	六百圆	四百五十圆	三百圆	二百五十圆	二百圆	八十五圆	五十圆	九十圆	八十圆	六十圆	五十五圆	五十圆	四十五圆	四十圆
乙号	千圆	八百圆	七百圆	五百圆	四百圆	三百圆	二百圆	百五十圆	百圆	六十五圆	五十四圆	五十圆	四十八圆	四十二圆	三十八圆	三十圆	二十八圆
丙号	五百圆	四百圆	三百五十圆	二百五十圆	二百圆	百五十圆	百圆	七十五圆	六十圆	三十七圆	二十七圆	二十四圆	二十一圆	十九圆	十七圆	十五圆	十三圆

第六号表（略）

●●●军人恩给法施行规则　明治二十三年（1890年）阁令

第一条　据军人恩给法而受退职恩给、免除恩给、增加恩给、赈恤金、扶助金者，应具请求书，加以履历书。其因公务受伤痍、疾病而请求之者，更加军人恩给法第十二条之书类，而差出于该管长官，由该管长官差出于陆军大臣或海军大臣。

第二条　据军人恩给法有受恩给之资格而死亡者，应由该管长官颁死者之履历书于其遗族。

合于军人恩给第二十七条第一款者，应由该管长官以证明其事实之书类颁于其遗族。

第三条　据军人恩给法而请求扶助费者，应具请求书，加以户籍调书及如下所列之书类，差出于居住地之地方长官：

一　在现役中死亡之军人，则该管长官颁于其遗族之死者履历书。

二　如上所称而合于军人恩给法第二十七条第一款者，则履历书之外，并该管长官所颁证明其因公务而死亡事实之书类。

三　军人受恩给者之遗族，则其恩给证书。

四　受扶助费之人或死亡，或权利消灭，抑或支给之期限已满，而应受其转给者，则前人之恩给证书。

五　受扶助费之人被停止公权而应受其转给者，则确定裁判之宣告书誊本。

六　合于军人恩给法之第三十四条，残废不具而不能营产业者，除第一、第二或第三、第四款之书类外，并医师之诊断证书。

地方长官既受前项之请求，应差出之于陆军大臣或海军大臣。但明治十年，故警视局员从鹿儿岛之役据陆军恩给令而受恩给者，其遗族若为本条之请求，则地方长官应差出于内务大臣。

第四条　海陆军大臣、内务大臣既受前条之请求书，而审查之后见其请求为有理由，则应作恩给计算书，加以证据书类，差出于内阁总理大臣。其为起因于伤痍、疾病者，更加以陆军省医务局或海军中央卫生会议所复核之书类。其为军人之寡妇、父母、祖父母及兄弟、姊妹扶助费者，更加以海陆军兵籍簿之誊本。海陆军大臣、内务大臣而见前项之请求为无理由，则应具意见而差出于内阁总理大臣。

第五条　内阁既许可恩给之请求，则作恩给证书，经陆军省、海军省或内务省，而使本人居住地之地方厅颁予之。但系一时支给者，则用辞令书。

内阁既颁予恩给证书或辞令书，应通报其旨于大藏省。

第六条　军人恩给法第三十八条之月俸而系支米者，则据官吏恩给法施行规则第十一条之例。

第七条　受扶助费者或死亡，或去户籍，或婚嫁，或支给期限已满，则地方厅应自次月起废其支给，而白之于大藏省，更由大藏省白之于内阁恩给局。

遇前项而无应受扶助费之转给者,则地方厅收其恩给证书,而缴诸内阁恩给局。

第八条　军人恩给法中第九条、第十四条、第十五条之伤痍、疾病,其轻重等差由海陆军大臣定之。

第九条　据明治八年达书陆军武官伤痍扶助、死者祭粢、家族扶助之概则及海陆军退隐令,又明治九年达书陆军武官恩给令,又明治十六年达书陆军恩给令、海军恩给令,而受恩给或退隐费扶助费者,遇有如下之时,俱照本则:

一　死亡,或权利消灭,或停止。

二　亡失其恩给证书。

三　改姓名或徙居住。

第十条　据明治十六年达省陆军恩给令、海军恩给令而请求恩给或扶助费者,应照本则。

第十一条　削除

第十二条　本规则中而不设特别之规定者,悉据官吏恩给法施行规则之例。

●●●施行明治三十五年(1902年)法律第四十五号

<small>改正军人恩给法之手续</small>明治三十五年(1902年)阁令

第一条　现受扶助费者而据明治三十五年法律第四十五号之附则得增加之,则应具请求书,加以恩给证书,而差出于地方长官。

第二条　地方长官既受前条之请求,即调查明治三十五年六月以前之扶助费既给与否。有未给则尽给之,而后差出其请求书于陆军大臣或海军大臣。

但本为警视局员而临时编入于军队者,其他本不属海陆军而临时编入于军队者,则于其遗族之请求,应差出于内务大臣。

第三条　在施行明治三十五年法律第四十五号之前,而生有受扶助费转给之权利,彼有其权利者若合于此法律之附则,则应以战死或战斗负伤而死之旨,注明于请求转给书。

第四条　陆军大臣、海军大臣、内务大臣受申呈之请求书,而见其请求为有理由,则作扶助费计算书,并前之所以认其战死或负伤事实之证据书类,而差出于内阁总理大臣。

第五条　本令中而不设特别之规定者,悉据军人恩给法施行规则之例。

附　　则

本令自明治三十五年七月施行之。

●●●陆军军人恩给之取扱手续 明治二十三年(1890年)陆军省令

第一条　据军人恩给法而请求恩给之手续,除军人恩给法施行规则所示之外,在陆军部内者,应准据此细则。

第二条　退职恩给、免除恩给、增加恩给之请求书,该军人既离现役后,应具第一、第二书式所示之书类,呈于旧时所属之长,^{休职者停职者之请求书呈于管其兵籍之厅长}由其长调查之,而作计算书,^{第九书式}经其次序而呈于该管长官,该管长官则进诸陆军大臣。

第三条　本伤痍、疾病而请求恩给者,则该管长官应移其诊断证书

_{第五书式}于军医长,使审查后而进诸陆军大臣。

以地方医师诊断证书而请求恩给,惟以不能受陆军医官之诊断者为限,而应以其原因、经历、疗法及现症详记于证书,使医师二人具名,而该管长官,复使医官判定其伤痍、疾病之等差,作查核证书,而移其书类于军医长,俾审查之。

第四条　合于军人恩给法第十一条者,得于其限期内,请求居住地方之师团长检查。

师团长既受其请求,则使医官实查其症状,作诊断证书,_{第五书式}而审查诊断证书之法如第三条之例。

第五条　削除

第六条　赈恤金之请求,应具第三书式所示之书类,呈于所属之长,而所属之长经其次序而呈于该管长官,该管长官则据第三条之例以取扱之。

第七条　给助金之请求,应具第四书式所示之书类,由本人或遗族呈于其旧时该管长官,而该管长官进诸陆军大臣。

第八条　削除

第九条　计算服役之年,而初任之月生有日之零数,则以其月之大小积算为法。故以离现役之月之日之零数与之相合,而及于三十日以上,则从其初任之月之大小以定一月之区域。

第十条　据军人恩给法施行规则第二条,而由该管长官颁死者之履历书于其遗族,惟寡妇则加兵籍誊本,_{只记户籍之一部}但仅应受给助金之遗族则不加之。

第十一条　恩给、赈恤金、给助金之请求书及履历书各应差出二通。

各书式俱略

●●●理事之恩给及遗族扶助明治二十九年(1896年)法律

理事而入预备或退职之时,于官吏恩给法及官吏遗族扶助法,视与退官者同。既入预备,值战时或事变而复现职,则视与再任官者同。

●●●陆军见习士官及生徒之恩给额明治三十一年(1898年)敕令

合于军人恩给法第四十条之陆军见习士官及生徒,其恩给额如下:见习士官之阶级赅括见习医官见习药剂官见习兽医官见习军吏视判任官一等,非见习士官之士官候补生及军医学校生徒、兽医学校生徒视判任官二等,其他诸生徒视兵卒。

●●●海军候补生及海军生徒之恩给额明治二十七年(1894年)敕令

合于军人恩给法第四十条之海军候补生及生徒,其恩给额如下:候补生之阶级视判任官等级一等,将校生徒及机关生徒视判任官等级二等。

●●●支给海军大佐、大尉及与同等之官之恩给法

明治二十五年(1892年)敕令

明治二十四年敕令第百五十七号海军武官制定官阶之后,所有海军大佐及与大佐同等之官、大尉及与大尉同等之官,恩给之取扱应如下:

一 大佐及与大佐同等之官而实役停年不越最下限之半数者,

支给奏任二等格内所示之金额。

二　大尉及与大尉同等之官而实役停年不越最下限之半数者，支给奏任五等格内所示之金额。

●●●军人、军属在明治七年以后因战役死亡者其父母及祖父母之扶助法 明治二十四年(1891年)法律

第一条　军人、军属在明治七年从佐贺及台湾之役、明治九年从熊本及山口之役、明治十年从鹿儿岛之役，有为战斗或公务而死亡，或受伤痍、罹疾病由是原因以死亡，而其父母及祖父母尚存者，据当时之法规，给以从军者之寡妇所曾受或应受之扶助费。

军人、军属当前项各战役被临时编入于军队及遣派于战地，而死亡之原因与从军者同，则其父母及祖父母尚存者，援照前项。

前二项之所谓父母及祖父母，以其战死之时，或所受伤痍、所罹疾病即为死亡原因之时，已注在海陆军兵籍簿中或户籍簿中者为限。

第二条　虽有父母、祖父母与第一条相合，而同一户籍内现已有受扶助费者，则其间不复予扶助费。

第三条　扶助费即以本法令施行之日起算而给之。

第四条　受扶助费者之权利而或消灭或停止，及其停止中所有扶助费之支给、转给并次序，俱照现行军人恩给法之所定。

第五条　其父母及祖父母有因家废或其他事故而入他家之户籍者，虽迟至本法施行以后三年之内其家再兴或复籍，仍得自其再兴或复籍之日起，据本法而给扶助费。

第六条　扶助费除转给之时外，有自本法施行之日起三年内不请求，则为弃其权利。

第七条 本法以明治二十五年四月一日施行。

●●●军人、军属之父母及祖父母扶助法施行规则

明治二十五年（1892年）阁令

第一条 据明治二十四年法律第四号第一条第一项或第二项而请求扶助费者，其请求书应请求者先自署名捺印，复受市町村长之印，而加以市町村长所证明现今户籍调书，呈出之于地方官。

第二条 前条之请求书并应加下之书类，但合于第三、第四、第五、第六条者不在此限：

  第一 军人、军属及临时编入于军队者战死之时，或受伤痍、罹疾病即为死亡原因之时，所有之户籍调书。

    本项之户籍调书，须受彼时在籍之地之市町村长证明。但彼时之户籍不存而市町村长不能证明者，则以受于市村长之理由书加之于请求书。

  第二 军人之履历书及兵籍簿誊本，又军属及临时编入于军队者之履历书。

    本项之书类，系据请求扶助费者之出愿，而自军人、军属及临时编入于军队者战死之时，或受伤痍、罹疾病即为死亡原因之时，其该管官厅或接收其事务之官厅颁之。但无履历书之时，则以证军人、军属之从军或派遣于战地之事实及临时编入于军队之事实，并其职务、等级之书类，代履历书而颁之。

  第三 所以证军人、军属及临时编入于军队者死亡原因之书类。

    本项之书类，在战地或海陆军病院而死亡者，则以彼时为证之公文誊本，或述其死亡之始末书充之。

原因于在战地受伤痍、疾病而死亡者，则以彼时医师之证明书，或现认其伤痍、疾病之经历者之口供书充之。但有可为证据公文誊本，则并应差出之。

第四　请求扶助费者之户籍内，现有受扶助费于国库之人与否之申立书。

第三条　军人、军属及临时编入于军队者之寡妇、孤儿、父母、祖父母，有据从前之规定而尝受终身或一时之扶助费，则应以其事实之申立书，及第二条第一、第二项之书类，军人则并兵籍簿誊本，加之于请求书。

第四条　军人、军属及临时编入于军队者而尝受恩给，则应以其事实之申立书，及第二条第一、第三、第四项之书类，军人则并军人兵籍簿，加之于请求书。

第五条　受扶助费者或死亡或权利消灭，则当受转给者，应以前人之扶助费证书，并二条第四项之申立书，加之于请求书。

第六条　受扶助费者而被停止公权，则当受转给者，应以其确定裁判之宣告书，并第二条第四项之申立书，加之于请求书。

第七条　地方长官既受扶助费之请求书，则取调事实之后，应差出于陆军大臣或海军大臣。但临时编入于军队而初不属陆海军者及警视局员之从明治十年鹿儿岛之役者，其父母、祖父母之请求扶助费，应为差出于内务大臣。

第八条　海陆军大臣、内务大臣既受前条之请求书，经审查之后而认其请求为有理由，则应作扶助费年额之计算书，加以证军人军属及临时编入于军队者死亡原因之书类及其他证据书类，差出之于内阁总理大臣。

海陆军大臣、内务大臣而认前项之请求为无理由，则应具意见而差出之于内阁总理大臣。

第九条　内阁既许可扶助费之请求,则作扶助费证书,经陆军省、海军省或内务省,而使本人居住之地方厅颁予之。但系一时支给者,则用辞令书。

既颁与扶助费证书或辞令书,则内阁应以其旨通知大藏省。

第十条　虽同一户籍内,有据他之法律规则受扶助费于国库者,其合于明治二十四年法律第四号第一条第一项或第二项者,仍得请求扶助费。

内阁虽许可前项扶助费之请求,颁予扶助费证书。但非同一户籍内现受扶助费者,其权利消灭后或在公权停止中,则不支给之。

遇有如本条第二项所言者,内阁恩给局应以其旨通知大藏省。

第十一条　应给陆军军属父母、祖父母之扶助费年额,据明治八年达书陆军武官伤痍扶助费及死者祭粢并其家族扶助概则之第十七条,又明治十一年达书战役死伤者扶助费概则之第五条,所载等级之比准而定之。

第十二条　临时编入于军队者与海军军属父母、祖父母之扶助费年额,据当时命令所指定等级之比准而定之。

第十三条　受扶助费者之户籍内而又有据他之法律规则应受扶助费于国库者,则当以其旨届出于居住地之地方厅。

地方厅既受前项之届出,应将明治二十四年法律第四号之扶助费停止支给,而以其旨通知于大藏省。

第十四条　被停止支给扶助费者,俟停止之原因解除,当受居住地市町村长之印,而届出于地方厅。

地方厅既受前项之届出,则通知于大藏省,且在其人停止支给扶助费中既有受转给者,则废其支给。而有颁予之扶助费证书者,则收之而缴诸内阁恩给局。

第十五条　大藏省既受第十三条、十四条之通知，则应转而通知于内阁恩给局。

第十六条　明治二十三年阁令第五号军人恩给法施行规则之第七条及第十一条，又其年阁令第三号官吏恩给法施行规则之第七条、第八条、第九条、第十条之第一第三、第十三条、第十六条、第十七条、第十八条，俱准用于本令。

●●●战死者等之遗族及负伤者支给特别赐金方法

明治二十八年（1895年）海军省令

第一条　海军之军人、军属及雇员、佣人等，从此次之战役，或为公务或原于公务而死亡者之遗族，及以公务受伤痍或罹疾病而残废不具者，其据军人恩给法官吏恩给法与扶助法而受恩给及扶助费，或据明治二十七年敕令第六十四号而受手当金。所有支给应予之特别赐金方法，据此规定。

第二条　前条特别赐金之给与及支给之额，系据军人恩给法施行规则第五条，及官吏恩给法施行规则第六条之恩给证书，官吏遗族扶助法施行规则第八条之扶助费证书或辞令书，并明治二十七年敕令第百六十四号给与手当金之额而定者。

第三条　军人、军属而应支给特别赐金者，系在颁予军人恩给法施行规则第五条，及官吏恩给法施行规则第六条之恩给证书，官吏遗族扶助法施行规则第八条之扶助费证书或辞令书之际，同时支给。

第四条　据明治二十七年敕令第百六十四号而应支给手当金者，系在支给其手当金之际同时支给。

第五条　特别赐金以军事公债证书额面交付，其不满五十圆之零数，以记其金额之邮便贮金通帐①交付,而领受人既执有邮便贮金通帐,则应为请求转记于一通帐之手续。

第六条 特别赐金悉由该管地方厅支给,而该管地方厅酌宜以交付之于本人,送其领受书及调印之预入贮金申込书②于海军省。

第七条 领受人欲以所执军事公债证书而换现金,则应以请求交换书加诸军事公债证书,经地方厅而送于海军省。但请求交换惟以领受之日为限,而价格则据额面。

第八条 应领受特别赐金者而死亡,或失领受之资格,则应由正当之继承者,加以市町村长所证明之户籍调书,而请改通帐之记名于海军省。

第九条 既据此规定而受特别赐金之后,虽以伤痍、疾病或再发或增进之故而再请求,亦无给之者。

第十条 如第三、第四条所言,而恩给证书、扶助费证书及辞令书并手当金已交付或支给者,则据各书类调查之,而取计支给之法。

●●●陆军军人、军属、雇员、佣人死于明治二十七、八年战役者之遗族特别赐金支给法 明治三十年

(1897年)陆军省令

第一条 陆军军人、军属、雇员、佣人之从明治二十七八年战役,原因于公务而死亡者_{除原因于己不经意或不摄生者}之遗族,并从事此战役原因于公务而死亡者之中,据军人恩给法官吏遗族扶助法应受扶助费而无制规之遗族者,其相续人或血族据本令支给特别赐金。

---

① 通帐,即折子、存折。
② 申込书,即申请书、要求书。

第二条 原因于前条所言公务而死亡之陆军军人、军属及雇员、佣人等遗族，系谓其死亡时在同一户籍中之寡妇、孤儿、父母、祖父母、兄弟、姊妹，但特别赐金给于寡妇，无寡妇则给孤儿，以次例此。

原因于前条所言公务而死亡之陆军军人、军属等血族给以特别赐金。而死亡者无相续人，即以给于其死亡时在同一户籍中者为限。

第三条 据此规定而受特别赐金者应具下之书类，而出愿于北海道厅长官、府县知事：

一 愿书，亲族或居住地之户主二人与之连署，而市町村长或准于市町村长所证明者。

二 履历书，该管长官所证明者。 限于军人、军属

三 兵籍誊本，该管长官所证明者。 限于军人

四 职务证明书，该管长官所证明者。 限于雇员、佣人

五 死亡证书或死亡诊断证书，该管长官所颁予者。

六 户籍调书，市町村长或准于市町村长所证明者。

第四条 北海道厅长官、府县知事既受前条之书类，则审查之，而应上申之于陆军大臣。

第五条 陆军大臣既受前条之书类，则定其金额，经地方厅而颁给之。

第六条 明治二十八年陆军省令第二十号之第四条、第五条、第六条、第七条及第八条，本令亦适用之。

第七条 本令所称雇员、佣人，以合于明治二十七年敕令第百六十四号者为限。

●●●海军军人、军属死于明治二十七、八年战役者之遗族特别赐金支给法 明治三十年（1897年）海军省令

第一条　海军军人、军属、雇员、佣人之从明治二十七八年之战役,原因于公务而死亡者除原因于己不经意或不摄生者,之遗族,并从事此战役原因于公务而死亡者之中,据军人恩给法官吏遗族扶助法应受扶助费而无制规之遗族者,其相续人或血族据本令支给特别赐金。

第二条　给特别赐金之区别如下:

一　无论在战地或不在战地,服战役中之公务,不原因于公务而受伤痍或罹疾病以死亡者之遗族,系谓与死亡者在同一户籍内之寡妇、孤儿、父母、祖父母、兄弟、姊妹。首给寡妇,无寡妇则给孤儿,以次例此。

二　无论在战地或不在战地,服战役中之公务,原因于公务而受伤痍或罹疾病以死亡者,若据军人恩给法官吏遗族扶助法,不有受扶助费资格之制规遗族,则给于相续人,无相续人则给与死亡者在同一户籍内之血族。

第三条　受特别赐金者,应按书式,以附属书类加于愿书,而差出于地方长官。地方长官审查之,死亡者而为下士、卒,则送诸本籍该管镇守府司令长官,其他则进诸海军大臣。

第四条　镇守府司令长官既受前条之书类,审查之而见为确当,则应进诸海军大臣。

第五条　不在战地而服战役中军务者之区域及准诸下士官、士卒职务者之区分,援用明治二十七年海军省令第十六号之第五条、第七条。

第六条　明治十八年海军省令第四号之第五条、第六条、第七条及第八条,本令亦适用之。

书式略

于明治二十七、八年之战役有勋劳者予以一时赐金之取扱方法 明治二十八年（1895年）陆军省令

第一条 于明治二十七八年之战役有勋劳者，应予之一时赐金。除照二十八年敕令第百三十七号须在海军省处理者外，俱应在陆军省为交付之手续。但其受给于地方者，则经地方厅而交付之。

第二条 领受人欲以领受之军事公债证书而换现金，则应以请求交换书加诸军事公债证书，而出愿于陆军省。但经由地方厅交付者，仍应经由地方厅而呈出之。

第三条 前条之请求交换惟以领受之日为限，但价格则据额面。

明治二十七、八年之战役及明治三十三年（1900年）之清国事变所有赐金之请求交付手续
明治三十五年（1902年）陆军省令

第一条 应受赐金者既受辞令书，则本人即当以请求赐金书差出于陆军监督部。

第二条 赐金应自陆军监督部直接交付于本人。

第三条 应受赐金者而在领受之前死亡，则其继承者当以请求赐金书及户籍誊本，加于死亡届书，而差出于陆军监督部。

第四条 请求赐金书，其在队者及陆军之附于官衙学校者，应受所属之长证明其为正当受给之人，其他则应受市区町村长证明其为正当受给之人。

军人服役于台湾者之恩给及遗族扶助费

明治三十三年(1890年)法律

第一条 在台湾服役之军人而服役至六月以上者,则计算军人恩给法之服役年月,按其服役一月,以为现役外之年月而加算半月。但有加算从军之年或外国航海之年者,不在此限。据前项而加算之年月数,算入于官吏恩给法之在官年数中。

第一项之加算以抵台湾之日为始。

第二条 在台湾服役之军人服役至六月以上,而罹台湾之风土病或流行病,应准军人恩给法第四条第三款者,予退职恩给、免除恩给及增加恩给。其症比之为轻而不受免除恩给者,则准军人恩给法第十四条第二款,予赈恤金。

因罹前项之疾病而离现役之后,其症复趋于重者,准军人恩给法第十一条之规定,予相当之恩给。

第三条 在台湾服役之军人罹台湾之风土病或流行病,而在现役中死亡,或因之离现役后而以其疾病死亡,则据军人恩给法之规定,以下之区别而给扶助费于其遗族:

一 第一条之服役而未满六月者,给第五号表之半额。

二 第二条之服役而满六月以上者,给第五号表之全额。

第四条 前二条之风土病及流行病种类以敕令定之。

第五条 本法中第二条及第三条之规定,当施行本法之始现服役于台湾者,虽施行以前之服役月数,亦适用之。

附 则

本法以明治三十三年四月一日施行。

●●● **日俄战役之特别赐金颁给手续** 明治三十七年

(1904年)陆军省告示

第一条 陆军军人、军属及雇员、佣人等，从此次之战役而死亡^{负伤后及送归后而死亡并在内地服战役而死亡，则限以死亡之原因于负伤或疾病且距其负伤或罹疾病之时在三年以内}者之遗族，给一时特别赐金。但自望死而死亡者之遗族，有裁酌而不给之。

第二条 应受特别赐金之遗族，限以陆军军人、军属及雇员、佣人等死亡之时与之在同一户籍内者，其次序如下：

| 寡妇 | 子 | 父母 |
| 祖父母 | 兄弟 | 姊妹 |

第三条 应受特别赐金之遗族，当以户籍誊本^{归乡后而死亡者并死亡证书}加诸特别赐金愿书^{有附表之式}差出于陆军大臣，而待交付特别赐金证书。但据军人恩给法而既差出请求扶助费书者，不必差出前项之户籍誊本。^{归乡后而死亡者之死亡证书亦同}

第四条 既受交付特别赐金证书者，应即以请求特别赐金书^{是书与特别赐金证书同交付之}直接差出于陆军会计监督部。

第五条 请求特别赐金证书应由市区町村长证明其为正当受领之人。

第六条 赐金自陆军会计监督部交付之于本人。

●●●海军军人、军属及其他有从日俄战役而死亡者遗族之特别赐金交付法 明治三十七年（1904年）海军省令

海军军人、军属及其他从此次之战役而死亡者，所应颁予其遗族之特别赐金，在准士官以上、候补生及文官之遗族，即交付于其本人。在下士、卒及其他之遗族，则经地方厅而各交付于其本人。

●●●救助下士、兵卒家族令 明治三十七年(1904年)敕令

第一条 遇战役而被召集之预备役、后备役、补充兵役各下士、兵卒在召集中,其家族均据本令之所定而救助之。

第二条 本令所称家族,谓自召集之始,接续与应召者同在一家之祖父母、父母、妻子、兄弟、姊妹。但在召集中生有嫡子,视作召集之始即在其家者。

第三条 限其因下士、兵卒之应召而不能生活者为应受救助之人。

第四条 救助之程度及方法,内务大臣定之。

第五条 下士、兵卒而逃亡或被处三月以上禁锢之刑,则按其逃亡或刑期中之日数,停止救助。

前项之停止,自受公中通知之日始。

第六条 下士、兵卒而死亡,或生死不明,或因伤痍、疾病而被解除召集,则本令之救助,仍续给三月。

第七条 本令之规定,下士、兵卒因遇战役,而被延展现役之期者,其家族准用之。

附　　则

本令施行之期日,内务大臣定之。

●●●救助下士、兵卒家族令之施行规则 明治三十七年(1904年)内务省令

第一条 据救助下士、兵卒家族令而请受救助,应由经理其家者或代经理者,出愿于所居地之地方长官。

有前项之出愿,则地方长官应调查其资产之程度,劳役之能否,有

无扶养义务者与其他救护者,并各种之状况,而决定准驳。

第二条　救助用扶助生业、给予现品、施疗、给予现金等法。

前项之救助法得酌宜委嘱于他之施设[①],而使行之。

第三条　救助之额不得过给于战死者遗族之扶助费最低额,而其给额之标准则据被救助者之状况而由地方长官衡定之。

第四条　受救助者而既得自营之途或既受他之扶助等,则据其状况而减少救助或废止救助。

第五条　除本令所规定者外更有应定之事项,则地方长官定之。

第六条　本令中所有地方长官之职务,在台湾则台湾总督行之。

●●●救助下士、兵卒家族令之施行期日　明治三十七年(1904年)内务省令

救助下士、兵卒家族令自明治三十七年五月一日施行之。

---

① 施设,即设施、设备。

第三款　宫内官吏之恩给及遗族扶助

●●●**宫内省之官吏恩给例**_{明治二十三年（1890年）宫内省达书}

第一条　宫内省官吏判任以上者而退官，则据本例所规定予以恩给。

第二条　如下所列者，则适用明治二十三年法律第四十三号官吏恩给法规定之条项：

一　予在官满十五年以上者以恩给之时及其给额。

二　予罹伤痍、疾病者以恩给之时及其给额。

三　计算在官年数，并于明治四年七月以前在官者之支给法。

四　受恩给者再就官而退官，则所有支给之区别。

五　恩给之停止及剥夺。

六　存有受恩给之资格与否。

第三条　宫内大臣之在职年数援国务大臣之例。

第四条　自政府之文官而转任于宫内省者，或不受恩给而退出政府之后任诸宫内省者，其在政府本为判任官以上，则虽月数，亦通算于官吏在官年数中。

第五条　由准官吏_{宫内省官制中所谓特指定之准判任以上，而次皆是}而为官吏者，减准官吏在官年数五分之一，通算于官吏在官年数。

第六条　始由准官吏而为官吏之月，许算入于官吏在官年数中。

第七条　不受俸给之官吏，并试补高等官、见习判任官、补助员、顾问员、评议员，或御用挂勤务、殿掌、殿部及其他各种名称，而属于宫内省之官制外者，无予恩给之事。但试补高等官及见习判任官之罹伤痍、疾病者，不在此限。

第八条　支发恩给，据其该管之长证明。无该管之长，则据内事课长证明，并由调查课之审查，而宫内大臣裁定之。

第九条　有不服于前条之裁定者，得于六阅月以内具状于宫内大臣，而请再审查。

第十条　有前条之请再审查者，宫内大臣特命审查委员于审查之后裁决。而以此裁决为终结，不得复诉于他。

第十一条　恩给不得卖却、让与、质入、书入，并不得为负债之抵偿。违者停止恩给。

第十二条　既有应受恩给之事由，不得过三年而请求之。

第十三条　据明治二十年达书第二号宫内省官吏恩给例而受恩给者，仍据其恩给例。但停止及剥夺则据本例。

第十四条　判任官以上在官满一年以上而退官者，适用明治三年之敕令第九十八号而给一时赐金。

●●●宫内省准官吏恩给例 _{同上}

第一条　宫内省准官吏_{宫内省官制中所谓特指定之判任以上，而次皆是}而退官者，据本例之所规定而予恩给。

第二条　如下所列者，适用明治二十三年法律第四十三号官吏恩给法所规定之条项：

　　一　予在官满十五年以上者以恩给之时。

　　二　予罹伤痍、疾病者以恩给之时。

三　计算在官年数，并于明治四年七月以前在官者之支给法。

四　受其恩给者再就官而退官，则所有支给之区别。

五　恩给之停止及剥夺。

六　存有受恩给之资格与否。

第三条　准官吏恩给之年额由退官时之俸给与在官之年数而定之。即在官满十五年以上、未及十六年而退官者，其恩给年额为俸给年额四百分之八十。而满十五年以上，每一年加四百分之一，满四十年而止。但在官四十年以上者应予之恩给为四十年之额。又，不满十五年者应予之恩给为十五年之额。

因非职满期而退官者，其恩给据在职最终之俸额而算定之。若由兼官以受加俸者，算定恩给年额时应除之。

第四条　由官吏而为准官吏者，通算满于十五年，则加官吏在官年数五分之一，而通算于准官吏在官年数。其加算之年数，并尔后勤续之年数，援第三条之例，每满一年加四百分之一。而并加算之年数，满四十年而止。

第五条　官吏在官满十五年以上之后而为准官吏者，准官吏退官之时，减准官吏在官年数五分之一，而并算于官吏在官年数，援照支发官吏恩给之例。

第六条　始由官吏而为准官吏之月，许算入于官吏在官年数中。

第七条　宫内省官吏恩给例之第四条、第八条、第九条、第十条、第十一条、第十二条，本例亦适用之。

第八条　准官吏在官满一年以上而退官者，适用明治二十三年之敕令第九十八号而给一时赐金。

●●●宫内省官吏、准官吏之遗族扶助例 同上

第一条　宫内省官吏、准官吏之判任以上者而有下之事项之一，则据本例之所规定给扶助费于其遗族。但毋庸缴第三条纳金者之遗族，不在此限。

一　在官十五年以上者而死亡于官中。

二　在官不满十五年者因公务而死亡。

三　受恩给者而死亡。

第二条　如下所列者，适用明治二十三年法律第四十四号规定之条项：

一　寡妇扶助费之年额。

二　应支给其扶助费者及支给、转给之制限。

三　扶助金之废止、停止。

四　受扶助费资格之消灭。

五　在官未满十五年，并非以公务之故而死亡者之遗族，给一时扶助金。

第三条　官吏、准官吏之判任以上者，应纳其俸给百分之一于内藏寮。

不受俸给之官吏，并试补高等官、见习判任官、补助员、顾问员、评议员，或御用挂勤务、殿掌、殿部及其他各种名称，而属于宫内省之官制外者，毋庸纳金。又，以兼官而受之加俸，亦毋庸纳金。

第四条　支给扶助费，据本人该管之长申牒。无该管之长，则据内事课长申牒，并由调查课之审查，而宫内大臣裁定之。

第五条　有不服前条之裁定者，得于六阅月以内具状于宫内大臣，而请再审查。

第六条　有前条之请再审查者，宫内大臣特命审查委员于审查之后裁决。而以此裁决为终结，不得复诉于他。

第七条　扶助费不得卖却、让与、质入、书入，并不得为负债之抵偿。违者停止扶助费。

●●●宫内省官吏、准官吏恩给例之施行规则
明治二十三年（1890年）宫内省达书

第一条　应受其恩给者，退官时当具请求恩给书，差出于该管之长。无该管之长，则差出于内事课长。但值部局或废或并之时，则当差出于接管其事务之部局长。

第二条　恩给请求书应附在官履历书。

第三条　为公务受伤瘠或罹疾病而请求恩给者，与夫或受恩给或不受恩给而退官，有在官时起因于公务之伤瘠、疾病，其症复趋于重，而请求恩给者，履历书而外，应以下之书类证明其事实：

　　一　现认证书，或所以证之之公文誊本，或口供书。

　　二　医师之诊断证书。

第四条　该管之长或内事课长既受恩给之请求，查复之后而见其请求为有理由，则准据第一、第二、第三号之书式，作请求者之在官年数及恩给年额计算书，加以证据书类，而付诸调查课。若见其为无理由，则附意见而付之。

第五条　调查课长检案前条该管之长或内事课长查核之书类，具状于宫内大臣。宫内大臣而允许之，则调查课作恩给证书，经该管部局或内事课而颁之于本人。但系一时支给者，用辞令书。

既颁恩给证书或辞令书，则调查课应即通知内藏寮。

第六条　恩给由内藏寮四分其年额，于四月、七月、十月、一月，征领受证，而支给以前三月分。但值资格消灭及一时支给之金额，则不拘期月支给之。

受恩给者而居住于东京市外，则其恩给金由内藏寮为换递寄之。收到之后，应即邮呈领受证于内藏寮。但受给者之所居地而不便取组为换，则迄于其近旁便于取组为换之地，以递寄之。

第七条　受恩给者而迁徙其住所，应届出于内藏寮。

内藏寮既受前项之届出，应通知于内事课。

第八条　合于宫内省官吏恩给例第二条第五项、宫内省准官吏恩给例第二条第五项者，其恩给之终始据下之各项：

一　被处重罪之刑者以受确定裁判宣告之日终，失日本臣民之分限者以失之日终。

二　任准判任官以上而受俸给者，以始支俸给之前日终，其退官时以不支俸给之翌日始。

三　被停止公权者，以应处重禁锢之刑或付诸监视等受确定裁判宣告之日终，以刑期满限之翌日始。

第九条　宫内省官吏恩给例第二条第三项，宫内省准官吏恩给例第二条第三项，所言明治四年七月以前在官者之支给法，系视明治四年六月东京浅草米廪之平均相场，以与其时彼之官禄一月分相当之金额为准据，而定其支给额。

第十条　因公务而受伤痍或罹疾病者，给至最下金额十分之七为止之增加恩给，其等差如下：

一　盲两目或亡二肢以上者，十分之七。

二　受伤痍或罹疾病，足准于前项者，十分之六。

三　亡一肢或失二肢之用者，十分之五。

四　受伤痍或罹疾病，足准于前项者，十分之四。

五　盲一目或失一肢之用者，十分之三。

六　受伤痍或罹疾病，足准于前项者，十分之二。

伤痍、疾病之等差,适用明治十八年太政官达书第十六号文官伤痍、疾病之等差例。

第十一条　受恩给而死亡,应由其遗族届出于调查课,缴送恩给证书。若值第十二条之时,应由其家族附以裁判宣告书而届出之。

遇有前项之时,调查课应即通知内藏寮。

第十二条　受恩给者而被处重罪或禁锢之刑又或付诸监视,则调查课既知有其确定裁判之宣告,_{据裁判所之通知及自本人家族之届出等}应通知于内藏寮,而内藏寮据之以停止恩给或复予之。

遇有前项之时,而应剥夺其恩给者,则调查课应通知其旨于本人,而使缴还恩给证书。

第十三条　因水火之灾及盗窃等而亡失其恩给证书者,应具事由,申出于调查课。是时调查课应作恩给证书誊本,颁于本人。

前项之恩给证书誊本与恩给证书有同一之效力。

第十四条　受恩给者而改姓名,应具事由,加诸恩给证书,届出于调查课。而调查课应记其事实于恩给证书之里面,由调查课长署名盖印之后,颁于本人,并通知内藏寮。

第十五条　据明治二十年达书第二号宫内省官吏恩给例而受恩给者,如下之时,当据本则：

一　死亡,或资格消灭,或停止。

二　亡失恩给证书。

三　改姓名或徙居住。

●●●宫内省官吏、准官吏遗族扶助例之施行规则

同上

第一条　请求扶助费者，应署名于请求书^{有后见人则其后见人亦应署名}而亲族二人与之连署，无亲族则他之户主二人与之连署，并受市町村长^{在不行市町村制之地方则受区户长}之印，附以市町村长所证明之户籍调书，而届出于原该管之长或内事课长。

第二条　受扶助费者而或死亡，或资格消灭，或支给之期限已满，则请转给扶助费者，更应附以前人之扶助费证书，为请求之证。

第三条　因公权停止而应受扶助费之转给者，则应附确定裁判之宣告书誊本，为请求之证。

第四条　并无应受扶助费之寡妇、孤儿或父母、祖父母，而死者之户籍内，有年未满二十或残废不具、不能营产业之兄弟、姊妹而无给养之者，又或孤儿年虽满二十而残废不具、不能营产业而别无给养之者，则应详记其事由，而残废不具者，并附医师之诊断书，以请求扶助费。

第五条　该管之长或内事课长既受扶助费之请求，查核之后，应准据第四、第五号之书式，作扶助费年额计算书，加以证据书类，而付诸调查课。

原因于以公务受伤痍而死亡，或忍非常之劳动及困苦以从事于勤务而发病以死亡，或因公务接近于传染病者而感其病毒以死亡，或在战地及公务旅行中罹流行病以死亡者，其遗族请求扶助费，则该管之长或内事课长应并可为其伤痍、疾病起因于公务之证据书类，付诸调查课。

调查课长检案该管之长或内事课长查核之书类，具状于宫内大臣。宫内大臣而允许之，则调查课作扶助费证书，经该管部局或内事课而颁之于本人。但系一时支给者，用辞令书。

既颁扶助费证书或辞令书,则调查课应即通知内藏寮。

第六条　遗族扶助例第三条所记之纳金支俸给之时,由内藏寮征收之。但另设有会计部局者,则其部局征收之,而送诸内藏寮。

因俸给之增减而既纳之金圆或有过或不足,则次届支俸给时应整理之。

因免官、退官、转任、死亡而过渡俸给须返缴者,则纳之之人应差引其百分之一。

第七条　支给扶助费据宫内省官吏、准官吏恩给例施行规则之第七条及第九条第一、第三项之例。

第八条　受扶助费者而徙其居住,则应届出于内藏寮。

内藏寮既受前项之届出,则应通知于调查课。

第九条　受扶助费者或死亡,或资格消灭,或支给之期限已满,而无应受转给者,则应缴其扶助费证书于调查课。

遇有前项之时,调查课应即通知于内藏寮。

第十条　受扶助费者而被处重罪之刑或被停止公权,则据宫内省官吏、准官吏恩给例施行规则第十三条之例。

第十一条　因水火之灾及盗窃等而亡失其扶助费证书者,并受扶助费者而改姓名时,则据宫内省官吏、准官吏恩给例施行规则第十四、十五条之例。

第一至第五号书式俱略

●●●宫内省官吏、准官吏恩给例与遗族扶助例适用官吏恩给法及官吏遗族扶助法之补则法

明治二十九年(1896年)宫内省达书

宫内省官吏、准官吏恩给例与遗族扶助例，适用明治二十九年法律第三十六号官吏恩给法及官吏遗族扶助法补则中第一至第五条之规定，始自本年四月一日施行之。

据本令而应受恩给、扶助费或一时扶助金者，惟在明治二十三年八月九日以后退官，或在官中或退官后死亡者之遗族，其恩给及扶助费，始自施行本令之日算给。但以施行本令之日起，不得过一年而后请求之。

●●●宫内省官吏恩给及扶助费之支给法 明治二十五年（1892年）宫内省达书

第一条　本受恩给于政府者，任为宫内官而退官之时，则据宫内省官吏恩给例及准官吏恩给例第二条第四款之规定，比较前后之恩给，惟后官恩给之超过额，或照在官年数之增加额，定为终身恩给。

第二条　于军人服现役十一年以上，不受恩给于政府者，任为宫内省官而退官之时，适用明治二十三年法律第四十五号军人恩给法之第七条，予终身恩给。

第三条　本受恩给于宫内省者，既任为政府判任以上而受俸给，则其间停止恩给。但在得营商业之官职不在此限。

第四条　据第一、第二条受恩给者而死亡，或应受恩给者而死亡，则据宫内省官吏、准官吏遗族扶助例，给扶助费于其遗族。

●●●关于宫内省官吏恩给及扶助费之件 明治三十年（1897年）宫内省达书

第一条　受恩给于宫内省者，任为政府判任以上之文官，而退官后复受恩给于政府，则改所支之恩给，更照下之区别，以算定之金额定为终身恩给：

一　宫内官及文官，其退官时之俸给不相同，则通算前官年数于后官年数，以后官俸给算出之恩给额比较前官恩给额，若为同额以上，则自其算出之恩给额控除后官恩给额之残额。或其算出之恩给额比前官恩给额为少，则自前官恩给额控除后官恩给额之残额。

一　宫内官及文官，其退官时俸给相同，则通算前官年数于后官年数，自以后官俸给额算出之恩级额控除后官恩给额之残额。

第二条　据明治二十五年宫内省达书甲第二号第二条受恩给者，再就现役，则再离现役后复受恩给于政府，即停止宫内省之恩给。但受于宫内省恩给之额比于政府恩给之额为多，则其超过之金额仍定为终身恩给。

第三条　据第一、第二条受恩给者而死亡或应受恩给者而死亡，则据宫内省官吏、准官吏遗族扶助例，给扶助费于其遗族。

●●●请求恩给及扶助费之差出法 明治三十年(1897年)

宫内省达书

据本年十月宫内省达书甲第十一号而应受恩给或受扶助费者，当以下之书类附于请求书，而差出于调查课长：

一　履历书。
二　户籍调书。
三　宫内省所颁之恩给证书。

●●●受恩给者就职时之停止恩给法 明治二十六年(1893年)宫内省达书

受恩给于宫内省者,就宫内省受一定俸给之职务,或任为皇室职员中之家扶、家从而受俸给,则其间停止恩给。

第四款　学校职员之退隐及遗族扶助

●●●**府县所立师范学校长之俸给并公立学校职员之退隐费及遗族扶助费法**明治二十三年(1890年)法律

第一条　府县所立师范学校长之俸给为国家之负担。

第二条　府县所立师范学校乃公立中学校之学校长、正教员、舍监及书记,按此法律之规定,有受退隐费之权利。

第三条　在职满五年以上者而有合于下之事项之一,则给终身退隐费:

一　年逾六十而命退职。

二　受伤痍或罹疾病不复堪其职务而命退职。

三　因废校或学校编制之变更而命退职。

第四条　有合于下之事项之一者,则虽不满前条之年限,亦给终身退隐费,并更按其最下金额十分之七为止,给增加退隐费:

一　因职务受伤痍,失一肢以上之用,或足准于此者,不复能胜职务而命退职。

二　因职务不能顾其所受之感动有害健康,以从公而罹疾病,失一肢以上之用或足准于此者,不复能胜职务而命退职。

第五条　官吏恩给法第五条之第一第四第五项、第六条、第十一条及第十二条之第一项,退隐费适用之。

算定支给退隐费等在职年数之规则以敕令定之。

第六条　削除

第七条　第一项削除

受退隐费者而值下之事项之一，则其间停给退隐费：

一　就公务受给资与退职时俸给同额以上。

二　被停止公权。

第八条　年未及六十而自以便宜退职者或免职、失职者，则失其受退隐费之资格。

第九条　府县所立师范学校及公立中学校之准教员，惟因职务受伤痍或罹疾病合于第四条者，按退职时俸给四分之一，终身给予退隐费。

第十条　府县所立师范学校及公立中学校之学校长、正教员、舍监及书记，在职满一年以上而退职，以退职时俸给半月分当在职年数之一年，而一时给予合其年数之金圆。但因非职或休职满期而退职者，据本职最后之俸给额给予之。

据第三条、第四条及第九条而受退隐费者，或以自己之便宜而退职者，又或免职、失职者，不在此限。

既受本条退职给予金者，而异日复任府县所立师范学校及立中学校之学校长、正教员、舍监及书记，则其后再退职时，所有第一项之在职年数自再任之月起算。

本条之给予及与之相关之费用，由退职者退职时勤务之学校所属府县郡市町村负担之。

第十一条　支给退隐费据府县知事之证明，而文部大臣裁定之。

官吏恩给法之第十六条及第十八条，退隐费适用之。

第十二条　府县所立师范学校及公立中学校之学校长、正教员、舍监

及书记而合于下之事项之一者,则其遗族有据此法律之规定而受扶助费之权利:

一　在职满十五年以上而死于其职。

二　在职未满十五年因职务而死亡。

三　受退隐费者而死亡。

第十三条　官吏遗族扶助法之第四条至第十条,又第十二条至第十六条,此法律所规定之扶助费亦适用之。

官吏遗族扶助法之第十一条,在无寡妇、孤儿或父母、祖父母应受此法律所规定之扶助费者,而死者之户籍内有年未满二十,或残废不具、不能营产业之兄弟、姊妹,而无给养之者,则适用之。

第十四条　府县所立师范学校长及公立中学校之学校长、正教员、舍监及书记,在职未满十五年,并非以职务之故而死于其职,则给其遗族以一时扶助金。

前项扶助金适用官吏遗族扶助法第十七条之第二项。

第十五条　凡扶助费及扶助金之支给并第十三条第二项之给予,俱据府县知事之申牒,而文部大臣裁定之。

第十六条　府县所立师范学校及公立中学校之学校长、正教员,每年应纳其俸给百分之一于国库。

府县郡市町村,每年应以与其府县所立师范学校及公立中学校长、正教员、舍监及书记俸给百分之一相当之金圆,纳于国库。

如系兼职之加俸,则毋庸本条之纳金。

第十七条　退隐费、扶助费、扶助金及第十三条第二项之给予,并关于其支给之费用,俱为国库负担。

退隐费、扶助费、扶助金等之支给规则,文部大臣定之。

第十八条　削除

第十九条　削除

第二十条　此法律之第一条自明治二十五年度施行之，第二条至第十九条自明治二十六年度施行之。

第二十一条　在不行府县制郡制或市制町村制之地方而此法律之条规有必须设特例者，以敕令定之。

●●●公立学校职员退隐费及遗族扶助费之支给规则 明治二十五年（1892年）文部省令

要　目

第一章　退隐费之请求
第二章　扶助费之请求
第三章　退隐费、扶助费之支给及停止
第四章　杂则

第一章　退隐费之请求

第一条　据府县所立师范学校长之俸给并公立学校职员之退隐费及遗族扶助费法第三、第四、第五、第九条，而应受退隐费者，当作请求退隐费书，差出于退职时勤务之学校所属府县之知事。若系郡市町村设立之学校职员，则应经由其所属之郡市町村长。

第二条　请求退隐费书应附下之书类：
一　在职中之履历书。

二　市町村长所证明之户籍调书。但载于府县所立师范学校长之俸给并公立学校职员之退隐费及遗族扶助费法第九条者,则无庸附此。
第三条　因职务受伤痍或罹疾病而请求退隐费者,于前条之书类外,更应附以下之书类,当适用官吏恩给法第六条者亦同:
　　　一　现认证书,或证其事实之公文誊本,或口供书。
　　　二　医师之诊断书。
第四条　府县知事既受请求退隐费书,查核之后而见其请求为有理由,则作退隐费年额计算书,加以证据书类,而差出于文部大臣。
第五条　文部大臣既许可前条之请求,则作退隐费证书,使府县知事交付于本人。但因退隐费增加而更交付退隐费证书之时,则令缴其前此交付之证书。
第六条　受他之退隐费或恩给于国库者或有受之之权利者,复据府县所立师范学校长之俸给及公立学校职员之退隐费及遗族扶助费法而请求退隐费,则应以同时不再受他之退隐费或恩给于政府之旨载入请求书。
第七条　据府县所立师范学校长之俸给并公立学校职员之退隐费及遗族扶助费法之第十条第一项,而应受给予金者,当作请求给予金书,附以在职中之履历书,差出于退职时勤务之学校所属府县之知事。
　　据府县师范学校长之俸给并公立学校职员之退隐费及遗族扶助费法之第十条第三项,而申立不受给予金者,应取府县知事之承认。
　　遇前二项之时,而系郡市町村设立之学校职员,则应经由其所属之郡市町村长。
　　府县知事既许可本条第一项之请求,应作辞令书,交付于本人。

第二章　扶助费之请求

第八条　据府县所立师范学校长及公立学校职员之退隐费及遗族扶助费法第十二条、第十三条之第一项、第十四条而应受扶助费或扶助金者,当作请求扶助费扶助金书而差出之。其在不受退隐费而死亡者之遗族,应差出于死者最后勤务之学校所属之府县知事。其在受退隐费而死亡者之遗族或当受扶助费之转给者,则应差出于居住地之府县知事。

府县知事、郡市町村长于其所属公立学校,有职员遗族应受扶助费或扶助金者,当以请求扶助费或扶助金所必须之书类,交付于其遗族。

第九条　请求扶助费扶助金书应附以市町村长所证明之户籍调书及下之书类:

一　合于府县所立师范学校长之俸给并公立学校职员之退隐费及遗族扶助费法第十二条第一、第二款及第十四条者之请求书,则附府县知事所交付死者之履历书。

二　合于府县所立师范学校长之俸给并公立学校职员之退隐费及遗族扶助费法第十二条第三款者之请求书,则附死者之退隐费证书。

三　当适用官吏遗族扶助法第四条第二项者之请求书,则附伤痍、疾病起因于职务之证据书类。其经医师诊察者,则更附诊断书。其不受退隐费而死亡者之遗族,则更附本条第一款之书类。受退隐费而死亡者之遗族,则更附本条第二款之书类。

四　受扶助费者而死亡或权利消灭,其应受转给扶助费者之请求书,则附前人之扶助费证书。

五　因被停止公权而应受转给扶助费者之请求书,则附前人之确定裁判宣告书。

六　当适用官吏遗族扶助法第十五条者之请求书,附详记其事由之书类及医师之诊断书。又,在不受退隐费而死亡者之孤儿,更附本条第一款之书类。在受退隐费而死亡者之孤儿,更附本条第二款之书类。在伤痍、疾病起因于公务而死亡者之孤儿,更附本条第三款之书类。在应受转给扶助费之孤儿,更附本条第四款之书类。

第十条　府县知事既受请求扶助费或扶助金书,查核之后,应作扶助费年额计算书或扶助金年额计算书,加以证据书类,而差出于文部大臣。

文部大臣既许可前项之请求,则作扶助费证书,使府县知事交付于本人。若系扶助金,则用辞令书。

第十一条　受他之扶助费于国库者或有受之之权利者,复据府县所立师范学校长之俸给并公立学校职员之退隐费及遗族扶助费法而请求扶助费,则应以同时不再受他之扶助费于政府之旨载入请求书。

第十二条　府县所立师范学校长之俸给并公立学校职员之退隐费及遗族扶助费法第十三条第二项之请求给予金,据扶助金之例。但残废不具、不能营产业者之请求书,应附医师诊断书。

第三章　退隐费、扶助费之支给及停止

第十三条　支给退隐费之期以退职之次月始,以死亡之月终。

退隐费及扶助费皆四分其年额，于四月、七月、十月、一月，各经本人居住地之府县知事支给其前三月分。但权利消灭之时，则给予金扶助金不必拘期月而支给之。

第十四条　受退隐费或扶助费者将领受其金额，应以退隐费证书或扶助费证书证明其有领受之权。

第十五条　应受退隐费之权利有消灭或停止者，则其支给之终始如下：

一　以现职中之行为既确定其当失职，则以确定之日终。被处禁锢以上之刑，则以受确定裁判宣告之日终。失日本臣民之分限，则以失之之日终。

二　合于府县所立师范学校长之俸给并公立学校职员之退隐费及遗族扶助费法第七条第一项之第四款，则以受任用教职辞令书之日终。合于其项第五款，则以就公务之日终。

三　就公务者，所受给资与退职时之俸给额为同额以上，则以始受给资之前一日停之，而以停受给资之次日复之。

四　三年以上怠不领受，则以怠不领受之支给期之次月起，废其一期之支给。

五　被停止公权者，则以受应付监视确定裁判宣告之日停之，而以刑期满限之日复之。

第十六条　支给扶助费之终始如下：

一　失日本臣民之分限，则以其失之之日终。被处重罪之刑，则以受确定裁判宣告之日终。

二　被停止公权，则以或应处重锢之刑或应付监视受确定裁判宣告之日停之，而以刑期满限之次日复之。

三　在公权停止中应受转给者，以本人停止之次日始，而以复给之前日终。

第十七条　府县所立师范学校长之俸给并公立学校职员之退隐费及遗族扶助费法第四条之增加退隐费，其等差如下：

第一项　盲两目或亡二肢以上，为十分之七。

第二项　受伤痍或罹疾病，足准诸前项者，为十分之六。

第三项　亡一肢或失二肢之用，为十分之五。

第四项　受伤痍或罹疾病，足准诸前项者，为十分之四。

第五项　盲一目或失一肢之用，为十分之三。

第六项　受伤痍或罹疾病，足准诸前项者，为十分之二。

伤痍、疾病之等差，据明治十八年太政官达书第十六号文官伤痍、疾病等差之例。

第十八条　受退隐费或扶助费者而徙籍或寄居于他之府县，则应届出于向时居住地之府县知事及徙籍或寄居地之府县知事。

府县知事既受前项之届出，则甲乙两厅之间应为其人退隐费等支给法之交替，互报告于文部大臣。

第十九条　受退隐费扶助费者而或死亡，或权利消灭，或被停止公权，则应自本籍市町村长报告于交付退隐费、扶助费之府县知事。

第二十条　受退隐费者而就公务，则应自所属主长，报告于交付退隐费之府县知事，解职时亦同。在有给者，并应于报告书附记给资之额及始受给资之日，而解职时则附记停受给资之日。

给资之额而有增减，则随时报告之。

第二十一条　府县知事既受第十九、二十条之报告，则应停止交付退隐费、扶助费，而报告于文部大臣。若系遗族无应受扶助费，或无应受转给者，或失受退隐费之权利，或废扶助费之支给者，并收其退隐费证书、扶助费证书而缴诸文部大臣。

第四章　杂则

第二十二条　府县知事据第五条或第十条而交付退隐费证书、扶助费证书于本人，应同时通知本籍市町村长。

第二十三条　因水火、盗窃等而亡失退隐费证书、扶助费证书，应经居住地之市町村长，而届出于交付退隐费、扶助费之府县知事。

府县知事既受前项之届出，则应调查其事实，具其亡失之由，而申告于文部大臣。文部大臣则作退隐费证书、扶助费证书之誊本，使府县知事交付于本人。

前项退隐费证书、扶助费证书之誊本与证书有同一之效力。

第二十四条　受退隐费、扶助费者而改易姓名，应具其由，附诸退隐费证书、扶助费证书，经居住他之市町村长，而届出于交付退隐费、扶助费之府县知事。府县知事则为记载事实于证书之里面，署名盖印，复交付于本人，而报告文部大臣。

第二十五条　此规则中府县知事之职务，在北海道则北海道厅长官行之。市町村长之职务，在不行市制町村制之地方，则岛司郡区长、户长或准之者行之。

●●●于府县所立师范学校长之俸给并资格学校职员之退隐费及遗族扶助费法算定学校职员之在职年数 明治二十九年（1896年）敕令

第一条　在府县所立师范学校长之俸给并公立学校职员之退隐费及遗族扶助费法中，府县所立师范学校及公立中学校有正教员则为教谕、助教谕、训导,有准教员则为其他之教员。

第二条　府县所立师范学校及公立中学校之学校长、正教员、舍监及书记,其在职年数自就职之月起,而退职之月终。

明治十四年六月以前即在职者自同年同月起。

府县所立师范学校之学校长在非职或休职中之年月数,又府县所立师范学校候补学校长在职中之年月数,俱应算入在职年数。公立中学校之学校长并府县所立师范学校及公立中学校之正教员、舍监、书记,在休职中之年月数亦同。

第三条　如下所称之年月数应于在职年数中除去之:
一　自以便宜退职者或免职、失职者而再就职,则其前之在职年月数。
二　在应受恩给或退隐费之职者而兼府县所立师范学校或公立中学校之学校长、正教员、舍监、书记,则其兼职之年月数。
三　据府县所立师范学校长之俸给并公立学校职员之退隐费及遗族扶助费法第十九条而受退隐费者,则既生应受退隐费之事以前在职之年月数。

●●●在不行府县郡市町村制之地而行府县所立师范学校长之俸给并公立学校职员之退隐费及遗族扶助费法及市町村所立小学校教员之退隐费及遗族扶助费法明治二十四年(1891年)敕令

第一条　府县所立师范学校长之俸给并公立中学校职员之退隐费及遗族扶助费法中,又市町村所立小学校教员之退隐费及遗族扶助费法中,所定府县知事之职务,在北海道则北海道厅长官行之。市町村长之职务，在不行市制町村制之地，则岛司郡区长、户长或准之者行之。

第二条　府县所立师范学校长之俸给并公立学校职员之退隐费及遗族扶助费法中，又市町村所立小学校教员之退隐费及遗族扶助费法中，所定府县之负担，在不行府县制或地方税制之地，则以属于地方经济之费用负担。市町村之负担，在于不行市制町村制之地，以区町村公费负担。

第三条　府县所立师范学校长之俸给并公立中学校职员之退隐费及遗族扶助费法中第十六条第二项之纳金，若系以国库支办之地方费而维持之公立学校，则其学校长正教员所受之俸给毋庸纳之。

第四条　市町村所立小学校教员之退隐费及遗族扶助费法中所定府县之负担，若在府县内之岛屿而与本府县异其经济者，则府县知事应经府县会之决议，得内务大臣文部大臣之认可，而定其岛屿之分担额。

有特别事情而难据前项之规定者，则府县知事应经府县会之决议，得内务大臣文部大臣之认可，而为该岛屿别备小学校教员之恩给基金，悉与本府县分别负担。

●●●关于公立学校职员退隐费之件 明治二十九年（1896年）法律

第一条　明治二十三年法律第九十号除第十五条外，适用于公立实业补习学校之教员。又，其年法律第九十一号除第一条及第二十条外，适用于公立高等女学校、专门学校、实业学校〔除实业补习学校〕及其他公立学校之学校长、正教员、舍监及书记。

第二条　明治二十三年法律第九十号之第二条,又其年法律第九十一号之第三条,因非职或休职满期而命退职者及因校务之伸缩而命退职者,皆适用之。

退隐费据本职最后之俸给额而算定。

第三条　据明治二十三年法律第九十号,又其年法律第九十一号,及此法律而受退隐费等之学校长、正教员、舍监及书记,其在职年月数,各公立学校之间皆通算之。

第四条　曾为府县所立师范学校长而复为他之文官,或曾为他之文官而复为府县所立师范学校长,则其在官之年月数,于明治二十三年之法律第九十一号及官吏恩给法,各据其所规定,而得通算于在官年数或在职年数中。

第四条之二　曾为学校长、正教员、舍监或书记而复为教官及其他管教育事务之文官,或曾为教官及其他管教育事务之文官而复为学校长、正教员、舍监或书记,各得通算其在官在职年数,而受明治二十三年法律第九十号及第九十一号之退隐费、扶助费、扶助金。

可以通算之官职种类及通算之规定以敕令定之。

第四条之三　同为一人而可自国库受公立学校职员退隐费,又可受官吏恩给或军人恩给^{除赈恤金、给助金、扶助费}者,或以同一事由而据公立学校职员遗族扶助费及官吏遗族扶助法,又军人恩给法俱可受扶助费者,任本人之所择而给其一。

附　则

第五条　此法律自明治二十九年四月一日施行之。

●●●施行明治二十九年之法律第十三号 _{明治二十三年（1890年）敕令}

第一条 明治二十九年之法律第十三号所谓正教员、准教员之别如下：

一 在公立实业补习学校，以训导及有训导之资格之学校长为正教员，以准训导为准教员。

二 在公立高等女学校、专门学校、实业学校_{除实业补习学校}及其他公立学校，以教谕、助教谕训导为正教员，以余之教员为准教员。

第二条 明治二十九年之法律第十三号所谓可以通算之文官种类如下：

一 官立学校及图书馆之职员。

二 文部省官吏。

三 管教育事务之北海道府县郡区岛厅官吏。

第三条 据前条而以文官之在官年数通算于公立学校职员之在职年数，所应算入或除去之年月数据官吏恩给法及官吏遗族扶助法之例。

第四条 明治二十四年之敕令第二百四十八号，明治二十五年之敕令第五第十八第三十二号及明治三十二年之敕令第百九十六号，于施行明治二十九年之法律第十三号除特设规定者外，皆准用之。

附　则

第五条 明治二十九年之敕令第百九号即废去。

●●●施行明治二十九年法律第十三号之规定

明治三十二年(1899年)文部省令

第一条　受他之退隐费或恩给于国库者及有受之之权利者,而据府县所立师范学校长之俸给并公立学校职员之退隐费及遗族扶助费法以请求退隐费,则同时应以不再受他之退隐费或恩给于国库之旨载入请求书。

第二条　受他人之扶助费于国库者或有受之之权利者,而据府县所立师范学校长之俸给并公立学校职员之退隐费及遗族扶助费法以请求扶助费,则同时应以不再受他之扶助费于国库之旨载入请求书。

第三条　曾为教官及其他管教育事务之文官,而有合于明治二十九年法律第十三号第四号之二,应受退隐费、扶助费、扶助金者,支给属其前职种类之退隐费、扶助费、扶助金。

第四条　明治二十四年文部省令之第七第二十四号,明治二十五年文部省令之第一第二号及明治二十七年文部省令之第三号,于施行明治二十九年法律第十三号,俱准用之。

附　　则

第五条　明治二十九年文部省令之第四号即废去。

●●●市町村所立小学校教员之退隐费及遗族扶助费法 明治二十三年(1890年)法律

第一条　市町村所立小学校之正教员,有据此法律之规定而受退隐费之权利。

第二条　在职满五年以上者而有合于下之事项之一,则给终身退隐费：
　　一　年逾六十而命退职。
　　二　受伤痍或罹疾病不复能堪职务而命退职。
　　三　因废校而命退职或因学校编制之变更而命退职。

第三条　有合于下之事项之一者，则虽不满于前条之年限，亦给终身退隐费，并更按其最下金额十分之七为止，给增加退隐费：
　　一　因职务受伤痍失一肢以上之用，或足准于此者，不复能堪职务而命退职。
　　二　因职务不能顾其所受之感动，有害健康，以从公而罹疾病，失一肢以上之用，或足准于此者，不复能堪职务而命退职。

第四条　官吏恩给法第五条之第一第四第五项、第六条、第十一条及第十二条之第一项，退隐费适用之。
算定支给退隐费等之在职年数以敕令定之。

第五条　第一项削除。
受退隐费者而值下之事项之一，则其间停给退隐费：
　　一　就公务受给资与退职时之给资同额以上。
　　二　五年以上怠不领受。
　　三　被停止公权。

第六条　年未及六十而自以便宜退职者或免职、失职者，则失其受退隐费之资格。

第七条　市町村所立小学校之准教员，惟因职务受伤痍或罹疾病合于第三条者，按退职时给资四分之一，终身给予退隐费。

第八条　市町村所立小学校之正教员，在职满一年以上而退职，以退职时给资年月分当在职年数之一年，而一时给予合其年数之金圆。但因休职满期而退职者，据本职最后之给资额予之。

据第二条、第三条或第七条而受退隐费者,或以自己之便宜而退职者,又或免职、失职者,不在此限。

受本条退职给予金者而异日复任市町村所立小学校之正教员,则尔后再退职时,所有第一项之在职年数自其再任之月起算。

第九条　退隐费之支给及第八条之给予据市町村长之证明,而府县知事裁定之。

官吏恩给法第十六条及第十八条,退隐费适用之。

第十条　市町村所立小学校之正教员而合于下之事项之一者,则其遗族有据此法律之规定而受扶助费之权利:

一　在职满十五年以上而死于其职。

二　在职未满十五年因职务而死亡。

三　受退隐费者而死亡。

第十一条　官吏遗族扶助法之第四条至第十条,又第十二条至第十六条,此法律所规定之扶助费,亦适用之。

官吏遗族扶助法之第十一条,无寡妇、孤儿或父母、祖父母应受此法律所规定之扶助费者,而死者之户籍内有年未满二十,或残废不具、不能营产业之兄弟姊妹,而无给养之者,则适用之。

第十二条　市町村所立小学校之正教员,在职未满十五年,并非以职务之故而死于其职,则给其遗族以一时扶助金。

前项之扶助金,若在职不满三年者,给以与本职最后给资一月份相当之金圆。三年以后,每满一年,增加与给资年额百分之二相当之金圆。

第十三条　凡扶助费及扶助金之支给并第十一条第二项之给予,俱据市町村长之申牒,而府县知事裁定之。

第十四条　府县应备小学校教员恩给基金。

市町村应使市町村所立小学校之在职正教员,每年以与给资额百分之一相当之金圆,纳于其府县。

如系兼职之加俸,则毋庸本条之纳金。

本条第二项之纳金应作府县小学校教员之恩给基金。

恩给基金以其利子[①]充退隐费、扶助费、扶助金又第八条及第十一条第二项之给予外,不得支消之。

由国库照各府县以本条第二项而收入纳金之额,每年度以与其二分之一相当之金圆,于收入年度之明年,给予府县。

退隐费、扶助费、扶助金又第八条及第十一条第二项之给予,以恩给基金之利子与国库之给予金并其他之收入,支办之而不足,则以府县费补充之。

凡管理恩给基金并支发退隐费、扶助费、扶助金又第八条及第十一条第二项给予等之规则,皆文部大臣定之。

凡管理恩给基金并支发退隐费、扶助费、扶助金又第八条及第十一条第二项给予等之费用,皆府县负担之。

第十五条　此法律中第一条至第十三条自明治二十六年度施行之,第十四条自明治二十五年度施行之。

第十六条　在不行府县制郡制或市制町村制之地方而此法律之条规有必须设持例者,以敕令定之。

●●●市町村所立小学校教员退隐费及遗族扶助费之支给规则 明治二十五年(1892年)文部省令

[①] 利子,即利息。

要 目

第一章　退隐费之请求
第二章　扶助费之请求
第三章　退隐费、扶助费之支给及停止
第四章　杂则

第一章　退隐费之请求

第一条　据市町村所立小学校教员之退隐费及遗族扶助费法第二、第三、第四、第七条而应受退隐费者，当作请求退隐费书，差出于退隐时勤务之小学校所属之市町村长。

第二条　请求退隐费书应附下之书类：

一　在职中之履历书。

二　市町村长所证明之户籍调书。但载于市町村所立小学校教员之退隐费及遗族扶助费法第七条者，则毋庸附此。

第三条　因职务受伤痍或罹疾病而请求退隐费者，于前条之书类外，更添附以下之书类，当适用官吏恩给法第六条者亦同：

一　现认证书，或证其事实之公文誊本，或口供书。

二　医师之诊断书。

第四条　市町村长既受其请求退隐费书，应取调其事实，而见其请求为有理由，则证明之，并加以证据书类，差出于府县知事。

市町村长而见其请求为无理由，则应具意见而差出于府县知事。

第五条　府县知事既许可前条之请求，则作退隐费证书，而交付之于本人。但因退隐费增加而更交付退隐费证书，则令缴其前此交付之证书。

第六条　据市町村所立小学校教员之退隐费及遗族扶助费法第八条第一项而应受给予金者，当作请求给予金书，附以在职中之履历书，差出于退职时勤务之小学校所属之市町村长。市町村长应取调其事实，加以证据书类，差出于府县知事。

府县知事既许可前项之请求，则作辞令书而交付之于本人。

据市町村所立小学校教员之退隐费及遗族扶助费法第八条第三项而申立不受给予金者，应经市町村长而取府县知事之承认。

第二章　扶助费之请求

第七条　据市町村所立小学校教员之退隐费及遗族扶助费法第十条、第十一条第一项、第十二条而应受扶助费或扶助金者，当作请求扶助费扶助金书，而差出之。其在不受退隐费而死亡者之遗族，应差出于死者最后勤务之小学校所属之市町村长。其在受退隐费而死亡者之遗族或当受扶助费之转给者，则差出于居住地之市町村长。

市町村长于其属市町村所立小学校，有正教员之遗族应受扶助费或扶助金者，当以请求扶助费或扶助金所必须之书类交付于其遗族。

第八条　请求扶助费或扶助金书，应附以市町村长所证明之户籍调书及下之书类：

一　合于市町村所立小学校教员之退隐费及遗族扶助费法第十条第一、第二款及第十二条者之请求书，则附市町村长所交付死者之履历书。

二　合于市町村所立小学校教员之退隐费及遗族扶助费法第十条第三款者之请求书,则附死者之退隐费证书。

三　当适用官吏遗族扶助法第四条第二项者之请求书,则附伤痍或疾病起因于职务之证据书类。其经医师诊察者,则更附诊断书。其不受退隐费而死亡者之遗族,则更附本条第一款之书类。受退隐费而死亡者之遗族,则更附本条第二款之书类。

四　受扶助费者而死亡或权利消灭,其应受转给扶助费者之请求书,则附前人之扶助费证书。

五　因被停止公权而应受转给扶助费者之请求书,则附前人之确定裁判宣告书。

六　当适用官吏遗族法第十五条者之请求书,附详记其事由之书类及医师之诊断书。又,在不受退隐费而死亡者之孤儿,更附本条第一款之书类。在受退隐费而死亡者之孤儿,更附本条第二款之书类。在伤痍、疾病起因于公务而死亡者之孤儿,更附本条第三款之书类。在应受转给退隐费者之孤儿,更附本条第四款之书类。

第九条　市町村长既受请求扶助费或扶助金书,应取调其事实,并加以证据书类,差出于支给扶助费或扶助金之地之府县知事。

府县知事既许可前项之请求,则作扶助费证书而交付于本人。若系扶助金,则用辞令书。

第十条　市町村所立小学校教员退隐费及遗族扶助费法第十一条第二项之请求给予金,据扶助金之例。但残废不具、不能营产业者之请求书,应附医师诊断书。

第三章　退隐费、扶助费之支给及停止

第十一条　支给退隐费之期以退职之次月始,以死亡之月终。

退隐费及扶助费皆四分其年额,于四月、七月、十月、一月,各支给其前三月份。但权利消灭之时,及给予金扶助金,不必拘期月而支给之。

第十二条　受退隐费或扶助费者将领受其金额,应以退隐费或扶助费证书证明有领受之权。

第十三条　应受退隐费之权利有消灭或停止者,则其支给之终始如下:

一　以现职中之行为既确定其当失职,则以确定之日终。被处禁锢以上之刑,则以受确定裁判宣告之日终。失日本臣民之分限,则以失之之日终。

二　合于市町村所立小学校教员之退隐费及遗族扶助费法第五条第一项第四款,则以受任用教职辞令书之日终。合于其项第五款,则以就公务之日终。

三　就公务者所受给资与退职时之俸给额为同额以上,则以始受给资之前一日停之,而以停受给资之次日复之。

四　三年以上怠不领受,则以怠不领受之支给期之次月起,废其一期之支给。

五　被停止公权者,则以应付监视确定裁判宣告之日停之,而以刑期满限之日复之。

第十四条　支给扶助费之终始如下:

一　失日本臣民之分限,则以其失之日终。被处重罪之刑,则以

受确定裁判宣告之日终。
二　被停止公权，则以或应处禁锢之刑或应付监视受确定裁判宣告之日停之，而以刑期满限之次日复之。
三　在公权停止中应受转给者，以本人停止之次日始，以复给之前日终。

第十五条　市町村所立小学校教员之退隐费及遗族扶助费法第三条之增加退隐费，其等差如下：
第一　盲两目或亡二肢以上，为十分之七。
第二　受伤痍或罹疾病，足准诸前项者，为十分之六。
第三　亡一肢或失二肢之用，为十分之五。
第四　受伤痍或罹疾病，足准诸前项者，为十分之四。
第五　盲一目或失一肢之用，为十分之三。
第六　受伤痍或罹疾病，足准诸前项者，为十分之二。
伤痍、疾病之等差，据明治十八年太政官达书第十六号文官伤痍、疾病等差之例。

第十六条　受退隐费或受扶助费者而徙籍或寄居于他之市町村，则当经徙籍地或寄居地之市町村长，而届出于府县知事。
徙籍或寄居于他之府县，则当经徙籍或寄居地之市町村长，届出于支给退隐费或扶助费之地之府县知事。
支给退隐费或扶助费之地之府县知事，每期当以应予之数送诸其徙籍或寄居地之府县知事，而托之支给。
府县知事受前项之托者，则交付于本人，征其领受证书，而送诸所自托之府县知事。

第十七条　受退隐费或扶助费者而死亡，或权利消灭，或被停止公权，则应自本籍市町村长，报告于支给退隐费或扶助费之地之府县知事。

第十八条　受退隐费者而就公务，则应自所属主长，报告于支给退隐费之府县知事，解职时亦同。在有给者，并应于报告书附记给资之额，而有增减则随时报告之。

第十九条　有如第十七条所言而无应受扶助费者，或无应受转给者，或失受退隐费之权利，或废扶助费之支给者，本籍市町村长应收其退隐费或扶助费证书，而送诸支给退隐费或扶助费之地之府县知事。

本人而居住于他之市町村者，得委托其市町村长收之。

第四章　杂则

第二十条　府县知事据第五条或第九条而交付退隐费或扶助费证书于本人，应同时通知本籍市町村长。

第二十一条　因水火、盗窃等而亡失其退隐费证书扶助费证书，应经居住地之市町村长，而届出于支给退隐费、扶助费之地之府县知事。

府县知事既受前项之届出，则应调查事实，作退隐费或扶助证书之誊本，而交付之。

前项退隐费或扶助费证书之誊本与证书有同一之效力。

第二十二条　受退隐费或扶助费者而改易姓名，则应具其事由，附诸退隐费或扶助费证书，经居住地之市町村长，而届出于支给退隐费或扶助费之地之府县知事。府县知事则为记载事实于证书之里面，署名盖印，复交付于本人。

第二十三条　此规则中，府县知事之职务，在北海道则北海道厅长官行之。市町村长之职务，在不行市制町村制之地方，则岛司郡区长、户长或准之者行之。

●●●于支给市町村所立小学校教员退隐费等之算定在职年数 明治二十五年(1892年)敕令

第一条　支给市町村所立小学校教员之退隐费等，其正教员之在职年数自就职之月起，而退职之月终。

第二条　如下所称之年月数应算入于正教员之在职年数：

一　市町村所立小学校正教员休职中之年月数。

二　明治十六年六月以后，在市町村所立小学校训导职之年月数。

第三条　如下所称之年月数应于正教员在职年数中除去之：

一　削除

二　自以便宜退职者或免职、失职者而再就职，则其前之在职年月数。

三　削除

四　在应受恩给或退隐费之职者而兼市町村所立小学校正教员，则其兼职之年月数。

●●●府县小学校教员恩给基金之管理规则

明治二十四年(1891年)文部省令

第一条　小学校教员恩给基金应与府县所有别项财产区分而管理之。

第二条　小学校教员恩给基金或为现金，或为国债证书，总当寄托于大藏省预金局。

第三条 小学校教员恩给基金之利子及国库之给予金并其他之收入,充本年度之支出而有余,则应经府县参事会之议决,或加入恩给基金,或留归来年度。

第四条 整理小学校教员恩给基金之法而无特别之规定者,悉照府县所有财产之例。

第五款　巡查、看守等之给助

●●● 巡查、看守之退隐费及扶助费法 明治三十四年（1901年）法律

第一条　巡查与看守而勤续十年以上，合于下之各款之一者，给退隐费：
一　年逾五十而退职。
二　受伤痍或罹疾病，不复能堪其任而退职。
三　因废官、废厅而退职。
四　因身体或精神之衰弱，抑因事务之都合，而被命退职。

前项之退隐费年额，合退职时之月俸三月。而勤续十年以上迄于三十年，每增一年，则增退职时月俸额之十分之一。

第二条　巡查与看守而勤续一年以上，未及十年，有合于第一条第一项各款之一者，给一时金。但受退隐费者或应受之者，不在此限。

一时金以退职时之月俸额三分之二而乘算勤续年数为额。

第三条　受退隐费者或应受之者再就前职，又勤续一年以上，而有合于第一条第一项各款之一者，则前后通算，以勤续三十年为止。后之勤续每增一年，按后之退职时月俸额十分之一，增其退隐费年额。

受一时金者或应受之者再就前职，而有合于第一条第一项各款之一者，则前后通算。而勤续及十年以上者据第一条给退隐费，未及十年者据第二条按后之勤续年数，给一时金。

第四条　巡查与看守有因职务受伤痍、罹疾病,失一肢以上之用或可以准之者,不复能堪其职,则给退隐费。

前项之退隐费年额合退职时月俸,三月以至六月。

据第一条及第三条以受退隐费或应受之者,而合于本条之第一项,则增其退隐费年额,合退职时月俸,为四月以内。

前二项之退隐费年额及增加年额据伤痍、疾病之轻重以定之。

第五条　因职务受伤痍、罹疾病而退职以后,一年之内,复因其伤痍、疾病合于前条之第一项者,则准用前条之规定。

第六条　巡查与看守有交相转职或转于他之官职,则视为因事务之都合而被命退职者。

第七条　巡查与看守有值下之各款之一者,则给扶助费于其遗族:

一　因职务受伤痍、罹疾病而死于其职。

二　勤续十年以上而死于其职。

三　受退隐费或应受之者而死亡。

扶助费之年额,若系前项第一款则为第四条查定金额三分之二,第二款则为第一条或第三条查定金额三分之一,第三款则为其退隐费年额三分之一。但因职务受伤痍、罹疾病而退职以后,一年之内复因其伤痍疾病而死亡者,为第四条、第五条查定金额三分之二。

第八条　扶助费给寡妇,寡妇死亡或不可以受扶助费,则给子。

有数子则据法定家督相续之次序,给最先者。最先者死亡或不可以受扶助费,则转给其次者。

据民法第九百六十九条而不得家督相续人者,及推定家督相续人已被废除者,不给扶助费。但因疾病及身体或精神之状况不堪执家政而被废除者,不在此限。

养子而非家督相续人,不给扶助费。

第九条 无应受扶助费之寡妇及子,则给扶助费于其直系尊属。
遇前项之时,先给父。父死亡或不可以受扶助费,则给母,由母而祖父而祖母,转给之次序例此。

第十条 无受扶助费者,而死者家中有兄弟、姊妹年未二十,或笃疾废疾、不能自存活者,则以合于扶助金额三年以内,而一时给之。

第十一条 受退隐费或应受之者而值下之各款之一,则不给:
一 丧失国籍。
二 被处重罪之刑。
三 以在职时所犯罪而被处禁锢以上之刑。

第十二条 遗族而值下之各款之一则不给扶助费:
一 如前条之第一或第二款。
二 寡妇已再醮。
三 子已及二十岁。
四 尊属之女已嫁。

第十三条 子虽及二十岁而笃疾或废疾,不能自存活,并不受他之扶助费者,则其事由存续之间,有给扶助费三分之一。

第十四条 受退隐费或应受之者而值下之各款之一,则其间停给:
一 被停止公权。
二 行踪不明及于六月以上。

受退隐费或应受之者而再就判任官待遇以上之职,则以其俸给月额合于退隐费月割额,而超过退职时之俸给月额,按其超过额停给退隐费。

第十五条 受扶助费或应受之者而值前条第一项各款之一,则其间停给,而据第八、第九条,以转给于其次者。

第十六条 退隐费及扶助费之年额并一时金而不满圆位,许作圆位。

第十七条　计算巡查、看守之勤续年数,以就职之月始,退职之月终,但不满十二月之零数不算入之。

在休职及教习中之月数算入于勤续年数。

第十八条　巡查与看守以其职务从军者,照军人恩给法之算则,而加算从军之年。

第十九条　本法所称寡妇与子及尊属,系谓自巡查或看守死亡之时,继续在其家者。但死亡后始生之嫡子,作为死亡时即在其家者。

第二十条　退隐费、扶助费之支给及停止、废止自有其事由之次月行之。

据第五条以支给退隐费,自其事由认定之次月始。据前条但书以支给扶助费,自其生出之次月始。

第二十一条　退隐费、一时金及扶助费,自有应受事由之日起三年以内不请求,则不给之。

第二十二条　退隐费之有关于民事诉讼法第五百七十及六百十八条规定者,视作恩给。

第二十三条　应裁定本法给予金支发事项之行政官厅以敕令定之。

第二十四条　本法中之给予金,为巡查与看守最后退职或死亡时所自受俸给之经济部负担之。

第二十五条　本法给予金之一部或全部有被拒之者而其拒之为不当,则得提起诉愿。有被违法而伤害权利者,则得提起行政诉讼。

第二十六条　本法,凡陆军监狱看守、海军监狱看守、海军警查、贵族院守卫、众议院守卫及其遗族,亦援用之。

附　　则

第二十七条　本法施行之期日以敕令定之。

第二十八条 明治十五年太政官达书第四十一号之巡查、看守给助例,凡巡查、看守、陆军监狱看守、海军监狱看守、海军警查、贵族院守卫、众议院守卫及其遗族,不复用之。但巡查、看守给助例而现受给助者,或已有应受之事由者,或原因于其事由而一年之内其症复趋于重或死亡者,则用其第一至第七条外,俱准用本法第三条、第十一条、第十二条、第十四条、第十五条、第二十条第一项、第二十一条、第二十三条、第二十五条。

明治十五年之太政官达书第六十六号,不适用于巡查、看守。明治三十三年之法律第三十号,不适用于巡查、看守、陆军监狱看守、海军监狱看守、海军警查、贵族院守卫、众议院守卫及其遗族。

●●●巡查、看守退隐费及遗族扶助费法之施行令 明治三十四年(1901年)敕令

第一条 巡查、看守之退隐费及遗族扶助费法中第四条第二项之退隐费年额及第三项之增加金额,其等差如下:

		退隐费年额	增加年额
第一	盲两目或亡二肢以上。	六月份	四月份
第二	受伤痍,罹疾病,足准诸前项者。	五月份半	三月份半
第三	亡一肢或失二肢之用。	五月份	三月份
第四	受伤痍,罹疾病,足准诸前项者。	四月份半	二月份半
第五	盲一目或失一肢之用。	四月份	二月份
第六	受伤痍,罹疾病,足准诸前项者。	三月份	一月份

伤痍、疾病之等差,据文官伤痍、疾病等差之例。

第二条 巡查、看守退隐费及遗族扶助费法中第二十三条所谓行政官厅,其应自国库支发给予金者,系为内阁恩给局长,其他则为地

方长官。^{在东京府则为警视总监}

以台湾言，则前项之行政官厅，其应自国库支发给予金者，系为台湾总督，其他则为知事及厅长。

附　　则
本令以明治三十四年八月一日施行。

●●●据巡查、看守退隐费及遗族扶助费法而属于内阁恩给局长管掌者之取扱规程<small>明治三十四年（1901年）阁令</small>

第一条　据巡查、看守退隐费及遗族扶助费法而应受退隐费或一时金者，当请求于退职时之本属厅长官。但系废官、废厅，则当请求于接受其事务之官厅长官。

第二条　前条之请求书应附下之书类：
一　在职履历书。
二　户籍誊本。

但请求一时金书，毋庸附户籍誊本。

据巡查、看守退隐费及遗族扶助费法之第三条第一项，又第四条第三项，而具请求增加退隐费年额书，则前项书类之外，并附先所受之退隐费证书。

第三条　因职务受伤痍或罹疾病而请求退隐费者，则前条各书类之外，更应以下之书类证明其事实：
一　明其伤痍、疾病系起因于职务之证据书类。
二　医师之诊断书。

第四条　据巡查、看守退隐费及遗族扶助费法而应受扶助费之遗族，当附户籍誊本及第五至第十一条之书类，而请求于住所地之地方长官。

第五条　遇有合于巡查、看守退隐费及遗族扶助费法第七条第一项之第一或二款者，应由本属厅颁死者之履历书于其遗族。又，合于其第一项第三款之末或第二项之但书者，而有遗族请求，亦同。

第六条　遇有合于巡查、看守退隐费及遗族扶助费法第七条第一项之第一款，或第二项之但书，而本属厅曾查核事实，使为可以证据伤痍、疾病起因于职务之书类及医师之诊察，则应并诊断书颁于其遗族。

第七条　既受退隐费而死者之遗族，其请求扶助书应附死者所受之退隐费证书。

第八条　受扶助费者而或死亡，或权利消灭，则其请求转给扶助费者，应附前人之扶助费证书。

第九条　因被处重罪之刑或被停止公权而请求转给扶助费者，应附证明其事实之确定裁判誊本。

第十条　因六阅月以上行踪不明而请求转给扶助费者，应附市町村长证明其事实之书。

第十一条　有合于巡查、看守退隐费及遗族扶助费法第十条或第十三条而请求扶助费者，若系不能自存活，则应附市町村长证明其事实之书。若系笃疾或废疾，则应附医师之诊断书。

第十二条　各厅长官既受退隐费或一时金之请求，查核之后而见其请求为有理由，则应作请求者之在职年数及退隐费年额或一时金计算书，并加以证据书类，而差出于内阁恩给局长。

地方长官既受扶助费之请求，则查核之后，应作扶助费年额之计算书,并加以证据书类,而差出于内阁恩给局长。

第十三条　内阁恩给局既许可支给退隐费、扶助费或一时金,则应作证书,经本人住所地之地方厅而颁予之。但颁予退隐费或一时金之证书,则应先经第一条所请求之官厅。

内阁恩给局既颁予前项证书,应通知于支给主管省。

第十四条　退隐费及扶助费皆四分其年额,于四月、七月、十月、一月,各支给其前三月分。但值受退隐费、扶助费者死亡,并权利消灭或停止,及一时支给之金额,不必拘期月而支给之。

第十五条　受退隐费、扶助费者被处重罪或禁锢之刑及付诸监视,则应由宣告其确定裁判之裁判所,通知于支给主管省。

第十六条　遇有合于巡查、看守退隐费及遗族扶助费法之第十四条第二项者,则应其任用之官厅通知于支给主管省。其后俸给额有异动或解职之时,亦同。但通知书应附记支给厅名、俸给额及其始支给之日。_{解任时则附记其停支给之日}

第十七条　支给主管省既受前二条之通知,应转而通知于内阁恩给局及支给厅。

第十八条　受退隐费、扶助费者而或死亡或权利消灭,则应由其遗族或本人届出于支给厅。

第十九条　支给厅既废止或停止退隐费、扶助费之支给,则应具其事由,通知于支给主管省及内阁恩给局。但受支给主管省通知其权利之消灭或停止者,不在此例。

第二十条　亡失退隐费、扶助费证书者,应届出于住所地之地方厅。地方厅既受前项之届出,则应调查其事实,具亡失之事由,而申出于内阁恩给局。是时恩给局当作证书之誊本,经地方厅而颁予本人。

前项之证书誊本与证书有同一之效力。

第二十一条　受退隐费、扶助费者而改易姓名，则应具其事由，附诸第十三条之证书，而届出于住所地之地方厅。

地方厅应为记载其事实于证书之里面，由长官署名盖印之后，仍交付于本人，并通知其旨于内阁恩给局及支给主管省。

附　　则

第二十二条　据巡查、看守给助例而受退职给助、伤痍给助、死亡给助或应受之者，则视其给予之种类，以与受退隐费、一时金、扶助费或应受之者相准。而除第十四条以外，俱援用本令之规定。

第二十三条　在不行市制町村制之地方，则本令中应归市町村长之职务由户长或足准于户长者行之。

第二十四条　本令即自发布之日施行。

●●●地方长官所主管之巡查、看守退隐费及遗族扶助费取扱规程 明治三十四年（1901年）内务省令

第一条　据巡查、看守退隐费及遗族扶助费法而应受退隐费或一时金者，应请求于退职时之本属厅府县长官。

第二条　前条之请求书应附下之书类：

一　在籍履历书。

二　户籍誊本。

但请求一时金书，毋庸附户籍誊本。

据巡查、看守退隐费及遗族扶助费法之第三条第一项，又第四条第三项，而具请求增加退隐费年额书，则前条书类之外，并附先所受

之退隐费证书。

第三条　因职务受伤痍或罹疾病而请求退隐费者,则前条各书类之外,更应以下之书类证明其事实:

一　明其伤痍、疾病系起因于职务之证据书类。

二　医师之诊断书。

第四条　据巡查、看守退隐费及遗族扶助费法而应受扶助费之遗族,当附户籍誊本及第五至第九条之书类,请求于其为巡查最后之本属厅府县长官。

第五条　既受退隐费而死者之遗族,其请求扶助费,应附死者所受之退隐费证书。

第六条　受扶助费者而或死亡或权利消灭,则其请求转给扶助费者应附前人之扶助费证书。

第七条　因被处重罪之刑或被停止公权而请求转给扶助费者,应附证明其事实之确定裁判书誊本。

第八条　因六阅月以上行踪不明而请求转给扶助费者,应附市町村长证明其事实之书。

第九条　有合于巡查、看守退隐费及遗族扶助费法第十条或第十三条而请求扶助费者,若系不能自存活,则应附市町村长证明其事实之书。若系笃疾或废疾,则应附医师之诊断书。

第十条　厅府县长官既许可支给退隐费、扶助费或一时金,则应作证书,颁付之于本人。

第十一条　退隐费及扶助费皆四分其年额,于四月、七月、十月、一月,各支给其前三月分。但值受退隐费、扶助费者死亡,并权利消灭或停止,及一时支给之金额,不必拘期月而支给之。

第十二条　受退隐费、扶助费者而或死亡或权利消灭,则应由其遗族或本人届出于所自受给予之厅府县长官。

第十三条　亡失退隐费、扶助费证书者,应届出于所自受给予之厅府县长官。

厅府县长官既受前项之届出,则应作证书之誊本,颁付之于本人。

前项之证书誊本与证书有同一之效力。

第十四条　受退隐费、扶助费者而改易姓名,则应具其事由,附诸第十条之证书,届出于所自受给予之厅府县长官。

厅府县长官既受前项之届出,应为记载其事实于证书之里面,并署名盖印之后,颁付之于本人。

附　　则

第十五条　本规程中所有厅府县长官之职务,在废官、废厅之时,则移于接受其事务之官厅。

第十六条　据巡查、看守给助例而受退职给助、伤痍给助、死亡给助或应受之者,则视其给予之种类,以与受退隐费、一时金、扶助费或应受之者相准。而除第十一条以外,俱援用本令之规程。

第十七条　在不行市制町村制之地方,则本令中应归市町村长之职务由户长或足准于户长者行之。

第十八条　本令以明治三十四年八月一日施行。

●●●在勤台湾之巡查、看守退隐费及遗族扶助费

明治三十五年(1902年)法律

第一条　在勤台湾之巡查、看守而在职至二年以上者,则计算巡查、看守退隐费及遗族扶助费法之勤续年数,按其在职一月,加算半月。但遇有加算从军之年,不在此例。

第二条　在勤台湾之巡查、看守在职至二年以上而罹台湾之风土病或流行病，则给予退隐费时，视为因职务而罹疾病者。

第三条　在勤台湾之巡查、看守而罹台湾之风土病或流行病以死亡，则给予扶助费于其遗族时，视为因职务罹疾病而死亡者。

第四条　前条之风土病及流行病种类以敕令指定之。

第五条　本法之规定，当施行本法之始现在勤于台湾者，虽施行以前之在职年月数，亦适用之。

附　　则

本法以明治三十五年四月一日施行。

●●●巡查看守疗治费、给助费及祭吊费之给予令 明治三十四年（1901年）敕令

第一条　巡查与看守因职务受伤痍，或因职务不能顾所受之感动有害健康，仍从事于勤务而罹疾病，本属长官见为须治疗者，则其治疗之中，给疗治费。

疗治费每日不越二圆，但疗治实费平均日用二圆而不足，则应以见为适当之事实，有确算而追给之者。

第二条　受疗治费者而有合于下之各款之一，则予给助费：

一　其治疗延及二十日以上，仍接续在职，迄于不须治疗之间。

二　以受疗治费之伤痍、疾病，不胜职务而退职，迄于不须治疗之间。

前项之给予费，在合于第一款者，得不须治疗时之月俸一月分。在合于第二款者，得退职时之月俸三月分。

受疗治费者虽延及二十日以上而接续在职，本属长官见为必当在

不须治疗时月俸一月分以内之范围,予给助费,则有在其范围予之者。但治疗不及七日,则不在此例。

第三条　巡查、看守在职而死亡,而按下之次序予祭吊费于在其家之亲族。但位次相同,则先亲等之最近者。亲等相同,则先男而后女。同为男或同为女,则先长而后幼。

　　一　配偶者。
　　二　直系卑属。
　　三　直系尊属。
　　四　兄弟、姊妹。

前项之亲族而公权被剥夺,或在停止之中,抑或行踪不明,则不在予祭吊费之限。但有次位者,则转给之。

祭吊费得其死亡时月俸一月分,若勤续已一年以上,则迄于九年,每加一年,增其死亡时之月俸额三分之二。但因职务受伤痍,或因职务不能顾所受之感动有害健康,仍从事于勤务而罹疾病,遂以死亡者,更增其死亡时之月俸六月分。

计算勤续年数,据巡查、看守退隐费及遗族扶助费法之例。

第四条　并无据前条而应受祭吊费者,则有以前条所定金额三分之一以内,予于为死亡者营祭葬之人。

第五条　休职者据被命休职时之月俸额,准诸在职者而行本令之给予。

第六条　本令中之给予,归有应行给予之事由时所自受俸给之经济团负担之。但休职者,则归被命休职时所自受俸给之经济团负担之。

第七条　本令,凡陆军监狱看守、海军监狱看守、海军警查、贵族院守卫及众议院守卫,皆适用之。

附　则

本令以明治三十四年八月一日施行。

●●●施行巡查看守疗治费、给助费及祭吊费给予令于台湾之件 明治三十四年（1901年）敕令

第一条　巡查看守疗治费、给助费及祭吊费之给予令施行之于台湾。

第二条　巡查看守疗治费、给助费及祭吊费之给予令，补用巡查亦援用之。

附　则

本令以明治三十四年八月一日施行。

●●●巡查、看守给助例 明治十五年（1872年）太政官达书

第一条　给助分为退职给助、伤痍给助、死亡给助、疗治费、祭祀费之五种。

第二条　予给助者如下：

一　退职给助。勤续（由巡查转为看守、由看守转为巡查皆谓勤续）满五年以上而退职者，一时给之。满十年以上者，终身给之。

二　伤痍给助。因职务而负伤者，终身给之。

三　死亡给助。因职务而重伤至死者，及负伤后原于其伤痍而死亡者，或因职务罹传染病而死亡者之遗族，皆给之。

四　疗治费。因职务而负伤或罹传染病者，则给之。

五　祭祀费。在奉职中死亡者给之。

第三条　退职给助之额如下：

一　勤续满五年以上者，给一时金二十圆以上三十圆以下之额。满六年以上迄于九年，每益一年，则增给三圆以上五圆以下之额。

二　勤续满十年以上者，给年金十五圆以上三十圆以下之额。满十一年以上，每益一年，则增给五十钱以上一圆以下之额。

第四条　伤痍给助之额如下：

一　一等伤，_{终身不具而不能自办用者}给年金三十圆以上四十圆以下之额。

二　二等伤，_{终身不具而不能自办用者}给年金二十圆以上三十圆以下之额。

第五条　死亡给助之额如下：

一　有寡妇或相续①之孤儿时，给年金三十圆以上五十圆以下之额。寡妇再醮，孤儿年及二十，则废止。

但有寡妇，则不给孤儿。

二　无受给助之寡妇孤儿，而有祖父母、父母及年未满二十之兄弟、姊妹，向依赖死者以为生计，则给一时金五十圆以上百圆以下之额。

三　相续之孤儿年虽及二十，而有废疾、笃疾，则废止年金之际，给一时金五十圆以上百圆以下之额。

第六条　疗治费，量度伤痍、疾病之轻重而给之。

第七条　祭祀费之给额如下：

一　奉职未满一年而死亡者，给一时金十圆以上十五圆以下之

---

① 相续，即继承。

额。满一年以上者，每益一年，则增给金三圆以上五圆以下之额。
二　因职务而死亡者，则前项之外，给一时金五十圆以上百圆以下之额。

第八条　值下之各项者不得受给助：
一　被剥夺公权者。
二　被惩罚而免职者。

第九条　值下之各项者停止其时间之给助：
一　就受俸给之官职者。
二　被停止公权者。
三　失踪者。
四　未得许可而径往外国及一年以上犹不归者。

●●●**巡查、看守给助例中之年金支给法**明治二十年（1887年）内务省训令

一　年金每年应在三月及九月，支给其月之前六月份。不满六月者以现月数计算
一　年金应自退职或死亡与伤痍之次月支给。
一　受年金者而合本例第八条第一款及第九条，应据日割支给。
一　受年金者而或死亡，或合于本例第五条第一款之后段，则应支给其月份之金额。

●●●**陆军监狱看守、海军监狱看守给助令**明治二十七年（1894年）敕令

陆军监狱看守、海军监狱看守之给助据明治十五年太政官达书第四十一号之巡查看守给助例。

但会计卒而奉看守之职者，自引续之看守卒而为引续之看守者，或自看守卒而为看守者，以其前在职中之年数通算于看守在职年数。

●●●陆军监狱看守给助例之施行细则明治二十七年（1894年）陆军省令

第一条 陆军监狱看守而据明治二十七年之敕令第八十一号欲受给助者，应从下之区别：

具书类而届出于师团长或屯田兵司令官。

— 退职给助：愿书、履历书。

— 伤痍给助：愿书、履历书、军医诊断证书。

— 死亡给助：愿书、履历书、军医或主治医之诊断证书及户籍誊本。

— 疗治费：愿书。

— 祭祀费：愿书、履历书。

死亡给助之愿书应有亲戚二人或死亡者居住地之户主二人与之连署。

户籍誊本须市町村长之证明，在不行市町村制之地方须区户长之证明。

第二条 师团长及屯田司令官既受前条之书类，应令监狱长调查其在职中之勤劳，或伤痍、疾病及死亡之原因，并金额之参差，而见为适当，则进达于陆军大臣。

第三条 年金应以四月十月，两次给予其前六月份。但不满六月者，按现月数支给。

第四条 年金自有其应受之事故之次月给予。
第五条 受年金者而合于给助例之第八条第一项,则自其日起不复给之。合于第九条,则自其日起停止给助。
第六条 受年金者而或死亡,或合于给助例第五条第一项之后段,则自其次月起,废止给助。
第七条 欲受年金,当于上月之末日加市町村长所证明之生存证书,在不行市町村制之地方则加区户长所证明之生存证书,而出愿于原属之卫戍监狱。

●●●皇宫警手之给助例 明治二十六年(1893年)宫内省达书

第一条 皇宫警手或其遗族据本例之所规定而予给助。
第二条 给助为下之五种:
一 退职给助。
二 伤痍给助。
三 死亡给助。
四 治疗费。
五 祭祀费。
第三条 退职给助谓奉职满五年以上而退职者,则据下之区别以给之。
但转任于他之官职者,亦准本条为打切支给。
一 奉职满五年者,给一时金二十五圆。五年以上而未满十年者,每益一年,增给金五圆。
二 奉职满十年者,给终身年金三十圆。十年以上,则每益一年,增给金一圆。
三 受前项之年金者再就职,则满五年以上而退职时,按其奉职年数,增给年金。

第四条 值下之事项之一者不得受退职给助:
一 据惩罚而被免职者。
二 据惩罚应免职者及以特典谕旨解职者。
三 据刑事裁判而被免职者。

第五条 伤痍给助谓因职务而致终身不具者,则据下之区别给之:
一 不能自办用者,为一等伤,给终身年金四十圆。
二 尚能自办用者,为二等伤,给终身年金三十圆。

第六条 退职给助与伤痍给助不并给。

第七条 死亡给助谓以职务而负伤或原因于其负伤而死亡者,及在职务上罹传染病而死亡者之遗族,则据下之区别给之:
一 寡妇给终身年金三十圆。
二 无寡妇及受年金之寡妇死亡,或再醮,或去户籍,则给年金于相续之孤儿。
三 无应受年金之寡妇、孤儿,而死者有父母、祖父母,或在其户籍内有年未满二十、废疾不具之兄弟、姊妹,向倚死者为生计者,则择血统之近者一人,给一时金百圆。
四 受年金之孤儿年虽满二十,而废疾不具,则废止年金之际,给一时金百圆。

前各项之寡妇,系与其夫在退职之前结婚者。孤儿,系年未满二十而未结婚者。

第八条 受年金者而被处重罪之刑或失日本臣民之分限,则废止年金。

值下之事项之一者,则其间停止年金:
一 已就受俸给之官职。_{谓凡受官衙之俸给者}

二　被停止公权。

三　失踪。

四　未得许可邈出外国及一年以上而不归。

第九条　年金支给之期如下：

一　退职与伤痍年金，以退职或伤痍策定之次月始，以死亡之月终。

二　死亡年金，自以生有应受事由之次月始，在寡妇以死亡或再醮或去户籍之月终，在孤儿以死亡或婚嫁或去户籍或年已满于二十之月终。

第十条　奉职年数以月计算。

第十一条　年金不得卖却、让与、质入、书入，并不得为负债之抵偿。违者停止年金。

第十二条　因职务而负伤或罹传染病者，给疗治费，其金额日为一元以下。伤痍、疾病或趋于重而不足，则给实费。

但系官费治疗者不在此例。

第十三条　祭祀费，有在奉职中死亡，则据下之区别而给之：

一　奉职未及一年者，给一时金十五元。一年以上，未及二年者，增给五元。二年以上，每益一年，按此例增给同额之金元。

二　因职务而死亡者，前项之外，给一时金百元。

杂则

第十四条　据第三条第二、三款及第五条而退职，或应受伤痍给助者，当附履历书于愿书，而差出于皇宫警察长。但应受伤痍给助者，则履历书之外，更当附以皇宫警察长所颁之伤等策定书誊本及现认证书。

第十五条　据第七条而应受死亡给助之遗族，当自作愿书，^{有后见人则后见人与之连署}而亲族二人^{若无亲族则他之户主二人}与之连署，受市町村长^{在不行市制町村制之地方则受区户长}之印，附以下之书类，而差出于皇宫警察长。

但合于第七条第二款者当附前人之年金证书，第四款者当附医师之诊断证书。

一　死亡者之履历书。

二　医师之诊断书。

三　市町村长所证明之户籍调书。

第十六条　年金皆二分其年额，于六月、十二月，各自内藏寮交付前六月份。但资格消灭之时，不必拘期月而交付之。

既受交付年金，当以领受证附于市町村长所证明之生存证书，而差出于内藏寮。

第十七条　支给年金之始终如下：

一　被处重罪之刑，则以受确定裁判宣告之日终。失日本臣民之分限，则以失之日终。

二　已就受俸给之官职，则以始受俸给之前一日终。而退职时，则以俸给停止之后一日始。

三　被停止公权，则以被处禁锢之刑或付诸监视受确定裁判宣告之日终，而以刑期满限之次日给。

四　失踪，即以失踪之日终，而以复归之日始。

五　未得许可迁出外国及一年以上而不归，则以出外国之日终，而以归来之日始。

第十八条　受年金者而或徙居，或改印，或改姓名，则应受市町村长之证明，而差出届书于调查课。

前项改姓名之调书应附以年金证书，是时调查课为记其旨于证书之里面，盖印之后，仍付诸本人。

第十九条　受年金者而有如下所列者，应自本人或亲族届出于调查课：

一　被剥夺公权。

但应附年金证书及确定裁判之宣告书誊本。

二　被停止公权。

但应附确定裁判宣告誊本。

三　就受俸给之官职及退职时。

四　领受退职或伤痍年金者而死亡。

但应附年金证书。

五　寡妇、孤儿而或婚嫁，或去户籍，或死亡。

但无应受转给者，则当附年金证书。

六　孤儿年满二十。

但应附年金证书。

七　失踪及复归时。

八　未得许可遽出外国及其归来时。

第二十条　因水火盗窃等而亡失年金证书，应以届书受市町村长之印，而差出于调查课。调查课则作年金证书誊本，颁于本人。

前项誊本与证书有同一之效力。

第六款　死伤扶助之手当

●●●**官吏为公务上从事于预防传染病等而感染或死亡者给予手当金法**_{明治十九年(1886年)阁令}

一　手当金分为祭吊费、救助费、疗治费之三种。
一　救助费给于感染者或死亡者之遗族。
一　疗治费给为感染者治疗看护之杂费。
一　祭吊费给年俸十二分之一，或月俸之一月分，或日给之三十日分，但官为埋葬者不给。
一　救助费分二等。一等合俸给之五月分，日给之百五十日分。二等合俸给之三月分，日给之九十日分。
一　感染者而死亡，给一等救助费。不死亡，则给二等救助费。
一　疗治费，在高等官日给一元，判任官日给二元。

●●●**佣使为预防、救治流行病之医师以下有感染及死亡者之手当规则**_{明治十年(1877年)太政官达书}

第一条　凡有流行病之时，诸官厅为施行防预、救治之法而佣使之医师、检疫委员、_{官员之为委员者不在此限}看护人并地方公立病院医师及其他人夫，有感染于其病毒或死亡者，按此规则给手当金。

第二条　手当金分疗治、埋葬①及遗族扶助之三种，列为八等。病者

---

① 原文为"理葬"，应系排版之误。

给疗治费，死者给埋葬费及扶助费。

第三条　手当金之等差视月给之多寡定之，即系按二百元以上、百五十元以上、百元以上、七十元以上、五十元以上、二十元以上、十元以上、十元以下之等级以支给。但系日给者，平均视一月作三十日，乘其日数，而准诸本条月给之等差。

第四条　疗治费，其在家治疗者日给一元，其入官立、公立病院者酌宜以官费支给。

第五条　遗族扶助费，其户主而无家族者及非户主而无妻、子者不给。死者虽非户主且无妻、子，而有依死者以营生计之遗族，_{在一户籍内者}则给之。

第六条　埋葬费而给予独身且无亲戚者，则颁于病院，或同僚，或区户长。

第七条　有流行病时所雇人之医师，其月给虽如明治八年达书第四十九号_{恶疫流行之际所雇使医员之手当按一月十五元以内计勤务日数而支给}而现予十五元以上之给资，使从事于府县公立病院任临时流行病之治疗者及有虎列剌病时，予十五元以上。雇为检疫委员者，按此规则之表以给之。

手当表

月　　给	等级	疗治费	埋葬费	扶助费
二百元以上	一等	按日一元	五十元	二百五十元
百五十元以上	二等	同	四十元	二百元
百元以上	三等	同	三十五元	百五十元
七十元以上	四等	同	三十元	百二十五元
五十元以上	五等	同	二十五元	百元
二十元以上	六等	同	二十元	八十元
十元以上	七等	同	十五元	六十元
十元以下	八等	同	十元	四十元

●●●官役人夫之死伤手当规则 明治八年(1875年)太政官达书

第一条 凡在各厅使役于工事者而有死伤,应予相当之手当,而分其伤痍之轻重为五等如下:

  第一等 重伤至死者。

  第二等 重伤虽不至于死而终身不能自办用者。

  第三等 自己虽得动作而不能营事业者。

  第四等 虽得营事业而身体毁伤、不能复旧者。

  第五等 身体虽毁伤而得以一时治疗复旧者。

第二条 凡有死伤之人,应检察其原由与轻重,并审查医师之诊断证书,按下表面而与救助金。

第三条 手当金分疗治、埋葬及遗族扶助之三种。

  一 受一等伤而死者,并给疗治费、埋葬费,而遗族扶助费则户主而无家族者及非户主而无妻、子者不给。死者虽非户主且无妻、子,而有依死者以营生计之遗族（在一户籍内者）则给之。

  但未治疗而即死者,不给疗治费。且在治疗中全以他病死者,不给扶助费。

  一 受二等、三等、四等伤者,给疗治费及扶助费。

  一 受五等伤者,祗给疗治费。

第四条 伤痍之轻重虽难即时确定,然应计其实况,即时给扶助费。而治疗之后,审查医师二名以上之诊断证书与其容体,以定相当之给予。

死伤手当表

扶助费	一等伤	二等伤	三等伤	四等伤	五等伤
埋葬费	三十元	二十元	十五元	十元	同
疗治费	十元	视伤之轻重酌量给之	同	同	同

●●●各厅所用技术、工艺之人执业而死伤者之手当内规 明治十二年(1879年)太政官达书

第一条 凡技术、工艺之人有执业而死伤,应检察其原因与伤痍之轻重,并审查医员之诊断证书,按下表而给手当金。

第二条 伤痍之轻重分为下之五等:

一等 重伤至死者。

二等 重伤虽不至死而终身不具、不能自办用者。

三等 虽得自办用而终身不能营事业者。

四等 虽得营事业而身体毁伤不能复旧者。

五等 身体虽毁伤而一时以治疗止存瘢痕,其运用全复于旧者。

第三条 手当金分疗治、埋葬及扶助费之三种。

受一等伤者,给疗治费、埋葬费,而给遗族扶助费,惟限其遗族依死者营生计者。在一户籍内者

但未治疗而即死者,不给疗治费。且在治疗中全以他病死者,不给扶助费。

埋葬费给其亲戚,使为埋葬。无亲戚则颁于其同僚,或其所之户长,使为之。

受三等、四等伤者,给疗治费、扶助费。

受五等伤者,只给疗治费。

但身体毁伤虽见为复旧,而治疗及于数月致免职务者,准四等伤给扶助费,而疗治费则自免职之次日止给。

各厅所用技术、工艺之人执业而死伤者之手当内规表

给予事项		奏任	判任	等外
一等	埋葬费	金百元	金五十元	金二十五元
	遗族扶助费	金三百五十元	金百七十五元	金九十元
二等	扶助费	金三百五十元	金百七十五元	金九十元
三等	同	金二百五十元	金百二十五元	金六十五元
四等	同	金百五十元	金七十五元	金四十元
五等				

一 其费以表上所列之额为最上限，酌量实际之情状而支给之。

一 疗治费皆为现费。

一 以佣之名义而取扱等内等外官吏之事务者，其月俸三百五十元以上，则准诸奏任。三十元以上未及三百五十元，则准诸判任。未及三十元，则准诸等外。而系日给者，则积算三十日之给，视作月俸，以本文之割合而给之。

●●●值战时或事变海陆军之雇员、军舰之乘组佣人、官用船舶之船员等有伤痍、疾病及死亡而给予之手当金 明治二十七年（1894年）敕令

第一条 海陆军雇员、军舰乘组佣人、官用船舶之船员、铁道从事员及其他海陆军佣人等，在战地为公务而受伤痍、罹疾病，或原因于伤痍、疾病而死亡，则据本令以一时为限，而给手当金。

虽非战地，以出征之公务而死伤，亦同前项。

第二条 伤痍、疾病手当金准诸军人恩给法第九条之各款，各据别表而给之。

伤痍、疾病而比军人恩给法第九条第一至第六款为轻者，给别表第

七款之金额。

第三条　如下所列者给别表之甲额：
一　雇员、军舰乘组佣人、官用船舶之船员或铁道从事员，其职务应准诸士官者。
二　服临时兵务者。

第四条　如下所列者给别表之乙额：
一　雇员、军舰乘组佣人、官用船舶之船员或铁道从事员，其职务应准诸下士者。
二　雇员所受月俸为十五元以上者。

第五条　如下所列者给别表之丙额：
一　雇员、军舰乘组佣人、官用船舶之船员或铁道从事员，其职务应准诸卒者。
二　雇员所受月俸未及十五元者。

第六条　第四条第二款及第五条第二款之月俸额，在受日给者，则计三十日之给。

第七条　常时佣人给别表之丁额，临时佣人则给戊额。

第八条　军舰之乘组佣人除第三条至第五条之金额外，仍各增给其各本额四分之三。

第九条　扶助费或祭吊费皆据别表而给予死者之遗族，但既受伤痍或疾病之手当金者不在此例。

第十条　解放军舰乘组佣人或服临时兵务者，得据其勤劳，而各予给资二月份以内之金额，为慰劳金。

第十一条　合于第一条第二项者之区域及第二条伤痍、疾病之等差，又第三、第四、第五条准诸士官、下士卒职务之区分，由海陆军大臣定之。

别表

死殁 伤痍 疾病手当金表

区分	死殁		伤痍 疾病						
	祭吊费	遗族扶助	一项	二项	三项	四项	五项	六项	七项
甲	三十元	百二十元	百五十元	百三十元	百二十元	百元	百元	九十元	八十元乃至八元
乙	二十五元	百元	百十五元	百十元	百元	九十元	八十元	七十元	六十元乃至六元
丙	二十元	八十元	百元	九十元	八十元	七十元	六十元	五十元	四十元乃至四元
丁	十五元	六十五元	七十五元	六十五元	六十元	五十元	四十五元	三十五元	二十五元乃至二元五十钱
戊	十元	五十元	五十元	四十元	三十五元	三十元	二十五元	二十元	十五元乃至一元五十钱

(备考)伤痍者之疗治费,总为官给,或已许其自加治疗,得给金三十元以内为疗治费。

●●●给予陆军雇员等死伤者手当金之细则

明治二十七年(1894年)陆军省令

第一条 欲据明治二十七年敕令第百六十四号而受手当金者,应从下之区别,各具书类,而愿出于居住地该管之师团长或屯田兵之司令官:

死亡者

一　愿书、_{书式}第一履历书、户籍书誊本、死亡报告书或军医死亡证书或主治医死亡证书。

伤痍、疾病者。

一　愿书、_{书式}第二履历书、军医诊断证书或主治医诊断证书。

第二条　师团长或屯田兵之司令官既受前条之书类,审查之而见为适当,则应上申于陆军大臣。

第三条　本令第九条中之死者遗族,系谓在同一户籍内之寡妇、孤儿、父母、祖父母、兄弟、姊妹等。

但手当金首给寡妇,无寡妇则给孤儿,其下皆据本文之次第。

第四条　本令第十条中之慰劳金,所属长官应调查事实,定其金额,具其意见,以次上申于陆军大臣。

第五条　合本令第一条第二项之区域,系属于特设部及特设队要塞炮兵队者。

第六条　本令第二条伤痍、疾病之等差,适用明治二十五年本省达书第九十九号陆军军人伤痍、疾病恩给之等差例。

第七条　本令第三、第四、第五条准诸士官、下士、卒职务之区分,在雇员之被命奉士官、下士之职务者准诸士官、下士,被服从事兵卒之役务者准诸卒。在船舶之船员、铁道从事员则据下之区分:

船舶船员之应准诸士官者:

一　船及百吨以上之船长、运转手、机关手、事务长。

船舶船员之应准诸下士者:

一　船未及百吨之船长、运转手、机关手、事务长、水夫长、事务员、大工、樯取、油差、航海科生徒、机关科生徒。

船舶船员之应准诸卒者:

一　仓番、火夫、水夫、石炭夫、南不番、小使料理人。

铁道从事员之应准诸下士者:

一　驿长、助役、预备助役、机关库主任、保线手、其他所奉职务等于此者。

铁道从事员之应准诸卒者:

一　货物挂、小荷物褂、车长、电信挂、预备电信挂、驿长书记、机关方、保线助手、其他所奉职务等于此者。

第八条　本令附表备考所言疗治费,所属部队长据军医诊断证书,酌宜定其金额而给之。

书式
略

●●●给予海军死伤者手当金之细则 明治二十七年
（1894年）海军省令

第一条 据明治二十七年敕令第百六十四号而为死亡或伤痍、疾病以请求手当金者，死亡者照第一书式，伤痍、疾病者照第二书式，各应具请求书，并附证据书类，而隶舰队者则请求于该管镇守府之司令长官，其他则请求于各该管长官。

第二条 镇守府司令长官、各该管长官既受前条之书类，审查之而见为适当，则应进达于海军大臣。

第三条 应受扶助费或祭吊费之遗族，系谓与死者在同一户籍之寡妇、孤儿、父母、祖父母、兄弟、姊妹。

扶助费或祭吊费首给寡妇，无寡妇则给孤儿，其下皆据前项之次序。

第四条 有请给慰劳金者，所属长应考查勤劳，定其金额，附以意见而具申于海军大臣。

第五条 敕令第百六十四号第一条第二项中，虽非战地，因公务而死伤者之区域如下：

— 以出征事务而往复于战地者。
— 从事于为出征事务而使用之船舶者。
— 从事于战备完成之舰船艇者。
— 从事于防御事务者。
— 隶属临时特设部所者。
— 除前诸项之外，从事于出征临时所生之业务者。

第六条 定敕令第百六十四号第四条之伤痍、疾病等差，适用海军军人伤痍、疾病恩给之等差例。

第七条 敕令第百六十四号之第三、第四、第五条之军舰乘组佣人并官用船舶之船员,其准诸士官、下士、卒职务之区分如下：
- 一　准诸士官者：船长、运转手、机关手、事务长。
- 一　准诸下士者：署任或见习运转手、署任或见习机关手、水夫长、事务员、通辩大工、楫取、油差、航海科生徒、机关科生徒。
- 一　准诸卒者：割烹、从仆、剃夫、仓番、火夫、水夫、石炭夫、南不番、小使料理人。

第八条　许自加治疗之伤痍者,其疗治费由所属之长据军医或主治医之诊断证书,酌宜定其金额而给之。

书式
略

●●●从事明治二十七、八年之战役因公务而死亡或受伤痍、罹疾病者之特别赐金取扱方法

明治二十八年（1895年）陆军省令

第一条　陆军军人、军属及雇员、佣人等而从事于此次之战役,由于公务或基因之而死亡者之遗族,及以公务受伤痍或罹疾病而残废不具等,其据军人恩给法、官吏恩给法与扶助法已受恩给及扶助费者,或据明治二十七年敕令第百六十四号已受扶助费及手当金者,所应给予之特别赐金,其方法按此规程。

第二条　给予前条之特别赐金及其给额,系据军人恩给法施行规则第五条及官吏恩给法施行规则第六条之恩给证书,又官吏遗族扶助法施行规则第八条之扶助费证书或辞令书,及明治二十七年敕令第百六十四号给予手当金之辞令书而定之。

第三条　军人、军属之应支给特别赐金者,即在交付军人恩给法施行

规则第五条及官吏恩给法施行规则第六条之恩给证书，或官吏遗族扶助法施行规则第八条之扶助费证书与辞令书之时，支给之。

第四条　据明治二十七年敕令第百六十四号支给手当金者，即在支给手当金之时支给之。

第五条　特别赐金付以军事公债证书而不及五十元之零数，付以记其金额之邮便贮金通帐。领受人既得邮便贮金通帐，应为请求转记于一通帐之手续。

第六条　军事公债证书总按额面计算。

第七条　领受人欲以所领受之军事公债证书兑换现金，应以请求交换书附于军事公债证书，经地方厅而送诸陆军省。但请求交换惟限于领受之日得为之，而价格则据额面。

第八条　应领受特别赐金者而或死亡或失领受之资格，则由正当之继承者附呈市町村长所证明之户籍调书，而请陆军省改其通帐之记名。

第九条　既据此规定而领受特别赐金后，其伤痍、疾病或再发或加重，虽再有请求，无复支给之。

第十条　如第三、第四条所言，既已交付恩给证书、扶助费证书、手当金等者或已支给者，据各书类调查之，经交付恩给证书、扶助费证书或辞令书之地方厅，及交付手当金辞令证书之师团司令部或屯田兵司令部，而取计支给之法。

●●●从事明治二十七、八年之战役因公务而死亡或受伤痍、罹疾病者之特别赐金取扱方法

明治二十八年（1895年）海军省令

第一条　海军军人、军属及雇员、佣人等而从事于此次之战役，由于公务或基因之而死亡者之遗族，及以公务受伤痍、疾病而残废不具等，其据军人恩给法、官吏恩给法与扶助法已受恩给及扶助费者，或据明治二十七年敕令第百六十四号已受手当金者，所应给予之特别赐金，其方法按此规程。

第二条　给予前条之特别赐金及其给额，系据军人恩给法施行规则第五条及官吏恩给法施行规则第六条之恩给证书，又官吏遗族扶助法施行规则第八条之扶助费证书或辞令书，及明治二十七年敕令第百六十四号给予手当金之额而定之。

第三条　军人军属之应支给特别赐金者，即在交付军人恩给法施行规则第五条及官吏恩给法施行规则第六条之恩给证书，或官吏遗族扶助法施行规则第八条之扶助费证书与辞令书之时，支给之。

第四条　据明治二十七年敕令第百六十四号支给手当金者，即在支给手当金之时支给之。

第五条　特别赐金付以军事公债证书额面而不及五十元之零数，付以记其金额之邮便贮金通帐。领受人既得邮便贮金通帐，应为请求转记于一通帐之手续。

第六条　特别赐金胥经该管地方厅支给，而该管地方厅酌宜交付之，以其领受书及已调印之贮金预入申込书，送诸海军省。

第七条　领受人欲以所领受之军事公债证书兑换现金，应以请求交换书附于军事公债证书，经地方厅而送诸海军省。但请求交换惟限于领受之日得为之，而价格则据额面。

第八条　应领受特别赐金者而或死亡或失领受之资格，则由正当之继承者附呈市町村长所证明之户籍调书，而请海军省改其通帐之记名。

第九条　既据此规定而受特别赐金后,其伤痍、疾病或再发或加重,虽再请求,无复给之。

第十条　如第三、第四条所言,既已交付恩给证书、扶助费证书、辞令书、手当金者或已支给者,据各书类调查之,而取计支给之法。

●●●从事于清国之事变因公务而死亡或受伤痍、罹疾病者之特别赐金取扱方法明治三十三年(1900年)

陆军省令

第一条　陆军军人及军属、雇员、佣人等从事于此次清国之事变而死亡者之遗族,及受伤痍、罹疾病而残废不具者,合于下之各款之一,限一时予特别赐金,其支给方法据此规定:

一　战死,或因战斗负伤即在战地死亡,或在海陆军病院及其他引续治疗中死亡者之遗族。

二　在战地基因于公务而罹伤痍、疾病即在战地死亡,或在海陆军病院及其他引续治疗中死亡者之遗族。

三　因战斗负伤而残废不具者。

四　在战地基因于公务而罹伤痍、疾病致残废不具者。

五　其患轻于第三、第四款而足准诸受军人恩给法之赈恤金者。

第二条　合于前条第一、第二款者,据通报死亡兵籍之誊本或文官名簿及户籍誊本,而交付赐金证书。但户籍誊本应由受死亡公报之遗族直接差出于陆军省。合于前条第三、第四、第五款者,其据军人恩给法、官吏恩给法而差出请求恩给书,则以赐金证书交付曾经陆军省医务局长策定症候者。其据明治二十七年敕令第百六十四号而差出手当金愿书,则以赐金证书交付应受其手当金者,但官等、身分及服役在官年数皆据其罹伤痍、疾病之时。

第三条　应差出前条书类之期限，在死亡者之遗族，自死亡之日起二年以内。在战斗而负伤或因伤痍、疾病而被免职役者，自其日起二年以内。但在生死不明者，则自推定死亡之宣告日起二年以内。

第四条　赐金证书经应受之者居住地之地方厅而交付之。

第五条　既受赐金证书者，应以请求其金额书经交付证书之官厅，而差出于陆军省经理局。

第六条　赐金证书之金额即自陆军省交于请求者。

第七条　既受特别赐金后，虽其伤痍、疾病再发或加重，不复给之。

第八条　本令所称雇员、佣人照明治二十七年敕令第百六十四号。

第九条　本令所称遗族，系谓军人、军属、雇员、佣人等死亡之时与在同一户籍内之寡妇、孤儿、父母、祖父母、兄弟、姊妹。

特别赐金首给寡妇，无寡妇则给孤儿，以下据前项之次第。

附　则

在本省令发布以前已差出扶助费或手当金之愿书者，不及更差出第二条之户籍誊本。

●●●从事于清国之事变因公务而死亡或受伤痍、罹疾病者之特别赐金取扱方法 明治三十三年（1900年）

海军省令

第一条　海军军人及军属、雇员、佣人等从事于此次清国之事变而死亡者之遗族，及受伤痍、罹疾病而残废不具者，合于下之各款之一，限一时予特别赐金，其支给方法据此规定。

一　战死，或因战斗负伤即在战地死亡，或在海陆军病院及其他引续治疗中死亡者之遗族。

　　二　在战地基因于公务而罹伤痍、疾病即在战地死亡，或在海陆军病院及其他引续治疗中死亡者之遗族。

　　三　因战斗负伤而残废不具者。

　　四　在战地基因于公务而罹伤痍、疾病致残废不具者。

　　五　其患轻于第三、第四款而足准受诸军人恩给法之赈恤金者。

第二条　合于前条第一、第二款者，据通报死亡兵籍之誊本或文官名簿及户籍誊本，而交付赐金证书。但户籍誊本应由受死亡公报之遗族直接差出于海军省。合于前条第三、第四、第五款者，其据军人恩给法、官吏恩给法而差出请求恩给书，则以赐金、证书交付曾经海军省医务局长策定症候者。其据明治二十七年敕令第百六十四号而差出手当金愿书，则以赐金证书交付应受其手当金者，但官等、身分及服任在官年数皆据其罹伤痍、疾病之时。

第三条　应差出前条书类之期限，在死亡者之遗族，自死亡之日起二年以内。在战斗而负伤或因伤痍、疾病而被免职役者，自其日起二年以内。但在生死不明者，则自推定死亡之宣告日起二年以内。

第四条　赐金证书经应受之者居住地之地方厅而交付之。

第五条　既受赐金证书者，应以请求其金额书，经交付证书之官厅，而差出于海军省经理局。

第六条　赐金证书之金额即自海军省交付于请求者。

第七条　既受特别赐金后，虽其伤痍、疾病再发或加重，不复给之。

第八条　本令所称雇员、佣人照明治二十七年敕令第百六十四号。

第九条　本令所称遗族，系谓军人、军属、雇员、佣人等死亡之时与在同一户籍内之寡妇、孤儿、父母、祖父母、兄弟、姊妹。

特别赐金首给寡妇，无寡妇则给孤儿，以下据前项之次第。

附　　则

在本省令发布以前已差出扶助费或手当金之愿书者，不及更差出第二条之户籍证书。

●●●给予陆军诸生徒之手当金 明治二十五年（1892年）敕令

应为陆军军人之诸生徒，平时在屯营内或野外以演习而受伤痍，或原因于此而罹疾病，致将来不能胜军人之服役，遂命退学者，得据下之区别，限一时给予手当金：

一　其受伤痍或罹疾病等于军人恩给法第九条之各款者，则按其法第三号表之各项而给陆军卒六年分之金额。

二　其受伤痍、罹疾病等于军人恩给法第十四条第二款者，按其法第三号表第六项给以与陆军卒相当一年份以上、五年份以下之金额。

前项伤痍、疾病轻重之等差由陆军大臣定之。

本令自明治二十三年七月迄于本令实施之间有合于本令者，亦适用之。

●●●陆军军人、军属归乡疗养者之给予规则 明治二十七年（1894年）敕令

第一条　陆军军人、军属从事于战役而受伤痍或罹疾病者，在病院治疗之后复使归乡疗养者，据本规则之给予。

第二条　归乡疗养中之手当，军人给予第一表之金额，军属给予本俸三分之二。

第三条 归乡疗养者,于其归时给病衣一具,但以一次为限。

据伤痍之状况有需简易之补缺器械或副木等,亦得给予,而以一次为限。

第四条 归乡旅费,自治疗病院所在地至本籍地或寄留地,按路程给予第二表之金额,而于出发之际核算而发之。但途中因阻川、阻雪、待船及其他不得已之事故而濡滞,其事由确实者,更按日数追给第二表之日当。

因策定前项而或须召唤,则亦准前项而给予往复之旅费。

第五条 在归乡疗养中而伤痍、疾病或再发,就地方医师、地方病院治疗者,可据医师、病院之证明,由官给予实费。

第六条 俸给及其他向受之给予,在归乡疗养中均停止。

第一表

官　　名	月　　额
大　　将	二百十三元
中　　将	百七十元
少将与少将相当之官	官四十九元
大佐与大佐相当之官	百六元
中佐与中佐相当之官	八十五元
少佐与少佐相当之官	六十四元
大尉与大尉相当之官	四十三元
中尉与中尉相当之官	三十二元
少尉与少尉相当之官	二十六元
准　士　官	二十一元
非士官之阶级而服士官之勤务者	十五元

(续表)

曹长与曹长相当之官	九元五十钱
一等军曹与一等军曹相当之官	八元五十钱
二等军曹与二等军曹相当之官	七元五十钱
诸　卒 诸　工 诸　生　徒	五元七十钱

第二表

名　称 ＼ 区　别		旅　费			
		汽车费 每一哩	船舶费 每一海哩	车马费 每一哩	日　当 每一日
大将	高等官亲任	八钱	十钱	二十八钱	四元
将官 与之相当之官	同一等 同二等	七钱	八钱	二十钱	二元五十钱
上长官	同三等以下 同五等以上	六钱	六钱	十五钱	一元六十钱
士官	同六等以下	六钱	六钱	十五钱	一元三十钱
准士官	试补	四钱	五钱	十钱	七十钱
下士	判任官	四钱	五钱	七钱	五十钱
诸卒 诸工 诸生徒		三钱	三钱	五钱	三十钱

非士官阶级而服士官之勤务者,又在职之准士官曹长,给准士官之额。

雇员等月给为六十元以上,则准于准士官。十二元以上,则准于下士。未及十元及佣人等,则准于诸卒。

下士以下及判任官而难步行者,每里增给车马费金三钱。

●●●陆军军人、军属归乡疗养者给予规则之细则 明治二十七年(1894年)陆军省令

第一条 本规则第二条之手当金,在伤痍、疾病者现所属之师团或其留守师团司令部所在地之监督部,每月支给之。但不属于师团者,皆在临时陆军中央金柜部支给。

归乡疗养者应于每月末日以请求其月之手当金书_{书式}^{第一号}得郡区长或市町村长证明其生存,经师团或其留守师团司令部或陆军省经理局第三课,而呈诸该管监督部或临时陆军中央金柜部,而受领之。

第二条 手当金,自命归乡疗养之次日,给至命退职、免官、免役_{赅括免除现役及免除常备、后备役,下仿此}或复职、复队之日。但有死亡,则给至死亡之日。

计算日割之法,按月额乘算应给之日数,以其月之现有日数除算之,得止于四舍五入厘位,为支给额。

第三条 本规则第三条之病衣、补缺器械或副木之类,在命之归乡之病院支给之。

第四条 本规则第四条之旅费,路程自非三里以上则不给之,但虽未及三里而难于步行者,仍给车马费。

旅费计算之法,据陆军给与令第六十六条及其细则之第九章第一条至第三条。

途中因阻川、阻雪、待船及其他不得已之事故而濡滞,得以濡滞地之郡区长或市町村长所证明之书面,而请求日当。

第五条　归乡旅费在命之归乡之病院支给，召唤旅费在召唤之厅支给。

第六条　请求本规则之疗治费者，应以请求书、^{第三号书式}地方医师或地方病院之证明书，^{第二号书式}差出于命之归乡之病院。但战事已平而命之归乡之病院已闭，则应经居住地该管之师团司令部，而差出于该管卫戍病院。

病院审查之而以为正当，则应支给其疗治费。

第七条　伤痍、疾病再发而在陆军病院治疗者，由官给予疗治费，但入院之食费则使自备。

第八条　伤痍、疾病既愈而命复职、复队，由其所属部队，自居住地迄于部队所在地，据第四条之例，给以陆军给予令中第三十二表之旅费。

第九条　命之归乡疗养之病院，应以伤痍、疾病者之所属部队并其居住地之官长姓名及命之归乡之年月日，通报其现时所属师团监督部^{不属于师团者则通报于陆军省经理局第三课}及本人现时所自受俸给及其他给予之部队。

其现时所自受俸给及其他给予之部队据前项之通报，自命之归乡之日停止其支给。

命之退职、免官、免役或复职、复队，则应自其所属部队即通报支给其手当金之厅。

第十条　在归乡疗养中而死亡，则应自其遗族或亲戚，受郡区长或市町村长之证明，^{第四号书式}届出于命之归乡之病院。但战事已平而命之归乡之病院已闭，则同于第六条之但书。

第十一条　甲师团中归乡疗养者之居住地而系乙师团所管辖，得请求支给手当金于乙师团监督部，是时由本人呈愿于甲师团监督部，而甲师团监督部移其名籍于乙师团监督部。自临时陆军中央金柜部支给手当金者,其居住地而系第一师管之外,则准前项之例。

(书式俱略)

●●●台湾总督府雇员佣员死亡、伤痍、疾病之手当规则 明治二十九年(1896年)敕令

第一条 雇员及佣员为公务受伤痍、罹疾病或原因于此而死亡,则据本令限一时支给手当。

第二条 雇员支给别表甲号之金额,佣员区为常时、临时之二种。常时佣员支给乙号之金额,临时佣员支给丙号之金额。

第三条 为公务受伤痍、罹疾病,以官费治疗之,欲以便宜自加治疗,则既受许可者,在别表手当之外,更予三十元以内之金额为疗治费。

前项之伤痍、疾病,据指定之医员或主任医员所诊断,以定其等差,而支给第一等至第七等之手当。

第四条 雇员、佣员而死亡,则据别表给祭吊费及扶助费于其遗族,但既受其伤痍、疾病之手当者,不复给之。

第五条 本令施行之细则,由台湾总督定之。

别表

死殁、伤痍、疾病手当金额表									
死殁		伤痍			疾病			
区别	祭吊费	遗族扶助费	一等	二等	三等	四等	五等	六等	七等
甲号	二十元	八十元	百元	九十元	八十元	七十元	六十元	五十元	四十元
乙号	十五元	六十五元	七十五元	六十五元	六十元	五十元	四十五元	三十五元	二十五元
丙号	十元	五十元	五十元	四十元	三十五元	三十元	二十五元	二十元	十五元

●●●台湾并在外陆海军雇员、佣人死伤手当金之给予规则 明治三十年（1897年）敕令

第一条 海陆军雇员、佣人在台湾并外国服海陆军之勤务者，因公务而或死亡，或受伤痍，或罹疾病，则据本令限一时给别表之手当金。

赴台湾并外国服海陆军之勤务，虽未达其地，而在出发港拔锚之后，有合于前条者亦同。

第二条 死亡手当金给死者之遗族，无遗族则惟给祭吊费于其相续人。

既以伤痍、疾病而受手当金后，虽原因其伤痍、疾病而死亡，不复给死亡手当金。

第三条 许伤痍、疾病者自加治疗，则别表手当金之外，得支给三十元以内之金额。

第四条 本令施行之细则，海陆军大臣定之。

别表

死殁、伤痍、疾病手当金表

区分		陆海军省雇员 月俸二十八元以上者	月俸十五元以上不满二十八元者	月俸不满十五元之雇员	官衙部队雇员	常时佣人	临时佣人
死亡手当	祭吊费	三十元	二十五元	二十元		十五元	十元
	扶助费	百二十元	百元	八十元		六十五元	五十元
伤痍疾病当手	一 盲两眼或亡二肢以上者	百五十元	百十五元	百元		七十五元	五十元
	二 受伤痍罹疾病可准前项者	百三十元	百十元	九十元		六十五元	四十元
	三 亡一肢或失二肢之用者	百十元	百元	七十元		五十五元	三十五元
	四 受伤痍疾病可准前项者	百十元	九十元	七十元		五十元	三十元
	五 盲一眼或失一肢之用者	百元	八十元	六十元		四十五元	二十五元
	六 受伤痍疾病可准前项者	九十元	七十元	五十元		三十五元	二十元
	七 此前项更轻者	八元乃至八十元	六元乃至六十元	四元乃至四十元		一元五十钱乃至二十五元	一元五十钱乃至十五元

●●●台湾并在外陆军雇员、佣人死伤手当金之给予细则 明治三十五年（1902年）陆军省令

第一条 据本则 本则谓明治三十年敕令之第四十三号，下仿此 而请求手当金者，应具下之书类，而愿

出于居住地或本籍地之道厅长官、府县知事：

一　愿书。　如系死亡，则除出愿者外，须亲戚或居住地之户主二人与之连署，而为市町村长所证明者。

二　身分证明书。　所属之长为其职务并给资而颁予之者。

三　死亡证书或诊断证书。主治医所颁予之者。
但此证书应记明其伤痍、疾病之基因于公务，而诊断证书更应援海陆军军人伤痍、疾病恩给之等差例，记明其轻重。

四　户籍调书。　市町村长或准于市町村长所证明者。_{此以死亡者为限}

第二条　道厅长官、府县知事既受前条之书类，应审查之而进达于陆军大臣。

第三条　本则第二条之遗族，系谓与死亡者在同一户籍内之寡妇、孤儿、父母、祖父母、兄弟、姊妹。
但死亡手当金首给寡妇，无寡妇则给孤儿，以次据本文之次序。

第四条　应据本则而受手当金者，其出愿期限自有其事故之日起，为三年以内。

第六章　旅费手当及诸给

第一款　旅费

●●●**内国旅费规则** 明治三十年（1897年）敕令

第一条　内国旅费，官吏因公务而旅行于本邦之内，则支给之。

第二条　内国旅费分为四等，据别表之所定，据路程支给之。

第三条　汽车旅行，按哩数支给汽车费。水路旅行，按海里数支给船费。其他之旅行，皆为陆路旅行，按里数支给车马费。

宿泊费按夜数支给，日当按日数支给，但水路旅行不支给宿泊费。

乘官用船舶以旅行而不复自官予费者，则支给食桌费。

第四条　乘官用之舟车马等以旅行，则不支给本令之汽车费、船费、车马费。

因旅行之性质与地方之情状而所定汽车费、船费、车马费难以支办，则得支给实费。

第五条　因强雪积雨或道路险恶而所定之车马费难以支办，则得按定额支给二倍以内。

第六条　汽车费、船费、车马费以旅行之种类合所经之路程计算，而不满一位之零数则除去。

第七条　据年度或日数有必须区分旅费以计算，而汽车旅行或水路旅行区分不能明，则以及于最近到达地之日区别其路程而计算之。

第八条　陆路不及六里、汽车不及十哩、水路不及十海里之旅行，不支给日当。但为公务而宿泊者，则支给日当及宿泊费。

第九条　出巡于其在勤厅管内市区町村而及于远距离，则得支给车马费五十钱以内。

第十条　赴任之时，自旧任地至新任地，按定额支给汽车费、船费及车马费二倍。

第十一条　旅行中以私事受许可而迂回其道，则按当经之路程支给旅费。

第十二条　旅行中遇废官、退官、非职、退职或死亡者，以前官或与本官相当，支给迄于旧任地之旅费，但因刑事裁判或惩戒处分而退官者不在此限。

第十三条　前二条之日数计算法，在汽车旅行，一日为二百哩。水路旅行，一日为百海里。陆路旅行，一日为十二里。但数种类之旅行相杂，则各以其路程十二分之一为一时间之行程，而一日之旅行为十二时间。但通算而有不满一日之零数，准作一日计算。

第十四条　以测量土木工事等而出巡之官吏及平常所须旅行之官吏，各省大臣得特定其旅费额，以月额或日额支给之。

第十五条　各省大臣得减少旅费之定额或删其一部。

第十六条　以引继事务、取调余务而命退官或废官者旅行，则支给与其前官相当之旅费。

第十七条　以新任用而召唤之，则支给与其新任官相当之旅费。

第十八条　海陆军武官、文官及警察官之旅费由主任大臣与大藏大臣协议而别定之。

第十九条　雇员及本令无明文者之旅费，主任大臣与大藏大臣协议，准诸别表而定之。

附　　则

第二十条　各省大臣于台湾之旅行，见为旅费之定额不足以支办，得由大藏大臣协议，权于原定旅费量增其额。

第二十一条　各省大臣得于在勤台湾二年以上而废官，或谕令退官，或非职，在三十日以内自其地出发归乡者，权给其前官或与本官相当之旅费，而日数之计算法则据第十三条之例。

台湾在勤中而有死亡者，则准本条以与归乡旅费相当之全额支给其遗族。

第二十二条　本令自明治三十年十月一日施行之。

别表

等级	旅费额					
	汽车费 每一哩	船费 每一海里	车马费 每一里	宿泊费 每一夜	日当 每一日	食桌费 每一日
一等 亲任官	七钱	七钱	三十五钱	三元	二元五十钱	一元七十钱
二等 敕任官	六钱	六钱	三十钱	二元	一元五十钱	一元五十钱
三等 奏任官	五钱	五钱	二十钱	一元五十钱	一元	一元二十钱
四等 判任官	四钱	四钱	十五钱	一元	五十钱	九十钱

●●●**警察及其他官吏之内国旅费概则**明治三十年（1897年）内务省令

第一条　警视总监、警视、警部长、警部之旅费，除此规则所定者外，据明治三十年敕令第三百三十三号之规程。

第二条　警察署诘或警察分署诘、警视、警部巡行于其管辖之内，则不给

普通之旅费,而据下之规定,但以特别事务而临时出发者不在此限:

一　巡行陆路不及六里,汽车不及十哩,水路不及十海里,惟宿泊则按夜数给宿泊费,警视一元,警部七十钱。

一　巡行陆路六里以上,汽车十哩以上,水路十海里以上,则宿泊费之外,尚按日数给日当,警视一元,警部五十钱。

一　按地势非航渡不能至,则巡行者得支给渡航实费。

第三条　巡查、看守、雇员之旅费据甲号表,押丁、给仕、小使、职工等之旅费据乙号表,而其支给法则据明治三十年敕令第三百三十三号之规程。

一　巡查之巡行于持区之内者,不给普通之旅费,惟宿泊则按夜数给宿泊费五十钱,但以特别事务而临时出发者不在此限。

一　巡查巡行于持区之内,按地势非航渡不能至者,得支给渡航实费。

一　巡查在持区内之宿泊费,得特定其同额以支给。

第四条　凡受试补见习及其他官吏之待遇者,其旅费除别有规定外,据其待遇,支给与其本官相当之额,而支给之法则据明治三十年敕令第三百三十三号之规程。

第五条　华族及有位带勋者以公务而旅行,则据下之规定,而支给之法则据明治三十年敕令第三百三十三号之规程。

一　华族及从六位以上、勋六等以上者,给三等旅费。其他有位带勋者,给四等旅费。

一　一切人民据甲号表。

第六条　旅费之定额得视地方之状况而减少之或删其一部。

甲号表

汽车费每一哩	船费每一海里	车马费每一里	宿泊费每一夜	日当每一日	食桌费每一日
金三钱	金三钱	金十钱	金七十钱	金三十钱	金五十钱

乙号表

汽车费每一哩	船费每一海里	陆路杂费每一里	日当每一日	食卓费每一日
金二钱	金二钱	金六钱	金三十钱	金三十钱

●●●警察监狱学校生徒旅费之支给规则 明治三十四年
（1901年）内务省训令

第一条　东京市外官厅所推荐之生徒，计其官厅与学校之间直路之里程而支给出京及归路之旅费，但生徒在学之时不给日当及宿泊费。

第二条　以前条而计日数据内国旅费规则第十三条。

第三条　一种生支给内国旅费规则别表四等之额，二种生支给警察官吏及其他内国旅费概则甲号表之额。

第四条　出京及归路之旅费各支给之。

第五条　生徒于在学之时退学者，除警察监狱学校校则第七条外，不支给归路之旅费。

第六条　除本则所定之外，其支给旅费悉据内国旅费规则。

●●●给内国税征收费所支办之旅费法 明治三十二年
（1899年）大藏省训令

一　事务官及税务官为检查间税及其监督而巡回于管内之旅

费,支给如下。

汽车费	船费	车马费	宿泊费	日当
一哩	一海里	一里	一夜	一日
四钱	四钱	十六钱	一元二十钱	八十钱

二　为检查土地、检查间税而巡回于税务署所管内之旅费,在下之日额以内酌宜以定支给额,而应届出其支给额及施行期日。但在交通困难及有特别事情之地,则经认可之后,旅费日额得给至一元二十钱以内。

检查土地,日额九十钱以内。检查间税,日额七十钱以内。

检查土地之补助雇员,日额七十钱以内。

三　在勤厅所设地之域内,其专任检查间税或监督而平时巡回之者,不给旅费。

接于在勤厅所设地之町村或一部,与在勤厅所设地无所区别者,准诸在勤厅所设地,不给[①]旅费,但是时税务管理局长应届出其区域及施行期日。

四　欲减少管内旅费之支给定额或别设日额旅费,则税务管理局长应酌宜以定支给额而届出其支给额及施行期日。

五　一昼夜中兼有应给日额旅费之旅行与他之旅行,则不适用日额旅费之规定。

应给普通旅费之旅行或应给日额旅费之旅行,而一昼夜中兼有数种之公务,则据其公务之为主者以给普通旅费或日额旅费,但赴任旅行不适用之。

---

① 原文无此"给"字,应系排版之误。

六　除以上各项规定之外，皆据内国旅费规则及明治三十年本省令第二千零十二号以给之。

●●●给专卖局作业费所支办之旅费法 明治三十二年
（1899年）大藏省训令

第一条　专卖局作业费所支办之旅费，除援内国旅费规则及明治三十年本省令第二千零十二号之外，皆据本令以给之。

第二条　合于内国旅费规则第九条，则高等官日给车马费四十钱，判任官及见习员日给三十钱，雇员日给二十五钱。

接于在勤厅所设地之市町村或一部，与在勤厅所设地无所区别者，准诸在勤厅所设地，仅给前项之车马费。

第三条　为检查叶烟草及取缔专卖而巡回于其区域之内，或为收纳、卖渡、回送、保管及监督营造物工事而滞留于出张所或叶烟草贮藏所，则判任官及见习员在日额一元之内，雇员在日额八十钱以内，由专卖局长酌定其额以给旅费。

第四条　检查叶烟草及取缔专卖之区域，即为专卖局、支局及出张所隶属之市町村。

在北海道及岛屿并其他有特别事情之地，经查察之后，得由专卖局长于前项外特设区域。

第五条　为检查叶烟草及取缔专卖而旅行于各区之间，不适用日额旅费之规定，一日之中巡回区内与旅行各区相兼者，其日之旅费亦然。

第六条　专卖局或专卖支局之员而互有兼勤者，则滞留于其兼勤厅所设地之旅费，判任官及见习员给日额一元，雇员给日额八十钱。

前项之兼勤者在其兼勤厅之管辖区域内而应给第三条之旅费，即据前项之日额以给之。

第七条　在他厅勤务之职员在受嘱托以专卖局或专卖支局之公务而旅行者,则准诸以上各条给与本官相当之旅费额。

前项外之嘱托员以其嘱托事务而旅行,除有特定者外,所给旅费额与判任官同。

第八条　据第二条第二项所谓与在勤厅所设地无区别者及据第四条所谓隶属之市町村,由专卖局长及专卖支局长定之。其出自专卖支局者,应报告于专卖局长。

第九条　欲减少旅费额或别设日额旅费,抑或据特别之事情而增日额旅费,则经查察之后,应由专卖局长定其支给额及施行期日。

●●●官船航行旅费规则 明治三十七年(1904年)大藏省训令

第一条　税关官吏及佣员乘组于税关所用之船艇而航行于其所在港域之外,则据本规则支给旅费。

第二条　航行旅费按其出张之日数,照下之区分支给每日之定额：

高等官	一元
判任官	七十钱
船长机关士	五十钱
佣员及其他佣员	四十钱

第三条　凡航行之距离,汽船在港域之外不足直路十里,其他船艇在港域之外不足直路五里者,不支给航行旅费。

但以航行或寄泊而延及次日者不在此例。

第四条　临时佣人之船员不支给航行旅费。

●●●以樟脑及樟脑油专卖费支办之旅费支给法 明治三十六年（1903年）大藏省训令

以樟脑及樟脑油专卖费支办之旅费，除据内国旅费规则及明治三十年本省达书二千十二号之外，应据下之各项支给，但本训令以明治三十六年十月一日施行：

一　为取缔樟脑及樟脑油专卖而樟脑事务局本局员巡回于本局直辖地内及出张所员巡回于管辖地内，其旅费在日额八十钱以内，酌定支给额，而应届出其支给额及施行期日。但交通困难与其他有特别事情之地，得经认可，而支给日额一元五十钱以内之旅费。

二　前项之巡回而系在勤厅所在地之地域内，则予车马费，每日在三十钱以内，酌定支给额，而应届其支给额及施行期日。

三　接续于在勤厅所在地，不必区别之所，准诸在勤厅所在地，惟得支给前项之车马费，是时樟脑事务局长应定其区域及施行期日而届出之。

四　欲减少管内旅费之支给定额或别设日额旅费，则樟脑事务局长酌定支给额，而应届出其支给额及施行期日。

五　一昼夜中应支给日额之旅行与兼有其他之旅行，则不适用日额旅费之规定。

应支给普通旅费之旅行或应支给日额旅费之旅行，而一昼夜中兼有数种之用务，则应据其为主之用务而支给普通旅费或日额旅费，但赴任旅费不适用之。

●●●陆军旅费规则 明治三十七年（1904年）陆军省令

第一条　陆军之军人、军属因公务而旅行者，据此规则给旅费。

第二条　旅费分为汽车费、船费、车马费、宿泊费、日当、食桌费、移徙费之八种。

第三条　汽车旅行,按哩数支给汽车费。水路旅行,按海里数支给船费。其他旅行,皆为陆路旅行,按里数支给车马费。

宿泊费按夜数给之,日当按日数给之,但水路旅行不给宿泊费。

食桌费,乘官用船舶以旅行而不复自官予费者,则给之,但一日内往复者不在此例。

移徙费,赴任及阵营官卫学校移徙之时给之。

手当分旅次手当、演习手当之二种。旅次手当在军队旅行及阵营移徙之时给之,演习手当在演习及野外作业之时给之。

第四条　乘官用之舟车以旅行,则不给汽车费、船费、车马费。

因旅行之性质与地方之情状,而所定汽车费、船费、车马费难以支办,是时得据所属长官之认定,于其旅行之全部或一部改给实费。

第五条　汽车费、船费、车马费以旅行之种类合所经之路程,计算而支给之,但不满一位之零数则除去。

其定额互异,或旅行之间有止给宿泊费与日当,则不合算路程。

第六条　旅行有跨数年度者,则各年度区别以计算,但汽车旅行或水路旅行区别不能明,则以及于最近到达地之日区别之。

召集旅费及归乡旅费以支出之日为区分。

第七条　旅行所经之路程以顺路^{仕拂命令官所认者}为据,而计算里程以邮便线路图^{汽车路以递信省所定之铁道线道哩程}为据。若邮便线图不标明者,据铁道局铁道会社或地方厅之所测定。

在紧急之旅行,得以所属长官之证明,毋庸拘于顺路,而由可以早达之路。

第八条 旅行不满陆路三里,不给旅费。三里以上不满四里,亦有以旅行之种类,不给旅费。又,旅行不满水路五海里,以要塞附备之小蒸汽船或艀舟[①]而航行于其要塞地内者,^{兼船员而言}及宪兵以执行警察勤务而舟行要塞附近者,不给日当。但兼有各种之路程,应改算为陆路,以定满与不满,其改算凡一哩合零里四零九[②],一海里合零里四七二[③]。

旅行于前项所谓三里以上不满四里者,其不给旅费之种类如下:

一 往复于陆军部内之军队官卫学校之间。

一 赴任之时。但赴任时而徙其住所者,只给移徙费。

一 阵营官卫学校移徙之时。但移徙时徙其住所者,只给移徙费。

虽不给旅费而视公务使宿泊者,则按宿泊之数给日当与宿泊费。

第九条 在某地出张滞留之中而以公务往返于陆路不满三里之地,则援照前条。

第十条 旅行之中,以归省或私事,既得许可,而迂回其道及滞留于途中,其旅费仍照顺路给之。

第十一条 据路程而计算日数,则汽车旅行,每日为二百哩。水路旅行,每日为百海里。陆路旅行,每日为十二里。但兼有各种之路程,则以汽车路十六哩、水路八海里、陆路一里为一时间之行程,而一日之旅行为十二时间。通算之而有不满一日之零数,在一时间以上,许作一日计算。

---

① 艀舟,即驳船、舢板。
② 零里四零九,即 0.409 里。
③ 零里四七二,即 0.472 里。

第九类　第六章　旅费手当及诸给　1003

第十二条　赴任者之旅费,自旧任地^{休职、停职、预备役、后备役者、理事休职者则自本籍或寄居地、新任者则自拜命地}迄于新任地,计算而给之。

因命课及赋配之取扱,自甲地抵乙地更赴丙地而使自甲地直赴丙地,则给甲丙间之旅费。或使自甲地先至乙地而更赴丙地,则乙丙两地之间不给第二表中之杂费。

被免内地常设部队之职或新任官,附于台湾清国及韩国驻扎部队者,不给其移徙费。再命以内地常设部队之职而其在职地与旧在职地或任新官之地相异,则给新旧两任地之间之移徙费。

第十三条　居住营内者遇转职之时,以事务引继之故而退营后当滞留者,给日当及宿泊费。

第十四条　归乡者之旅费自旧任地迄于本籍地,按其顺路,而于出发之际给之。但文官、^{除理事}雇员及佣人之归乡无给。

居住营内之下士以下而旅行之中,值现役满期等遂即归乡者,自其旅行地按给之。

归乡旅费自有归乡事实之日起经过九十日而后请求者,不给。

在请愿休假旅行之中,而准士官以上值休职、停职、预备役、后备役、退役,理事值休职、退职,居住营外之下士以下值现役满期、免官、免役,将自其地归乡^{在归省之中者亦同}抑寄居其地或他地,将于前项期限内归乡者,据第一项按给之。

第十五条　非在职者而以在职中之事务使之旅行,则给与本官或前官相当之旅费。

第十六条　凡普通一日之旅行,虽据第十一条之路程为例,然或因川留、雪支等而迂回于他道,或因伤痍、疾病及待船等而滞留,则据地方官卫或公署^{伤痍、疾病者则军医或地方医官}之证明书以给旅费。

赴任途中，以他之官务而迂回于某地或滞留于某地，则据实际经由之路以给旅费，但移徙费不在此例。

第十七条　合于下之各款者给第一表之旅费：

一　差遣、巡回、出张、赴任之时，或于预备役、后备役者及理事休职者就职赴任之时，并官衙学校移徙之时。

二　准士官以上值休职、停职、预备役、后备役、退役之时，或理事值休职、退职而归乡之时，并预备役、后备役者就职而解职归乡之时。

三　下士现役满期或因事故而免现役以归乡之时。

四　下士及士官候补生、见习医官、见习药剂官、见习兽医官、见习军吏、试补理事因公务受伤痍、疾病而归乡之时。但免官者则据其旧官等。

五　裁判所或军法会议为证明而召唤之者，及因被告事件既受审判而判为无罪或免诉者。

六　因新任或采用而被召唤者。但新任者据新官等。

第十八条　在公务旅行之中，而将校以下^{除居住营内之下士以下}值休职、停职、预备役、后备役、退役、现役满期、免官、免役者，又文官值休职、退职、废官、退官、免官者，自其地迄于旧任地，给第一表之旅费，死亡者亦同。但免官、免役、死亡者据旧官等。

第十九条　准士官以上、居住营外之下士以下及文官，其赴任之时，于第一表外，给第二表之移徙费，阵营官衙学校移徙^{阵营移徙者于第四表外更给之}之时亦同。

照前条所言而携有家族^{父母妻子}同行者，及其时未携家族而使他日移徙者，则新旧两任地之间，更给第二表之搬运费。下士以下而赴任之前居住营内者，不适用前二项。

第二十条　在旅行之中，以转任、转职而直赴任地者，自其地迄于新任地，给第一表之旅费，而移徙费则据前条。

第二十一条　合于下之各款者给第三表之给费，但第五款中以被告事件而受护送者，按定额内给实费：

一　因受学术检查而旅行。

二　兵卒在现役中命之归休或现役满期而归乡，及下士、兵卒、诸生徒因伤痍、疾病及其他之事故免官、免役而归乡。但免官者据旧官等。

三　准士官以下、士官候补生并诸生徒而入营及学生、诸生徒因事故而于军队入营。

四　以华族、士族、平民为生徒而入校、入营。

五　因被告事件而受护送，或被处罚金、科费及刑期满限而复归于所属，或归乡者。

六　主计候补生之派遣于学校，及配赋见习医官、见习药剂官、见习兽医官、见习主计，而中央幼年学校生徒之为士官候补生以入营者。

七　因修学而召集于诸学校或派遣于军队，其他使为诸学校之学生生徒而派遣者。

八　以附于教导队而派遣者或以修习事务而派遣者。

九　地方幼年学校生徒卒业之后入中央幼年学校者。

第二十二条　军队旅行、演习旅行、阵营移徙及台湾、朝鲜守备队定期交替之时，据第四表，或因流行病及其他事故，而暂使军队及学生生徒移徙之时亦同。但先发、后发者_{为伤痍、疾病及公务而单独旅行者}以复于其本部队为止，均据第一表。

前项旅费之外,军队旅行及阵营移徙之时给第五表之额,演习旅行之时给第六表之额。但途中因伤痍、疾病入病院或入病室以疗养,或因惩罚而入营仓,或因犯罪而留置入监,皆不给。

将校以演习旅行而集合者或与有关系而旅行者,往复于其旅行之地_{谓集合地及解散地}皆据第一表,在作业之中_{自抵集合地之明日起解散之前一日止}皆据第四表,而别给第六表之额。

使诸学校学生生徒以野外作业而旅行,自出发之日至还归之日止,据第四表,而别给第六表之额。

为学术中实视研究及实验学理而使出张者,自出发之日至还归之日止,据第四表,而别给第五表之额。

在施行演习及野外作业之际,而所属长官等以实视或与有关系而出张,并以见习而出张者,其往复据第一表,于施行之地内则据第四表,而别给第六表之额。

以镇定台湾寇贼而使各队旅行之时,准诸军队旅行之例。

居乘马职之士官以上,得按马数使马丁从之,其旅费据第四表。

前各项中,因第一、第七及第八项而给第四表之额者,得按其定额之内以实费支办,但因第三至第六项而给第四表之额者,除舟车马费外,得以所属长官之见,给至其表之倍额以内。_{不得逾第一表之定额}

第二十三条 据前条而支给第六表之额者,一周日以上至二周日为全额,二周日以上,则每益一周日_{奇零数亦作一周日}增给三分之一。但居住营内及给第一表之额者,不给。

第二十四条 军队旅行、演习旅行及阵营移徙之时,其行装之重量据第七表,而运送费为实费。因流行病及其他事故而暂使军队及学生生徒移徙之时,亦准之。

第二十五条　居乘马职者而赴任之时,携带马匹,则按马数增给第八表之旅费。但在台湾及清国、韩国内,则给实费。

转任非乘马之职而赴任者不在前项之限。_{除附于台湾及清国韩国驻扎部队而转为附于内地部队者}

以公务而特命乘马以旅行者及使附于台湾及清国、韩国之驻扎队者,转于内地部队或使还归者,同于第一项。

第二十六条　居住营内之下士以下,因伤痍、疾病使入病院或迁地疗养而旅行者,及准士官以上与居住营外之下士以下并军属,以公务而受伤痍、疾病使入病院或迁地疗养者,皆据第四表,其转送、退院、归营或归厅之时亦同。但附于护送员之患者,按定职内给以实费。

第二十七条　休职、停职者及预备役、后备役之准士官以上,下士、兵卒,在归休兵、补充兵、国民兵役者并休职及预备理事召集之时,按陆路里程给第九表之旅费,使归乡之时亦同。但非船舶不能行之地,有一海里以上即给船费。或不能据船费之定额者,则限其地得给实费。

前项之旅费,其在近地不满三里者不给,三里以上不满七里者给半额,七里以上给全额。又,十二里以上,奇零之里数不满一里者不给,一里以上不满七里者给半额,七里以上给全额。其途中须滞留及在到著地宿泊之时,按日数给滞留日当。

凡应充员之召集者及应国民兵之召集者,自集合地至编入部队所在地或编成地之旅费,按定额之内,以实费支办旅行中一切之用。

休职、停职之人值战时或事变而被召集者及事既平仍尚旧职,则自召集时之居住地迄于就职地,据第十九条之规定,而于其时给第二表之移徙费,在预备役、后备役之下士以上而复员之际就职于常设官衙亦同。

第二十八条　诸学校、军队等以修学而遣派或召集者及以修习事务而遣派者,又使入附于诸学校之将校队勤务而遣派者,在其滞留之中不给日当及宿泊费。

第二十九条　以差遣或出张而滞留于一地〈并旅行之中以伤痍、疾病而滞留〉有及三十日以上者,以抵其地之明日起算,三十一日之后,不给日当及宿泊费,而给第四表〈除茶代〉之金额。但以炮台筑工事而出张者,所管长官应以第四表〈除茶代〉之金额以内定其给额,而受陆军大臣之认可。前项之滞留者,一时离滞留地三十日以上再复归于前地,则通算前后之日数而定其滞留日数。

第三十条　以陆地测量及修技所生徒测量修业而命出张者,按下之各款,给第十表〈在台湾测量则给第十三表〉之旅费,但斟酌时宜,得于定额内给以实费。

在不设测量班之地方以测量而出张者,亦准本条。

一　自在职之地而往复于测量班之地区及分割测量班之地区,而自甲地区内转于乙地区内之旅行,每日行程以汽车路二百哩、海路百海里、陆路十二里计算,总其数而给旅次日当。不满一日之行程改以时间核数,不满一时间不给,而不满七时间给半额,七时间以上给全额。〈遇通算,各路程则日当额据时间之多者,时间相等则据给额之多者〉〈兼有各种路程则以第八表改算〉但自在职之地赴陆路不满三里之地,不给旅费。若非船舶不能至之地,则一海里以上皆给实费。

二　自抵测量地之明日迄于去其地之前一日,按其日数,又遇前项但书之时而使宿泊者,按其宿泊数,并自甲地区内转于乙地区内而不满一日之行程,不照前项,皆给作业日当。

三　陆地测量而命佣夫出张者,自出发之日迄于其归之日,按日数给日当。如使以舟车马旅行,则给实费。但遇第一项但书之时,其日当按宿泊数支给。

四　在出张之中因伤痍、疾病及其他事故而滞留者,给滞留日当。

第三十一条　台湾及清国、韩国内之旅行,^{除召集}给第十一表之旅费。其编为队伍及附于护送员之患者,以实费支办。但给第十一表之旅费者,而滞留于一地有及三十日以上,以抵其地之明日起算,三十一日之后不给其表之日当及宿泊费,而给第一表之宿泊费。若以炮台建筑工事而出张者,该管长官得在定额之内酌其给额,受陆军大臣之认可而支给之。

前项之滞留者暂离滞留地,而三十日以内复归于其地,则通算前后之日数,而定其滞留之日数。

驻台湾及清国、韩国之准士官以上,而值休职、停职、预备役、后备役,或受外宿加俸之下士以下而值现役满期、免官、免役,并文官而值休职、退职、废官、退官,遂返内地者,以抵属于驻扎部队时前任之地或使之新任之地为止,给以与其官等相当之旅费。但自以便宜或以刑事裁判及惩戒处分而免官者,不在此限。

如前项所云而应给归乡旅费者,自属于驻扎部队时前任之地或使之新任之地迄于本籍地,按给之。

雇员、佣人在驻扎部队之中而解雇、解佣遂返内地者,以抵于采用之地或佣入之地为止,视其在勤中之身分以给旅费。

第三十二条　以任用及公务而使嘱托者旅行之费,按下之区别,皆据一般内国旅费规则之所定,但在台湾及清国、韩国内之旅行则据第十二表之额。
- 在陆军以外之官者，视其官级之额。
- 非在官而掌奏任官之职务者，视士官之额，_{台湾及清国韩国之旅行视奏任官之额}其他视判任官之额。

第三十二条之二　清国、韩国之旅行有以公务之性质而旅费必须更定者，该管长官得在外国旅费规则之定额内酌其给额，受陆军大臣之认可而支给之。

第三十三条　警察、官吏、市町村吏员等据陆军召集诸费支出规程而旅行者，其旅费按下之区别，皆据普通内国旅费规则之所定：
- 警视、警部视其官级之额。
- 市町村吏员及巡查等视明治三十年内务省令第二十七号表之额。

第三十四条　值战时或事变，地方医师以奉联队区或警备队区征兵副医官之职务而旅行者，据普通内国旅费规则之所定，给奏任官之旅费额。

第三十五条　在屯田兵队受外宿加俸之下士，据本规则中居住营外下士之给予。

第十一表至第十一表俱略

●●●海军内国旅费规则 明治三十七年（1904年）海军省令

第一条　海军之军人、军属因公务而旅行于本邦内者，据此规则给旅费。

第二条　海军内国旅费以第一表之旅费等级，按其顺路而给第二表至第六表所定之额。但此规则特定以实费给之者，及不能以汽车费、船舶费、车马费之定额支办,海军大臣特许以实费给之者,则改给实费。

第三条　遇汽车费或船舶费改给实费之时,而汽车或船舶之客室有等级者,则按旅费等级中四等以上者作为上等,五等及六等者作为中等,七等及八等者作为下等。但无中等,则五等者改上等,六等者改下等。

第四条　汽车费以哩数计,船舶费以海里数计,车马费以里数计,日当以日数计,宿泊费以宿泊数计。乘官用船舶以旅行而不复自官予费者,按日数给食桌费。但海路旅行,不给宿泊费。又,旅行中兼有海路而不满十二海里以上,不给食桌费。

第五条　合于下之各款之一者给第二表之定额:

一　命军人、军属出张而旅行之时。

二　准士官以预备、后备或退役而归乡之时。

三　预备、后备、退役者以在职、在役中之公务而命之旅行之时。

四　免官、废官、免役或预备、后备、退役者以引继事务、取调余务而命之旅行之时。但免官、废官、免役者据从前之等级。

五　以新任用文武官与新采用雇员、佣人而召唤之之时,但据其任用或采用之等级。

六　文官在勤台湾已满二年以上,因休职、免官、废官,自以辞令饬领或以官报饬知之日起三十日以内,由其地出发而归于内地之时。但废官者据前官之等级。

第六条　合于下之各款之一者给第三表之定额:

一　准士官以上候补生及文官新赴任地或自旧任地赴新地之时。

二　准士官以上候补生及文官命为舰船乘组或免之而旅行之

时。

三　准士官以上因待命、休职、停职而归住东京或赴所指定地之时。

四　外宿下士而新赴任地或自旧任地赴新任地之时，又或在本籍海兵团所在地外被免勤务而归团之时。

第七条　合于前条第一至第三款之一而移徙其家族如下所列者，更给第四表之定额：

一　准士官以上及文官新赴任地或自旧任地赴新任地，则自出发地或旧任地迄于新任地。

一之二　由候补生命任其官之陆上勤务，而既已为候补生则陆上勤务者，自其地遗于新勤务厅之所在地，舰船乘组者自东京迄于新勤厅之所在地。

二　准士官以上，被免陆上勤务而命为舰船乘组，及被免陆上勤务而待命、休职、停职滞留于指定之地而命为舰船乘组，则自其地或前勤务厅所在之地迄于东京。

三　准士官以上及文官，被免舰船乘组而命为陆上勤务，及被免舰船乘组而待命、休职、停职滞留于指定之地而命为陆上勤务，自东京或前勤务厅所在之地迄于新勤务厅所在之地。

四　准士官以上在待命、休职、停职中为舰船乘组者，自前勤务厅所在之地迄于东京。而为陆上勤务者，则自其地迄于东京。但陆上勤务者曾被指定滞留之地，则迄于指定之地。

五　准士官以上在待命、休职、停职中免其滞留于指定之地而归住东京，则自其地迄于东京。但更指定一滞留地而自此赴役者，则迄于更指定之地。

六　准士官以上，命以台湾岛、澎湖岛或竹敷要港部之勤务而不移徙家族于其地者，则自前勤务厅所在之地迄于东京。

七　准士官以上及文官，被免台湾岛、潮湖岛或竹敷要港部之勤务，当在其地勤务中不移徙家族者，而命为其他之陆上勤务，则自东京或前勤务厅所在之地迄于新勤务厅所在之地。但文官以自前勤务厅所在之地迄于新勤务厅所在之地为限。

下士新任为准士官而由本籍海军团所在地或其他之勤务地移徙家族者，则据前项之例，自其地给第四表之定额。

第八条　合于下之各款之一者给第五表之定额：

一　下士卒为预备役、后备役、免官、免役及归休兵或志愿兵于入营之际以病疾及其他事故注销采用而归乡之时。

二　准士官以上及下士卒之预备、后备者并归休兵而旅行于召集地或自召集地而归住之时。但预备、后备之准士官以上而召集中死亡者，亦援本款之例。

三　以演习行军及其他操练射击之实视与见学或以研究学术而旅行之时。

四　以受验学术而旅行之时。

五　以具生徒之志愿而入校试验及第者，命为生徒而召唤之之时，及将入校以检查身体不合格，注销采用，或生徒以伤痍、疾病并其他事故命之退校，而归住之时。但除因品行不良或怠惰而命退校者。

六　舰船之乘员在公假上陆之中以本舰船出航尾追而归舰船之时。

七　使生徒入病院或退出或移徙于施疗场所之时。

八　准士官以上原因于公务而罹伤痍、疾病，据军医官之所指定，使之入病院或退出或移徙于施疗场所之时。但其管辖长须得海军大臣之认许。

九　雇员、佣人之在勤于台湾者，以官之可裁而解雇、解佣，自其日起三十日以内，由其地出发而归于内地之时。但以采用于内地者为限。

十　军舰乘组之佣人，在公务旅行之中或佣人地之外，以解佣而自其地旅行至于佣入地之时。但除自以便宜而解佣者。

如前项第九款所云，则给食桌费而不给日当。但陆地须宿泊者，按其宿泊之数给宿泊费。

下士、卒被命勤务或被免勤务而旅行之时给第七表之定额，若旅行于其表所列之地以外则给第五表之定额。

第九条　合于下之各款之一者给第七表之定额，若旅行于其表所列之地以外则给第五表之定额：

一　下士、卒被命勤务或被免勤务而旅行之时。

二　下士以下入病院、退病院或移徙于施疗场所之时。

三　下士、卒以被告事件已不起诉，或免诉，或判为无罪，或权出狱，或刑期满限而复归之时。

如前项所云而其旅行兼有第七表内之地与第七表外之地，则不列于第七表者，据其路程给以第五表之定额。但旅行而跨内国、外国者，亦援是例。

第九条之二　下士以下为刑事被告人或囚人而使旅行，则据前条之例。其他为刑事被告人或囚人而使旅行，则据第五表，在各定额以内支给实费。

第十条　为测量出张而从事测量者，自抵其地之明日迄于启程之前日，不给汽车费、船舶费及车马费。

第十一条　除前条之外，本给第二表之定额而出张者，滞留于一地历三十一日以上始更出张，则自抵其地之明日迄于启程之前日，凡三十一日以外,给第二表之宿泊费而不给日当。以测量土木工事等而巡回于工场者或须常时旅行者,若受海军大臣之认许,得于旅费定额内定其旅费之额,以月额或日额支给之。

海军大臣以旅行之性质与土地之状况等而见为旅费确当减额,则准诸前项,特定其给额。

第十二条　以试行运转舰船,或试验速力,或试射炮铳水雷,或悬赏射击及其他试验,而乘组于舰船以出张之时,按其日数给第二表之食桌费,而不给日当。但官给粮食者,不给食桌费。如前项所云而不备卧具、须在陆地宿泊者,按其宿泊之数,给第二表之宿泊费。

第十三条　准士官以上及下士、卒之预备、后备者并归休兵,被召集而就职乘舰,或入团以前须滞留者,自抵滞留地之明日迄于就职乘舰入团之前日（若自他之地方启程者则迄于启程之前日）,给第五表之宿泊费,而不给日当。但自官予费者不在此限。

第十四条　在赐假旅行中,命出张而直赴指定之地,则自其现今所在之地支给定额。或特使从事于公务,则其间给日当及宿泊费。

第十五条　舰船乘组之下士以下以公务上陆,遇风波而不能归其舰船,则不必拘第三十三条之规程,给第五表之宿泊费而不给日当。

第十六条　在待命、休职、停职、非职之中而命之就职,则自其现住地迄于勤务地,据第六条而给以定额。

第十七条　准士官以上候补生文官及外宿下士,在赐假旅行中或公务旅行中,命之转职或转勤而即赴任,则自其现今所在之地迄于勤务地,据第六条而给以定额。

第十八条　准士官以上候补生及文官,有在公务旅行中死亡者或废官、退官、非职者,据下之区别而给旅费:

　　一　在出张途中迄于出发厅之所在地,给第五条之定额。

二　在赴任途中迄于旧任地,给第六条之定额。

第十九条　汽车路不满十二哩,海路不满十二海里,陆路不满六里之旅行,以公务之故或力不能免之事而须宿泊者,按其宿泊之数给宿泊费,而不给日当、食桌费。若以赴任旅行而移徙其家族者,给第七条之定额。

旅行而兼各种路程,则以汽车路二哩、海路二海里作陆路一里计,而定前项支给之区别。

第二十条　以行军演习、移徙营舍及组队伍而旅行,则据第六表,而日当给定额,宿泊费及食桌费在各定额以内给以实费,汽车、船舶费各给定价。但第九条第一项第一款之命队伍旅行,则宿泊费及食桌费给定额。

前项之宿泊费以实费支给者而其定额难以支办之时,得经海军大臣之认许而支给其实费。

第一项之旅费外,行李之运送费为实费。或不须宿泊而止暂时休憩者,不必泥第十九及第三十三条之规程,而每人在内地支给二钱以内,在台湾支给四钱以内之实费。

第二十条之二　自内地旅行于台湾而在台湾乘换船舶则始于最初乘换之地,自台湾旅行于内地而在台湾乘换船舶则迄于最终乘换之地,其船舶费支给台湾之额,但台湾出发及到达日之日当、食桌费与宿泊费亦同。

第二十一条　北海道旅行,自十一月至于三月,此五月中,其车马费难以定额支办者,支给其实费。

第二十二条　生徒及下士以下因伤痍、疾病而使入院或使移徙于施疗场所,及下士、卒归乡,与使军舰乘组佣人复归于佣入地,据军医官所诊断,管辖长所认定,特须舟车马肩舆等者,支给其实费。

第二十三条 刑事被告人、囚人或患者之护送者，以护送刑事被告人或患者，须同车同船之时，而照第三条之例，护送者之等级属于下级，则据赅括被告人或患者等级之旅费等级中最下级，支给汽车费及船舶费之定额。

第二十四条 一日行程以旅行汽车路二百哩、海路百海里、陆路十二里为例，但因阻川、阻雪、待船与其他不能避之事故或特命而滞留，不在此限。

据明治三十一年敕令第四十六号支给之旅费及据本规则第十八条支给于死亡者之旅费，不必拘其现日数，据前项里程之规准计算之，以支给日当及宿泊费。

第二十五条 遇有前条第一项但书之事故，在明治三十一年敕令第四十六号第一、第二或第五之旅行，惟特有海军大臣之认许者，在其他之旅行，除本规则第五条第六及第八条第九之旅行外，惟有下之证明书者，于其以事故而增加之日数及泊数另行支给日当及宿泊费：

一　因伤痍、疾病而滞留则须医证。

二　以待船而滞留则须船舶会社或回漕店或船长之证明书。

三　因阻川、阻雪与其他不能避之事故而滞留则须证明其实况之书类。

第二十六条 计算第二十四条第二项之日数及泊数而各行程有不满一日之零数，则以汽车路十六哩、海路八海里、陆路一里为一时间之行程。而一日之旅行时间为十二时间，过一时间则支给日当一日分，过十二时间则支给宿泊费一泊①分。

---

① 一泊，即一宿、一晚。

第二十七条　以明治三十一年敕令第四十六号中第三或第四之旅行而尾追乘舰之时,与以天灾或其他不可避之事故而变更经路之时,支给因此而生旅费差增之额。

据前项以计算日数及泊数,自其初统照第二十四、二十五、二十六条之计算法。

第二十八条　汽车费、船舶费及车马费,其种类各合算经过路程之总数而支给之,但不满一位之零数不计。

汽车、船舶之乘下或乘换之处,其里数不满一里者,及出发、到达之地之市町村陆路不满三里、海路不满六海里者,不算入总里数。

第二十九条　计算行程据海军里程表,若有不能据海军里程表之时,当据邮便线路图,或水路部、铁道会社,或地方厅之所测定。

海军里程表别定之。

第三十条　据旅行之性质,其定额有差异,而一日之旅行跨有各种,则从其多额支给之。

第三十一条　归乡旅费支给之,自从前勤务地或现今所在地迄于原籍为止。但在寄留地被召集而即应召集者,惟有区长或市町村长证明当时曾为其地之寄留者,得支给至其寄留地为止。

第三十二条　旅行中因任官进级等而旅费之等级遂有异动,则自领受辞令或以官报承知之日起支给相当之旅费。

旅行中既为预备、后备,则从其领受辞令或以官报承知之翌日区分旅费之支给。

第三十三条　止于其勤务厅所在及乘组舰船碇泊之市町村内之旅行,不支给旅费。

第三十四条　以军舰与其他官用之舟车马而旅行,则不支给汽车费、船舶费及车马费。

第三十五条　旅行中以私事得许可而迂回其道,则自其日起迄于再复顺路之日,不支给日当及宿泊费。而汽车费、船舶费及车马费,既入迂道之间,亦不支给。但赴任中途以他之公务而迂回其道,则其间仍支给第六条之定额。

第三十六条　旅费在所辖厅支给之,但值下之一、二、三款则在出发厅支给之,四款则在兼务厅支给之,五款则在该管用务厅支给之:

一　据本人之请求而赴任旅费为概算渡①之时。

二　据明治三十一年敕令第四十六号支给旅费之时。

三　使属于他管之刑事被告人旅行之时。

四　以兼务厅之用务而使旅行之时。

五　以所辖厅以外之用务而使旅行之时。

第三十七条　本以前年度①而支给之旅费,以支出之日区分会计年度。其他旅行有跨两会计年度,则日当、宿泊费、车马费及食卓费据会计年度分界之日以区分之,而汽车费、船舶费则以达其乘车券或乘舟券所载之地为止,属之于前年度。

第三十八条　本则中之下士以下,谓下士、卒及属于舰团部队炮术练习所、水雷术练习所之仆从、割烹、剃夫、给仕。家族,谓父母、妻、子。

第三十九条　准士官以上及文官而愿移徙家族,受第七条之旅费定额,应于领受辞令或以官报承知之后三十日以内,申请于所管长官,而受移徙家族之承认。若自受承认之日起而三十日以内并不移徙家族,则令速以其旨届出,而缴还既给之旅费定额。但因疾病或忌服等而不能移徙,则所管长官得予裁度。

准士官以上及文官于前项之限日内未移徙家族而又值转职、转勤

---

① 原文为"金渡",应系排版之误。

或待命、休职、停职,则得据前项之规程,自前勤务厅所在地迄于新任地或东京或指定地,支给旅费定额。

附　　则

本令以明治三十七年四月一日施行。

第一表

等级	一等	二等	三等	四等	五等	六等	七等	八等
军人	大将	中将少将及相当官	上长官 士官	候补生	准士官	生徒学生下士	卒	
军属	高等官亲任	高等官一等 二等	高等官三等以下	试补	判任官	见习判任官	雇员	佣人
备考	学生,谓军医学生、药剂学生、主计学生、造船学生、造兵学生							

第二表

旅费等级		一等	二等	三等	四等	五等	六等	七等	八等
日当	内地	二元五十钱	一元五十钱	一元	七十五钱	五十钱	四十钱	三十五钱	二十五钱
	台湾	四元四十钱	三元	二元二十钱	一元七十五钱	一元四十钱	一元二十五钱	一元十五钱	一元
宿泊费	内地	三元	二元	一元五十钱	一元二十五钱	一元	七十钱	五十钱	四十五钱
	台湾	五元五十钱	三元五十钱	三元二十钱	二元八十五钱	二元五十钱	二元二十五钱	一元七十钱	一元四十五钱
汽车费每一哩	内地	七钱	六钱	五钱	五钱	四钱	四钱	三钱	三钱
	台湾	十九钱	十四钱	十钱	十钱	八钱	八钱	六钱	六钱
船舶费每一海里	内地	七钱	六钱	五钱	五钱	四钱	四钱	三钱	三钱
	台湾	十七钱	十五钱	十二钱	十二钱	八钱	八钱	六钱	六钱
车马费每一里	内地	三十五钱	三十钱	二十钱	二十钱	十五钱	十二钱	十二钱	十二钱
	台湾	一元二十五钱	一元五钱	七十钱	七十钱	五十五钱	四十七钱	四十七钱	四十七钱
食桌费	内地	一元七十五钱	一元五十钱	一元二十钱	一元	九十钱	六十钱	四十五钱	四十钱
	台湾	三元三十钱	三元	二元六十钱	二元三十钱	二元二十钱	一元七十钱	一元四十五钱	一元三十钱

第三表

旅费等级		一等	二等	三等	四等	五等	六等
汽车费	每一哩	九钱	八钱	七钱	七钱	六钱	六钱
船舶费	每一海哩里	九钱	八钱	七钱	七钱	六钱	六钱
车马费	每一哩里	五十钱	四十五钱	三十钱	三十钱	二十二钱	十六钱
备考	在内地给本表之定额,在台湾给二倍 而日当、宿泊费及食卓费则给第二表之额						

第四表

旅费等级	一等	二等	三等	四等	五等	六等
汽车费 每一哩	五钱	四钱	三钱	三钱	二钱	二钱
船舶费 每一海里	五钱	四钱	三钱	三钱	二钱	二钱
车马费 每一里	二十钱	十五钱	十钱	十钱	八钱	八钱
杂费	三十五元	三十五元	三十元	二十元	十五元	十五元
备考	在内地据本表之定额,在台湾则杂费据本表之定额,而其他支给二倍					

第五表

旅费等级	一等	二等	三等	四等	五等	六等	七等	八等
日当	二元	一元二十钱	八十钱	六十钱	四十钱	三十钱	二十五钱	二十钱
宿泊费	二元五十钱	一元八十钱	一元三十钱	一元	八十钱	六十钱	四十五钱	四十钱
汽车费 每一哩	四钱	四钱	四钱	四钱	三钱	三钱	二钱	二钱
船舶费 每一海里	四钱	四钱	四钱	四钱	三钱	三钱	二钱	二钱
车马费 每一里	二十钱	二十钱	十五钱	十五钱	十二钱	十钱	八钱	八钱
食卓费	一元二十钱	一元	八十钱	六十钱	五十钱	四十钱	三十五钱	三十钱
备考	第十二条第二项之食卓费七等及八等为二十钱。 第三项之宿泊费五等以上各照其半额,六等为二十五钱,七等及八等为二十钱。 在内地据本表之定额,在台湾支给二倍。							

第六表

旅费等级	二等	三等 四	五等	六等	七等 八
日当	一元二十钱	七十钱	四十钱	二十钱	十钱
宿泊费	一元七十五钱	一元	七十钱	四十钱	四十钱
食卓费	七十钱	五十钱	三十五钱	二十五钱	二十五钱

第七表

地名	旅费等级	东京				横须贺				长浦				舞鹤				吴				佐世保			
		日数	泊数	金元		日数	泊数	金元		日数	泊数	金元		日数	泊数	金元		日数	泊数	金元		日数	泊数	金元	
品川	六等				一〇	一		一	三〇	一		一	三〇	三	三	一二	六〇	三	二	一三	八〇	五	四	二〇	四〇
	七八等				一〇				八〇				九〇			九	四〇			一〇	四〇			一五	五〇
馆山	六等	一		一	七〇	一		一	〇〇	一		一	一〇	四	二	一三	一〇	四	二	一四	七〇	五	四	二一	一〇
	七八等			一	二〇				八〇				八〇			九	六〇			一一	〇〇			一五	九〇
横滨	六等	一			八〇	一			九〇	一		一	〇〇	三	二	一一	八〇	三	二	一三	五〇	四	四	一九	九〇
	七八等				六〇				六〇				七〇			八	七〇			一〇	二〇			一五	〇〇
清水	六等	一		三	〇〇	一		二	七〇	一		二	八〇	三	二	一〇	四〇	三	二	一一	五〇	四	三	一七	三〇
	七八等			二	〇〇			一	七〇			一	七〇			七	三〇			八	七〇			一三	一〇
武丰	六等	二	一	六	三〇	一	一	五	八〇	一	一	五	八〇	二	二	八	四〇	二	一	八	七〇	四	三	一五	四〇
	七八等			四	五〇			四	〇〇			四	〇〇			五	六〇			六	六〇			一一	六〇
津	六等	二	一	七	四〇	二	一	七	二〇	二	一	七	三〇	二	一	六	八〇	二	一	七	五〇	三	二	一三	三〇
	七八等			五	二〇			四	九〇			五	〇〇			四	七〇			五	七〇			一〇	一〇
鸟羽	六等	二	一	八	五〇	二	一	八	四〇	二	一	八	四〇	三	二	八	九〇	三	二	九	四〇	四	三	一五	二〇
	七八等			五	九〇			五	六〇			五	七〇			六	三〇			七	一〇			一一	五〇

地名	旅费等级	东京 日泊数	东京 金元	横须贺 日泊数	横须贺 金元	长浦 日泊数	长浦 金元	舞鹤 日泊数	舞鹤 金元	吴 日泊数	吴 金元	佐世保 日泊数	佐世保 金元
神户兵库	六等	二一	七八〇	二一	一八〇	二一	八四〇	二一	八四〇	二一	五四〇	三二	二一〇
	七等八等		六六〇		六四〇		六四〇		三		四一		八五〇
宇品	六等	三二	一五三〇	三二	一一三〇	三二	一二三〇	三二	七八〇		三五	二一	六八〇
	七等八等		一〇		九		一〇		六		三五		五
德山	六等	四三	一七五〇	三三	一一五〇	三三	一一五〇	三三	一七		二一	一六	五〇
	七等八等		一九		一四		一四		七		一六		三二
三田尻	六等	四三	一〇六〇	四三	一七五〇	四三	一七五〇	三三	七九		四一	四一	四八〇
	七等八等		一二		一九		一九		七九		一八		二九
多度津	六等	三二	一二	三二	一一	三二	一一	三二	七五〇		二五三	八〇	八〇
	七等八等		八九		八二		八二		五三		一七		五〇
三津滨	六等	四一	一八三〇	四一	一五三〇	四一	一五三〇	三一	九五〇	二一	六	五〇	五〇
	七等八等		一七		九八		九八		六七		九		四二
江田岛	六等	三二	一七三〇	三二	一四〇	三二	一四〇	三二	九〇		三二	一七	五〇
	七等八等		一四〇						六八		三〇		五一

地名	旅费等级	东京 日数/泊数/金元	横须贺 日数/泊数/金元	长浦 日数/泊数/金元	舞鹤 日数/泊数/金元	吴 日数/泊数/金元	佐世保 日数/泊数/金元
马关门司	六等	四／三／一七〇	四／三／一六〇	四／三／一六〇	三／二／一五〇	一／—／五〇	一／—／五〇
马关门司	七等・八等	一〇三／一三	一七〇／一二〇	一七〇／一二〇	八〇／七〇	六〇／六〇	二〇／一〇
博多	六等	四／三／一八〇	四／三／一七〇	四／三／一七〇	四／三／一四〇	二／一／七〇	二／一／四〇
博多	七等・八等	一七〇／一三〇	一四〇／一三〇	一五〇／一三〇	一二〇／一〇〇	六〇／三〇	一四〇／—
乡浦	六等	五／三／一六九〇	五／三／一三九〇	五／三／一三九〇	四／三／一六〇	二／一／六〇	一／—／九〇
乡浦	七等・八等	一八四／一—	一五四／一—	一五四／一—	一〇〇／一—	四〇／一—	三〇／一—
唐津	六等	五／四／二四〇〇	五／四／二〇〇〇	五／四／二〇〇〇	四／三／一九〇	二／一／七二〇	一／—／六〇
唐津	七等・八等	一五〇／一—	一二〇／一—	一二〇／一—	一〇〇／一—	五〇／一—	一〇〇／一—
伊万里	六等	五／四／二四〇〇	四／四／一九〇〇	四／四／一九〇〇	四／三／一七〇〇	二／一／六九〇	一／—／九〇
伊万里	七等・八等	一四五／一—	一九四／一—	一九四／一—	一二〇／一—	五〇／一—	六〇／一—
呼子	六等	五／四／二九〇	五／四／二六〇	五／四／二六〇	五／四／一六〇	二／一／七七〇	二／一／四〇
呼子	七等・八等	一八五／一—	一六五／一—	一六五／一—	一二〇／一—	五〇／一—	四〇／一—
平户	六等	五／三／二〇〇	五／三／一九〇	五／三／一九〇	四／三／一九〇	二／一／七〇〇	一／—／二〇
平户	七等・八等	一七〇／一五	一四〇／一四〇	一八〇／一四〇	一二〇／一—	七〇／四—	八〇／—

第九类　第六章　旅费手当及诸给　1025

地名	旅费等级	东京 日数	泊数	金元	横须贺 日数	泊数	金元	长浦 日数	泊数	金元	舞鹤 日数	泊数	金元	吴 日数	泊数	金元	佐世保 日数	泊数	金元
五岛	六等	五	四	二三〇	五	四	二六〇	五	四	二七〇	五	三	一六〇	三	一	九〇	八	一	三六〇
五岛	七等八等		一	二七〇		一	二七〇		一	二七〇			一三〇			七〇		一	二〇
长崎	六等	五	四	二三〇	五	四	二一〇	五	四	二一〇	四	三	一五〇	二	一	七〇	一	一	九〇
长崎	七等八等		一	一六〇		一	一九〇		一	一九〇		一	九〇			五八〇		一	一〇
严原	六等	五	三	二四〇	五	三	一一〇	五	三	一一〇	四	三	一四〇	二	一	六八〇	一	四	四〇
严原	七等八等		一	三五〇		一	一五〇		一	一五〇		一	五〇			四九〇		一	七二〇
竹敷	六等	五	四	二四〇	五	四	二一〇	五	四	二一〇	五	三	一六〇	三	一	八〇	一	一	五三〇
竹敷	七等八等		一	一六〇		一	一八五〇		一	一八五〇		一	一二〇			六〇		一	三〇
鹿儿岛	六等	七	五	二三五〇	七	五	二一五〇	七	五	二一五〇	六	五	二一二〇	四	三	一五〇	二	一	七一〇
鹿儿岛	七等八等		一	二九〇		一	九八〇		一	九八〇		一	四五〇			九三〇		一	六四〇
基隆	六等	一	一	三九九〇	一	二	三六九〇	一	二	三六九〇	一	一	三七五〇	九		二七八〇	七	一	二八二〇
基隆	七等八等			二二八〇			二七〇			二七〇			二五四〇			一九〇			一四五〇
台北	六等	一	二	四九一〇	一	一	四〇〇	一	一	四〇〇	一	一	三七〇	九		二五九〇	七	二	七三〇
台北	七等八等			二四九〇			二八〇			二八〇			二六五〇			一五〇			一九五〇

地名	旅费等级	东京				横须贺				长浦				舞鹤				吴				佐世保			
		日数	泊数	金	元	日数	泊数	金	元	日数	泊数	金	元	日数	泊数	金	元	日数	泊数	金	元	日数	泊数	金	元
淡水	六等	一二	二	四二	四〇	一二	一	四〇	八〇	一二	一	四〇	九〇	一一	一	三六	九〇	九		三〇	四〇	七		二四	一〇
	七八等			二九	八〇			二八	六〇			二八	七〇			二五	四〇			二一	一〇			一六	四〇
马公	六等	一四	一	五二	五〇	一三	一	五一	九〇	一三	一	五一	九〇	一三	一	四八	三〇	一一		四一	三〇	九		三五	四〇
	七八等			三六	五〇			三六	〇〇			三六	〇〇			三三	一〇			二八	五〇			二四	〇〇
宫津	六等	四	三	一三	一〇	四	三	一三	〇〇	四	三	一三	一〇	一		一	一〇	三	二	九	二〇	四	三	一五	〇〇
	七八等			九	八〇			九	六〇			九	六〇				九〇			七	〇〇			一一	四〇
敦贺	六等	二	一	七	五〇	二	一	七	二〇	二	一	七	三〇	三	二	四	六〇	二	一	七	八〇	三	二	一三	六〇
	七八等			五	七〇			五	四〇			五	五〇			三	七〇			五	九〇			一〇	三〇
直江津	六等	一		四	五〇	二	一	六	四〇	二	一	六	五〇	四	三	一七	一〇	四	三	一八	四〇	五	五	二四	八〇
	七八等			三	〇〇			四	三〇			四	四〇			一二	四〇			一三	九〇			一八	七〇
荻滨	六等	二	一	六	四〇	二	一	七	四〇	二	一	七	四〇	五	四	一八	九〇	五	四	二〇	八〇	六	五	二六	六〇
	七八等			四	八〇			五	四〇			五	五〇			一四	二〇			一五	七〇			二〇	一〇
大凑	六等	四	三	一三	一〇	四	三	一四	〇〇	四	三	一四	〇〇	七	六	二五	五〇	六	五	二六	七〇	八	七	三三	四〇
	七八等			一〇	〇〇			一〇	七〇			一〇	七〇			一九	五〇			二〇	二〇			二五	三〇

第九类　第六章　旅费手当及诸给　1027

地名	旅费等级	东京 日数	东京 泊数	东京 金元	横须贺 日数	横须贺 泊数	横须贺 金元	长浦 日数	长浦 泊数	长浦 金元	舞鹤 日数	舞鹤 泊数	舞鹤 金元	吴 日数	吴 泊数	吴 金元	佐世保 日数	佐世保 泊数	佐世保 金元
青森	六等	三	二	一一〇	三	二	一二〇	三	二	一二〇	六	五	二三〇	六	五	二五〇	七	六	三一〇
青森	七等八等			八五〇			九二〇			九二〇			一八〇			一四〇			二八〇
函馆	六等	三	二	一三〇	四	二	二四〇	四	二	二四〇	六	五	二五〇	六	五	二七〇	八	六	三三〇
函馆	七等八等			九七〇			一六〇			一七〇			一二九〇			二六〇			三五〇
室兰	六等	四	二	一七五〇	四	二	一六六〇	四	二	一六六〇	七	五	二八〇	七	五	三二〇	八	六	三六〇
室兰	七等八等			一六〇			一二二〇			一二二〇						二五〇			二九六
小樽	六等	五	二	一七八〇	五	二	一五〇	五	三	二六〇	八	六	三二〇	八	五	一三〇	九	七	三九〇
小樽	七等八等			一八三			一九四			一九四						二七〇			二五九
根室	六等	六	二	二二〇	六	二	二三五	六	二	二三五	九	五	三三五	九	五	三一七	一	六	四二九
根室	七等八等			一三六			一九六			一九六			二七五			二二七			三六〇
佐世保	六等	五	四	二五〇	四	二	一八九	四	二	一八九	四	三	一四〇	二	一	七〇	〇		
佐世保	七等八等			一五五			一五五			一五五			一一			五〇			
吴	六等	三	二	一八三〇	三	二	一三〇	三	二	一五二〇	三	二	九〇	〇					
吴	七等八等			一四〇			一一〇			一二〇			六九〇						

地名	旅费等级	东京(日数/泊数/金元)	横须贺(日数/泊数/金元)	长浦(日数/泊数/金元)	舞鹤(日数/泊数/金元)	吴(日数/泊数/金元)	佐世保(日数/泊数/金元)
舞鹤	六等	三/三/一六〇	三/二/一九〇	三/二/一二〇			
	七八等	/九/四〇	/一/七〇	/一/七〇			
长浦	六等	一/一/四〇	/二/〇				
	七八等	/九/〇	/二/〇				
横须贺	六等	一/一/三〇					
	七八等	/九/〇					
备考	在内地据本表之额,在台湾支给二倍							

●●●林区署旅费规则 明治三十六年(1903年)农商务省训令

第一条 林区署在勤职员之旅费除定于本则者外,俱照明治三十年敕令第三百三十三号内国旅费规则。

第二条 旅行而兼有费目或支给额相异之用务,则以一方之用务既毕,他之一方用务甫始之际,区分而支给旅费。但一日之内在彼此交涉之所而异其费目者,据为主之用务支给之,异其支给额者,不问费目之异同,据额多之方支给之。

以前项区分计算而陆路、汽车、水路之里程生有不满其一之零数,应并算于为主之用务。

第三条 陆路不满六里、汽车不满十哩、水路不满十海里之旅行,虽或宿泊归抵之日,不支给日当。

第四条 以区别国有林野之存废、调查处分、查定境界、测量、编制施业案、造林事业及其设计而大林区署员出张于管内，则支给甲号表之日额，小林区署署员以同上之用务而出张于部外亦同。但为监督或察视之时及往复于在勤地与用务地间，并一日之行程陆路及二里以上、汽车及五哩以上、水路及五海哩以上之甲乙用务地间旅行，不在此限。

第五条 小林区署署员出张于部内或滞在于兼务之小林区署，按日数支给乙号表之日额，其滞在于兼务之小林区署同，但不宿泊之日，则支给半额。

巡回于在勤署或官舍所在地〔町村内大字或市〕之内而达三里以上，得支给三十钱以内之车马费。

第六条 小林区署署员以下之用务而出张于部内，则支给普通旅费：

一 为诉讼，或证人、参考人、鉴定人而出诣裁判所。

二 以裁判所或检事局之命令与要求而出张于现场。

三 护送刑事被告人。

四 由甲署兼务于乙署而往复于其兼务地。〔自甲署迄于著手乙署兼务之地又自乙署用济之地迄于甲署〕

五 奉大林区署长之命令，以第四条所规定事项外之用务而出张。

以管内、部内所在地内之用务而出张之际，必须出管外、部外、所在地外或宿泊者，准用第四条或第五条之规定。

第七条 斫代事业之担任员出张或滞在于其事业所之部内，准诸第五及第六条而支给旅费，但事业所之首席者则照小林区署长，诘员则照小林区署及保护区诘员。

前项所谓部内之区域，同于管辖其所在地之小林区署之区域。

第八条 林区署雇员及微役之旅费据丙号支给之，但用于事业之微役当以其事业而支给赁金之时,不复给宿泊费及日当。

微役旅行之际,视其用务而特须车马赁者,得支给实费。

第九条　以林区署用务而命华族或其余旅行,则按下之区分以支给旅费:

　　一　华族从六位、勋六等以上及辩护士,内国旅费规则三等之额。

　　二　五七位勋、七等以下,同上四等之额。

　　三　平民、雇员之额。

附　　则

第十条　本则以明治三十四年四月一日施行。

明治三十二年农商务省训令第二十四号及明治三十年农商务省达书乙第百九十三号,俱废去。

甲号表

等	级	日　额
一　等	奏　任　官	一元五十钱
二　等	判　任　官	一　　元
三　等	雇　　员	八　十　钱

乙号表

等		级	日　额
一　等	小林区署长	奏任官	一　元
二　等		判任官	七十钱
三　等	小林区署及保护区诘员		五十钱

丙号表

等级	汽车赁每一哩	船赁每一海里	车马赁每一里	宿泊费每一夜	日当每一日
一等 雇员	三钱	三钱	十二钱	七十钱	三十钱
二等 微役	下等实费	下等实费		五十钱	二十钱

●●● 铁道会议议长、议员及临时议员旅费支给规则

明治二十五年（1892年）敕令

第一条 铁道会议议长、议员及临时议员之旅费按别表之所定而支给之，但滞在东京之间不支给日当。

第二条 应召集入京及以闭会归乡者之旅费，不问其在何地，自居住地计算其直路之里程而支给之。但有居住于东京三里以内之地者，不支给旅费。

第三条 遇前条以支给日当而计算日数，应准据内国规费规则第十三条。

第四条 入京旅费于抵京以后支给之，归乡旅费于铁道会议闭会之际支给之。

第五条 官吏或帝国议会议员而为铁道会议议长、议员或临时议员者，自所属官厅或帝国议员受取旅费，或应受取，则不别给旅费。

第六条 据内国旅费规则第四条，乘官船或各厅借人、佣人之船舶而出张，不自官予贿费者，则一日支给食卓费金一元三十钱。

第七条 铁道会议议长、议员及临时议员旅费之规程，除本则所定之外，俱应准据内国旅费规则。

别表

旅 费 额			
汽车每一哩	汽船每一海里	车马每一里	日当
五钱	六钱	二十五钱	三元

●●●土木会会长委员及临时委员旅费支给法
明治二十六年（1893年）敕令

土木会会长委员及临时委员之旅费，据明治二十五年敕令第百九号铁道会议议长、议员及临时议员支给规则之例，而支给之。

●●●农商工高等会议议长、副议长、议员及临时议员旅费支给法
明治二十九年（1896年）敕令

农商工高等会议议长、副议长、议员及临时议员之旅费，据明治二十五年敕令第百九号铁道会议议长、议员及临时议员旅费支给规则之例，而支给之。

●●●台湾总督府文官判任以上之台湾旅行旅费规则
明治三十年（1897年）拓殖务省训令

第一条　台湾总督府文官判任以上而在台湾旅行，支给别表所定之汽车费、汽船费、车马费及日当。

第二条　自台湾向内地旅行，则其通过台湾岛内之旅费仍支给前条旅费。

第三条　自内地向台湾旅行，则自其发程地迄于台湾上陆地之旅费，支给内国旅费规则之定额。

第四条　如前二条所言，在台湾上陆地初抵之日，其日当即支给第一条之定额，在台湾乘船地初发之日，其日当即支给内国旅费规则之定额。

别表

等级		汽车费 每一哩	汽船费 每一海里	车马费 每一里	日当 每一日
一等	亲任官	二十五钱	二十五元	一元十钱	七元
二等	敕任官	二十钱	二十元	八十元	五元
三等	奏任官	十五钱	十五元	六十钱	三元五十钱
四等	判任官	十钱	十钱	四十钱	二元

●●● 台湾总督府嘱托委员、雇员之内地旅费支给法

明治三十年（1897年）拓殖务省训令

台湾总督府之嘱托员与雇员而为内地旅行，所受月俸或每月手当数在七十五元以上者，据内国旅费规则支给奏任官之旅费，十二元以上者支给判任官之旅费。

台湾总督府月俸或日给月额不满十二元之雇员及佣员而为内地旅行①，则支给下表所定之旅费，而支给之方法等当准据内国旅费规则：

别表

区分	汽车费每一哩	汽船费每一海里	车马费每一里	日当每一日
雇员	三钱	四钱	七钱	五十钱
佣员	二钱	三钱	四钱	三十钱

●●● 台湾总督府嘱托员、雇员、佣员之台湾旅行旅费规则

明治三十年（1897年）拓殖务省训令

第一条 台湾总督府之嘱托员、雇员而为台湾旅行，所受月俸或每月

---

① 原文为"旅费"，应系排版之误。

手当数在七十五元以上者，据本年本省训令第七号台湾总督府文官判任以上之台湾旅行旅费规则支给奏任官之旅费，十二元以上者支给判任官之旅费。

第二条　台湾总督府月俸或日给月额不满十二元之雇员及佣员而为台湾旅行，支给别表所定之旅费。

第三条　自台湾向内地旅行，则其通过台湾岛内之旅费仍支给前条旅费。

第四条　如前条所言，在台湾上陆地初抵之日，其日当即支给第二条之定额，在台湾乘船地初发之日，其日当即据各内地旅行之旅费定额而支给之。

第五条　除前各条所规定者外，其旅费支给之方法等俱应准据内国旅费规则。

别表

区　分	汽车费每一哩	汽船费每一海里	车马费每一里	日当每一日
雇员	七钱	七钱	三十钱	一元二十钱
佣员	六钱	六钱	二十钱	七十钱

●●●台湾总督府警察、司狱吏员旅费规则 明治三十年
（1897年）拓殖务省训令

第一条　警察及司狱吏员系判任以上者而为内地或台湾之旅行，按其资格，据内国旅费规则及本年本省训令第七号台湾总督府文官判任以上台湾旅行旅费规则，以支给旅费。

第二条　巡查、看守之旅费照别表第一号之额，但召募旅费则惟支给汽车费、汽船费、车马费。

第三条　巡查、警部而出张巡回于受持区邻接地，不支给普通旅费，

而宿泊费则不拘里程,每一次,警部支给一元,巡查六十钱。

第四条　巡查、看守以职务而死亡或在奉职中病死,则以汽车费、汽船费、车马费为归乡手当而支给其遗族。

第五条　押丁之旅费照别表第二号之额。

第六条　前各条所未规定之事项俱应准据内国旅费规则。

别表

第一号

	场所	汽车费每一哩	汽船费每一海里	车马费每一里	日当每一日
巡查看守	台湾内	七钱	七钱	三十钱	一元二十钱
	内地	三钱	四钱	八钱	五十钱

第二号

	场所	汽车费每一哩	汽船费每一海里	车马费每一里	日当每一日
押丁	台湾内	六钱	六钱	二十钱	七十钱
	内地	二钱	三钱	六钱	三十五钱

●●●台湾总督府警察、官吏在受持区内出张及巡回之旅费规则 明治三十年(1897年)拓殖务省训令

第一条　警察署分署之在勤警察官吏出张及巡回于其受持区内,按下之区别支给月额旅费。

　　警察署长　　　　　　　月额十二元以内

　　分署长及警部　　　　　月额九元以内

　　巡查　　　　　　　　　月额七元以内

第二条　台湾总督应据地方状况,在前条之范围内酌定适宜之月额,而报告其都度于本大臣。

第三条　因病气或其他事故而缺勤之日数，一月内逾十五日以上，则其月支给月额旅费半额；缺勤及于全月，则其月不复支给月额旅费。

第四条　新任者自乍勤务于该署之日始，以日割计算，支给月额旅费。

转免及非职者至犹勤务于该署之时止，以日割计算，支给月额旅费。

第五条　既受普通旅费之支给，不复支给按其日数之月额旅费，但既受本年本省训令第一号台湾总督府警察、司狱吏员旅费规则第三条之旅费支给者，不在于本条之限。

●●●台湾总督府判任以上职员及看守、巡查之归乡旅费规则 明治三十年（1897年）拓殖务省训令

第一条　台湾总督府职员之判任以上者既为废官、退官或非职，则归乡旅费据内国旅费之定额，支给其前官或与本官相当之汽车费、汽船费、车马费。但退职与非职，若在职不满一年者，不在此限。

前项之归乡旅费应按旧任地迄原籍地之路程而支给之。

第二条　台湾总督府职员之判任以上者而在职中死亡，则不问其在职之月数，俱准第一条，以归乡旅费相当之金额支给于其遗族。

第三条　向内地旅行中而值废官、退官或非职，抑或死亡，不问其旅行之为公务为私事，应支给第一条之归乡旅费或第二条支给金额之半额。

第四条　既退官、废官或非职后，三十日以内，在台湾总督府再任、复职或用为嘱托员、雇员、佣员者，不支给归乡旅费。

但既受归乡旅费之支给者而有如本条所言，则使返其所受支给之

归乡旅费。

第五条　台湾总督府之巡查、看守既在誓约期限后退职者,其归乡费依本年本省训令第十号台湾总督府警察、司狱吏员旅费规则第二条之定额,支给汽车费、汽船费及车马费。

前项之归乡旅费应按旧任地迄原籍地之路程而支给之。

●●●外国旅费规则 明治二十五年(1892年)合令

第一条　外国旅费为官吏以公务旅行于外国,按其行程日数,俾充旅行中一切费用而支给之。

第二条　外国旅费分船舶费、汽车费、客舍费、食桌费、日当及支度费之六种。

第三条　客舍费、食桌费、日当、支度费据各等分为五等,照第一号表支给之。船舶费、汽车费,敕奏判任官以一等之额,佣员以二等之额,照第二号表支给之。

第四条　旅行于表外之地,敕、奏、判任官则支给汽船、汽车费之一等定价,佣员支给二等定价,无二等之处则支给一等。

旅行于无汽船、汽车之地方,则支给舟车马之实费。

在支给定价及实费之际,其私属之行装,得以官费支给至三十五贯目之运费为止。

第五条　如前条所言,应使旅行者呈旅行日记或受取书等精确之证明书,本之而支给。

旅行者应作精密之旅行日记,详记每日之行程、泊宿之地方、旅店之名称、船名、费银等。

旅行者务留存输运会社或输运营业人之受取书及其他舟车马费之证明。

第六条　船舶费、汽车费,自官供舟车者,不复支给。

第七条　食桌费惟自官供船舶而不予贿费者,按航海之日数支给之。食桌费不与客舍费重复支给。

第八条　客舍费按陆地寄泊之数支给之。航海途中在汽船寄港之时,自以便宜而上陆宿泊,则不支给客舍费。

第九条　日当自本国出发港拔锚之日迄本国归抵港投锚之日按日数支给之。

第十条　支度费,各省大臣应豫行斟酌旅程之远近、日数之多少、公务之性质,于第一表所揭之范围内定相当之额而支给之。

支度费,命由本国向外国旅行之时支给之,其在外国,虽或命由甲国向乙国旅行,概不支给。

第十一条　四等以上之奏任官有从者与俱旅行于外国,则限从者一人,有依愿支给表中二等船舶费、汽车费^{表外之地据第四条}及五等食桌费。

第十二条　被命向外国旅行者而出发之前死亡或以官之都合而免其旅行,则支给支度费之半额。

第十三条　于外国旅行或在勤之中而值废官,退官或非职,在其命令到达之日四周间以内,由所在地出发而归朝,则自其地迄于本国出发地,给其本官或与旧官相当之旅费。但以自己之便宜或刑事裁判及惩戒处分而退官者,不在此限。

于外国旅行或在勤之中而死亡,则自其地迄于本国出发港,视与其旧官相当,支给第二号表汽车费、船舶费之一割增,而不支给第一号表之旅费。

第十四条　于外国旅行中,有得许可而公务毕后尚为私事羁滞者,其间不复支给一切旅费,但因病气不在此限。

有得许可,为私事而纡回所经之路者,自就迂路之日或地迄其复于顺路之日或地，但支给按顺路之船舶费、汽车费一割增，而不支给日当与客舍费。

第十五条　第十三、十四条中之死亡者及得许可而纡回所经之路者，支给顺路之船舶费、汽车费。在表外之地，陆地则每一英里支给金七钱，海路则每一海里支给金六钱之割合。

在表外之地之里程，使旅行者或遗族，本于各地输运会社或各国政府公认之里程表，而呈精确之证明书。

第十六条　佣员中须特别取扱者（佣外国人等）及其他本则中无明文者，则其旅费应主任大臣、大藏大臣协议而定之。

第十七条　交际官、领事等之别有旅费规则者不适用本则。

第十八条　各省大臣得与大藏大臣协议，减少定额之旅费。

第十九条　删

附　则

外国旅费无与内国旅费重复支给者。本为外国旅行而通过本国之内及滞留于出发港者，仍据内国旅费规则支给旅费。

在出发港拔锚之后，以邮船之都合，寄港于本国内而上陆滞留者，其间仍据内国旅费规则支给旅费。

归朝之际，欲达目的之港，无直航之船，必寄港于本国内，更自其地易换汽船，则其寄港后复就旅行，据内国旅费规则支给旅费。

（表略）

●●●递信省部内官吏在勤外国而挈其妻者之旅费给与规则 明治三十年（1897年）敕令

第一条　递信省部内之判任官以上在勤外国,有得许可挈其妻之任所或使往返者,以赴任、量移任所及归朝（除临时归朝）为限,其妻之旅费据外国旅费规则,支给一等汽车费、汽船费。在无汽车、汽船之地,则支给舟车马之实费。

在支给其前项舟车马实费之际,其私属之行装以重三十五贯为止,支给转运之实费。

第二条　以官用之舟车马供其妻之旅行,不复支给舟车马费。

第三条　在勤中而遇非职、废官、退官抑或死亡,则准第一条支给其妻之旅费。但以自己之便宜或惩戒处分及刑事裁判而退官者,不在此限。

其妻在夫之任所或本国与任所往返之中而或死亡,则第一条之船车费增给一割。

第二款　手当及诸给与

●●●宿直等之给与食品并附备特别应用文具法^{明治二十四年(1891年)敕令}

明治六年大藏省达书第百六十一号及明治二十二年阁令第四号,俱以本年三月三十一日为限废去,但宿直或彻夜之勤务与使役者得给与适宜食品。^{现品或代金}又,特别应用之文具,官厅备给使用。

农商务省训令^{明治三十一年}宿直及彻夜者支给食品之法改定于下,以本年十月一日施行。

大林区署

但小林区署员不在支给食品之限。

一　宿直者支给二次食品,彻夜勤务或使役者支给三次食品。

二　每次食品,官吏雇员为金五钱,给仕小使四钱。

三　食品总计一月份迄次月五日支给之。

●●●公使馆、领事馆费用条例^{明治二十六年(1893年)敕令}

要　目

第一章　俸给

第二章　退官赐金及死亡赐金

第三章　旅费

第四章　经费

附则

第一章　俸给

第一条　外交官、领事官、公使馆书记生及领事馆书记生之俸给，分为本俸、在勤俸及加俸三种。

第二条　定外交官及领事之本俸如下：

高等官一等	同二等	同三等	同四等	同五等	同六等	同七等	
特命全权公使	特命全权公使	办理公使	公使馆一等书记官	公使馆一等书记官总领事 公使馆二等领事 贸易事务官	公使馆二等书记官 领事 贸易事务官	公使馆三等书记官 领事 贸易事务官	公使馆三等书记官 领事 贸易事务官 副领事 候补外交官 候补领事官
一级四千元 二级三千五百元	三千元	一级三千元 二级二千五百元	一级二千五百元 二级二千二百元	一级二千二百元 二级二千元 三级千八百元	一级千八百元 二级千六百元 三级千四百元	一级千四百元 二级千二百元 三级千元	一级九百元 二级八百元 三级八百元 四级七百元 五级六百元

总领事而已升叙高等官二等者，俸给为二千五百元。领事及贸易事务官而已升叙高等官三等者，俸给为二千二百元。

第三条　待命外交官及待命领事官，其本俸得给至三分之一以内。

但临时被命从事于外务省之职务者，得给至全额以内。

第四条　公使馆书记生、领事馆书记生之本俸援判任官俸给令。

第五条　在勤俸当其在勤外国之时，于本俸之外，据别表第一号及第二号，自抵任所之次日起给之。但命在勤于领事馆分馆之副领事，给以对其本馆领事之在勤俸额。命为领事馆分馆主任之候补领事官及外务书记生,给以对该领事馆代理事务之在勤俸额。

居官外国而命在勤于其他者,自就职之日起给在勤俸。

在勤俸剖年额为十二分,按月给之。

居任所而在勤俸之给额生有异动,则以命令达到之日起算给之。

第六条　外交官及领事官之妻挈往或召至于任所者,自其妻抵任所之次日起,在欧美、澳洲、印度及俄领亚细亚,则增给其现受在勤俸十分之四,在亚细亚诸国,则增给十分之三。

第七条　外交官、领事官、公使馆书记生及领事馆书记生而驻在兼任国或兼任地之时,给本任所之在勤俸。但不在本任所而命有代理者,给其代理以在勤俸,则自事务引继之日起,祇给除去代理者在勤俸全额之余额。但在外公馆长离该公馆达二周间,自其次日迄归馆之日,给以除去对于代理在勤俸之余额。

驻在兼任国或兼任地之时,自初抵之次日迄出发之上日,按其日数,据下之割合增给在勤俸:

	甲 额	乙 额
特命全权公使	五十元	三十元
办理公使	四十元	二十五元
临时代理公使	三十元	二十元
公使馆一等书记官 总　领　事 公使馆二等书记官 领　　　事	二十五元	十五元

公使馆三等书记官		
副　领　　事	二十元	十二元
候 补 外 交 官		
候 补 领 事 官		
外 务 书 记 生	十五元	十元

前项之增给,在欧美、澳洲、布哇给甲额,其他诸国给乙额

在兼任国或兼任地而命代理之时,给第十四条对于兼任所代理之在勤俸,不给本任所之在勤俸并本条第二项之增给。

第七条之二　值战时或事变,在无本任所之场所命在勤于从前兼任国或兼任地之外交官、领事官及外务书记生,其在勤俸照该本任所之在勤俸,但在勤俸别有定额者不在此限。

前项之外交官、领事官及外务书记生而既在勤于该本任所,则视作转勤者。

遇第一项之时,既离本任所之公使暂行驻在从前之兼任国,则其驻在之中,给从前本任所之在勤俸及前条第二项之在勤增俸。

第八条　命归朝者或许赐假归朝者,迄出发前任所之上日,给从前之在勤俸。

命转勤或转官者,迄出发前任所之上日,给从前之在勤俸。但虽转官而命在勤于同地者,迄其事务引继之上日,给从前之在勤俸。

受第六条之增给者而转官、转勤或命归朝之时,因不获已之事故,得外部大臣之许可而留其妻于旧任地或任地者,苟其事故存在之中,得照从前而予增给。但自停止支给其地在勤俸之日起不得逾百八十日。

第九条　转勤或命归朝者抑或转官者,其给在勤俸自命令达到之日起,以三周间为限。但有特别之命令或罹疾病,得外务大臣之许可而滞留者,不在此限。

第十条　外交官或领事官之应受第六条及第十二条之第二、三项之支给者,以特命全权公使、办理公使、临时代理公使、公使馆一等书记官、总领事、公使馆二等书记官、领事、公使馆三等书记官及副领事为限。

第十一条　在任所而命非职或退官者,给本俸及在勤俸,以命令达到之日为止。

在任所而死亡,给在勤俸以其月为止。

如前项则第六条之增给,自死亡之日起,限四周间,迄其妻出发于旧任地之上日,得仍前给之。若因不获已之事故,不能在四周间以内出发,而特得外务大臣之许可者,得自死亡之日起展至百八十日,苟其事故存立之中,仍予增给。

受第六条之增给者而其妻在任所死亡,则增给以其日为止。

第十二条　加俸,于本俸及在勤俸之外据下之规定以给之。但转官、转勤,则比较前后之在勤俸,据其多者给之。归朝时转官、转勤,则据新任地之在勤俸给之。虽转官而命在勤于同地者,除本条之末项外,不给。

国名官名	第一栏 新自本邦赴任之时		第二栏 转勤转官之时		第三栏 被命归朝或许赐假归朝及归任之时	
	亚细亚诸国	欧美澳洲印度俄领亚细亚	亚细亚诸国	欧美澳洲印度俄领亚细亚	亚细亚诸国	欧美澳洲印度俄领亚细亚
特命全权公使	在勤俸年额百分之十六	在勤俸年额百分之十二	在勤俸年额百分之七	在勤俸年额百分之八	在勤俸年额百分之六	在勤俸年额百分之五

(续表)

	第一栏		第二栏		第三栏	
办理公使	同上	同上	同上	同上	同上	同上
公使馆一等书记官	同上	同上	在勤俸年额百分之十一	同上	在勤俸年额百分之八	在勤俸年额百分之六
总领事	同上	同上	同上	同上	同上	同上
公使馆二等书记官	同上	同上	同上	同上	同上	同上
领事	同上	同上	同上	同上	同上	同上
副领事	同上	同上	同上	同上	同上	同上
公使馆三等书记官	在勤俸年额百分之十八	在勤俸年额百分之十三	在勤俸年额百分之十三	在勤俸年额百分之九	在勤俸年额百分之九	在勤俸年额百分之七
候补外交官	同上	同上	同上	同上	同上	同上
候补领事官	同上	同上	同上	同上	同上	同上
外务书记生	在勤俸年额百分之二十	同上	在勤俸年额百分之十五	在勤俸年额百分之十	在勤俸年额百分之十	在勤俸年额百分之八

如前项而与妻偕者，更照前项之规定给第三栏之额，召其妻至及令归朝亦同。但前项末后所云在同地者，限往复各一次。

遇第八条第三项及第十一条第三项其妻归国之时，据本条第一项之规定给第三栏之额。

在外国被任命者及在同一之任所自判任官升叙奏任官或自奏任官升叙敕任官者，据本条第一项之规定给第三栏之额。

第十三条　命在勤或归朝者而于出发之前被免在勤或取消归朝之命令，得给加俸半额以内，许其赐假归朝者而于出发之前取消其许可同。

如前项所言而死亡则得给全额以内，如第十二条第二、三项所言而其妻死亡同。

第十四条　代理者自受事务引继之日起，凡代理之中，据别表第一或第二号，给以代理之在勤俸。但该主任官既至，即以其至之日为限。

代理者至，既受事务引继，以其次日始给之。

在外公馆长驻在兼任国或兼任地而离该公馆及二周间，则代理者自其次日迄其归馆之日给代理之在勤俸。

第二章　退官赐金及死亡赐金

第十五条　外交官、领事官、公使馆书记生及领事馆书记生之退官赐金及死亡赐金，皆据本俸而计算之。

第十六条　外交官、领事官、公使馆书记生、领事馆书记生，而于外国在勤之中或任所往复之中，而或死亡，则死亡赐金之外，给与本官相当在勤俸十分之三。

外交官、领事官及外务书记生之妻，在其夫之旧任所或任所，抑或任所往复之中，而使死亡，得给其夫在勤俸年额十分之一又半以内。

第三章　旅费

第十七条　旅费合舟车费及日当而言之。

第十八条　旅费在赴任或奉公归朝、赐假归朝及其他带有公务而旅行之时给之。

第十九条　旅费之有定额者则据其定额，其他皆以实费给之。但得据经由顺路中之定额者，亦各据其定额。

值事变而舟车费之定额不足以支办实际之费用，即当给以实费。

以官中之舟车马或其他之舟车马旅行而无庸出费者，不给舟车费。

往复路程不及十二哩亦不给舟车费。

舟车费之定额，外务大臣与大藏大臣协议而定之。

第二十条　在任所被命非职，又本谕旨退官者，自其命令达到之日三周间以内而出发归朝,则给本官或前官相当之旅费。但三周间之期限在交通不便之地,得自出发之日起算。

第二十一条　外交官、领事官、公使馆书记生、领事馆书记生及其妻据第十九条之规定,给舟车费。但舟车费而有等级者,给以一等。

第二十二条　给外交官、领事官、公使馆书记生、领事馆书记生之妻之舟车费,以如下所列之时为限:

一　以赴任或奉公归朝、赐假归朝而同行之时。

二　虽不同行而往复于任地之时。但除第十二条第三项所言者外,在同一任地则往复各以一次为限。

三　出张于兼任国或兼任地及其他而同行之时。但除特令全权公使、办理公使、临时代理公使之外,以特有外务大臣之许可者为限。

第二十三条　特命全权公使、办理公使、临时代理公使之赴任,或奉公归朝、赐假归朝,或旅行于兼任国及其他,随有从者,则以一人为限给之实费。

惟外交官及领事官在第十二条第二款之时,随有从者,亦同前项。所给从者之实费除特别之时外,均以三等舟车费为限。

第二十四条　日当按别表第三号之预定日数,陆行则给下之定额,航行则除别项食品者外给其十分之二又半。但别表第三号未尝规定者,按实际旅行之日数给之,而往复不及一日者不给。

	甲	乙	丙
	美洲	澳洲、濠州、非洲	亚洲诸国
特命全权公使 办理公使 临时代理公使	二十八元	二十五元	十六元

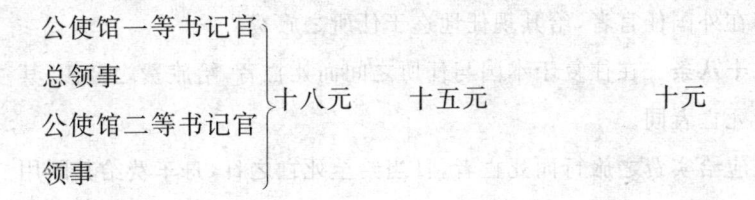

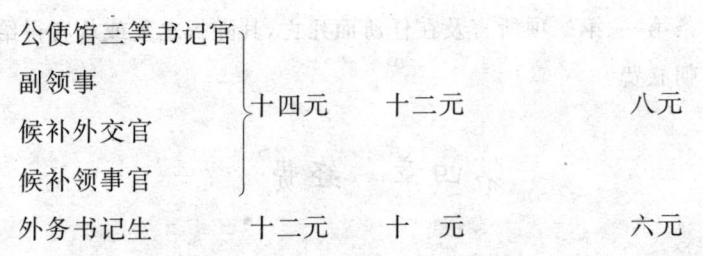

公使馆一等书记官 总领事 公使馆二等书记官 领事	十八元	十五元	十元
公使馆三等书记官 副领事 候补外交官 候补领事官	十四元	十二元	八元
外务书记生	十二元	十元	六元

往复于甲乙丙各地之间,则按前项之规定择其多者给之。兼行海陆之日,给陆路定额。但在本国出发、归抵、滞留之日,视作在航行中。以特别之命令或不得已之事故而逾别表第三号之预定日数,外务大臣于其因是而逾之日数,得给本条第一项之定额以内。但往复之途次,被命归朝而滞留者,其间不给日当。

第十条所不载之外交官、领事官而与其妻偕行,或召至,或使归朝,则更给日当三分之一。但召其妻至或使归朝,在同一任地往复各以一次为限。

第二十五条　航行中无庸舟车费及食品者,按前条之规定给日当十分之一。

第二十六条　驻在兼任国或兼任地,则第七条给在勤俸而不给日当。驻在兼任国兼任地而与其妻偕者,按其日数,照第六条之割合,更增给前项之在勤俸。

第二十七条　在归朝中而命转勤或转官,则给本国与新任所之间之旅费。

本在外国任官者,给其现任地迄于任所之旅费。

第二十八条 在往复于本国与任所之间而死亡者,给旅费之全额,其妻死亡者同。

在应给实费之旅行而死亡者,日当给至死亡之日,舟车费给其既用之全额。

如本条第一、第二项所言及在任所而死亡,其随行之妻或从者得给以归朝旅费。

第四章 经费

第二十九条 公使馆及领事经费分为须精算实费与不精算而渡切之二种,由外大臣与大藏大臣协议而定之。

渡切经费之各科目皆四分其定额,每三个月交付于各馆长。

渡切经费既在本国发送之后,因馆长之更迭归朝等而领受者之姓名生有异动,则现在馆长或代理之职者应领受之。

第三十条 删

附 则

第三十一条 本令中所谓转官者,言在外交官、领事官、公使馆书记生、领事馆书记生之间转官。所谓转勤者,言转其任所。

第三十二条 删

第三十三条 贸易事务官按其官等,适用本令所及领事之规程。

第三十四条 名誉领事得给年额八百元以内,为事务所之费。

第三十五条 使在勤于名誉领事馆之书记生,其在勤俸照最近地领事馆之例。

第三十六条　施行本令之细则,外务大臣定之。

第三十七条　本令以明治二十六年十一月十日施行。

明治二十五年敕令第四号以本令施行之日废去。

●●●公使馆、领事馆费用条例之施行细则 明治二十六年（1893年）敕令

第一条　外国在勤中之本俸及在勤俸每月二十一日给之,但值休息之日则次日给之。

因归朝、转勤或转官而离任所,本俸及在勤俸当以日割计算者,不必拘前项之规定,得于其出发之上日给之。

第二条　按公使馆费用条例第七条第二项,有抵本任国之前驻在兼任国者,祗给其条所规定之增额。

第三条　虽于外国在勤中转官而仍命在勤于同一之地者,自其事务引继之日始给新任所之在勤俸。

第四条　既据公使馆、领事馆费用条例第十二条之规定给以加俸者,出发之前其在勤俸生有异动,则更按其在勤俸算出加俸,而差额即追给或使返缴之。

第五条　公使馆、领事馆费用条例第十九条第二项中所应支给之舟车费,据别表之舟车费表。

第六条　在外国新被任命而赴任他地方之时,自受辞令之日迄于出发之上日,给日当十分之五,但应自受辞令之日二周日以内出发。

第七条　公使馆、领事馆费用条例第二十四条所定别表第三号之预定日数表中陆行、航海之区分,据别表之预定日数陆行区分表,但航海中所须之食品据陆行中之割合。

第八条　如公使馆、领事馆费用条例第二十八条第一二项所言,既以

妻或从者随行,则其妻或从者之舟车费各给以既用全额。

第九条 请求在留国内外出张之旅费,除有特别命令或有紧急事务不遑伺候外,总应于出发之前预呈其事务及旅费概算额,而受外务大臣之认可。

前项所谓不遑伺候之时,该馆长或代理者虽得为临机必须之处分,仍即具其详细之事由及旅费概算额而请外务大臣承认。

第十条 除特别之时外,请求其妻或从者之舟车费者应于出发之前,预以其旨届出于外务大臣。

第十一条 凡旅行务当由顺路直行。

虽得外务大臣之许可以私事滞留中途或迂回其道,仍按顺路之里程日数以给旅费。但罹疾病得许可而滞留中途者不在此限。

第十二条 以罹疾病而请归朝或滞留者,除不得已之时外,必当附呈医师之诊断书。

如公使馆、领事馆费用条例第十一条第三项末后之所言而欲请外务大臣之许可者,须得其夫在勤之公使馆员或领事馆员之连印。

第十三条 公使馆、领事馆之经费区分如下:

甲　须精算实费之目

一　厅费内

置备品 {
天皇及皇族御额　门章札　国旗钢环　小旗竿
官印　马车（又附属品）　轿子（又附属品）　小舟（又附属品）　儿椅
类棚　文书箱　铁函　写字器械　装置暖炉（又附属品）
帽挂　据附大镜　据附垂下点火器　屏风挂物
挂额　时计钟　花瓶　塑像　食器　窗饰等
费用
此外凡置备品之费用以临时部经费支办者
}

书籍地图类费　搬运费^{并保险费}　为替费　火灾保险费等见本品购入
　　　　价中
　一　修缮费内
各所修缮｛于帝国政府得所有权或永租借权之地所置建筑物
　　　　又附属物与其他一切敷物据附大旗等之费用
　　　　借地借屋及其附属物之费用而以临时部经费支办者
　一　裁判及囚徒费
　　　　　囚徒贿费　囚徒所用食器类　囚徒被服费　囚徒疗治费
　　　　　囚徒埋葬费　囚徒护送费　囚徒就役费　杂费　佣人费
　　　　　$^{以押丁}_{为\ 限}$　佣人被服费
　一　居留外国人民取缔费内
　　　　　巡查徽章及带具费
　一　赔偿及讼诉费
　一　地基房屋租费
　一　杂给及杂费内
　　　　　赠予与各酬金
　一　电信费
　一　在外国难民贷予金
　一　管理墓地费
乙　不精算而渡切之费目
　一　厅费内
　　　　置佣品除须精算实费外各品之费　新闻纸杂志类费
　　　　制本费　纸笔墨文具费　邮便税　佣人被服费
　　　　器具器械及其他租费

一　修缮费内

　　　各所修缮中借地借屋及其附属物（除敷物）之费

一　朝鲜国居留地取缔费内

　　　佣人费　警察所用杂器具费　消耗品费

一　杂给及杂费内

　　　佣人费　广告费　各手数费　印纸费

一　宴会费

丙　不精算而渡切之费目

一　修缮费内

各所所缮 { 据借屋契约书屋主所不担任之建造物　建具　墙壁　沟渠等之修缮并附于以上建物类之瓦期管　瓦斯口　水管　水管口　电线　电铃　锭前　烟筒　暖炉　敷物（以客堂膳厅事务所及附属廊下阶段玄关为限）等之修缮又取替之费用，但除以临时部特支出者

一　居留外国人民取缔费

　　　佣人费以警察所小使为限

警察所用杂器具 { 击剑道具　火缸　手桶　盥器　茶碗　茶瓯　火箝　火箸　及点火器等之类

　　　消耗品系薪炭油之类

一　杂给及杂费内

佣人费 { 仆长　玄关值班　事务所小使　但领事馆只以事务所小使为限

　　　杂费中　广告费　各手数费　印纸费

一　厅费内

置备品 { 事务所客堂膳厅及附属廊下阶段玄关所用 可以持运之点火器 桌毯 沓拭 附于器具之碇前 窗帘 并其他杂器械器具之修理或添置费用,但除以临时部特支出者

图书费中新闻纸 杂志类 括历本 政治家年鉴 铁道时刻表之类
制本费
笔纸墨文具括封筒 各帐簿 印泥之类
通信搬运费中 邮便税 邮便接受发送所须诸费
佣人被服费以公使馆为限
器具器械与其他租费

一 宴会费
在公使馆则天长与其他开宴之时期,而领事馆则天长节。
第十四条 前条各目以外之费用则为各馆长或其代理者负担。
公使馆、领事馆或新筑或改造之际,物品有须特置者,以外务大臣认为实际必需为限,不必拘第十三条之规定,特以官费置之,而其额俱须精算实费。
第十五条 渡切经费除宴会费外,每年以一月、四月、七月、十月之初旬给之。
宴会费 除领事馆、贸易事务所 剖其年额为十二分,以每月之末日给之。但临时代理公使则给四分之一。
名誉领事事务所费每年分二次或数次给之。
第十六条 公使馆与领事馆开馆之时,其渡切经费以一时或月割计算给之。闭馆之时,不追缴既给之额。
名誉领事事务所费亦援前项之例,但以支给之前辞任或死亡,则给其月割之全额。

第十七条 公使馆及领事馆经费中凡有定额者,每分割其年额而算出之支给额,生有不满厘位之零数则舍弃之。

第十八条 以日割算计,则先乘算日数于月额,而后以其月现有日数除算,但生有不满厘位之零数则舍弃之。

公使馆、领事馆费用条例第七条第一项但书中俸给之算出法,由本任官在勤年俸内控除代理者在勤年俸之额为日割,但零日数则同前项。

第十九条 公使馆及领事馆经费中所须精算实费之目,而系用外国货币当兑换金币之时,生有不满厘位之零数,则照四舍五入法而止于厘位。

附　　则

第二十条 本令中领事馆之规定,贸易事务馆亦适用之。

第二十一条 本令第十三条经费之区分以明治二十七年四月一日始施行之。

明治二十四年之外务省令第一号以本令施行之日废去,但其令中区分经费之规定迄明治二十七年三月三十一日犹为有效。

●●●照公使馆、领事馆费用条例支给金币或银币者给以新金币件 明治三十年(1897年)敕令

据明治二十六年敕令第百七十一号公使馆、领事馆费用条例,向以金币给者,自明治三十年十月一日以后,按金币一元以二元之割合,向以银币给者,按银币一元以一元之割合,给明治三十年法律第十六号

所发行之金币。

●●● 日本专管居留地经营事务监督官及日本专管居留地经营事务所职员支给旅费及手当之件

明治三十三年（1900年）敕令

第一条　日本专管居留地经营事务监督官及日本专管居留地经营事务所技师，则以与领事相当之额，日本专管居留地经营事务所技手则以与外务省书记相当之额，皆准公使馆、领事馆费用条例之规定而给旅费。

第二条　日本专管居留地经营事务监督官出张之时给二百五十元以内之支度费，日本专管居留地经营事务所技师及技手之赴任、转所及归朝之时给下之支度费。

技师　　　三百元以内

技手　　　百五十元以内

第三条　日本专管居留地经营事务所之技师给在勤手当年额二千四百元以内，技手给在勤手当年额九百元以内。

●●● 海外在勤外交官、领事官等于在勤地值战事或事变之给予手当法 明治三十一年（1898年）敕令

在勤于海外之外交官、领事官、贸易事务官、公使馆通译官、外务书记生、外务通译生、警部及巡查，于在勤地值战时或事变，则其继续中，得以与在勤俸年额或在勤月手当十分之五之相当金额以内作为手当给予之。

本令中手当金之支给法，照明治二十六年敕令第百七十一号公使馆、领事馆费用条例中在勤俸支给之例。

●●●从事预防、救治传染病之官吏、准官吏及佣员给予手当法 明治二十八年（1895年）敕令

从事预防、救治传染病之官吏、准官吏及佣员，专行近接病者或有病毒污染之虞之物品者，各得给以合俸给或给资月额三分之一以内之月手当。

但自府县之收入中支予俸给或给资之官吏、准官吏及佣员，以本官职之资格而从事者，并据传染病预防法第十八条。为检疫委员者，则此手当为府县所负担。

●●●从事预防、救治传染病者手当金之件 明治三十三年（1900年）法律

第一条 非判任以上之官吏而从事预防、救治传染病者以公务感染病毒或因此而死亡，则据本令之规定给手当金。

第二条 手当金分为下之四种：
 一 疗治费
 二 给助费
 三 祭吊费
 四 遗族扶助费

第三条 感染病毒者予疗治费，感染者疗治既愈予给助费，若死亡则予祭吊费及遗族扶助费于其遗族，无遗族则予祭吊费于为行葬仪者。

遗族中应受遗族扶助费者之次序据官吏遗族扶助法之例。

第四条 遗族扶助费按死者所受给资之金额，据别表一时给之。在不受给资者，由本属长官于别表之范围内酌行给之。

第五条 疗治费据命令所定之区别，一日给三元以内。

给助费给以与遗族扶助费二分之一之相当金额。

祭吊费给以与月给一月分或日给三十分之相当金额,在不受给资者由本属长官酌宜给之。

第六条 手当金在从事以国库支办之公务者为国库负担,在从事以府县费支办之公务者为府县负担。

第七条 地方长官得指示市区町村,使准诸本法之规定,为其从事预防、救治传染病者设支给手当金之规定。

等　给	月　给	遗族扶助费
一等	二百元以上	千　　元
二等	百六十元以上	九百元
三等	百三十元以上	八百元
四等	百元以上	七百元
五等	八十元以上	六百元
六等	七十元以上	五百元
七等	六十元以上	四百五十元
八等	五十元以上	四百元
九等	四十元以上	三百五十元
十等	三十元以上	三百元
十一等	二十元以上	二百五十元
十二等	十元以上	二百元
十三等	不满十元	百　　元

●●●从事预防、救治传染病者疗治费之件 明治三十三年(1900年)敕令

明治三十三年法律第三十号第五条之疗治费在受给资者，按其给资之额比附该法律别表之等级，一等至四等者一日给三元，五等至十二等者一日给二元，十三等者一日给一元，在不受给资者由本属长官于一日三元以内酌宜给之。

●●●从事预防、救治传染病之陆军雇员、佣人或其遗族等之手当金出愿手续 明治三十三年（1900年）陆军省令

陆军雇员、佣人或其遗族等欲援本年法律第三十号而受手当金者，其出愿手续应准据明治三十年陆军省令第十二号。但只欲受疗治费、给助费者，应出愿于所属长官，而该长官审查之，以次进达于陆军大臣。

●●●东京府下及冲绳县下在勤岛屿之地方官厅判任官及巡查、雇员给予手当之件 明治三十四年（1901年）敕令

在勤于东京府下小笠原岛、大岛、八丈岛、小岛、青岛、鸟岛、新岛、式根岛、神津岛、三宅岛、御藏岛、利岛，及冲绳县下八重山岛、久米岛、鸟岛、伊平屋岛、伊江岛、庆长间岛、粟国岛、渡名喜岛之地官厅判任官及巡查、雇员，得据别表之所定给月手当，而给予之细则由内务大臣定之。

判任官	六元以内
巡查	五元以内
雇员	同上

●●●在勤于岛屿者给予月手当之细则 明治三十四年（1901年）内务省令

第一条　在勤于岛屿之地方官厅判任官及巡查、雇员,据本年敕令第六十四号支给之月手当,照别表。

第二条　新赴任者自抵达任所之日始支给。

第三条　以病气或私事障碍而离任所者,本令之月手当以日割支给之。

第四条　除本令所定者外,凡关于支给月手当之事俱援各俸给支给之例。

附　　则

第五条　明治三十四年四月一日之前已在勤者,支给四月份之月手当全额。

第六条　明治三十四年十一月一日之前有以明治三十四年敕令第二百十九号追加之在勤于岛屿者,支给其年十一月分之月手当全额。

判任官	六元
巡　查	五元
雇　员	五元

●●●在勤千岛之北海道厅职员给予手当金之件 明治三十一年(1898年)敕令

在勤于千岛国诸岛之北海道厅支厅长、厅属、技手、警部、巡查、森林监守、事业手并户长、笔生、雇员,给别表所定之月手当,而给予之细则由内务大臣定之。

据本令以给月手当之巡查,不复给明治三十年敕令第二百四十六号之手当。

附　则

本令以明治三十二年一月一日施行。

支厅长	二十圆以内
厅　属	十二圆以内
技　手	十二圆以内
警　部	十二圆以内
户　长	十二圆以内
巡　查	十圆以内
森林监守	十圆以内
事业手	十圆以内
笔　生	十圆以内
雇　员	十圆以内

●●●在勤于千岛国诸岛之北海道支厅长以下给予手当之细则 明治三十二年(1899年)内务省训令

第一条　在勤于千岛国诸岛之北海道厅支长、厅属、技手、警部、巡查、森林监守、事业手并户长、笔生、雇员之手当，自抵达任地之明日，于执其事务之间给之。

第二条　遇有非职、废官、退官等及准此者，以接受命令或辞令之日止，其月之手当以日割计算而给之，遇有死亡，给以全月分。

第三条　非职、废官、退官者，以事务之引继、余务之整理特受命而执其事务，则其间仍给手当。

第四条 以病气①或其他私事障碍不能执务逾三十日者,其后不给手当。但因公务受伤痍、罹疾病或受服忌及由特旨赐假休养者,不在此限。

第五条 手当以每月末日给之,但其日值休假,则上日给之。

●●●巡查、看守给予宿费法 明治二十八年(1895年)敕令

巡查、看守得据土地之状况,按月给一圆以上三圆以下之宿费。

●●●北海道厅巡查、看守及北海道厅集治监看守支给手当金之件 明治三十年(1897年)敕令

北海道厅巡查看守及北海道集治监②看守,得据土地之状况,按日支给三圆以内之手当。

●●●巡查之给予品及贷与品规则 明治三十年(1897年)敕令

第一条 应给予巡查之品目如下:

- 一 帽　　一 冬服　　一 夏服　　一 甲种外套
- 一 乙种外套　一 日覆　　一 下襟
- 一 手套　　一 冬肌着　一 夏肌着
- 一 靴下　　一 长靴　　一 短靴

前项之外,乘马之巡查贷与拍车。

第二条 应贷与巡查之品目如下:

---

① 病气,即疾病。
② 原文为"监督",应系排版之误。

— 帽章　　　— 肩章　　　— 剑
— 剑绪　　　— 剑带　　　— 外套及被服之扣
— 外套缔革　— 手帖　　　— 捕绳
— 呼笛

第三条 给予品应给以现品,但下襟、手套、冬肌着、夏肌着、靴下、长靴、短靴等得以代价颁之。巡查之奉特别勤务不必着制服者,任命之际,则按前项规定给予,此后俱得以代价颁之。

第四条 给予品之员数及使用期限核定如下。但有不得已之事情,可请内务大臣认可,增减员数或伸缩使用期限。

— 帽	一个	十二月
— 冬服	一组	二十四月
— 夏服	二组	四月
— 甲种外套	一件	二十四月
— 乙种外套	一件	二十四月
— 日覆	一个	四月
— 下襟	四个	四月
— 冬肌着	二组	八月
— 夏肌着	二组	四月
— 靴下	二组	一月
— 长靴	二组	十二月
— 短靴	二组	十二月

乘马之巡查给长靴二组,其使用期限为十二月,但不给短靴。

本条使用期限之外,府县长官得定保存期限。

第五条 贷与品遇有退职、休职、转职或死亡,即当缴还,使用期限未满之给予品同。但给予品中系以代价颁之者,则缴还与使用余期相当之金额。

第六条 有毁损、纷失贷与品及使用期限未满之给予品者,如于交付代品之时见其毁损、纷失实出于过误、怠慢者,即当使任办偿之责。

附　则

第七条 本令以明治三十一年月四一日施行,但施行本令时已给予之现品不适用之。

●●●看守之给予品及贷与品规则 明治三十一年(1898年)敕令

第一条 应给予看守之品目如下：

- 冬服
- 夏服
- 甲种外套 附雨覆
- 乙种外套
- 帽
- 日覆
- 长靴
- 短靴
- 下襟 白
- 手套 白
- 靴下
- 襦袢裤下

第二条 给予品皆给以现品,其使用期限核定如下。但有不得已之事情,得请内务大臣认可,更动本条之使用期限。

- 冬服　　　　　　二组　　　　　三年

但初年给一组,越一年更给一组。

- 夏服　　　　　　二组　　　　　八月

但在施行本令之际给予者及新任者给二组,次年以降,年给一组。

- 甲种外套 附雨覆　　一件　　　　　二年
- 乙种外套　　　　一件 肩挂　　　　二年

一 帽	一个	一年
一 日覆	一个	四月
一 长靴	一组	一年
一 短靴	二组	一月
一 下襟	二个	二月
一 手套	二组	六月
一 靴下	二组	一月
一 冬襦袢裤下	二组	八月
一 夏襦袢裤下	二组	四月

第三条 惟长靴、短靴、下襟、手套、襦袢、裤下等得以代价给予。

第四条 遇有免职、休职、转职或死亡，其贷与品应即使缴还，使用期限之给予品同。但给予品中之以代价给予者，应使缴还与使用余期相当之金额。

第五条 如有毁损、纷失贷与品或使用期限内之给予品者，则给予或贷与代品。但其毁损、纷失出于过误、怠慢者，应使任办偿代价之责。

第六条 给予品之修补自办。

附　　则

第七条 本令以明治三十二年四月一日施行，但施行本令时已给予之现品不适用之。

●●●押丁之给予品及贷与品之规定 明治三十一年（1898年）内务省训令

第一条 应给予押丁之品目如下：

一　冬服$_{绀}^{小仓}$但据看守之制袖无章与扣角　　一　夏服$_{白}^{小仓}$但据看守之制袖无章与扣角　　一　外套$_{绒}^{绀}$但据甲种看守之制面前一行角扣计五个　　一　帽$_{绒}^{绀}$但据看守之制除横章　　一　日覆$_白$但据看守之制　　一　靴　　一　下襟$_白$　　一　靴下　　一　襦袢裤下

第二条　应贷与押丁之品目如下：

一　帽章但真鍮[①]丸镌一监字径一寸　　一　外套缔革　　一　手帖　　一　捕绳　　一　呼笛

第三条　押丁之给予品给以现品，其使用[②]期限核定如下：

一　冬服　　　　　　　一组　　　　　　一年
一　夏服　　　　　　　二组　　　　　　八月

但在施行本令之际给予者及新拜命者给二组，次年以降，年给一组。

一　外套　　　　　　　一件　　　　　　二年
一　帽　　　　　　　　一个　　　　　　一年
一　日覆　　　　　　　一个　　　　　　四月
一　靴　　　　　　　　二组　　　　　　一年
一　下襟　　　　　　　二个　　　　　　二月
一　靴下　　　　　　　二组　　　　　　一月
一　冬襦袢裤下　　　　二组　　　　　　八月
一　夏襦袢裤下　　　　二组　　　　　　四月'

第四条　惟靴、下襟、靴下、襦袢、裤下等得以代价给予。

---

① 真鍮，即黄铜。
② 原文为"供用"，应系排版之误，下有若干处同。

第五条　遇有免职、死亡等，其贷与品应即使缴还，其在使用期限内之给予品同。但给予品中之以代价给予者，应使缴还与使用余期相当之金额。

第六条　有毁损、纷失贷与品或使用期限内之给予品，则给予或贷与代品。但其毁损、纷失出自过误、怠慢者，应使任办偿代价之责。

第七条　给予品之修补自办。

附　　则

第八条　本令以明治三十二年四月一日施行。

●●●女监取缔之给予品及贷与品规程 明治三十四年（1901年）司法省训令

第一条　应给予女监取缔之品目如下：

一　冬羽织（毛褥子黑）但以被布制　　一　夏羽织（宜黑质地）但与冬羽织之制同　　一　雨衣（附雨覆以绀绒）但德国敦比制　　一　裤（毛褥子黑）　　一　靴　　一　靴下

第二条　应贷与女监取缔之品具如下：

一　手帖　　一　捕绳　　一　呼笛

第三条　女监取缔之给予品给以现品，其使用期限核定如下。但惟靴及靴下得给以代价。

一　冬羽织	一件	一年
一　夏羽织	一件	八月
一　雨衣（附雨覆）	一件	二年
一　裤	一件	一年

| 一 靴 | 二组 | 一年 |
| 一 靴下 | 二组 | 一月 |

第四条 遇有解职、死亡等,其贷与品应即使缴还,其在使用期限内之给予品同。但给予品中之以代价给予者,应使缴还与使用余期相当之金额。

第五条 有毁损、纷失贷与品或使用期限内之给予品,则给予或贷与代品。但其毁损、纷失出于过误、怠慢者,应使任办偿代价之责。

第六条 给予品之修补自办。

附 则

第七条 本令以明治三十四年四月一日施行。

●●●北海道厅森林监守之给予品及贷与品规则 明治三十二年(1899年)敕令

第一条 应给予北海道厅森林监守之品目如下,但甲种外套亦有不给予者:

一 冬服　　一 夏服　　一 甲种外套
一 乙种外套　一 帽　　一 日覆

第二条 应贷与北海道厅森林监守之品目如下:

一 帽章　　　　一 剑　　　一 剑带
一 外套及被服之扣　　　一 外套缔革
一 手簿　　　　一 捕绳

第三条 给予品给以现品,其员数及使用期限核定如下。但有不得已之事情,得请内务大臣认可,更动其使用期限。

一 冬服　　　　一组　　　二年

一 夏服	一组	任命之初 年 二组	四月
一 甲种外套	一件		二年
一 乙种外套	一件		二年
一 帽	一个		一年
一 日覆	一个		四月

前项使用期限之外，北海道厅长官得再定保存期限。

第四条 北海道厅森林监守已退职或死亡，即使缴还其贷与品，在使用期限内之给予品同。

第五条 贷与品或在使用期限内之给予品有因过误、怠慢而毁损、纷失者，使任办偿之责。

第六条 给予品之修补自办。

附　　则

本令以明治三十二年七月一日施行。

●●●专卖所见习员手当之支给规则 明治三十年（1897年）
大藏省令

第一条 叶烟草专卖所见习员之手当按月以二十一日支给。^{若值休假则其次日}

第二条 新拜任命及增额减额皆自发令之次日计算，以日割支给。

第三条 若转任或罢免，则至发令之日止，以日计算支给之。如死亡，则支给该月分之全额。

第四条 因病气或其他私事障碍，不履所逾十五日者减半额，逾三十日者不支给。但因公务受伤痍、罹疾病，或受父母之祭日服忌，及由特旨赐假休养，并为检疫事项，而不能履所者，不在此例。

第五条　前条但书所云,虽与病气或其他私事障碍相连,不算入应减额之日数中。

第六条　在军籍者值战时或其他之时而被召集,则自应召集之次日迄于返所之上日,停止支给。

第七条　自甲所转于乙所之时,以日割计算,在该月分视支给定日之现在之厅负担。但转所时而生有增减,则由乙所行追给或追缴之手续。

第八条　支给手当之际而生有不满厘位之零数则舍弃之,日割计算之法当据该月之现有日数。

附　　则

第九条　本规则以明治三十年十一月施行。

●●●税关临时出务之税关官吏及佣人支给手当金之件 明治三十五年(1902年)敕令

据法令之规定,税关遇临时开厅、积卸货物及其他与特许之际,所有临时出务之税关官吏及佣人支给手当金,数在别表所定之金额以内。

区　　分	昼中每一时间	夜中一每时间
判　任　官	金　十　一　钱	金　十　五　钱
佣　　人	金　五　钱	金　七　钱

●●●税务署设于交通困难之岛屿者其在勤之税务官属、技手、雇员给予手当之件 明治三十五年(1902年)敕令

设于交通困难岛屿之税务署,所有在勤之税务官属、技手、雇员,得据

别表所定给月手当,而其场所及给予①细则由大藏大臣定之。

附　　则

本令以明治三十五年四月一日施行。

官　名	金　额
税务官属	十二圆以内
技　手	同　上
雇　员	十圆以内

●●●在勤岛屿者给予月手当之细则 明治三十五年(1902年)大藏省令

第一条　月手当,有在勤于下所列之岛屿者,则据别表给之:

千岛国　　择捉岛

琉球国　　宫古岛　　八重山岛

伊豆国　　小笠原岛

第二条　新赴任者以抵达任所之次日始支给之。

第三条　兼务者不给月手当。

第四条　除前数条外,凡关于手当之支给,据各俸给支给之例。

税务官属	六　　圆
技　手	同　上
雇　员	五　　圆

●●●烟草专卖局制造所职员之手当及年功加俸 明治

---

① 原文为"级予",应系排版之误。

三十七年（1904年）敕令

第一条 烟草专卖局事务官或技师而为东京与京都烟草制造所之所长者，得于俸给预算内给年额五百圆以内之手当。

第二条 烟草专卖局事务官或技师而为烟草制造所长，惟受一级俸已三年以上且功绩显著者，得给五百圆以内之年功加俸。

附　则

本令以明治三十七年六月一日施行。

●●●烟草制造所从事现业之判任官及雇员所有勤勉手当 明治三十七年（1904年）敕令

烟草制造所从事现业之判任官及雇员，得据大藏大臣所定，给勤勉手当。

附　则

本令以明治三十七年七月一日施行。

●●●召唤职工长及职工于烟草制造所之间给予之手当 明治三十七年（1904年）大藏省训令

召唤职工长及职工于烟草制造所之间，支给下表所列之手当：

地　名	职工长	职　工
东京与京都之间	九圆五十钱	七圆五十钱
东京与大阪之间	十圆	八圆

（续表）

东京与鹿儿岛之间	二十二圆	十七圆
京都与大阪之间	一圆	十七圆
东都与鹿儿岛之间	十三圆五十钱	十圆
大阪与鹿儿岛之间	十三圆	九圆五十钱

●●●驻扎台湾岛及澎湖岛之陆军部队给与规则 明治三十六年（1903年）敕令

第一条 驻扎台湾岛及澎湖岛陆军部队及军人、军属之给予据本规则，但本规则无明文者，则适用陆军给予令之规程。

第二条 在内地委任经理之军队，既据本规则以受给予，则其间停止属于委任经理之给予。

第三条 本规则所谓俸给，系指陆军给予令中第一表之俸给，加算职务俸或特别俸，署上级职务加给俸而言。所谓给资，系指陆军给予令中第三表之给资、加算其加俸除宪兵通译加俸及第四条加俸而言。

第四条 兵卒而附队者，给月额二圆以外之在队加俸，陆军大臣按其阶级之区分定之。

第五条 准士官以上并受外宿加俸之下士以下及文官，自内地出发而向驻扎地，则给旅行手当，数在其俸给或给资一月分以内，而定额则陆军大臣定之。但一年之中虽有数次往复，无再给者。

第六条 自驻扎地出发者，由归抵驻扎地之日迄出发驻扎地之日，准士官以上下士及文官增给俸给或给资五分之一，兵卒增给四分之一。

为预备役、后备役而在勤务演习召集之中者不予增给。

第七条 军人、军属则给粮食，区分据下之各款。但虽军人、军属以外有必须给粮食之时,亦得给之。
一 军队旅行、演习旅行或镇压匪徒等而行军之时,均交付现品于所属部队。
二 在守备队之下士以下,按现有人数,交付定额于该队。
三 以伤痍、疾病而入病院者,按现有人数,交付定额于病院,而委任院长经理之。
四 以未决监或既决监而入监中者,按现有人数,交付定额于监狱,而委任监狱长经理之,在监狱执行营仓处分者亦同。
五 不属于上四款者,给食费。
所有委任经理之粮米贿费,得据一月以内之额数为概算渡。

第八条 马粮俱给现品。
陆军给予令第三十九条第一项支给之马粮及系畜费,在受本规则第六条增给之间停止之,而其马匹之系畜费用则为官费。

第九条 据第七条受食费者得贷与宿舍。

第十条 粮食及马粮之定额由陆军大臣定之。

第十一条 下士(除自办被服者)以下之被服给以现品。
预备役、后备役下士以下在勤务演习召集中之被服,则贷与之。
军人、军属有须特种被服者得给予或贷与之。

第十二条 前条被服之种类及员数等由陆军大臣定之。

第十三条 上长官以上自马而遇废毙等,在驻扎中贷与代马。

第十四条 上长官以上在驻扎地因升迁等所需之马匹,自驻扎中贷与。在驻扎地因升授上长官或命署上长官之职务所需之马匹,亦同前项。
陆军给予令第四十八条之马匹手当,俟归抵内地后支给。

第十五条 士官之马匹皆由内地出发之际贷与之。

第十六条　删

第十七条　军人、军属受伤痍、罹疾病者之药饵均由官给，军人、军属之外，亦可酌由官给。

第十八条　军人、军属死亡由官埋葬者，其埋葬及输送遗骸、遗物各费均用官费，军人、军属之外同。

第十九条　驻扎部队所需之笔纸墨具及其他消耗品等均给现品。但准士官以上与居住营外之下士以下及文官、雇员，不给笔墨文具。

第二十条　隶于驻扎部队之雇员及其他佣役者之给予由陆军大臣准本规则定之。

第二十一条　军人、军属虽非隶于驻扎部队而往复于驻扎地之给予亦适用本规则，但不予第五条之手当及第六条之增给。

第二十二条　本规则中给予之停止减额及本规则之施行细则，均陆军大臣定之。

附　　则

本令以明治三十六年十二月一日施行。

施行本令之际，宪兵之受年功加俸者，在驻扎中仍给向来之额。

●●●驻扎韩国陆军部队之给予 明治三十二年（1899年）敕令

驻扎韩国之陆军部队给予援照驻扎台湾岛及澎湖岛陆军部队给予规则，但其规则中第七条第五款之食费均以现品给予。

附　　则

驻扎威海卫陆军部队给予规则以施行本令之日废去。

●●●陆军战时给予规则 明治三十七年(1904年)敕令

第一条 各部各队军人、军属值战时或事变之给予据本规则,但本规则无明文者,则适用平时给予规定。

第二条 删

第三条 本规则所谓俸给,系指陆军给予令中第一表之俸给,加算职务俸或特别俸,署上级职务之加给俸而言。所谓给资,系指陆军给予令中第三表之给资,加算其加俸而言。

第四条 删

第五条 不在士官阶级而服士官勤务者之给资,照准士官之俸给额。

第六条 出发战地者,自其出发之日迄归抵之日或停止给予之上日,凡准士官以上军属及服前条士官之勤务者增俸给五分之二,下士以下增给资四分之二。

在战地者,自为战地之日迄停止给予之上日,照前项。

属于出战或备战之势已毕之部队者、就要塞上警急配备者及以对敌之目的而派遣者,自其完毕之日,既就配备之日或派遣之日,迄于出发战地之上日,既为战地之上日、配备既解之日、归抵之日或停给予之上日,据第一项之区分,增俸给五分之一、给资四分之一。

出发临战合围地境者,自其出发之日,迄停止给予之上日,照前项。

在临战合围地境者,自布告或宣告戒严之日,迄为战地之上日或解严之日,亦照前项。

为敌俘虏或生死不明者,其间停止本条之增给。

第七条 准士官以上并居驻营外之下士以下及军属,而受前条第一、第二及第四项之增给者,并属出战之势已毕而出发于卫戍地或编成地之部队者,及其部队出发后使属之者,给别表之金额者一次,以为手当。但既受第七条之手当金者,则控除其金额。

第七条之二　在预备、后备军籍之准士官以上应召集而就职者,给别表手当金之半额者一次,以为手当。

准士官以上并居住营外之下士以下及军属,于大本营前进之际,带有战役中之任务,一时往复于其所在地者,得准前项而给手当。但既据前项而受手当者,不在此限。

名　　　　称	金　额	名　　　　称	金　额
手　当　金			
大　　　将亲　任　官	五百圆	大尉及与相当之官高等文官六等	七十圆
中将及与相当之官高等文官一等	三百三十圆	中少尉及与相当之官准士官高等文官七等以下	五十圆
少将及与相当之官高等文官二等	二百六十圆	曹长及与相当之官	二十五圆
大佐及与相当之官高等文官三等	百九十圆	军曹及与相当之官	二十圆
中佐及与相当之官高等文官四等	百四十圆	伍长及与相当之官宪兵上等兵补用乐手	十五圆
少佐及与相当之官高等文官五等	百圆	判任文官一级至三级	五十圆
同四级及五级	四十圆	同四十圆以下过三十五圆者	三十五圆
同　六　级	三十五圆	同三十五圆以下过三十圆者	三十圆
同　七　级	三十圆	同三十圆以下	二十五圆
同八级以下	二十五圆	佣　　　　人	十圆
雇员月额过四十圆者	四十圆	备考	以奏任官待遇者同高等官七等以下之给额

第八条　军人、军属之粮食及马匹之饲费,在受第六条第一、第二及第四项增给之间给以现品,其定量及临时饮食品须加给否则由陆军大臣定之。

军人、军属之外有须给予粮食者,得据前项给予适宜现品。

平时定额系畜费之支给在给第一项现品之间则停止之。

第九条　居住营内之下士以下,自动员之日迄复员之日,给予或贷与所需之被服。居住营外之下士以下及佣人,在受第六条第一、第二及第四项增给之间,给予或贷与所需之被服。当此之际,凡平时所应交付被服之现品及金额皆停止支给。给予或贷与之法,则陆军大臣定之。

军人、军属有必须特种之被服者,得给予或贷与之。军人、军属之外从事于战役者同。

第十条　删

第十一条　删

第十二条　军人、军属死亡者,则以官费埋葬之。但军人、军属之外从事战役、须官为之埋葬者同。

第十三条　军人、军属之受伤痍或罹疾病者,其药饵均由官给。虽在军人、军属之外而从事于战役者,亦可酌由官给。

第十四条　各部各队及军人、军属所需笔纸墨文具及其他消耗品等均给现品。

第十五条　值战时或事变,受特别之任务出张于外国者,得准诸出发于战地者之给予。

附　　则

第十六条　在为战时或事变事务繁剧之官衙者,其间准士官以上及文官增予俸给五分之一，下士以下增予给资四分之一，其官衙由陆军大臣定之。

第十七条 在预备、后备籍之将校并同相当之官，于本年六月一日以后应召集而就职者，适用本规则第七条第三项。

第十八条 据本规则而给予之时期及停止减额并本规则之施行细则，皆陆军大臣定之。

第十九条 明治二十七年敕令第六十三号之陆军临时给予规则，即以施行本规则之日废去。

●●●陆军监狱看守给予宿费之件 明治三十一年（1898年）敕令

陆军监狱看守得据地方情形，每月给一圆以上三圆以下之宿费。

附　　则

本令以明治三十一年七月一日施行。

●●●战时陆军准士官以上及军属以乘组船舶之破坏或沉没亡失被服装具而支给手当之件 明治三十七年（1904年）敕令

战时陆军准士官以上及军属以乘组之船舶破坏或沉没，亡失被服装具，得给手当金二百圆以内。

前项手当支给之法由陆军大臣定之。

附　　则

本令自开战之始即适用之。

●●●据造船造兵监督官条例派遣于美国之上长官、士官给予手当之件 明治三十年（1897年）敕令

据造船造兵监督官条例，派遣于美国之上长官、士官，自到达其地之次日，迄于因归朝而出发之日，得在海军外国旅费定额之外，上长官每日给予二圆以内，士官每日一圆以内之手当金，其细则由海军大臣定之。

附　　则

本令即以发布之日施行。

明治三十年之敕令第二百二十八号自施行本令之日废去。

●●●海军战时给予规则 明治二十七年（1894年）敕令

第一条　军人、军属值战时或事变之给予据本规则，但本规则无明文者，均适用现行之诸条规。

第二条　军人、军属而在战地者或被派遣者，据下之区别加给增俸：

一　准士官以上及候补生，俸给^{署上级职务则}_{合算加给俸}五分之二。

二　下士卒，俸给^{署上级职务则}_{合算加给俸}四分之二。

三　文官，俸给五分之二。

四　雇员、佣人，给资四分之二。

附于驻外国公使馆之海军武官，以其本俸核本条之俸给。

第三条　军人、军属派遣战地之增俸自出发之日始，既在派遣中者之增俸自布告或宣告戒严或开战之上日始，迄于其任务完毕归抵之日或停止给予之上日给之。

第四条　军人、军属在临战合围地境之增俸,自布告或宣告戒严或开战之日始,迄于解严或平定之日给之。

军人、军属派遣于临战合围地境之增俸,自出发之日始,迄于解严或平定之日或任务毕而归抵之日给之。

第五条　军人、军属暂时往复于战地或临战合围地境者,自出发之日始迄于归抵之日,加给增俸。

第六条　战备完成之各部各队及舰船艇之军人、军属,至发航于战地或临战合围地境之上日,布告或宣告戒严或已为战地之上日为止,增给第二条增俸之半额。

第七条　军人、军属受伤痍或罹疾病在战地治疗者,并原因于公务受伤痍或罹疾病在临战合围地境治疗者,其间予俸给及加俸增俸之全额。

第八条　军人、军属有擅离职务,或赴他处而后于归期,或收禁、拘留、处刑、处罚及因被告事件在护送之中,则自有其事故之日迄于事故既毕之日,停止增俸。

第九条　准士官以上候补生及文官在战地或临战合围地境或被派遣者,予俸给之一月分为手当,以一次为限。其在大本营勤务而大本营前进之际或前进之后而派遣之者同。

文官以外之军属派遣于战地或临战合围地境者,海军大臣认为必须予之手当,则以一次为限,月给者得予月给之一月分,日给者得予日给之三十日分。其在大本营勤务而大本营前进之际或前进之后而派遣之者同。准士官以上候补生及文官,暂时往复于战地或临战合围地境或大本营既前进后之所在地,得给第一项之手当金半额,以一次为限。但据本项而受手当金者,在出张之前复受派遣之命,则更给其余之半额。

据前各项应受手当金者如未出发而死亡或以官中之便利免其出发，可得半额。

第十条 在预备、后备军籍之准士官以上应召集而就职者，予前条第一项手当之半额，以一次为限。但派遣于战地或临战合围地境之时，更给其余之半额。

第十条之二 战时雇入于特设船舶之船员而职务上与准士官以上同船室者，得准海军给予令第六十五条所载舰船乘组之准士官以上，给食卓手当。

第十一条 给予军人、军属粮食而不能据海军给予令第十四表者，其种品及量额得酌行换给增给。又，该令第八十六、第八十七及第八十八条之金额如不能依其第八十九条之平均价格，可酌定之。

第十一条之二 给予在舰船之准士官以上候补生及文官之粮食如必须别使炊爨者，得按数给资，使自办粮食。

前项之给资据海军给予令第八十九条及前条之例。

第十二条 在军人、军属外者，如必须给予粮食，得准海军给予令第八十一条，给予相当之粮食。

第十三条 乘组舰船或军队病院使役之军属、职工、人夫及其他，如必须给予被服、物品，得准海军给予令第七十九条给予之。

下士、卒于海军给予令所定被服物品之外，卫生上如必须相宜之被服、物品，得给予之。乘组舰船或军队病院使役之军属、职工、人夫及其他，有必须给予者同。

下士、卒之在战地与临战合围地境者或被派遣者，得酌行增加海军给予令第十三表中被服、物品之数交付之。

准士官以上及候补生因该乘组舰船之破坏沉没，或其他公务上非常之灾害而亡失被服、物品者，得应其所必须，酌行给予被服物品，毁损而不堪使用之时同。

据前项给予之被服、物品不适用海军给予令第五十六条之规定。

第十四条　删

第十五条　军人、军属死亡,以官费葬之。但军人、军属之外从事战役而须官埋葬者同。

第十六条　军人、军属受伤痍或罹疾病,其疗治费胥由官给。但军人、军属之外从事于战役者,亦得酌行由官发给。

第十七条　军人、军属之俸给及增俸得酌行颁发于其家族,所予军人、军属以外者之给资及增俸同。

第十八条　各部各队舰船与艇及军人、军属,其所须笔纸墨文具与他消耗品之类,俱给现品。

第十九条　军人、军属虽不在战地或临战合围地境而值战时或事变,受特别之任务,派遣于外国者,其给予得据本规则。

附　　则

第二十条　值战时或事变而从事于职务繁剧之官署之军人、军属,其间给第二条第一项增俸之半额,其官署海军大臣定之。

第二十条之二　值战时或事变,海军大臣见有从事于职务繁剧之官署之军人、军属必须使为食事,得酌给现品或现金。

第二十一条　在预备、后备军籍之准士官以上,本年六月一日以后应召集就职者,亦援照本规则第十条。

第二十二条　本规则中所有给予之时期停止、减额及本规则之施行细则,海军大臣定之。

第二十三条　明治二十七年敕令第六十四号之海军临时给予规则以本规则施行之日废去。

●●●海军上等技工与技工及夫工手当金加给之件
明治二十七年（1894年）敕令

海军上等技工与技工及夫工，使在定时间之外服务及执役于用潜水气之事，每一时间得加给与其等级相当技术手当金五分之二，为最上限。

●●●裁判所及检事局等之设置于交通极难之岛屿者给予其判事、检事各官之手当
明治三十三年（1900年）敕令

裁判所、检事局、区裁判所、出张所及监狱之设置于交通极难之岛屿者，其在勤之判事、检事、裁判所书记、监狱书记、看守长、看守、雇员，得据别表之所定给月手当。其场所及给予细则，司法大臣定之。

附　则

本令以明治三十三年四月一日施行。

判　　　　　事	十　圆　以　内
检　　　　　事	十　圆　以　内
裁　判　所　书　记	六　圆　以　内
监　狱　书　记	六　圆　以　内
看　守　长	六　圆　以　内
看　　　　　守	五　圆　以　内
雇　　　　　员	五　圆　以　内

●●●给予在勤岛屿者月手当之场所及细则
明治三十三年（1900年）司法省令

第一条　月手当据别表，给在勤于下列之岛屿者：

千岛国	国后岛	择捉岛	
伊豆国	大岛	新岛	神津岛
	三宅岛	八丈岛	青岛
琉球国	宫古岛	八重山岛	
小笠原岛	父岛	母岛	

第二条 新赴任者由抵住所之次日支给。

第三条 前条之外,关于支给手当之事,俱照各俸给支给之例。

判　　事	十　　圆	检　　事	十　　圆
裁判所书记	六　　圆	监狱书记	六　　圆
看　守　长	六　　圆	看　　守	五　　圆
雇　　员	五　　圆		

●●●俘虏及捕获船舶之乘员并准此者给予之件明治三十七年(1904年)文部省令

在帝国权内之俘虏及拿获船舶之乘员并准此者,必须给予粮食、被服、消耗品等,则以现品或代金给予之。

前项给予之品种及数量,陆军大臣、海军大臣定之。

●●●服勤于中央气象台附属测候所者给予手当之件明治三十一年(1898年)敕令

在中央气象台附属测候所奉勤务者,据别表之所定给月手当,其给予细则由文部大臣定之。

所　　　长	三　十　圆　以　内
技　　　手	二　十　圆　以　内
雇　　　员	十　二　圆　以　内

●●● 中央气象台临时观测技手给予月手当之件 明治三十七年(1904年)文部省令

给予中央气象台临时观测技手之月手当,准用明治三十一年文部省令第十五号中央气象台附属测候所职员之月手当给予细则。

●●● 中央气象台附属测候所职员之月手当给予细则 明治三十一年(1898年)文部省令

第一条　中央气象台附属测候所职员之月手当金,自抵任地之次日,迄于量移①而出发该地之上日支给之。

第二条　转任于他厅者之月手当金,迄于发令之日支给之。退官或非职者之月手当金,迄于接受辞令之日支给之。但退官非职者如特命引继事务,则迄于引继事务之日支给之。

第三条　以归省及其他私事而旅行之日数,不支给手当金。

第四条　以量移任所地而月手当金当增减,皆由抵该任地之明日计算。

第五条　在勤中死亡者,其月之手当金支给金额。

第六条　第一至第四条之手当金如不满一月,以该月之日割计算。

第七条　月手当金与每月俸给同时支给。

●●● 林区署之给予次序 明治三十二年(1899年)农商务省训令

---

① 量移,即迁移。

要 目

第一章　俸给
第二章　诸给
第三章　旅费
第四章　公署用品之折费及食费
第五章　杂则

第一章　俸给

第一条　林区署署员之俸给不俟受给者之请求，应于其支给定日在大林区署支给之。但休职者之俸给得因受给者之请求送至该现住之地。

受给者居于大林区署所在地之外，应于支给定日送至该在勤之地。但输运、通信不便之地，认为是月中不能送到者，当预计月终可以送到之日数，于支给定日以前送往。

支给俸给定日以后有增俸者，当于接到辞令或受通知之日起，三日以内，行第一项或第二项之手续。

第二条　转任或转勤于他官厅或废官、退官、死亡，其在职中之俸给不俟受给者之请求，自接到辞令或受通知之日三日以内，在大林区署支给之。但有受给者之请求，可送至该在勤之地或现住之地。

前项之转任或转勤时支给之俸给如已过额，受给者当于缴纳告知书所定之期间缴还之。

第三条　受给者既受俸给，应即呈出第一号书式之领收证书。但使总代人受领者,总代人应呈出第二号书式之领收证书。

第二章　诸给

第四条　林区署署员之退官赐金及死亡赐金不俟受给者之请求,自受预算达书之日起三日以内,当在大林区署支给之。但受给者如住于大林区署所在地之外,应送至该在勤之地或现住之地。

第五条　受给者既受取前条之赐金,应即呈出第三号书式之领收证书。

第三章　旅费

第六条　林区署署员之旅费,除以受给者之请求有特别事由之外,应于下之期间,在大林区署支给之。但受给者如住于大林区署所在地之外,应送至该在勤之地或滞在之地。

一　概算旅费,自受请求之日起,三日以内。

一　精算旅费,自受请求之日起,五日以内。

第七条　大林区署长部下之官吏如使以公务旅行,应预定其日数及顺路命之。

第八条　承公务旅行之命者,本于前条之日数及里程,得在下之制限以内,请求概算渡旅费。但赴任或出向他官厅,不在此例。

一　管内旅行,自出发迄归署（除暂时归厅外）之相当金额。但其旅行应涉六十日以上者,分为数次,每次不得越六十日。

二　管外旅行,迄于目的地往复及滞在日数之相当金额。

三　颁给实费许可之旅行,第一号或第二号之金额,及其车马费之加给。

四　赴任旅行,迄于目的地之金额。

第九条　请求旅费概算渡,应在出发之三日以前,二次以下,与前次概算渡金之精算同时为之,但有特别之事故者不在此例。

第十条　请求旅费概算渡,应呈出第四号书式之请求书。

受给者既受前项之旅费,应即差出第五号书式之领收证书。

第十一条　旅费应在下之期间内精算:

一　管内旅行,自归在勤厅〔除暂时归厅外〕之日起,七日以内。但数次受概算旅费者,自每次预定期日经过之日起算。

二　管外旅行,自归在勤厅之日起,七日以内。

三　赴任旅行,自抵在勤厅之日起,七日以内。

四　在公务旅行中,如值转任、转勤、休职、退官、废官或死亡,自旅费止给之日起,七日以内。

五　小林区署署员及斫伐事业所诘员之日额旅费,次月三日以内。

第十二条　当旅费概算渡与为精算之时,对于概算金之全部,应计其过与不足。

第十三条　不受旅费之概算渡者,精算之后请求旅费,应具第六号书式之请求书,附以第七号或第八号书式之计算书二通差出之。但请求日额旅费者,得并记请求事项于第八号书式之计算书,而省略第六号之请求书。

受给者既受前项之旅费,应即差出第九号书式之领收证书。

第十四条　当旅费概算渡与为精算之时,有不足者应以第十号书式之精算书,有过者应以第十一号书式之精算书,并无过与不及者应以第十二号书式之精算书,各附第七号书式之计算书二通差出之。

受给者既受前项不足之金,应差出第十三号书式之领收证书。既受告知缴纳书,应于其指定期间内缴纳逾额之金。

第十五条 属于实费之旅费精算时,应具第六号书式之请求书或第十至十二号书式之精算书,附以第七及第十四号书式之计算书各二通,并正当受给者之领收证书。

第十六条 既受旅费概算渡后被免公务旅行者,应在告知缴纳书所定之期间内缴纳之。

第四章　公署用品之折费及食费

第十七条 小林区署用品之折费不俟受给者之请求,应于支给定日送至该在勤之地。或受给之资格既终,应自其次日起,三日以内送之。但受给者而居于大林区署之所在地,则即在大林区署支给之。

第十八条 大林区署员之食费不俟受给者之请求,应于支给定日在大林区署支给之。但受给者如值转任、转勤、休职、退官、废官或死亡,应自其次日起,三日以内支给之。

第十九条 受给者既受公署用品之折费或食费,应即差出第十五号书式之领收证书。但由总代人受食费者,则其总代人应差出第十六号书式之领收证书。

第五章　杂则

第二十条 前各章在大林区署支给者,受给之人遇支给定日不能赴大林区署,则应差出相当之代理人。但受给者以公务旅行或得许可而旅行于他处,据其请求,得送至该滞在之地。

第二十一条　由总代人受俸给或食费者，预应以连署、连印之书面届出其总代人于大林区署长。

第二十二条　受给者以递送或集合仕拂命令而受俸给与其他之金额，应记年月日于通知仕拂书，署名盖印，交诸金库。是时不必差出第一至第三号、第五号、第九号、第十三号、第十五号书式之领收证书。

第二十三条　俸给旅费之缴纳金，应自大林区署长领发告知缴纳书之日十日以内，指定相当之期间，使缴纳之。

但在运输、通信不便之地得延展指定其期间。

受前项告知缴纳书者而指定之期间内如有不能缴纳之事故，应开具事实，请大林区署长认可。

第二十四条　小林区署署员旅费之请求书及精算书应经由小林区署长，是时小林区署长应行检查捺印，以证其正确。

第二十五条　领收证书、请求书、计算书及精算书等应按费目之异，各以别纸调制。

（书式略）

●●●支给视察航路标识船及布设海底电线船乘组员之食卓费并航海日当 明治三十一年（1898年）敕令

第一条　视察航路标识船、商船学校附属航海练习船及布设海底电线船之乘组员，据别表支给食卓费以及航海日当。

第二条　递信大臣认为必须予以与一等运转士、一等机关士、一等事务员、医员、船长、机关长同一之食卓费及航海日当，得支给之。

附　则

第三条　本令即以发布之日施行。

明治二十九年之敕令第二百六十二号,以本令施行之日废去。

种别＼职名	食　卓　费			外国航海日当
	定系港碇泊 每日	内国航海 每日	外国航海 每日	
船　长 机 关 长 商 船 学 校 奏 任 教 官	六十钱以内	七十五钱以内	一圆二十钱以内	三圆五十钱
一等运转士以下 一等机关士以下 事务员医员 商船学校判任教官	四十钱以内	五十钱以内	九十钱以内	二圆
水 火 夫 长 以　　下	二十四钱以内	二十六钱以内	三十钱以内	五十钱

●●●驻清国之帝国领事馆附属船舶司检所职员给予手当之件 明治三十一年(1898年)敕令

驻清国之帝国领事馆附属船舶司检所职员,准用给予驻外国邮便及电信局官吏之手当规则,但手当之额,在高等官视其规则中之局长,在判任官视该规则中之书记技手。

附　则

本令以明治二十五年四月一日施行。

明治三十一年之敕令第二百九号废去。

●●●驻清国之帝国领事馆附属海事局职员给予手当之件 明治三十五年（1902年）递信省令

给予驻清国之帝国领事馆附属海事局职员手当之法，准用明治三十四年递信省令第十九号驻外国邮便及电信局官吏手当给予细则之规定。

本令以明治三十五年四月一日施行。

明治三十一年之递信省令第十七号即以本令施行之日废去。

●●●给予驻在清国制铁所官吏之件 明治三十六年（1903年）敕令

第一条　制铁所官吏因购入铁矿被命驻在清国者，给予驻在手当。

得农商务大臣之许可而使其妻留于驻在地者，予加给手当。

手当之额照别表。

第二条　据前条第一项，挈其妻往驻在地或使往复者，惟赴任及归朝（除临时归朝）之时，得给其妻以旅费，该支给法由农商务大臣与大藏大臣协议定之。

附　　则

本令即以发布之日施行。

明治三十三年之敕令第三百八十八号废去。

官　　名	驻在手当年额	加给手当年额
高　等　官	千二百圆以内	三　百　圆　以　内
判　任　官	六百圆以内	百五十圆以内

●●●驻在清国之制铁所官吏给予细则明治三十六年(1903年)农商务省令

第一条 驻在手当及加给手当,剖年额为十二分,以月额给之。但不满一月,则按该月之现有日数,以日割给之。

驻在手当及加给手当如生异动,则自发令之次日起算。

第二条 驻在期间及在留期间,自抵达驻在地之次日,至出发之上日止。但于驻在地新被任命者,以发令之日视作抵达之日。未尝预得认许而留其妻于驻在地者,以得农商务大臣认许之日视为抵达之日。被命转任者,以接命令之次日视为出发之日。

以临时归朝或私事旅行,则自驻在地出发之日迄于归抵之日,不算入于驻在期间或在留期间。

第三条 有废官、退官、休职或死亡者,给本月分驻在手当及加额手当全额。其妻死亡,则加给手当同。

废官、退官或休职之时以调理余务受特命从事公务者,自其次月以降迄于事务完毕之日,以日割给驻在手当及加给手当。但其妻死亡或去驻在地,则加给手当,给至其上日止。

第四条 驻在手当及加给手当,在文官俸给之支给定日给之,但转任、废官、退官、休职或死亡之时不在此例。

第五条 给于其妻之旅费,照外国旅费规则中一等汽车费、汽船费之额,但使以官用之汽车、汽船旅行,则不给车船费。

第六条 有废官、退官、休职或死亡者,准诸前条,给旅费于其妻。但自以便宜或因惩戒处分与刑事裁判退官,不在此例。

由驻在地往复于本国之间,其妻死亡者,则前条之车船费增给一割。

附　　则

明治三十三年农商务省令第二十号废去。

●●●通信现业员之勤勉手当 明治三十六年（1903年）敕令

在通信官署及邮便为替贮金管理所从事现业者，得据递信大臣之所定，给勤勉手当。

附　　则

本令以明治三十六年四月一日施行。

●●●给予设在外国邮便及电信局官吏之手当 明治三十四年（1901年）敕令

第一条　设外国邮便局官吏之手当分为在勤手当、加给手当、一时手当之三种。

第二条　在勤手当，凡设在外国邮便局之在勤者给之。
加给手当，凡得递信大臣之认许而使其妻在留于任地者给之。
一时手当，凡自外国之甲地转任转勤于乙地，或命归朝，抑或于在勤之中及往复于任地之中死亡者给之。

第三条　在勤手当、加给手当及一时手当之额均据别表所定，但死亡者一时手当之额，合其最后所受在勤手当年额十分之三。

第四条　由他之官厅兼任者，不予加给手当及一时手当，惟在勤手当得给其三分之一以内。

第五条　给予本令手当之细则，递信大臣定之。

附 则

明治二十四年之敕令第六十七号废去。

官　　　属	在勤手当年额	加给手当年额	一时手当额
局　　　长	千五百圆以内	三百七十五圆以内	二百圆以内
通信僚属 通信技手 通　信　手	八百圆以内	二百圆以内	百二十圆以内

●●●给予设在外国邮便及电信局官吏手当之细则

明治三十四年(1901年)递信省令

第一条　在勤手当据第一号表，自到达任地之次日始给之。但于其应在勤之地新被任命者，以接命令之次日给之。

被命转任、转勤或归朝者，至出发之上日止，循照旧例给之。但自接命令之日迄出发之上日而逾十五日者，亦给十五日。

以有特别之命令或以不得已之事故，承递信大臣许可滞留者，不必拘前项但书之期限，在其命令之期间或承许可之期间仍给之。

转任于他官厅者，给至事务引继既毕之日止。

赐假归朝者，自任地出发之日迄归抵任地之日，其间不给。

第二条　被命退官、休职或死亡者，其在勤手当给本月分之月给全额。

退官或休职者以引继事务、调理余务承特命从公逾月者，则自次月以降，以日割给至公务完毕之日。

第三条　加给手当合在勤手当给予额四分之一，自其妻到达任地之次日给之。

在任地娶妻者或未得认许而使其妻在留于任地者，自得递信大臣认许之次日给之。

其妻归朝,则给至任地出发之日止。

夫如死亡,则给本月分之月割全额,其妻在任地死亡同。

夫如死亡,其妻因不得已之事故,不能于本月出发旧任地,特承递信大臣之许可滞留者,自彼死亡之次月起,限三十日以内,其事故存在之间,仍给之。

如第一条第二至第四项及第二条第二项,给在勤手当之间,此亦给之。但给在勤手当之间而其妻归朝,则据本条第三项之例。

有赐假归朝、其妻在留于任地不与偕行者,虽许可赐假归朝,日限之内仍给之。

第四条 命署理局长或代理局长者,自接被任命令之日迄接解任命令之日,奏任官则给奏任局长所应受之在勤手当,判任官则给判任局长所应受之在勤手当,其加给手当同。

命署理出张所长或代理出张所长者,照前项之例。

第五条 一时手当,除系死亡者外,据第二号表给之。但除以第一条第三项而滞留者外,自接命令之日十五日以内不出发任地者及赐假归朝者,不给。

本命转任、转勤或归朝而出发期日之前取消其命令者,给半额。或出发期日之前命退官、休职者,给全额。但自以便宜或因刑法之宣告、惩戒之处分而免官者,不给。

第六条 本任地与兼任地相异者,以其本任地作为以上各条之任地及应在勤之地。但给予由他官厅兼任者之在勤手当,则据其兼任地相当之给予额。

第七条 给予兼任者之在勤手当及加给手当,据其给予额之多者,不重复给之。

第八条 给予由他官厅兼任者之在勤手当,均为第一号表所定给予额十分之三。

第九条 以疾病、私事障碍不执务之时,其在勤手当及加给手当之给予法,准高等官官等俸给令第十八条之例。

值前项而得许可归朝者之给予法,据第一条第五项及第三条第七项之例。

第十条 在勤手当及加给手当,剖年额为十二分,以其月割额,在每月文官俸给之支给定日给之。

新任、转任、转勤、归朝、退官、休职或死亡,则不必拘前项之期日给之。

一时手当,既生有应给予之事实,则给之。

第十一条 在勤手当及加给手当如生有异动,除本令别有规定者外,均自接命令之次日计算。

第十二条 在勤手当及加给手当之日割计算法,据该月现有日数,不满厘位之奇零则弃去。

附　则

第十三条 自本年三十四年四月分起用本令之规定,四月分以前则据向时之定额给之。

第一号表　在勤手当之给予年额表

任所	局长		通信僚属 通信技手	通信手
	奏任官	判任官		
北京	一四四〇圆	九六〇圆	六〇〇圆	三九〇[1]圆
上海	一四四〇	九六〇	六〇〇	三九〇

① 原书为“一、四四〇”,现据中文表达习惯将“、”号删去。

任所	局　　　长		通信僚属 通信技手	通　信　手
	奏　任　官	判　任　官		
天　　津	一四四〇	九六〇	六〇〇	三九〇
芝　　罘	一二〇〇	八四〇	五四〇	三六〇
苏　　州	一〇八〇	七八〇	五四〇	三六〇
杭　　州	一〇八〇	七八〇	五四〇	三六〇
沙　　市	一〇八〇	七八〇	五七〇	三七五
厦　　门	一二〇〇	八四〇	五七〇	三七五
汉　　口	一二〇〇	八四〇	五七〇	三七五
福　　州	一二〇〇	八四〇	五七〇	三七五
牛　　庄	一二〇〇	八四〇	五七〇	三七五
南　　京	一〇八〇	七八〇	五四〇	三六〇
京　　城	一三二〇	九〇〇	五四〇	三六〇
釜　　山	一〇八〇	七八〇	四八〇	三三〇
元　　山	一〇八〇	七八〇	四八〇	三三〇
仁　　川	一〇二〇	九〇〇	五四〇	三六〇
木　　浦	九六〇	七二〇	四二〇	三〇〇
镇　南　浦	一〇八〇	七八〇	四八〇	三三〇
马　　山	九六〇	七二〇	四二〇	三〇〇
群　　山	九六〇	七二〇	四二〇	三〇〇
城　　津	一〇八〇	七八〇	四八〇	三三〇
平　　壤	一〇八〇	七八〇	四八〇	三三〇

给在勤出张所者之在勤手当，据在勤本局所给之手当额，惟在出张所长之职者增给十分之三，但特行指定之时不在此限。

第二号表　一时手当给予额表

区别奏任		判	任
		局长通信僚属通信技手	通信手
在清韩两国间转任转勤者	一五〇圆	九〇圆	六〇圆
在清国内各地间转任转勤者	一二〇	七〇	五〇
在韩国内各地间转任转勤者	一〇〇	六〇	四〇
归　　朝　　者	八〇	五〇	三〇

在本局及其所在地之出张所，与本局所在地外之出张所间，或本局所在地外之各出张所间，交互转任转勤者，给予之一时手当。于清国则得清国内各地间转任、转勤者手当额十分之三，于韩国则得韩国内各地间转任、转勤者手当额十分之三。

●●●增给设在外国邮便局长临时手当之件明治三十七年（1904年）敕训令

设在外国之邮便局长于其在勤地值战时或事变，继续之中，得给予在勤手当年额二千圆以内及加给手当年额五百圆以内。

●●●设在韩国通信官署官吏值战时或事变增加在勤手当之给予年额明治三十七年（1904年）递信省令

设在韩国之通信官署官吏，于其在勤地值战时或事变，继续之中，据别表增加在勤手当。但加给手当，则增本项给予额四分之一。

任 所	局 长 奏 任 官	局 长 判 任 官	通信僚属 通信技手	通信手
京 城	四八〇圆	①〇圆	一六二〇圆	一〇八〇圆
釜 山	一二九		七 二	四 八
元 山		二 一 六	一 二 〇	八 四
仁 川		二 四 〇	一 三 二	九 〇
木 浦		一 三 二	六 〇	四 八
镇 南 浦		二 一 六	一 二 〇	八 四
马 山		一 三 二	六 〇	四 八
群 山		一 三 二	六 〇	四 八
城 津		二 一 六	一 二 〇	八 四
平 壤		二 八 八	一 四 四	九 六

●●●三等邮便局长之手当金年额 明治三十六年(1903年)

递信省令

三等邮便局长之手当金年额兹核定如别表，其特行指定之三等邮便局长据甲号表，自余之三等邮便局长据乙号表。

勤劳卓著，有可以不拘别表之范围，特以渐给至年额五百圆者。

本令以明治三十六年四月一日施行。

甲号表

等 级	一 级	二 级	三 级	四 级
年 额	四百二十圆	三百六十圆	三百圆	二百四十圆

---

① 此处原书空白，疑落字。

乙号表

等级	一级	二级	三级	四级	五级	六级
年额	百二十圆	八十四圆	六十圆	四十八圆	三十六圆	二十四圆

●●● 置于千岛、大隅、琉球诸岛邮便及电信局之职员给予手当金之件 明治三十年（1897年）敕令

置于千岛国之国后岛、择捉岛，大隅国之大岛，琉球国之八重山岛，二等邮便及电信局之职员，据别表所定给月手当，其给予细则由递信大臣定之。

官　　　　　名	月　手　当　金　额
局　　　　　长	三　十　圆　以　内
通　信　僚　属	二　十　圆　以　内
通　信　手	十　二　圆　以　内

●●● 置于千岛、大隅、琉球诸岛二等邮便及电信局职员在勤月手当之给予细则 明治三十四年（1901年）

递信省令

第一条　置于千岛国之国后岛、择捉岛，大隅国之大岛，琉球国之八重山岛，二等邮便及电信局之职员，其勤月手当，自抵任地之次日给之。但于其应在勤之地新被任命者，以接命令之次日给之。

被命转任、转勤者，至出发旧任地之上日止，循旧例给之。但自接命令之日迄出发之上日如逾十五日者，限给十五日。

以有特别之命令或以不得已之事故，承递信大臣许可而滞留者，不必拘前项但书之期限，在其命令之期间或承许可之期间仍给之。

第二条　被命退官、休职或死亡者，其在勤月手当给本月分之全额。

退官或休职者以引继事务、调理余务承特命而从公逾月者，则自次月以降，以日割给至公务完毕之日。

第三条　命代理局长者，自接被任命令之日迄接解任命令之日，给局长所应受之在勤月手当。

第四条　以疾病、私事障碍而不执务之时，其在勤月手当之给予法，准高等官官等俸给令第十八条之例。

第五条　在勤月手当在每月文官俸给之支给定日给之。

新任、转任、转勤、退官、休职或死亡，则不必拘前项之期日给之，但不应支给在勤月手当全额者，则以日割计算。

第六条　在勤月手当而生有异动，除本令别有规定者外，均自接命令之次日计算。

第七条　在勤月手当之日割计算法，据该月现有日数，不满厘位之畸零则弃去。

附　　则

第八条　自明治三十四年三月三十一日起用本令之规定。

●●●在勤于交通困难地方航路标识看守之月手当

明治三十二年(1899年)敕令

在勤于交通困难地方之航路标识看守，给月额六圆以内之手当，其地及给予细则由递信大臣定之。

附　　则

本令以明治三十二年六月一日施行。

●●●在勤于交通困难地方航路标识看守月手当金之给予细则明治三十二年(1899年)递信省令

第一条 航路标识管理所技手及看守在勤于交通困难地方者,其月当金自抵任地之次日,至量移任地而由其地出发之上日止,支给之。

第二条 由任地使转任于他厅者,月手当金给至事务引继完毕之日。退官或休职者,月手当给至命令接受之日。但退官或休职者特命引继事务,则据转任于他厅之例。

第三条 以归省及徙地疗养或其他私事旅行之日数,不支给月手当金。

第四条 如有在职死亡者,本月分之手当金支给全额。

第五条 如第一至第三条所言有不满一月者,则以其月之日割计算月手当金。

第六条 月手当金俱于次月支给。

●●●台湾总督府厅参事月手当金支给之件明治三十年(1897年)敕令

台湾总督府厅参事得给月手当金三十圆以内。

明治三十年敕令第百五十四号废去。

●●●台湾总督府嘱托员、雇员及公医手当金支给之件明治三十二年(1899年)敕令

台湾总督府之嘱托员、雇员及公医。因公从事于传染病之预防、救治而感染其病或因之而死亡者,准明治十九年阁令第二十三号,给手

当金。

台湾总督府之嘱托员及公医，因公受伤痍、罹疾病或因之而死亡者，准明治二十九年敕令第百八十号，给手当金。

附　则

本令即以发布之日施行。

●●●补给台湾总督府雇员、佣员食费之件明治二十九年（1896年）敕令

台湾总督府之雇员、佣员，月俸或日给之外，得在一月十圆以内之范围，补给食费。

●●●台湾总督府判任文官、巡查、看守兼掌土语通译者支给特别手当之件明治三十一年（1898年）敕令

台湾总督府之判任文官及巡查、看守、候补巡查兼掌土语通译之事者，得支给一月七圆以内之特别手当，其铨衡与手当支给之法由台湾总督定之。

●●●台湾总督府巡查及看守之手当支给规则明治三十一年（1898年）敕令

第一条　台湾总督府之巡查及看守据本则支给手当。但依明治三十二年敕令第四百号设置之巡查及看守，不在此限。

第二条　手当月十二圆。

巡查及看守在台湾总督府勤绩已二年者，按前项之金额增给十二

分之一。二年以上,每加一年,更增给十二分之一,至手当金之金额十六圆止。

在台湾总督府巡查、看守间交互转职,视为勤续。

第三条　手当不论新任、增俸、减俸,胥自发令之次日,以日割计算。

第四条　废官、死亡或以谕旨免官者,支给本月分手当金之全额。

第五条　本则之施行细则由台湾总督定之。

附　　则

本则以明治三十一年七月一日施行。

●●●台湾总督府警察官及司狱官练习生支给手当金及旅费之件 明治三十一年(1898年)敕令

台湾警察官及司狱官练习所练习生,得支给手当金及旅费,其支给规则由台湾总督定之。

●●●台湾总督府国语学校并附属学校、师范学校及国语传习所之生徒支给学资金及旅费日当之件 明治二十九年(1896年)敕令

台湾总督府国语学校并附属学校、师范学校及国语传习所之生徒,按其种类,得支给学资金及旅费日当,而其支给细则由台湾总督定之。

第七章　服制服装　礼炮礼式

第一款　服制服装

●●●定大礼服及通常礼服以旧衣冠为祭服并废直垂狩衣上下等 明治五年（1872年）布告

今定敕任、奏任、判任官及非役有位之大礼服并上下一体之通常礼服，如别册服章图式，而以从前之衣冠为祭服，其直垂狩衣上下等俱废去。但新制礼服未成之前值用礼服之时，得仍被直垂上下。

武官礼服应如从前之制。　别册服章
图原式略

●●●布告礼服制式 明治六年（1873年）太政官布告

— 敕任、奏任官限本年十月均调制大礼服。
— 判任官迄令调制大礼服之前不妨更用通常礼服。
— 在职并有位者限本年十月，不复得用直垂上下。
— 通常礼服之地为罗纱，此外可以随意，而色制必遵规则。

●●●用大礼服法与更用黑及绀色上服羽织裤之件

明治十年（1877年）太政官达书

敕任、奏任官上下衣裤俱用黑罗纱地金饰章之大礼服，但在朝仪用白鼠色下衣裤之时，应由式部寮通知其事。

官吏用通常礼服之时,得更用黑或绀色之上服。但判任以下,各厅长官认为可以羽织裤代用者听便。

●●●侍从武官徽章 明治三十四年(1901年)敕令

纵	一寸六分	横	一寸二分
表			银地
周边绳形			金
菊花章			金
旗地			铜
横木及纽			乌铜
竿			金
右方日章旗、日章及风带			金
左方月章旗、月章及风带			银
里			银地

侍从武官徽章,缀于制服衣之右胸部乳下。

●●●主猎局敕任、奏任官服制 明治二十一年(1888年)

宫内省达书

定主猎局敕任、奏任官之服制如下:

主猎局敕任、奏任官大礼服徽章表

主猎局敕任、奏任官小礼服徽章表

主猎局敕任、奏任官略服徽章表

(图式原略)

●●●**主殿寮敕、奏任官服制**明治二十一年（1888年）宫内省达书

定主殿寮敕任、奏任官服制如下表：

主殿寮敕、奏任官大礼服徽章表

一　图式同明治二十一年宫内省达书第十九号，主猎局敕任、奏任官之服制。

主殿寮敕任、奏任官小礼服徽章表

一　图式同明治二十一年宫内省达书第十九号，主猎局敕任、奏任官之服制。

一　在奏任官六等五等者，上衣前面之菊模为七枝，袖章之菊模为一枝。

（图式原略）

●●●**主马寮中头副权头、助权、助车马监、调马师服制**明治二十一年（1888年）宫内省达书

主马寮中权头、助权、助车马监、调马师服制定如下表：

（图式略）

一　在奏任官五等六等之助者，上衣前章之菊模为七枝，袖章之菊模为一枝。

●●●**东宫职敕任、奏任官大礼服、小礼服制定之件**

明治二十二年（1889年）宫内省达书

东宫职敕任、奏任官之大礼服、小礼服，制定如下：

东宫职敕任、奏任官大礼服徽章表

图样同明治十七年十月二十九日达书，侍从式部两职敕任、奏任官

大礼服制。

东宫职敕任、奏任官小礼服徽章表

图样同明治二十一年十月八日宫内省达书第十九号，主猎局敕、奏任官服制。

（图式原略）

●●●警察官、消防官服装规则 明治二十三年（1890年）内务省训令

第一条　警察官及消防官之服装分为正装、礼装、常装三种。

第二条　正装，谓用正帽、正衣、裤肩章、饰带、^{高等官以上}刀、正绪、手套、下襟者。

第三条　礼装，谓用正帽、正衣、裤、肩章、刀、正绪、手套、下襟者。

但据时宜，得用正帽、正衣于常装，以为礼装。

第四条　常装，谓用帽、^{正常帽}常衣、裤、刀、略绪、手套、下襟者。

第五条　惟消除官着常装时，得佩短剑，但消防机关士不妨以便宜脱剑。

第六条　正装系仪式祭典等凡行大礼时服之者，其时如下：

一　新年参贺。

一　三大节。^{新年宴会、纪元节、天长节参贺}

一　以伺天机及其他拜谒而入觐之时。

一　靖国神社、招魂社大祭参拜。

一　国仪式及公式行幸启御先驱并供奉之时。

一　任官叙位叙勋。

一　一体用大礼服之时。

一　在成规有明文之时。

第七条　用礼装之时如下：

一　宫中陪御宴之时。

一　通常行幸启御先驱及供奉之时。

一　临天览之场所而陪览之时。

一　参集于行幸之场所或奉送奉迎之时。

一　正式敕使警备。

一　政治出厅。

一　岁暮参贺。

一　以任官叙位叙勋之御礼及等于此者而入觐之时。

一　行巡阅及受巡阅之时。

一　临夜会及其他有廉宴会之时。

一　用通常礼服与黑及绀色上服之时。

一　己之亲属及其他之贺仪葬祭。

第八条　常装系平时勤务所用之服装。

第九条　惟参于国仪式并公式行幸启御先驱而不得已之时，又任官叙位、叙勋之时，得用礼装。

第十条　在行幸要道警卫及监临等，是为当用正帽于常装者。但在急遽之时必须监临者，可以不用正帽。

第十一条　夏衣惟炎暑之际得用常衣，自六月一日迄九月末日之间以下同 但用夏衣必用夏裤。

第十二条　夏裤系炎暑之际所用者，不论何种服装，均以代裤。

第十三条　甲种外套，不论何种服装，系雨雪之际，或为防寒在室外服者，又为防寒并得服于室内。但在仪式祭典之场所及上官之居室内，不在此限。

第十四条　乙种外套,系雨雪之际,服于甲种外套之上者。又据时宜,不妨仅服乙种外套。

第十五条　覆面,系雨雪之际,附属甲种或乙种外套而用之者。

第十六条　日覆,惟炎暑之际,得用之于常帽,但不妨以便宜除垂布。

第十七条　颐纽,不论何种服装,在执行职务之时必当用之,其他之时则各从其便宜。

第十八条　刀,不论在室内外,均以上部之环挂之于刀带之钩金,乘马则否。

第十九条　刀带,有服正衣之时缔于衣上,服常服之时缔于衣下。

第二十条　正绪,在正装礼装之时缀于刀柄,常绪在常装之时缀于刀柄。

第二十一条　短裤,不论何种服装,系穿长靴之时所用者。炎暑之际,不妨制夏裤为短裤而服之。

第二十二条　手套,不论何种服装,俱当用白色。

第二十三条　下襟,不论何种服装,常用白布所制之立襟。

第二十四条　靴,不问长短,均黑色革所制,而穿于裤下,但惟常装则长靴不妨穿于裤上。

在乘马者,短靴、长靴必共附于拍车。穿短靴时,应附留革索比恩于裤。

第二十五条　勋章及其他记章,不论何种服装,俱佩用之,而佩用之法,当据明治二十一年之敕令第七十六号及明治二十二年之赏勋局告示第一号。

第二十六条　以奉送奉迎、御前先驱、正式敕使、警备及其他仪式队伍,各员当用一律服装。

第二十七条　携带外套而纳附属品于其内,则当适宜卷收。乘马者缔结于后鞍,徒步者结束两端,自左肩斜挂于右腋上。

●●●巡查服装规则 明治二十九年(1896年)内务省训令

第一条　巡查服装用帽、衣裤、剑、手套及下襟。

第二条　用肩章为正装,否则为常装。

夏期正装之时,衣以绒衣,但裤则不妨用夏裤。

第三条　正装系值警察官及消防官服装规则第六、第七条所用之服装。

第四条　常装系平常勤务所用之服装。

第五条　夏衣、夏裤惟炎暑之际〔自六月一日迄九月末日以下同〕得用之。

第六条　甲种外套,系在雨雪之际或防寒而用者,但在仪式祭典之时及上官室内不得用之。

第七条　乙种外套,系雨雪之际加于甲种外套之上者,但据时宜,不妨仅用乙种外套。

第八条　覆面,系在雨雪之际,以之附于甲种外套或乙种外套。

第九条　日覆,惟炎暑之际服常装则得用之,但以便宜亦可除其垂布。

第十条　颐纽,在执行职务之时,不论何种服装皆用之。

第十一条　手套及下襟,不论何种服装,皆为白色,且下襟当用立襟。但惟在村落服常装之时,得不用下襟。

第十二条　靴用长短二种,黑色革制。

雨雪泥泞之时用长靴,其他之时用短靴。但有长途旅行或在村落,而执行职务所必须者,短靴得用格时尔〔黑或绀〕或用鞋带绊[1]〔黑或绀〕。

---

[1] 原文为"带胖",应系排版之误。

第十三条　勋章及其他记章,不论何种服装,俱得佩用之。

第十四条　预于仪式队伍,各员当为一律服装。

第十五条　携带外套而纳附属品于其内,当适宜卷收,结束两端,自左肩斜挂于右腋下。

附　　则

第十六条　此规则以明治二十九年敕令第三百六十八号巡查服制施行之日施行之。

●●●巡查服装之件 明治三十二年(1899年)内务省训令

巡查服装除寒暑度数相违之地,得于一定期间,使齐用冬衣夏裤。

●●●巡查部长及其待遇并徽章 明治二十三年(1890年)内务省训令

据明治二十一年训令第六百四十号警察官吏配置及勤务概则第六章,因补助勤务上之监督,置巡查部长之职,得以月俸十圆以上之巡查充之。巡查部长于巡查为上班,受亚于补用警部之待遇。

巡查部长应在上衣并外套之左腕缀以左之雏形徽章。

(徽章原略)

●●●注意巡查带剑布达之件 明治十五年(1882年)内务省达书

本年达书第六十三号使巡查得带剑之旨,有应注意者二端,特再布达。调制费用,可以警察费支办。

一　剑以日本刀制作及革带如图。

一　带剑守明治八年第二十九号达书行政警察规则第四章第十五条之旨，更当慎重，虽逮捕凶贼之际，自非不获已，不得拔剑。

●●●巡查带剑之注意法明治十七年（1884年）内务省达书

明治十五年本省达书第七十一号，既以巡查带剑自非不获已不得拔剑之旨通告，而下之各条，更应注意，特再布达。

但非如第一条所言而伤害者，虽出过误，亦付法衙处分。

第一条　除下之各款外不得拔剑：

一　有持凶器，对于人之身体财产而为暴行，非拔剑更无保护之术。

一　暴行人持凶器，非拔剑更无防御之术。

一　逮捕犯罪人或追捕逃囚，敢持凶器抗拒，非拔剑更无防御之术。

第二条　虽值前条各项不获已而拔剑，若凶人有畏服之状，应即稳以取押。

第三条　虽因不获已而拔剑，当注意不伤及无关系者。

第四条　既拔剑则不问伤凶人与否，当速具申其状于所属之长。

●●●典狱分监长、看守长以及看守之服制并提灯徽章之件明治二十九年（1896年）敕令

典狱分监长、看守长及看守之服制并提灯徽章，定如别表。

本令以明治三十一年四月一日施行，但看守在本令施行之际，所有前给之现品在保存期限中，得使用之。

监狱分监长及看守长，虽本令施行之前，亦得用本令所定服制并提灯

徽章。

（别表原略）

●●●典狱看守长、看守之服装规则 明治二十九年（1896年）

内务省训令

第一条　典狱看守长之服装分正装、礼装、常装三种，看守之服装分正装、常装二种。

第二条　典狱看守长之正装，谓用帽、衣、裤、肩章、刀、正绪、手套、下襟者。看守之正装，谓用帽、衣、裤、肩章、刀、手套、下襟者。但夏衣、夏裤，不得用于正装。

第三条　典狱看守长之礼装，谓用帽、衣、裤、刀、正绪、手套、下襟者。

第四条　典狱看守长之常装，谓用帽、衣、裤、刀、常绪、手套、下襟者。看守之常装，谓用帽、衣、裤、刀、手套、下禁者。

第五条　正装值仪式、祭典等凡用大礼服之时用之，但典狱可以径用大礼服。

第六条　礼装在用通常礼服之时用之。

第七条　常装系平常勤务所用之服装。

第八条　夏衣、夏裤在炎暑之际 自六月一日迄九月末日之间以下同 得用之，但用夏衣，即当用夏裤。

第九条　夏裤在炎暑之际，除正装外，不论何种服装，俱得用之。

第十条　典狱看守长及看守之甲种外套，系在雨雪之际或防寒而用者。在仪式、祭典之时及上官室内不在此例。

第十一条　值雨雪之际，典狱看守长、看守之乙种外套加于甲种外套之上，但亦不妨据时宜而仅被乙种外套。

第十二条　雨覆，在雨雪之际以之附于外套。

第十三条　日覆，在炎暑之际用之。

第十四条　典狱看守长之刀，不问在室内外，皆以上部之环挂于刀带之钓金。

第十五条　手套及下襟，不论何种服装，皆用白色。

第十六条　靴有长短二种，黑色革制。

雨雪泥泞之时用长靴，其他之时用短靴，但有长途旅行或护送外役囚人等，得以鞋脚绊代靴。

第十七条　携带外套而纳附属品于其内，当适宜卷收，结束两端，而自左肩斜挂之于右腋下。

附　则

第十八条　本令凡被明治二十九年敕令第三百六十六号所定之制服者，适用之。

●●●看守部长之待遇并其徽章 明治二十五年（1892年）内务省训令

监狱支署以补助戒护上之监督而置看守部长之职，得以月俸十圆以上之看守充之。

看守部长为看守上班，受亚于看守长之待遇。看守部长应附绯绒_{长曲尺一寸五分幅曲尺一寸}之徽章于上衣并外套之左腕。

●●●元帅徽章之式制及其装缀之件 明治三十一年（1898年）敕令

元帅徽章之式制,钦定如下。

（徽章图原略）

表里俱金地

旗地银色　日章及光线红色

桐花及军旗之缘紫色

桐叶青色

结纽浅黄色

●●●理事及试补理事之服制 明治二十四年(1891年)敕令

第一条　理事及试补理事之服制如图例并服制图所定。

第二条　理事及试补理事之服装分为四种：

一　正装　　二　军装　　三　礼装　　四　通常礼装

第三条　用制服之处及服之之规则,陆军大臣定之。

附　则

第四条　本令以次行之,至明治二十四年十二月三十一日为最终之期。

●●●宪兵上等伍长之服制 明治二十八年(1895年)敕令

宪兵上等伍长之服制同于宪兵下副官。

●●●陆军部内佩用记章之种类及图式 明治二十八年(1895年)陆军省告示

陆军部内佩用记章之种类及图式据敕令所制定如下：

一　陆军大学校卒业徽章

二　战时补助宪兵徽章

三　步兵及工兵年度射击褒赏徽章

四　野战炮兵照准优等章

五　要塞炮兵照准观测及通信褒奖徽章

（图式原略）

●●●陆军下士、兵卒在乡得被制服之件明治三十四年（1901年）陆军省训令

陆军下士、兵卒之在乡者如下所列之时，得被制服：^{除带剑}

一　满期归乡之时。

二　召集或简阅点呼之时。

三　演习及观兵或参观之时。

四　贺仪、葬祭之时。

五　除以上所列者外，在乡应表其军人资格之时。

●●●陆军战时或事变时之服制明治三十七年（1904年）敕令

陆军将校并与将校相当之官及准士官，值战时或事变时之军衣，同夏衣之制式，^{地质黑绀绒或绀绒，袖章黑线，扣数五个或六个}而将校以下之夏衣、夏裤、日覆及垂布，得为茶褐色。

●●●预备役后备役海军下士、卒不在召集中可用制服之件明治三十五年（1902年）海军省训令

预备役或后备役海军下士、卒而不在召集中，惟如下所列之时，可用

制服：

一　满期归乡之时。

二　值行幸、行启而奉迎、奉送之时。

三　召集或简阅点呼之时。

四　值观兵式、观舰式或演习而陪览之时。

五　贺仪、葬祭之时。

六　前各款外，应表其军人资格之时。

●●●贵族院众议院守卫长、守卫番长及守卫之服制
明治三十三年（1900年）敕令

贵族院众议院守卫长、守卫番长及守卫之服制，定如别表。

关于贵族院众议院守卫给予品及贷与品之规程，由贵族院书记官长、众议院书记官长各自定之。

（别表原略）

●●●守卫长、守卫番长及守卫之服装规则明治三十年（1897年）阁令

第一条　守卫长、守卫番长之服装分正装、略装二种，守卫之服装惟正装。

第二条　正装谓用正帽、正衣、正裤、手套及下襟者。略装谓用正帽、正衣、略裤、手套及下襟者。

第三条　如下之时则用正装：

一　新年参贺。

二　三大节参贺及祭典参拜。

三　叙位、叙勋及与相等之时。

四　一体当用大礼服及通常礼服之时。

守卫勤务之时亦用正装。

第四条　守卫长、守卫番长之略装,议会开会之中及当直勤务之际用之。

第五条　外套及覆面在雨雪之际或以防寒用之,日覆炎暑之际用之。但有仪式、祭典及上官室内或居议场与旁听席,不在此例。

第六条　靴以黑色革制为限。

第七条　携带外套而纳附属品于其内,当适宜卷收,结束两端,自左肩斜挂于右腋下。

●●●陆军军人之在台湾者日覆垂下白布之件

明治三十二年(1899年)敕令

在台湾之陆军军人,夏季日覆之后面,得垂下白布三条。但白布长一尺,幅则上端四寸,下端左右二条六寸,中央一条八寸,其上部一寸相重为缝而附于日覆。

●●●台湾总督府法院判官、检察官及书记之服制

明治三十二年(1899年)七月

第一条　台湾总督府法院判官、检察官及书记在公开之法庭,用一定制服。

第二条　判官、检察官及书记之服制据明治二十三年敕令第二百六十号。但覆审法院判官及检察官当用控诉院判事及检事之制服,地方法院判官及检察官当用地方裁判所、区裁判所判事及检事之制服。

附 则

本令之施行期日,台湾总督定之。

●●●台湾总督府海港检疫官、海港检疫医官、候补海港检疫官、候补海港检疫医官、海港检疫员、海港检疫医员之服制 明治三十三年(1900年)敕令

台湾总督府海港检疫官、海港检疫医官、候补海港检疫官、候补海港检疫医官、海港检疫员、海港检疫医员之服制,据明治三十二年敕令第三百五十号。

●●●港务部职员之服制 明治三十五年(1902年)敕令

港务部职员之服制,兹定如下。

附 则

本令以明治三十五年四月一日施行,但港务长并从事海务之港务官及港吏,得权用明治三十一年敕令第二百十八号中港务局长、港务官、港吏及候补港吏之服制。从事于海港检疫之港务官、港吏、港务医官、候补港务医官、检疫员及检疫医员,得权用明治三十二年敕令第三百五十号中海港检疫官、候补海港检疫官、海港检疫医官、候补海港检疫医官、检疫员、检疫医员之服制。

(服制图例原略)

●●●小林区署职员之服制 明治三十六年(1903年)敕令

小林区署职员之服制,兹定如下。

附　　则

本令以明治三十六年十二月三十一日施行。但林务官、候补林务官、营林主事、候补营林主事或森林监守，而明治三十六年敕令第二百四十五号林区官制施行之际被任为小林区署职员者，限本令施行之后九阅月内，仍得用从前之制服。

明治二十四年敕令第四十四号废去。

●●●小林区署职员服制礼式之规程明治三十六年
（1903年）农商务省训令

要　目

第一章　服装
第二章　带剑
第三章　礼式
附　则

第一章　服装

第一条　小林区署职员之制装，系谓被明治三十六年敕令第二百九十五号所定之制服并佩带制剑者。

第二条　小林区署职员礼装之时，须用与之相当官一律规定之礼服。但用通常礼服之时，得以制装代之。

第三条　小林区署职员执务之中必当用制服。

第四条　用制服之期间如下：
　　一　冬服 _{自十月一日至
五月三十一日}
　　一　夏服 _{自六月一日至
九月三十日}
　　但有不能据此期间者，应别定期间，而受农商务大臣之认可。
第五条　遇用制服即当用白色立襟。
第六条　外套在室外服之。
第七条　日覆在炎暑之际当酌宜用之。
第八条　遇用制服即当穿靴，但巡回之际得用脚绊草鞋。
第九条　携带外套当卷收之，结束两端，自左肩斜挂于右腋下。但既沾湿，得酌宜携带。

第二章　带剑

第十条　剑当佩带于上衣之下。
第十一条　带剑除逮捕森林犯罪者或应视为森林犯罪者，有持凶器抗拒，无他防御之术外，不得拔剑。
第十二条　既拔剑则不问伤凶行者与否，当即具状，届出于所属上官。

第三章　礼式

第十三条　小林区署职员制装之时，应从本章之规定，以行礼式。
第十四条　礼式分最敬礼与敬礼之二种，最敬礼对皇族以上行之，敬礼对其他之人行之。

第十五条　最敬礼之式,面受礼者,直立正容,整并两足,垂下两手,首向受礼者,于其通过之间注视。

第十六条　敬礼之式,面受礼者正容,垂下左手,举右手整闭五指,以其第一关节,当帽之前庇之右侧,掌稍向外面,肘与肩平,而注视受礼者。

第十七条　如下所列之时,得据指示之动作,以行礼式:

一　护送犯罪人或携带物品,则当注视受礼者,垂下空手,掌稍向前面。

二　不戴帽时,则当注视受礼者,垂下两手,掌稍向前面。

三　倚椅子时,则当起立面对受礼者,垂下两手,掌稍向前面。

附　则

第十八条　明治二十四年训令第三十号林务官、候补林务官、营林主事、候补营林主事、森林监守服装带剑并礼式之规定废去。

第二款　礼炮礼式

●●●**海军礼炮条例**明治三十年（1897年）敕令

要　目

第一章　总则
第二章　皇礼炮
第三章　对外国及其文、武官之礼炮
第四章　答炮
第五章　行礼炮或答炮时旗章之揭扬法

第一章　总则

第一条　本条例中先任官、后任官以官阶之高下区分之，官阶同则以任官之先后区分之。惟用于有军队指挥权者，但有受礼炮之资格者，对于无此资格者总为先任官。

第二条　自军舰行礼炮之时，同处有海军先任官在，则须预经其认可。但对于天皇旗、皇后旗、皇太子旗、皇族旗及该先任官之礼炮，不在此例。

第三条　礼炮既遇应行之时机后，二十四时间以内务速行之。此时间内若不能行,当向彼方说明其理由。

第四条　对军舰中来乘者或退舰者所行之礼炮,来乘时俟其乘舰之后,退舰时俟其离本舰适宜之距离,临御或还御之时亦同。

第五条　应受礼炮之上位旗旒现在之间,对于下位旗旒不行礼炮。倘有异国者或揭旗旒来访者,不在此限。

第六条　有旗旒之文、武官而不揭旗旒,则不行礼炮。

第七条　对于兼数官职文、武官之礼炮,择其官职中应受最多数之一官职行之。

第八条　应行礼炮之海岸炮台及军舰如下:

一　陆军大臣特为行礼炮而指定之海岸炮台。

二　备口径十六珊以下之炮（除速射炮）六门以上,为侧炮之军舰及备用为礼炮之炮之军舰。

三　备口径四十七密以上之速射炮四门以上之军舰。

自军舰行礼炮之时而该舰不合于本条,则海军先任官得命所在之军舰中相合者,使行礼炮。

第九条　军舰于外国国旗、外国皇帝、皇族、大统领、外国祝日或外国官吏应行礼炮之时而非合于第八条之军舰,当向彼方说明不行礼炮之理由。

但外交上见为必须特表美意者,得以安全之法,视便宜行礼炮。

第十条　军舰及炮台齐行礼炮之时,各舰及各炮台当与所在海军先任官之军舰或特定为标准舰同时始发炮。

第十一条　日出之前,日没之后,例不行礼炮。在碇泊中之军舰及其军舰旗未揭扬前亦同。

遇施行礼炮之时机而在日没之后,则俟次日行之。但特别之时见有识别旗章,虽日出之前、日没之后亦得行之。

第十二条　有受礼炮资格之文、武官得辞礼炮。

第十三条　遇帝国军舰之凯旋与战胜以及全国之庆贺,所在陆海军之先任官得使炮台或军舰行礼炮,是时应于事后详细报告。但与第八条之军舰及炮台同所者,陆海军各先任官协议之后行之,惟不得仅在一方行之。

第十四条　彼我之礼炮而生厚薄之差,于外交上见为不得权衡之道,惟不损帝国之威严,则所在海军先任官得施临时之处置,是时应于事后报告其情况。

第十五条　向外国国旗、外国皇帝、皇族、大统领、外国祝日或外国官吏行礼炮,惟限我帝国已公然承认其政府者。

第十六条　本条例适用于在役舰船及其他揭扬军舰旗之舰船并海岸炮台。

第十七条　礼炮事宜有本条例所未规定者,海军大臣得便宜处理之。

第二章　皇礼炮

第十八条　向天皇旗、皇后旗、皇太子旗及皇族旗行礼炮,谓之皇礼炮。

皇礼炮之数二十一发。

第十九条　天皇于帝国军舰停泊之港湾或海岸炮台所在之地,临幸启跸或行经其傍,则停泊之各军舰及该炮台应行皇礼炮。

第二十条　天皇临御军舰之时应行皇礼炮,而所在各军舰亦与临御之军舰齐行皇礼炮,但据时宜得在乘御之舟艇本舰未近接之前行礼炮毕。

第二十一条　天皇由军舰还跸之时应行皇礼炮,而所在各军舰亦与该舰齐行皇礼炮。

第二十二条 军舰在海上遇揭天皇旗之舰船,或抵揭有天皇旗之地,或与近接而航行,必当行皇礼炮。

第二十三条 天皇驻跸于一境域内,惟最初驾临之时与最后启跸之时,行第十九条之礼炮,但第二十、第二十一条之礼炮不在此例。若一日中而临御数军舰,则所在海军先任官得定适宜施行礼炮之场合。

第二十四条 向皇后旗、皇太子旗及皇族旗当与向天皇旗行同一之皇礼炮,但苟乘揭有皇族旗之皇族军舰,登舰、下舰之时,惟该舰行皇礼炮。

第二十五条 揭扬天皇旗、皇后旗、皇太子旗及皇族旗之间,其地除对帝国国旗礼炮之答炮外,俱不行礼炮。

第二十六条 对皇族非公式之时,不行皇礼炮。非皇族资格之时,止于与其官职相当之礼遇,不行皇礼炮。

第二十七条 天皇旗、皇后旗、皇太子旗及皇族旗惟受皇礼炮,不行答炮。

第二十八条 对外国之皇帝、太皇太后、皇太后、皇后、皇太子及皇太子妃或大统领,在揭天皇旗之时,除揭有该国之军舰旗〔无军舰旗制之国则国旗〕外,当与对天皇旗行同一之皇礼炮。

第二十九条 前条以外,对外国之皇族在揭皇族旗之时,除揭有该国之军舰旗〔无军舰旗制之国则国旗〕外,当与对皇族旗行同一之礼炮。

第三十条 遇下之祝日,各军舰及炮台当于正午行皇礼炮。

纪元节　　　　天长节

上之祝日,帝国军舰有与外国军舰泊在同地,则我国所在海军先任官，当于上日遣士官，以我国祝日告于各外国军舰之海军先任官。在外国港湾，当经所在地方厅并所在炮台，亦为前项之告知。

是时若有我国驻于其地之外务官吏，当预行与之协议。

各外国军舰之海军先任官及外国炮台长既受前项告知而表敬意，则次日我即应遣士官而表谢意。

于内国港湾外国军舰之在泊，惟外国军舰泊于内国港湾而无帝国军舰与之同泊者，则其地之地方长官应遣部下之官吏，行本条第二项第四项之事。

第三十一条　我军舰在内国之诸港湾有同泊之外国军舰值其本国之祝日等，或在外国诸港湾值其国之祝日等，或有同泊之其他外国军舰值其本国之祝日等，彼既公告于我海军先任官，则我军舰应行礼炮，但炮数不越二十一发。

第三十二条　对帝国文、武官之礼炮数如下表：

	带公务时应礼武官职名	受文官之数	礼炮发数	帝国军舰 区域	帝国军舰 时候	行一旗旒或一舰礼炮之期限回数	炮台 区域	炮台 时候	期限回数	记事
	一	全权办理大臣	十九发	无限制	当访问于军舰而退舰之时（据时宜或在来舰时）及来乘军舰最初至舰及最后去舰之时	无限制	帝国领内一律	抵其地及去其地之际	无限制	
	二	特命全权公使	十五发	限于驻扎国之领土内	由军舰赴任则驻扎国最后上陆之时、由军舰归朝则去其驻扎国之时、当访问军舰而退舰之时（据时宜或在来舰时）、当访问军舰而退舰之时（据时宜或在来舰时）	无限制				
	三	办理公使	十三发							
	四	代理公使	十一发							
文	五	外交事务官	九发			十二月一次，虽同日访数舰，亦惟一舰行礼炮				
	六	总领事	九发	限于驻扎港内	当访问军舰而退舰之时（据时宜或在来舰时）	十二月一次，虽同日访数舰，亦惟一舰行礼炮				
	七	一二等领事	七发							
	八	陆海军大臣	十五发	无限制	当访问军舰而退舰之时（据时宜在来舰时）及来乘军舰最后去舰之时又相遇海上之时（二舰以上同时相会则惟同所管内之先任官）	无限制	帝国领内一律	抵其地及去其地之际	无限制	
	九	海军大将	十五发	无限制	除本条例第三十三条之时外在海外以十二月一次，在海内以三年一次为定规，然其司佐官进级之时，此期限内亦行相当之礼炮。同日访数舰亦惟一舰行之		抵有队指挥舰之厅时访问炮台之时	任司令军官级上之此限内亦行相当之礼	定年次然其司佐官进级之此限内亦行相当之礼	军有司定二独令，则加非司官，陆则上官所之指挥但海军令数发立指挥以挥所以时为限
官	十	海军中将	十三发							
	十一	海军少将	十一发							
	十二	为司令官之海军大佐	九发							
	十三	陆军大将	十五发	无限制	访问军舰或来乘军舰最后退舰之时（据时宜或在来舰时）					
	十四	陆军中将	十三发							
	十五	陆军少将	十一发							
	十六	在要塞司令官或旅团长职之陆军大佐	九发							
	十七	海军大佐以下大尉以上之佐官	七发		惟受本条例第三十三条之答炮					

第三十三条　对司令长官或司令官旗旒之礼炮当据下之各项：

第一　新任之司令长官或司令官始揭扬其旗旒之时,若为所在海军将校中之先任官,应由所在之次席海军先任官行礼炮。

第二　海军先任司令长官或司令官因进级而换旗旒之时,则所在之次席海军先任官,应对之行礼炮。

第三　新任之司令长官或司令官始揭扬其旗旒之时,又司令长官或司令官因进级而换旗旒之时,所在海军将校中有视己为先任者,应对之行礼炮。

第四　司令长官或司令官会见视己为先任之司令长官或司令官,应对之行礼炮,军舰司令长官或司令官会见之时亦同。若二舰以上同时会见,则惟各所管之先任官行礼炮。但同地有同管之先任官在,则不行之。

司令长官、司令官因与他之司令长官、司令官分离而为所在先任官,则各所管之先任官应对之行礼炮。

第五　自第一至第四之礼炮,虽应以与行礼炮之将校官等相当之炮数为答炮,然受二舰以上礼炮之时,其答炮不各行之,而惟以其当受最多数之一舰之炮数应之。

第六　司令长官、司令官或军舰据本条之第四而对先任司令长官、司令官行礼炮,应以其先任司令长官、司令官在职中一次为限,但进级时不在此限。

第三十四条　司令长官、司令官以罢职而去舰或去厅,则其舰或其麾下应由一舰行与其官相当之礼炮。

司令长官、司令官或为舰长之海军大佐因进级而罢职去舰或去厅,则其舰或其麾下应由一舰行与其新官相当之礼炮。

第三十五条　司令长官、司令官以更易旗舰而转揭旗旒之时,不行礼炮。又,在职中暂撤旗旒,则撤与揭俱不行礼炮。

第三十六条　删

第三章　对外国及其文、武官之礼炮

第三十七条　帝国军舰一艘或二艘以上入外国之港湾,其地有堡砦炮台或其国之军舰,确知彼当为答炮,则我先任官对其国旗应行二十一发之礼炮。但其国之炮台或军舰而通知当行比我国成规少数之礼炮,则得以同一之礼炮行之。

第三十八条　帝国军舰一艘或二艘以上会见外国之镇守府司令长官、舰队司令长官、司令官之旗旒,我先任官而视彼为后任,则应准第三十二条之表,由其舰行相当之礼炮。但在外国港湾,须其地不禁发炮且既与该国有交换相当之礼炮后行之。

第三十九条　帝国军舰一艘或二艘以上同时会见数国之司令长官、司令官之旗旒,则我先任官对视己为先任之司令长官、司令官之旗旒,应自其上位以次行礼炮。但在港湾而应受礼炮者之官等相同,则例以先在其地者为先。又,在外国港湾则不关官之高下,应先对该国司令长官、司令官之旗旒行礼炮。

如前项所言而有一国之司令长官、司令官之旗旒二人以上,则惟对其上位者行礼炮。

第四十条　外交文、武官访问帝国军舰或炮台之时,应以该官受其本国军舰或炮台礼炮之数行相同之礼炮,但其炮数不得过十九发。若比第三十二条所记向我相当官之礼炮数为少,则应从该条之表示。

外国之全权办理大臣抵达或出发于帝国炮台所在地，应由其炮台行与向帝国全权办理大臣同数之礼炮。

第四十一条　外国之炮台军舰等向帝国文、武官行帝国规定以外之礼炮，则帝国之炮台军舰向其国相当之文、武官应行同数之礼炮。

第四十二条　以特别理由而不能行本章之礼炮，应在现地向彼方说明其理由。

第四章　答炮

第四十三条　帝国军舰或炮台应行答炮及不行答炮之时如下：

第一　对皇礼炮不行答炮。

第二　对帝国文、武官之礼炮，除列于本条第三者外，不行答炮。

第三　对司令长官、司令官旗旒之礼炮，自外国兵舰行之者，应行同数之答炮。自帝国军舰行之者，应行第三十三条之答炮。

第四　一外国之军舰入港或数外国之军舰同时入港，其樯顶各揭我之旗章而对国旗行礼炮，则当每一国各向行同数之答炮以应之。但此答炮炮台行之，若无行礼炮之炮台，则所在海军先任官之舰行之。

第四十四条　帝国军舰或炮台向外国或外国人行礼炮，则答炮之当受与不受如下：

第一　不受答炮者：

一　对皇帝、皇族或大统领行礼炮。

二　文武官来访军舰或炮台而行礼炮。

三　贺祝日等之礼炮。

第二　可受答炮者：
　一　帝国军舰抵外国港湾等对其国旗之礼炮。
　二　帝国军舰与外国之司令长官或司令官会于海上或港湾内对其旗旈之礼炮。

第四十五条　内国或外国之商船与官用船舶向我将旗及代将旈或军舰行礼炮，一艘则当为五发答炮，二艘以上则当为七发答炮。

第五章　行礼炮或答炮时旗章之揭扬法

第四十六条　帝国军舰与外国舰船或其炮台互行礼炮，又帝国军舰向外国人行礼炮，当据下之规定揭扬旗章：
　一　对外国之皇帝、皇族或大统领行礼炮，当据第二十八及第二十九条。
　二　在国内与外国港湾，值外国之祝日等行礼炮，则行之之间或其先后，应准其国军舰揭扬其国之军舰旗^{无军舰旗制之国则以国旗}于大樯之顶。
　三　抵外国港湾之际，对其国之国旗行礼炮，则行之之间，当以其国之军舰旗^{无军舰旗制之国以国旗}揭扬于大樯之顶，外国军舰对帝国国旗行礼炮，而我军舰行答炮时同。
　四　军舰向外国之海军将官佐官行礼炮、答炮及向外国之舰船行答炮，则行之之间，当以其国之军舰旗^{无军舰旗制之国以国旗}揭扬于前樯之顶。
　五　有外国文、武官来访而行礼炮，则行之之间，当以其国之军舰旗^{无军舰旗制之国以国旗}揭扬于前樯之顶。

第四十七条　对帝国陆军武官、外交官、外交事务官及领事官行礼炮，则行之之间，当以国旗揭扬于前檣之顶。

第四十八条　当行礼炮之炮台应常置全揭之国旗，值行礼炮或答炮，不变换之。

●●●警察礼式 明治二十四年(1891年)内务省训令

第一条　警察官吏既被定制之服装则据本式以行礼式。

第二条　本礼式中所称上官者，谓巡查之巡查部长以上，巡查部长之警部以上，警部之警视、警部长以上，警视、警部长之警视厅监、北海道长官、府县知事。但课署员之于课署长亦同。

第三条　礼式以被定制之服装向人行之为正例，然单独之礼式，不论何种服装，既认知为上官，即当行之。

第四条　除执行职务不得已之外，对上官必当行礼式，上官亦行答礼。在同班则当互行礼式，但答礼不妨据时宜从略。

第五条　礼式分为室内最敬礼、敬礼及室外最敬礼、敬礼。室内即谓居室、事务室、应接所等，如廊下阶砌厨等则为室外。

第六条　室内之最敬礼，当取正面之方向，直立而整两足，以右手摘帽之前庇，提近垂直，使帽之内部对于右股，刀之柄向前，以左手按两锷之间，而体之上部少倾于前。但不佩刀之时，则当垂下左手。

第七条　室内之敬礼，当以正面向应敬之人，正姿势，注视其眼，以右手摘帽之前庇，提近垂直，刀之柄向前，以左手按两锷之间。但不佩刀之时，则当垂下左手。

第八条　室外之最敬式，当取正面之方向，直立而整两足，举右手接诸指，以食指与中指当帽之前庇之右侧，而掌稍向外面，时齐于肩，刀之柄向前，以左手按两锷之间，目迎应敬之人，且目送至过去五、六步为止。但不佩刀之时,则当垂下左手。

第九条　室外之敬礼,当向应敬之人,正姿势,举右手接诸指,以食指与中指当帽之前庇之右侧,刀之柄向前,以左手按两锷之间。但不佩刀之时,则当垂下左手。

第十条　对天皇、三后、皇太子、皇太子妃、皇太孙、皇太孙妃、皇族应行最敬礼。

对外国之皇帝、皇后及皇族亦同前项。

第十一条　对内国总理、大臣、各省大臣、正式敕使及上官应行敬礼。苟认知为各国公使,亦同前项。

第十二条　为仪式祭典等而整列于其场所,除对天皇、三后、皇太子、皇太子妃、皇太孙、皇太孙妃、皇族或就其仪式祭典行礼式外,俱不行敬礼。

第十三条　既整列而下注神之令,则目注一体受礼者,惟掌其指挥者行相当之礼式。

列队伍而行进,下头左右之令,则全列以首稍向受礼者,惟掌其指挥者行相当之敬礼。

但行进之中,除行最敬礼外,不为停止。

第十四条　从事于警卫、消防、护送囚徒及其他须特别注意之职务,不限行礼式。

第十五条　携带物品而不能行相当之礼,则体之上部少倾于前。或一手携带,则以右手当帽。但巡查步行之中,当以停立表敬礼之意。

第十六条　在职务上受人民正当之礼,应行答礼。

第十七条　敬礼,对于阶级相异者二人以上,则向其最高级之人行之。

遇前项则上官皆行答礼。

第十八条 入官署室内应脱帽，但下班者之室内，不脱帽亦无伤。

第十九条 拜谒于两陛下，则入御室一行最敬礼，进及离御座五、六步之处，再行最敬礼，即此退行二、三步，不向右转，及御室之出口，三行最敬礼而后退去。但有特式则不在此例。

谒见太皇太后、皇太后、皇太子、皇太子妃、皇太孙、皇太孙妃、皇族并外国之皇帝、皇后、皇族同。

第二十条 欲入上官之室内，则直立于其入口，以告来意而待指挥。上官许之入室，则进及离其席三、四步之处，行敬礼。若上官有数人在，则先向最高级之人行敬礼，次向其他共行敬礼，去其居室同。

第二十一条 受官记、位记、辞令书之类，进及授与者之席，相离三、四步之处，行敬礼后，适宜前进，挟帽于左肋，以右手拜受，附左手披见即收之，复旧位，再行敬礼而退。

第二十二条 在室内受书类及其他之物件于上官，抑或呈之于上官，则当准前条之法，以右手受之或呈之，若应受返简或领收等，则当复旧位以待之。

受命令谕告等于上官或以事陈述于上官，亦同前项。

第二十三条 上官而来居室，当一律离椅子为敬礼。除有关系者外，敬礼之后，即席各服其事。及上官去其居室，复行敬礼。

前项之敬礼，当由先导者告以注神，无先导则最先知上官之来者为之。

其室内有任整理会议室教场并他之场内者，前项之事，由彼为之。

第二十四条 同班或下班者来居室而行敬礼，同班则离椅子为敬礼，下班则坐而为答礼。

第二十五条 在室内谈公事，则下班者当离椅子，立而正姿势，但上官许可,则不妨就席。

第二十六条　上官入下班者之居室,值戴帽则答礼,当举手注目,脱帽则仅注目之,以表答礼之意。

第二十七条　宴会、集会等,凡属公会与上官同席则应注意,毋先坐椅子,毋先就食桌,毋先离食桌,毋先吸咽以为礼。但有上官许可,则不在此限。

第二十八条　值行幸、行启之时,当在前驱之稍前停上,正面于道路之一侧,及车驾近至六步,行最敬礼,保其姿势,俟车驾过去五、六步为止。皇族及外国之皇后、皇帝、皇族同。

值前项而在马上,则当驻马正面。道路狭隘而不得行之,则勒缰以举马首。乘车则下车。

第二十九条　行遇上官或通过其旁,则头当稍向受礼者之方,正姿势为敬礼。但巡查应停止于距上官三、四步之前,面于应敬之人,为本文之敬礼。

第三十条　驻立之际而上官通过其旁,则正面向上官之方而行敬礼。驻立后有上官之许,则至离上官三、四步之处,当行敬礼。

第三十一条　乘马者之驰步或速步行进之中而遇上官,则当归于常步而后行敬礼。若自后来,则陈先行之旨,乃仍驰步速步。但带有至急之公务,可以仅告其由,不必归于常步。

第三十二条　乘马者而遇上官,可仍乘车,正姿势而行敬礼。若自后来而欲先行,当陈其旨,然后通过。

第三十三条　在室外欲受书类或其他物件于上官或呈之于上官,则据第三十条后段之法,行敬礼后,适宜前进,以右手受之或呈之。若所受之物须于其处披观,则当附以左手,应受返简或领证之时,则复旧位待之。

受命令告谕等于上官或以事陈述于上官,亦同前项。

第三十四条 行遇警察官吏之葬式,当对其柩行敬礼。

第三十五条 与上官同行,以就其左侧或后方为礼,但或适与上官以不便或有危险之虞,则不妨应其宜而就右侧,但引导者不限其就左侧或后方。

第三十六条 在狭隘之道路、桥梁或廊下阶段等会见上官,则当止立待其通过。若已进行,则当酌宜反立,不使上官待己之通过为礼。

第三十七条 警视厅消防官吏当据本式,各行与其身分相当之礼式。

●●●看守长、看守礼式 明治二十四年(1891年)内务省训令

看守长及看守礼式应令据本年本省训令第十五号警察礼式。

●●●监狱官吏礼式 明治三十年(1897年)内务省训令

监狱官吏既被定制之服装,悉据明治二十四年本省训令第十五号警察礼式之例。

●●●水上警察礼式 明治三十三年(1900年)内务省训令

第一条 在水上警察船舶,望见警察礼式应行最敬礼或敬礼之人,或行遇其所乘之船,或迎送之,则当据本式行礼式。

第二条 最敬礼,在端舟则桡手当一齐立桡,在小蒸汽船则当止行,船员整列于甲板上适宜之所,在帆驶之船则当下帆,在橹舟则当止行,总员皆起立而行礼式。但一人而操二桡,不面受礼人之桡则收之,他方之桡则立之,并起立而行礼式。

在备有"克拉吉"之端舟,除上桡之桡手外,总员皆起立而行礼式。

第三条　敬礼,在端舟则桡手当上桡,在小蒸汽船则缓行,在帆驶之船则当伸"兴特",在橹舟则当止行,指挥者起立而行礼式。但一人而操二桡,不面受礼人之桡则收之,上他方之桡而行礼式。

第四条　水上警察礼式除特有命令之时外,夜间得不行之。

第五条　若带有至急之用务或风雨之际,及其他有不能行礼式之状,抑或乘载物之船及拖他船之船,不能行礼式者,得略之。舵手、机关手、水火夫等于执务上有妨害亦同。

第六条　必须越过上官所乘之船或横过其前,应行相当之礼式而通过。

第七条　行遇同僚所乘之船,则惟指挥者当互行礼式。

第八条　出入船舶之际,当让上官先之,但惟乘入端舟、小蒸汽船,属官应在其先。

第九条　机关手、水火夫应脱帽行相当之礼。

第十条　在端舟行最敬礼,则其指挥者当用下之号令。但在备有"克拉吉"之端舟,则用第十一条之号令。

一　注意立桡

二　立 ^{桡之平面左右向
以两手把持之}

三　下

一人而操二桡,则前项第一号令之先,当加下之号令,用第十一条之号令亦同。

左(右)舷收 ^{使收不面受礼
人一方之桡}

第十一条　在端舟行敬礼,则其指挥者当用下之号令:

一　注意上桡

二　上 ^{保桡与舷
为平线}

三　下

第十二条　在帆驶之船行最敬礼，则当用下之号令：

一　注意下帆

二　下

三　上

第十三条　在帆驶之船行敬礼，则当用下之号令：

一　注意伸"兴特"

二　放

三　原

第十四条　号令，在端舟则掌船者为之，其他则指挥者为之。

第十五条　本式所不规定之事项悉照警察礼式之规定。

●●●港务部及临时海港检疫所职员准用警察礼式与水上警察礼式之件 明治三十五年（1902年）内务省训令

明治二十四年本省训令第十五号制定之警察礼式，港务部及临时海港检疫所职员之被服装者准用之。明治三十三年本省训令第十四号之水上警察礼式，港务部及临时海港检疫所之船舶准用之。

明治三十三年本省训令之第十一号废去。

法规大全第九类终

附　录

日汉法律专用名词对照表

B

办偿	赔偿	便宜	方便、权宜
笔记	记录	病气	疾病
辩（辨）护士	律师		

C

差出	提出	出张所	（设在外地的）办事处
出愿	申请	川河	河川
出张	出差	传习	讲习、传授

D

登用	录用、起用	丁宁	礼貌、恭敬
地代	地价、地租	度支	支出
递信	通信、邮电		

E

恩给	养老金、退休费		

F

发见	发现	分限	身份、地位
分课	分科	覆审	复审、再审
分析	化验	艀舟	驳船、舢板

G

割合	比例	官没	没收
供托	寄存、委托保管		

J

假出狱	假释	届出	申报、登记
及第	及格、合格	届书	申请书、报告书
伎俩	本领、技能	进达	转呈、转递
见本	样品、货样	谨慎	禁闭、幽闭
见込	预料、预定	禁治产者	无行为能力人
交番	交替、轮换	具申	汇报、呈报
交通	通信、交流		

K

开陈	陈述	

L

利子	利息	旅次	旅行途中

量移	迁移		

M

免许	批准、许可	年给	年俸、年薪

P

配当	分配	平人	普通人
片道	单程		

Q

取缠	汇总	取扱	处理
取缔	管制、管理	切符	车票、船票
取缔役	董事		

R

让渡	转让	日曜日	星期日
日割	按日	人夫	壮工、小工

S

申立人	申诉人	时间	小时
申込书	申请书、要求书	施设	设施、设备
身代限	可尽以一身所有之财产抵偿债务	试验	考试、实验
		书留邮便	挂号信、挂号邮件
身元	出身、身份	书取	抄写、听写
仕拂	支付、付款	手当	津贴、补贴
使丁	听差、勤杂工	手数料	手续费

诉愿	请求、申请	食卓	饮食

T

停年	退休、退职	通事	(民事诉讼中聋哑者及外语等方面的)翻译
通辩	口译		
通译	口译、翻译	通帐	折子、存折
		土曜日	星期六

W

为替	汇兑、汇款	万国	国际
无料	免费		

X

下戾	退回、发回	相场	行情、市价
谢金	酬金	相续	继承
心得	代理、暂代、规则	刑余	受过刑罚
新闻纸	报纸		

Y

言渡	宣告、命令	邮便切手	邮票
一泊	一宿、一晚	犹豫	延期、缓期
依托	委托、代培	愿书	申请书
引渡	交给	月割	每月平均、按月
印纸	印花	阅月	经过……个月
营仓	禁闭	用度	费用
邮便	邮政	幼稚园	幼儿园

Z

招状	请柬、请帖、通知	株主	股东
真鍮	黄铜	准禁治产者	限制行为能力人
执达吏	法警	卒业	毕业
知事	首长、行政长官		

图书在版编目(CIP)数据

新译日本法规大全(点校本)第三卷,上、下/南洋公学译书院初译;商务印书馆编译所补译校订;孟祥沛点校.—北京:商务印书馆,2008
ISBN 978 - 7 - 100 - 05494 - 2

I. 新… II. ①南… ②商… ③孟… III. 法律－汇编－日本 IV. D931.309

中国版本图书馆 CIP 数据核字(2006)第 092180 号

所有权利保留。
未经许可,不得以任何方式使用。

商务印书馆委托华东政法大学
法律史研究中心
点校整理

主持人　何勤华

XĪN YÌ RÌ BĚN FǍ GUĪ DÀ QUÁN
新译日本法规大全
(点校本)
第三卷
上、下

南洋公学译书院　初译
商务印书馆编译所　补译校订
孟祥沛　点校

商 务 印 书 馆 出 版
(北京王府井大街36号 邮政编码100710)
商 务 印 书 馆 发 行
北京市白帆印务有限公司印刷
ISBN 978 - 7 - 100 - 05494 - 2

2008年3月第1版		开本 880×1230　1/32
2008年3月北京第1次印刷		印张 38⅜

定价:81.00元